STUDY ON THE LITERATURE OF RELIGIOUS THEORY OF
SOCIALISM WITH CHINESE CHARACTERISTICS

中国特色社会主义宗教理论文献研究

毛　胜◎著

中国出版集团

研究出版社

图书在版编目 (CIP) 数据

中国特色社会主义宗教理论文献研究 / 毛胜著 . ––
北京 : 研究出版社 , 2020.5

ISBN 978-7-5199-0900-0

Ⅰ . ①中… Ⅱ . ①毛… Ⅲ . ①中国特色社会主义 – 宗
教学 – 文献 – 研究 Ⅳ . ① B928.2

中国版本图书馆 CIP 数据核字 (2020) 第 063238 号

出 品 人：赵卜慧
图书策划：张立明
责任编辑：张立明

中国特色社会主义宗教理论文献研究
ZHONGGUO TESE SHEHUI ZHUYI ZONGJIAO LILUN WENXIAN YANJIU

毛 胜 著

研究出版社 出版发行

（100011 北京市朝阳区安华里 504 号 A 座）

河北赛文印刷有限公司 新华书店经销

2020 年 5 月第 1 版 2020 年 5 月北京第 1 次印刷
开本：787 毫米 ×1092 毫米 1/16 印张：19.75
字数：293 千字

ISBN 978-7-5199-0900-0 定价：62.00 元

邮购地址 100011 北京市朝阳区安华里 504 号 A 座
电话（010）64217619 64217612（发行中心）

前　言

　　中国特色社会主义宗教理论，是中国特色社会主义理论体系的重要组成部分，是中国共产党正确认识和处理中国社会主义时期宗教问题的理论原则和经验总结。这个理论主要包括邓小平理论、"三个代表"重要思想、科学发展观、习近平新时代中国特色社会主义思想中关于宗教的基本观点和基本政策，是对马克思列宁主义和毛泽东思想中的宗教理论的继承和发展，是认识社会主义条件下的宗教问题、做好当代中国宗教工作的指导思想和行动指南。

　　中国特色社会主义宗教理论，是在改革开放历史新时期开创、形成和发展的，但它也凝结着改革开放前三十年中国共产党在宗教理论与实践探索中取得的成果。究其原因，在于前后两个历史时期的思想理论、方针政策、实际工作等方面虽然有很大差别，但它们在本质上都是对中国社会主义时期宗教问题的探索，决不是彼此割裂、根本对立的。有鉴于此，笔者首先以历次全国宗教工作会议文献为线索，对中国特色社会主义宗教理论的主题——正确认识和处理中国社会主义时期宗教问题——进行集中探讨，并由此反映中国特色社会主义宗教理论的历史逻辑和理论逻辑的内在统一。

　　围绕着中国共产党在社会主义革命和建设、改革开放和社会主义现代化建设中关于宗教问题的理论和实践探索，笔者以解读一篇或一组核心文献为切入点和中心点，梳理中国特色社会主义宗教理论的发展脉络，分析中国特色社会主义宗教理论的基本内容，阐述中国特色社会主义宗教理论的重大意义：

——以毛泽东批示《加强宗教问题的研究》为切入点，研究以毛泽东为核心的第一代中央领导集体对宗教问题的探索，及其为中国特色社会主义宗教理论提供的思想基础、理论准备和实践经验；

——以邓小平关于宗教领域拨乱反正的论述、中共中央 1982 年 19 号文件为中心，研究以邓小平为核心的第二代中央领导集体对宗教问题的探索，阐述中国特色社会主义宗教理论的历史起点与初步形成；

——以中共中央 1991 年 6 号文件、江泽民《论宗教问题》、中共中央 2002 年 3 号文件为中心，研究以江泽民为核心的第三代中央领导集体对宗教问题的探索，阐述中国特色社会主义宗教理论的基本内容与指导意义；

——以胡锦涛关于保持和促进宗教关系和谐的论述为中心，研究以胡锦涛为总书记的党中央对宗教问题的探索，阐述中国特色社会主义宗教理论在新世纪新阶段的丰富与发展；

——以习近平关于认识和处理宗教问题的论述为中心，研究以习近平为核心的党中央对宗教问题的探索，阐述中国特色社会主义宗教理论在新的历史起点上取得的最新成果。

可以说，一篇篇凝聚着中国共产党人心血和智慧的重要宗教文献，仿佛镌刻在新中国宗教领域关键方位的一块块路标，廓清了中国特色社会主义宗教理论的基本框架，指示着新时期宗教实践的前进方向，也勾勒出中国共产党把马克思主义宗教观与中国宗教实际和时代特征相结合、不断推进马克思主义宗教观中国化的路线图。

一言以蔽之，笔者的研究意图就是以"理论"为主题，以"文献"为主体，以"史论结合"为方法，通过解读文献来探讨中国特色社会主义宗教理论的发展历程、基本内容与重大意义。

目　录

绪　论

理论主题：

正确认识和处理中国社会主义时期宗教问题
——以历次全国宗教工作会议文献为线索

新中国成立后，中国共产党和人民政府始终高度重视宗教问题，一贯从党和国家工作大局中观察、思考和处理宗教问题。从 1951 年 3 月召开的第一次全国宗教工作会议，到 2016 年 4 月召开的全国宗教工作会议，见证了党和政府在社会主义革命和建设、改革开放和现代化建设中处理宗教问题的奋斗历史，记录了党和政府在不同历史阶段推进宗教工作所积累的宝贵经验，也展现了中国特色社会主义宗教理论的形成和发展过程，彰显了它的理论主题——怎样正确认识和处理中国社会主义时期宗教问题。笔者尝试以历次全国宗教工作会议的主要文献内容为线索，对这个主题进行梳理和分析。[①]

一、时过境迁：从毛泽东《别了，司徒雷登》看认识和处理宗教问题的历史背景

在具体讨论"全国宗教工作会议"之前，先简单回顾一下新中国成立前后的时局变化，以及中共中央和毛泽东对新中国大政方针的思考。了解这个历史大背景，对于深入分析中国共产党关于认识和处理宗教问题的观

[①] 需要说明的是，不定期召开的"全国宗教工作座谈会""全国宗教厅局长会议"，以及全国统战工作会议中关于宗教问题的内容，在研究中都有所涉及，但这里以历次全国宗教工作会议文献为研究的线索和重点。此外，由于中共中央 1982 年 19 号文件、1991 年 6 号文件、2002 年 3 号文件等重点文献，在下文中有专题研究，绪论部分不作详细分析。

点和政策，是很有必要的。

1949 年 3 月 5 日至 13 日，在中国革命即将取得最后胜利的转折关头，中共中央在河北省平山县西柏坡召开七届二中全会。毛泽东在这次会议上所作的报告，阐述了新中国成立后党在经济、政治、文化、外交等方面应采取的基本政策，并明确指出"使中国稳步地由农业国转变为工业国""把中国建设成一个伟大的社会主义国家"的发展方向。在这个报告中，毛泽东还表示，应当采取"有步骤地彻底地摧毁帝国主义在中国的控制权"的方针，包括"取消一切帝国主义在中国开办的宣传机关"，解决帝国主义在中国的"经济事业和文化事业"。① 这样的政策，决定了基督教 ② 在新中国成立后必然要与帝国主义这座"大山"割断联系、划清界限。同样，汉地佛教、道教、藏传佛教、伊斯兰教也需要适应新形势和新要求，及时作出应有的制度变革，与封建主义这座"大山"割断联系、划清界限。

七届二中全会结束一个多月后，1949 年 4 月 21 日，中国人民解放军发起渡江战役，并于 23 日占领国民党政府的首都南京。此时，包括苏联在内的诸国驻华使馆，已经随国民党政府迁往"临时首都"广州。但是，美国驻华大使司徒雷登一直留在南京，并与中国共产党代表进行了秘密会晤，商谈美国政府承认新中国的问题。在周恩来的安排下，黄华出任南京军事管制委员会外事处处长，负责与司徒雷登会谈。黄华肄业于司徒雷登创办并长期担任最高行政领导的燕京大学，两人有师徒之情；司徒雷登的私人秘书，双方会谈的重要联络人傅泾波，则是黄华的校友。然而，这种密切的关系，只是给会谈增添了些许融洽的气氛，却无法改变双方在政治见解上的原则性分歧。③

1949 年 8 月 2 日，司徒雷登不得不结束大使的使命，无奈地告别生活了 56 年之久的中国，和傅泾波一家启程返回美国。8 月 5 日，美国

---

① 《在中国共产党第七届中央委员会第二次全体会议上的报告》（1949 年 3 月 5 日），见《毛泽东选集》（第四卷），人民出版社 1991 年版，第 1437、1434 页。
② 这里所谈的基督教，除个别地方指基督新教外，泛指广义的基督宗教，即基督新教与天主教。
③ 参见黄华：《亲历与见闻——黄华回忆录》，世界知识出版社 2007 年版，第 79—85 页；〔美〕司徒雷登：《在华五十年——司徒雷登回忆录》，程宗家译，北京出版社 1982 年版，第 241—242 页。

国务院发布白皮书《美国与中国关系——特别是 1944 年至 1949 年间的关系》，希望借此为自己的中国内战政策辩护。8 月 18 日，毛泽东发表了《别了，司徒雷登》这篇著名文章，评价司徒雷登"是美国侵略政策彻底失败的象征"，白皮书是一部美帝国主义在中国人民中威信"破产的记录"；认为"司徒雷登走了，白皮书来了，很好，很好。这两件事都是值得庆祝的"。① 仅仅过了十二天，他又发表了《"友谊"，还是侵略?》一文，抨击美国除了强迫中国接受五口通商，还强迫中国接受传教士，并由宗教事业推广到"慈善"事业、文化事业、教育事业，并再次点名司徒雷登，说他"就是从事这些事业出了名，因而做了驻华大使的"。②

诚如毛泽东所言，除了美国驻华大使、燕京大学校长的身份，司徒雷登主要是美国基督教在中国的传教士。有别于其他传教士，司徒雷登并不否定中国传统文化的价值，而是试图将基督教与中国传统文化进行有机地结合。他在口述著作《圣教布道近史》中"用儒家的概念去描述和诠释基督教教义"，并"借用儒家的'大同主义'来描述基督教所要达到的最高境界"。③ 司徒雷登的这种态度，使其在中国获得了颇为成功的传教生涯，犹如明朝万历年间来到中国传教的利玛窦④。这不仅使美国教会对他刮目相看，也使他在中国赢得了广泛的声誉。然而，自称"是一个中国人更甚于是一个美国人"的他，或许难以想象司徒雷登这个名字在当代中国却成了声名狼藉的政治名词。

从时间的维度来审视司徒雷登在近现代中国的境遇，颇有意味。1840年鸦片战争后，尽管有坚船利炮和不平等条约的保驾护航，但基督教在中

---

① 《别了，司徒雷登》(1949 年 8 月 18 日)，见《毛泽东选集》(第四卷)，人民出版社 1991 年版，第 1491、1497 页。

② 《"友谊"，还是侵略?》(1949 年 8 月 30 日)，见《毛泽东选集》(第四卷)，人民出版社 1991年版，第 1506 页。

③ 郝平：《司徒雷登其人其著》，见〔美〕司徒雷登：《司徒雷登日记——美国调停国共争持期间前后》，陈礼颂译，黄山书社 2009 年版，第 4 页。

④ 有学者这样评述利玛窦的传教方式：他"脱下原来穿的佛教僧服，换上士人的长袍"；"不去教堂传道，专同三五成群的优秀人士交谈"；"为宣传基督教义而引述孔孟学说"；"允许人们对祖先和皇帝敬礼叩头，认为这是合乎基督条款的俗理"。加上他"对汉语的精通以及所显示出来的西方技术——时钟、棱镜、世界地图、欧几里得几何"，从而博得了"别人对他的好感"。(〔美〕费正清：《美国与中国》(第四版)，张理京译，世界知识出版社 1999 年版，第 141 页。)

国引发的种种冲突并未停息，大大小小的教案时有发生。在这种情况下，基督教在本土化方面作出了尝试与努力。1919 年五四运动后，为应付中国民族觉醒的新高涨，天主教实施了"中国化"的措施，"教皇本笃十五下令要中国的天主教各修会尽量启用中国籍的神职人员"。1922 年 5 月在上海召开的全国基督教大会，提出了建设"本色教会"的主张，希望借此一方面"求使中国信徒担负责任"，一方面"发扬东方固有的文明"，从而"使基督教消除洋教的丑号"。后来，司徒雷登还联络一部分传教士向美国政府提议"脱离传教条约的保护"。①

　　当历史的脚步走到 1949 年 10 月 1 日，半殖民地半封建的旧中国转变成为中国共产党执政的新中国，中国历史翻开了新的一页。诗人胡风激动地欢呼"时间开始了"："今天，中国人民的诗人毛泽东，在中国新生的时间大门上面，写下了但丁没有幸运写下的使人感到幸福而不是感到痛苦的句子：'一切愿意新生的，到这里来吧。最美好最纯洁的希望，在等待着你'……"② 中国的"新生"，使基督教本土化的"本土"内涵也随着改变。如果不能与时俱进，把基督教本土化的时间维度和空间维度结合好，难免会出现"物是人非事事休"的景象，即便是司徒雷登这样的"老革命"，也会遇到"新问题"。甚至可以说，司徒雷登面对的"新问题"，就是已经努力中国化并取得一定成效的基督教再度中国化的问题。这一次"本土化"的背景，是当代中国，是中国共产党执政的中国，是走向社会主义社会的中国。恰如胡风的诗歌所言，基督教"新中国"化的时间开始了，旧中国的宗教要努力在新中国获得"新生"。

　　"管中窥豹，可见一斑"。历史告诉我们，如果离开时代背景和具体条件，就难以正确地认识和处理宗教问题。就像丁光训在 1984 年谈论中共中央 1982 年 19 号文件时所言，"这个文件的一大特点正是它不从概念、定义出发，而是从中国的实际出发，从中国的社会和宗教的现状出发"；"从实际出发最明显地表现在这一文件的取题：'中国社会主义时期宗教问

---

① 参见顾长声：《传教士与近代中国》，上海人民出版社 2004 年版，第 291、301 页。
② 胡风：《时间开始了！》，载《人民日报》1949 年 11 月 20 日。

题的基本观点和基本政策'", 这说明文件"不是抽象地谈宗教问题, 而是谈中国的宗教问题; 不是泛泛地谈中国的宗教问题, 而是谈中国社会主义时期的宗教问题"; "中国宗教问题有其特殊性, 中国社会主义时期的宗教问题更有其特殊性"。①

二、第一至第三次全国宗教工作会议: 完成宗教领域新民主主义革命的遗留任务, 肃清帝国主义与封建主义势力对宗教的控制和影响, 使宗教在新中国获得"新生"

1949 年 9 月 21 日至 30 日, 中国人民政治协商会议第一届全体会议在当时的北平② 召开。宗教界代表吴耀宗、张雪岩、赵紫宸、邓裕志、赵朴初、巨赞、马坚等人, 与其他各界代表一起共商国是, 讨论通过了《中国人民政治协商会议共同纲领》这部具有临时宪法地位的重要文献。《共同纲领》对新中国的国体、政体以及各项方针政策, 作出了具有历史意义的重大决定。关于宗教问题, 总纲第五条郑重规定: 中华人民共和国人民有思想、言论、宗教信仰等方面的自由权; 根据中国少数民族地区的实际情况, 第六章第五十三条规定: 各少数民族均有"发展其语言文字、保持或改革其风俗习惯及宗教信仰的自由"。③

将宗教信仰自由政策载入《共同纲领》, 得到宗教界人士和广大信教群众的拥护和支持。参加这次政协会议的邓裕志, 不禁感慨地说: 一个基督教界妇女能够和各界代表一起讨论国家大事, 是"一个没有料想到的巨大变化"。会议讨论"宗教信仰自由"的场景, 更是让她印象深刻: 在讨论《共同纲领(草案)》时, 宗教界代表高度关心涉及宗教的规定。大家在讨论中提出, 草案只把宗教信仰自由方在一般人民权利中, 不够明确;

---

① 《学习"十九号文件"心得》(1984 年), 见《丁光训文集》, 译林出版社 1998 年版, 第 386 页。
② 1949 年 9 月 27 日, 会议通过了关于国都、纪年、国歌、国旗的决议, 将北平更名为北京, 作为新中国的首都。
③ 《中国人民政治协商会议共同纲领》(1949 年 9 月 29 日), 见《建国以来重要文献选编》(第一册), 中央文献出版社 2011 年版, 第 2、11 页。

只在民族政策中规定少数民族有宗教信仰自由，是不够的。佛教代表还提出，新中国以马克思主义为主导思想，在不信教的大背景下，在国家大法中明确规定人民享有宗教信仰自由的权利，非常有必要。根据这样的意见，会议对草案关于人民权利的规定，作出如下修改：将"信仰……的自由权"改为"宗教信仰……的自由权"。这使我深深感到，"不信宗教的共产党对有宗教信仰者的尊重"。①

与此同时，宗教界人士和信教群众也意识到，将"宗教信仰自由"写进《共同纲领》并不等于宗教领域没有问题。相反，只有积极响应党和政府政府的号召，完成宗教领域新民主主义革命的遗留任务，割断宗教与帝国主义、封建主义、官僚资本主义这"三座大山"的联系，肃清反动势力对宗教的控制和影响，使宗教成为信教群众自己的事业，才能真正实现宗教信仰自由。对此，以宗教界首席代表身份参加中国人民政治协商会议的吴耀宗，在接受记者采访时坦诚地说："中国人民解放了我们，宗教也应当大大的革新了。"② 邓裕志也认识到，"中国基督教受外国势力控制利用的局面"与"独立自主的新中国"不协调。③

据赵朴初回忆，李维汉在招待中国佛教协会发起人时，也就《共同纲领》和人民政府的宗教信仰自由政策进行了详细的解释，这不仅包括（1）"政府对于宗教是采取保护政策，今天保护，将来也仍然保护"；（2）宗教信仰自由就是"信教的和不信教的、信这个教的和新别个教的、本来信这个教而改信别个教的，都有自由，都受到保护"；（3）"正当的宗教活动，政府都不加干涉"；而且包括（4）"宗教界必须划清敌我界限"，"不能认为要保护宗教，于是连宗教徒中的反革命分子也加以保护，这是要严格区别的"，要认识到"宗教界有了反革命分子，对宗教本身也

---

① 邓裕志：《关于我参加新政协前后的回忆》，见石光树编：《迎来曙光的盛会——新政治协商会议亲历记》，中国文史出版社 1987 年版，第 195—196 页。
② 参见商恺：《中国人民政协代表访问记》，载《人民日报》1949 年 9 月 29 日。
③ 邓裕志：《毛泽东影响我一生》，见中共上海市委党史研究室编：《毛泽东在上海》，中共党史出版社 1993 年版，第 125—126 页。

是有损无益的"。①

　　就当时的实际情况而言，完成宗教领域新民主主义革命的遗留任务，主要是在基督教、天主教中开展反帝爱国运动，使之逐步走上独立自主自办教会的道路；在汉地佛教、道教、藏传佛教和伊斯兰教中开展宗教制度的民主改革，废除宗教封建特权和宗教压迫剥削制度。在明确这一点的同时，中国共产党和人民政府提出了一系列积极而慎重的方针，反复强调要注意坚持宗教信仰自由政策，反对用行政命令的办法处理宗教问题。比如，1950 年 6 月 10 日，中共中央转发的乌兰夫、刘格平《对新疆少数民族宗教问题的意见》指出：少数民族的宗教问题与其"落后的经济、文化及社会状况"密切相关，是一个"历史性、民族性的群众思想信仰问题"；在"经济、文化未得到相当的发展、人民的觉悟未大大提高"以前，宗教在少数民族的社会生活中将会"保有深刻的影响"。因此，处理少数民族的宗教问题应该"十分审慎，切忌急躁"，毫不动摇地"坚持信教自由政策"，"不要轻言改革"。②1950 年 8 月 19 日，中共中央又在关于天主教、基督教问题的指示中强调：尽管马克思主义者是"彻底的无神论者"，但一贯将宗教问题当作一种"有历史必然性的社会问题和群众问题"来处理，从来是"反对单纯地依靠行政命令简单急躁的办法来处理"。③

　　随着新中国土地改革、抗美援朝和镇压反革命三大政治运动的开展，党和政府在尊重和保护宗教信仰自由的前提下，要求宗教界积极参加到各项运动中来，以彻底完成新民主主义革命的历史任务。1950 年 6 月 6 日，毛泽东在七届三中全会上强调土地改革的重要性，并列出了新中国土地改革的敌人，包括（1）"帝国主义"；（2）"台湾、西藏的反动派"；（3）"国民党残余、特务、土匪"；（4）帝国主义设在中国的教会学校，原国民党文化教育机构中的反动势力和"宗教界中的反动势力"。在毛泽东看来，

① 参见《关于中国佛教协会发起经过和筹备工作的报告》（1953 年 5 月 30 日），见《赵朴初文集》（上卷），华文出版社 2007 年版，第 52 页。
②《乌兰夫刘格平对新疆少数民族宗教问题的意见》（1950 年 4 月 14 日），见《建国以来重要文献选编》（第一册），中央文献出版社 2011 年版，第 241—242 页。
③《中共中央关于天主教、基督教问题的指示》（1950 年 8 月 19 日），见《建国以来重要文献选编》（第一册），中央文献出版社 2011 年版，第 354 页。

这些是"够大够多"的敌人，同这些敌人作斗争将是很激烈，是"历史上没有过的"。①这势必对宗教工作和宗教界提出新的要求。②

朝鲜战争爆发后，毛泽东经过反复考虑，决定出兵朝鲜。随后，美国政府决定冻结中国在美国的财产，并对中国实施经济封锁。中国政府也迅即作出回应，宣布管制美国在华一切财产、冻结美国在华公私存款，并通过了中央人民政府政务院《关于处理接受美国津贴的文化教育救济机构及宗教团体的方针的决定》《接受外国津贴及外资经营之文化教育救济机关及宗教团体登记条例》等文件，以彻底"肃清美国帝国主义在中国的文化侵略影响"③。

1951 年 1 月 16 日至 25 日，第二次全国统战工作会议在北京召开。李维汉在 1 月 15 日的预备会议上指出，会议的一个中心议题是"反美帝统一战线"，强调"这次全国性反美爱国运动的普及与深度是历史上所没有的，特别是工商界、与宗教有关的教会、学校、团体、及受过英美教育的教授等参加，范围是很广泛的。我们要利用这个有利时机，把运动开展得更广更深，彻底揭发美帝国主义的侵略面目"。④1 月 17 日，胡乔木到会讲抗美援朝问题，提出"要把帝国主义在中国的各种影响连根铲除"，他特别提到天主教、基督教的问题，认为"中国教会中的反动分子只是极少数，绝大多数是可以争取的，重要的办法就是同他们的领袖人物公开谈判。对他们说，你拥护政府，政府就保护你，中央人民政府决定在各地成

---

① 《不要四面出击》（1950 年 6 月 6 日），见《毛泽东文集》（第六卷），人民出版社 1999 年版，第 73—74 页。

② 1952 年 8 月 4 日，毛泽东在全国政协常委一届三十八次会议上明确提出，要对宗教界人士进行教育，使他们提高思想认识，不要"上帝国主义的当"，"站在敌人方面"。他还说佛教虽然同帝国主义的联系较少，但它和封建主义有联系，所以也要进行教育。比如在土地改革中，"反封建就反到了和尚，受打击的是住持、长老之类"。他还表示自己虽然不信佛教，但"不反对组织佛教联合会，联合起来划清敌我界限"。（中共中央文献研究室编：《毛泽东著作专题摘编》（上），中央文献出版社 2003 年版，第 1091 页。）

③ 《中央人民政府政务院关于处理接受美国津贴的文化教育救济机关及宗教团体的方针的决定》（1950 年 12 月 29 日），见《建国以来重要文献选编》（第一册），中央文献出版社 2011 年版，第 443 页。

④ 中共中央统战部研究室编：《历次全国统战工作会议概况和文献》，档案出版社 1988 年版，第 38—39 页。

立宗教事务处，进行对教会的公开管理"。①1 月 19 日，陆定一专门就"争取和团结广大信徒，肃清帝国主义在中国的文化侵略的影响"发表谈话，说明反帝爱国运动中动员、争取、团结天主教徒和基督教徒的方针政策，并强调对宗教问题"要想的长远一点"，"对宗教是不能实行专政的"，对天主教和基督教的"中心目的是要使教会在政治上、组织上脱离帝国主义的关系"。② 会议期间，毛泽东同与会代表在谈到宗教问题时，提出"对佛教问题要研究一下，要使他们也参加到运动中来"。他还指出，佛教界有人说"他们没有信教自由，庙都被占了"，认为"信佛教的人不少，不要不理会，北京市恐怕要给他们腾出几座庙来，五台山关系蒙藏两个民族，要修一下"。③

为了在全国范围内做好宗教工作，第二次全国统战工作会议结束两个月后，1951 年 3 月 15 日至 19 日，经中共中央批准，政务院文教委员会、中央统战部、公安部等部门共同召开了第一次全国宗教工作会议。这是新中国成立后第一次专门研究宗教工作的全国性会议，具有开创性意义。根据当时的形势，会议的主要任务有两项：一是建立宗教工作机制，要求各大行政区文教委员会成立宗教事务处，并建立和统一各大行政区对宗教事务的行政领导。新中国成立后，政务院文教委员会于 1950 年 7 月内设"宗教问题研究小组"，负责全国宗教工作。1951 年 1 月 9 日，政务院发出指示，要求政务院和各大行政区文教委员会设立宗教事务处。同日，政务院文教委员会在"研究小组"基础上成立了宗教事务处④。第一次全国宗教工作会议再次强调了建立健全宗教工作机制的重要性，要求各大行政区切实做好这项工作。

---

① 中共中央统战部研究室编：《历次全国统战工作会议概况和文献》，档案出版社 1988 年版，第 40 页。
② 中共中央统战部研究室编：《历次全国统战工作会议概况和文献》，档案出版社 1988 年版，第 48 页。
③ 中共中央统战部研究室编：《历次全国统战工作会议概况和文献》，档案出版社 1988 年版，第 43 页。
④ 1954 年 11 月，国务院决定在宗教事务处的基础上成立国务院宗教事务局，作为国务院直属机构之一。1975 年，国务院发文撤销国务院宗教事务局。1979 年，国务院决定恢复设立国务院宗教事务局，并于 1998 年 3 月决定更名为国家宗教事务局。

　　第一次全国宗教工作会议的另一项重要任务,是制定天主教、基督教革新运动的具体政策。新中国成立后,推动天主教、基督教开展反帝爱国运动,是宗教工作的重点之一。1950 年 5 月 2 日、6 日和 13 日,周恩来先后三次出席基督教问题座谈会,与基督教人士吴耀宗、刘良模、邓裕志等人进行了深入的交流。① 第一次全国宗教工作会议讨论和修订了《执行中央〈关于积极推进宗教革新运动的指示〉的办法要点》(草案),要求天主教、基督教要逐步实行自治、自养、自传,并有计划、有重点地揭露和打击帝国主义分子利用宗教进行的破坏活动,支援中国人民的抗美援朝斗争。对此,陆定一在会上强调,"做好宗教工作是加强反帝爱国统一战线的需要","天主教、基督教要逐步实行'三自'(自治、自养、自传),做好基督教会议的准备工作"。②

　　按照第一次全国宗教工作会议的精神,各级政府的宗教事务管理机构逐步建立,为进一步做好宗教工作提供了组织保障;天主教、基督教界的反帝爱国运动不断发展,取得很大成绩。1953 年 11 月 27 日至 12 月 16 日,中央宣传部召集了第二次全国宗教工作会议,主要任务是:总结1953 年天主教工作情况,确定 1954 年天主教工作任务;总结新中国成立三年以来基督教工作的经验,确定今后基督教工作的方针任务。会议充分肯定信教群众参加各种爱国运动后,在反帝斗争和爱国主义的学习中大大提高了政治觉悟;强调 1953 年全国开展天主教反帝爱国运动取得了重要成绩,三年来基督教三自爱国革新运动也取得了较大成绩;提出 1954 年应以大力发动信教群众,建立教徒的爱国组织,进一步肃清帝国主义残余势力为主要任务。

　　会后,中央宣传部上报中央的报告,对天主教、基督教反帝爱国运动的成绩,进行了详细说明。(1)基督教的外国传教士基本上全部驱逐出境:解放前有 1700 人,现在仅山西太原有外籍女教士 1 人,广东连县有外籍传教士 5 人,且因案扣押准备驱逐;天主教的外国传教士所剩不多:解放

---

① 《关于基督教问题的四次谈话》(1950 年 5 月),见《周恩来统一战线文选》,人民出版社 1984年版,第 180—187 页。
② 参见赤耐主编:《当代中国的宗教工作》(上),当代中国出版社 1998 年版,第 99 页。

时有 2229 人，现在只有 300 人，其中准备留下的有 23 人，准备驱逐或限令出境的有 34 人，已判刑的有 17 人，在押审讯中的有 60 人，未处理的有 166 人。（2）基督教的外国"差会"已经全部结束；天主教的"修会"因与基督教的差会性质不同，尚未处理；除秘密津贴外，外国津贴已经基本断绝。（3）天主教反动组织"圣母军"，已经遭到严重打击。在取缔"圣母军"过程中，登记和退团者占总数（已知 22322 人）的 71%。（4）全国教会学校、医院及救济机构，基本上全部接办。（5）培养了一批爱国积极分子，建立了教徒的爱国组织；在基督教会中控制了若干大公会，开展了各地基督教徒的控诉运动；在天主教会中取得了若干重要阵地。[①] 1954 年5 月 5 日，中共中央将这份报告及陆定一在会上的总结批转各中央局、分局，要求各地党委必须"加强党的宗教工作"，包括配备干部、健全机构、加强党的统一领导，从而"把基督教、天主教工作做得更好"。[②]

　　第二次全国宗教工作会议，把天主教、基督教的反帝爱国运动进一步引向深入。也就在 1953 年，中共中央经过多次讨论，制定了一条"过渡时期总路线"，即从新民主主义过渡到社会主义的总路线：从新中国成立到社会主义改造基本完成是一个"过渡时期"，党在这个时期的总路线和总任务是"要在一个相当长的时期内，逐步实现国家的社会主义工业化，并逐步实现国家对农业、对手工业和对资本主义工商业的社会主义改造"。[③] 向社会主义社会的过渡，对宗教工作、宗教界人士和信教群众提出了更高的要求，最重要的就是要适应社会主义革命所带来的新变化。对此，赵朴初在《现代佛学》杂志上发表文章说，总路线是照耀"各项工作的灯塔"，"佛教界的各项工作也并不例外"，并强调："佛教徒应当是相信'法不孤起'的道理的人，那么就没有理由把自己的工作孤立起来，看做

① 《关于全国宗教工作会议的报告》（1953 年 12 月），见中共中央宣传部办公厅编：《中国共产党宣传工作文献选编（1949—1956）》，学习出版社 1996 年版，第 765—766 页。
② 《中共中央对中央宣传部关于全国宗教工作会议的报告及陆定一同志在全国宗教工作会议上的总结的批示》（1954 年 5 月 5 日），见中共中央宣传部办公厅编：《中国共产党宣传工作文献选编（1949—1956）》，学习出版社 1996 年版，第 764 页。
③ 《革命的转变和党在过渡时期的总路线》（1953 年 12 月），见《毛泽东文集》（第六卷），人民出版社 1999 年版，第 316 页。

是与国家社会没有多大关系"；"佛教徒应当是怀抱'庄严国土'的理想的人，那么就没有理由对这样空前伟大的国家建设事业认为只是从旁叫好，而可以不参加奋斗"。①

1955年2月2日至22日，第三次全国宗教工作会议在北京召开，主要任务是总结1954年天主教和基督教的工作，研究1955年天主教和基督教工作的方针和任务。会议认为，在宗教界开展的反帝爱国运动已经取得了很大的成绩，许多具体工作取得了成果，全国宗教工作总的形势是好的，强调在今后工作中要进一步加强信教群众的爱国主义教育。这表明，宗教领域新民主主义革命的遗留任务已经基本完成；获得"新生"的中国宗教，要继续与时俱进，顺势而为，以适应即将到来的社会主义社会新环境。

总的来说，尽管这一时期党的宗教工作，并不是认识和处理社会主义条件下的宗教问题，但提出的很多理论观点和政策主张，是着眼未来、一直延续到社会主义时期的基本观点和基本政策。正因为如此，我们说中国特色社会主义宗教理论是在改革开放历史新时期开创、形成和发展的，但它也凝结着改革开放前30年中国共产党在宗教领域探索的心血和成果。我们要深刻把握这个理论的逻辑起点和历史起点，进而理解它的历史逻辑和理论逻辑的内在统一。

三、第四至第七次全国宗教工作会议：适应中国进入社会主义社会的历史性变化，要求"政治上团结合作、信仰上相互尊重"，坚持和发展党同宗教界的统一战线

1954年9月15日至28日，第一届全国人民代表大会第一次会议在北京召开。会议的一项重要任务，就是9月20日表决通过毛泽东主持制定的《中华人民共和国宪法》。这是中国历史上第一部社会主义类型的宪

① 《坚决拥护总路线，认真学习总路线，为贯彻总路线而奋斗》（1953年12月），见《赵朴初文集》（上卷），华文出版社2007年版，第85页。

法，其在第三章"公民的基本权利和义务"第八十八条规定："中华人民共和国公民有宗教信仰的自由。"[1] 这就用根本大法的形式，将"宗教信仰自由"确立为社会主义中国的一项基本政策。

1956 年在中国大陆，对农业、手工业、资本主义工商业的社会主义改造取得了决定性的胜利。社会主义经济基础的奠定，以及人民民主专政的国家制度，马克思主义在国家政治生活中的指导地位，标志着中国初步确立了社会主义基本制度。由新民主主义过渡到社会主义，实现了中国社会的历史性变化。从这个时候开始，中国共产党对宗教问题的探索，已经是对社会主义时期宗教问题的认识和处理。探索中取得的理论成果和实践经验，为中国特色社会主义宗教理论的形成提供了重要准备。

1956 年 9 月 15 日至 27 日，中共八大在北京举行。这次会议正确分析了国内外形势和国内主要矛盾的变化，强调"无产阶级同资产阶级之间的矛盾"已经基本解决、"阶级剥削制度的历史"已经基本结束、"社会主义的社会制度"已经基本建立；国内主要矛盾已经是"人民对于建立先进的工业国的要求同落后的农业国的现实之间的矛盾"，"人民对于经济文化迅速发展的需要同当前经济文化不能满足人民需要的状况之间的矛盾"；中共和全国人民的主要任务就是要集中力量解决这些矛盾，把中国"尽快地从落后的农业国变为先进的工业国"。[2] 这些论述，是社会主义制度建立后党制定包括宗教政策在内的各项大政方针的基本依据。

为了适应社会主义建设任务的要求，中共中央和毛泽东提出了"调动一切积极因素，团结一切可以团结的力量"的方针。[3] 毛泽东认为，统一战线"又反帝反封建，又赞成社会主义"，实现了"把积极因素团结起来"，对社会主义建设很有好处。他认为，要把宗教家与民族资产阶级、小资产阶级等各方面因素都团结起来，这样"阻碍就少些，事情就容易办

①《中华人民共和国宪法》（1954 年 9 月 20 日），见《建国以来重要文献选编》（第五册），中央文献出版社 2011 年版，第 466 页。
②《中国共产党第八次全国代表大会关于政治报告的决议》（1956 年 9 月 27 日），见《建国以来重要文献选编》（第九册），中央文献出版社 2011 年版，第 292—293 页。
③《论十大关系》（1956 年 4 月 25 日），见《毛泽东文集》（第七卷），人民出版社 1999 年版，第 23 页。

得通"。① 刘少奇在中共八大报告的"国家的政治生活"部分也指出，随着社会主义事业的发展，人民民主统一战线的范围将越加广泛。对于少数民族的上层人士、宗教界的爱国人士等"应当继续坚持同他们的团结"，对于少数民族地区的宗教信仰问题，"必须长期坚持地执行宗教信仰自由的政策"。②

1957 年 2 月，毛泽东在最高国务会议第十一次会议上强调，要把正确区分和处理人民内部矛盾作为国家政治生活的主要内容。谈到宗教问题，毛泽东视之为"思想性质的问题"、"人民内部的争论问题"，属于人民内部矛盾，进而强调只能用"民主的方法"、"讨论的方法"、"批评的方法"、"说服教育的方法"去解决思想问题、信仰问题，而不能采取"行政命令的方法"、"强制的方法"。毛泽东语重心长地说，强制人们相信马克思主义、放弃唯心主义、不信宗教，"用行政命令去消灭宗教"，这"不但没有效力，而且是有害的"。③

一个月后，毛泽东在全国宣传工作会议上又论及不同信仰的关系问题。他指出，对于社会主义中国抱着敌对情绪的知识分子，在政治界、文化教育界、宗教界等领域都有，但他们只是"极少数"。仇视和反对马克思主义的人，也仅占"极少数"。他分析说：在很长时间内，都会有人不赞成马克思主义，但中共应该"允许他们不赞成"。例如，宗教界爱国人士虽然不赞成马克思主义的唯物主义，但他们赞成社会主义经济制度和政治制度。中国共产党人是无神论者，不赞成这些有神论者的唯心主义，但我们不能强迫他们接受马克思主义的世界观。④ 4 月 26 日，毛泽东同越南新任驻中国大使阮康交谈时也说，"对人民只能采取说理的办法。无产阶

① 《工商业者要掌握自己的命运》（1955 年 10 月 27 日），见《毛泽东文集》（第六卷），人民出版社 1999 年版，第 488 页。
② 《在中国共产党第八次全国代表大会上的政治报告》1956 年 9 月 15 日，见《刘少奇选集》（下卷），人民出版社 1985 年版，第 247 页。
③ 《关于正确处理人民内部矛盾的问题》（1957 年 2 月 27 日），见《毛泽东文集》（第七卷），人民出版社 1999 年版，第 209 页。
④ 《在中国共产党全国宣传工作会议上的讲话》（1957 年 3 月 12 日），见《毛泽东文集》（第七卷），人民出版社 1999 年版，第 268—270 页。

级专政是对敌人，不是对人民。我们镇压宗教界中的反革命破坏分子，并不是因为他们信仰宗教，而是因为他们搞反革命破坏活动。对待宗教问题，不能采取强制的办法。"①

　　毛泽东的上述论述，进一步阐发了中国共产党与宗教界"政治上团结合作"、"信仰上相互尊重"，共同致力于社会主义建设的基本态度。有学者认为，这种"比较宽松的态度"，犹如"画了一个价值序列的同心圆"；毛泽东对非马克思主义者"爱国"、"赞成社会主义制度"的定位，就是期望他们"为社会主义建设尽力"。②1957 年 3 月 21 日至 4 月 4 日，第八次全国统战工作会议在北京召开，主要任务就是以正确处理人民内部矛盾的理论为指导，研究统一战线领域的各种矛盾和应对之策。李维汉在总结发言中，系统地阐述了宗教方面的问题，强调宗教界情况"极其复杂"，所以对各宗教都应"详为了解，加以分析，不可简单对待"，对宗教矛盾要采取"因教、因事、因时、因地分别对待的政策"。进入社会主义时期，中国宗教已经基本上摆脱了"三座大山"的控制，除个别民族地区外，宗教矛盾从"既是人民内部的矛盾又是敌对阶级的矛盾"转化为"基本上不是敌对阶级的矛盾"、"基本上是人民内部的矛盾"。在李维汉看来，信教与不信教之间的矛盾，信仰不同宗教之间的矛盾，信仰不同教派之间的矛盾，构成了宗教领域矛盾的主要内容。尽管具体内容不同，但它们在性质上都属于"人民内部矛盾"。在这篇讲话中，他还阐述了宗教具有群众性、长期性、民族性、复杂性、国际性的"五性"特征，强调这个问题"要在道理上讲透，在政策上作妥善处理"。③

　　遵循"政治上团结合作"、"信仰上相互尊重"的原则，关照中国宗教的"五性"特征，宗教工作部门在贯彻宗教信仰自由政策的同时，加强了对宗教界人士和信教群众进行社会主义教育，引导、争取和团结他们为社

---

① 《毛泽东年谱（1949—1976）》（第三卷），中央文献出版社 2013 年版，第 139 页。
② 〔日〕近藤邦康：《毛泽东：革命者与建设者》，宋志勇等译，中国青年出版社 2004 年版，第 246 页。
③ 李维汉：《在全国第七次统战工作会议上的发言》（1957 年 4 月 4 日），李维汉：《统一战线问题与民族问题》，人民出版社 1982 年版，第 182—184 页。

会主义建设服务。1957 年 8 月 24 日至 9 月 3 日，在北京召开的第四次全国宗教工作会议，主要任务就是讨论和研究怎样在汉族宗教界中进行社会主义教育的问题，并确定：重点领域是天主教、基督教；主要对象是"宗教职业者"；主要方法是推动各宗教召开代表会议；基本步骤是各宗教先召开全国性代表会议，随后各地召开传达会议；主要目的是使与会者分清大是大非，坚定"反帝、爱国、守法和走社会主义道路"的决心。中央统战部在上报中央的报告中还强调，要"坚持摆事实、讲道理，坚决防止和纠正简单粗暴的方法，不要牵涉唯物唯心的争论，避免各教内部宗派矛盾的争论"，要"严格控制批判斗争对象"，"批斗宗教职业者中的全国人大代表、政协委员，天主教、基督教爱国组织中的常务委员，佛教、道教爱国组织中的常务理事，天主教主教以上的人员，必须先报中央批准"。① 遗憾的是，随着"左"的错误的发展，这次社会主义教育活动未能避免混淆两类不同性质的矛盾、反右派斗争扩大化的错误，在不少宗教界人士被错划为右派分子，造成了宗教工作的失误和损失。比如，中国伊斯兰教协会 1958 年采取大鸣大放、大字报的方法，将宁夏回族自治区筹备委员会委员马震武划为极右分子，但相关部门 1984 年为他恢复名誉时，认为其并"没有公开的右派言论"。②

1958 年 12 月 18 日至 1959 年 1 月 7 日，中共中央统战部在北京召开第十一次全国统战工作会议，专门讨论民族工作和宗教工作。与此同时，召开了第五次全国宗教工作会议。针对有人质疑宗教具有"五性"特征，乃至扬言"消灭宗教"，汪锋在总结发言中强调"宗教五性的提法是正确的"：从道理上讲，宗教具有"五性"是"客观事实，不能不承认"；从实际工作上讲，这个提法"可以防止和克服用行政命令或强迫禁止的办法来对待宗教信仰的偏向"。③ 张执一在《关于汉族地区的宗教问题与宗教

---

① 参见赤耐主编：《当代中国的宗教工作》（上），当代中国出版社 1998 年版，第 115 页。
② 参见《中国伊斯兰教协会召开回民座谈会，彻底清算马震武祸国殃教罪行》，载《人民日报》1958 年 10 月 17 日；《宁夏回族自治区党委决定，对马震武错划右派问题予以改正》，载《人民日报》1984 年 8 月 28 日。
③ 中共中央统战部研究室编：《历次全国统战工作会议概况和文献》，档案出版社 1988 年版，第 383 页。

工作》、《关于讨论汉族地区宗教工作中若干问题的意见》这两个报告中也强调宗教具有"五性"，"必须认真细致地做好宗教工作"。他还总结社会主义教育活动的经验，对今后一个时期汉族地区宗教工作提出了两条相辅相成的意见：一是继续深入开展天主教、基督教的反帝斗争，"打击宗教界中的反动势力，改变中国教会半殖民地状态，实现独立自主、自办教会"；二是切实保护宗教信仰自由，"继续团结、教育并加强对宗教职业人员的社会主义改造，发动教徒群众，团结宗教职业者和一切可以团结的力量"。①

　　第五次全国宗教工作会议对于纠正宗教领域的"反右"扩大化错误，起到了积极的作用。1960 年 2 月 10 日至 23 日，第六次全国宗教工作会议在天津召开，主要任务就是进一步贯彻宗教政策、调整宗教关系。在总结发言中，张执一再次强调了中国宗教的"五性"特征，并联系新的实际，就做好宗教界人士和信教群众的工作，特别是正确理解和贯彻执行宗教政策等问题提出具体要求。此后，随着宗教政策的恢复和落实，宗教领域的紧张氛围得以缓解。1960 年 11 月至 1962 年 2 月，各宗教爱国组织先后召开代表会议，以"自己提出问题、自己分析问题、自己解决问题"和"不抓辫子、不打棍子、不戴帽子"为原则，总结了各自教会的工作及问题所在，提出了新的任务和要求，并进行了换届选举。会议期间，张执一、肖贤法等人到会讲话，"肯定宗教界人士在政治上大有进步"，"重申中共宗教政策长期不变"，"要求各教开展研究工作"。②

　　1962 年 4 月 18 日，周恩来在全国政协三届三次会议上进一步批判了宗教领域"左"的错误，明确指出宗教工作在过去一个时期"有些缺点和错误"，有人"把宗教信仰问题常常看得太简单了"，"一些宗教界的朋友提出来批评，有许多好的意见是值得我们重视的"。他重申毛泽东《关于正确处理人民内部矛盾的问题》讲话的精神，强调"拿共产党员马列主义的认识来要求所有的人"、"要求所有人的人生观、世界观都一样"是不

---

① 参见赤耐主编：《当代中国的宗教工作》（上），当代中国出版社 1998 年版，第 111 页。
② 参见赤耐主编：《当代中国的宗教工作》（上），当代中国出版社 1998 年版，第 119 页。

可能的；人的"思想认识是逐步改变的"，宗教信仰"更是一个长期的问题"，而且这个问题是"人民内部的问题"。他强调，党和政府只是希望宗教界人士"热爱祖国，愿意为社会主义服务，也愿意努力学习"；思想上有宗教信仰，并不妨碍"整个人民民主统一战线的扩大和巩固"，并不妨碍"祖国的社会主义建设"。①

　　然而，在 1962 年 9 月召开的八届十中全会上，毛泽东联系对赫鲁晓夫的批评和对国内形势的观察，强调要注意资产阶级复辟的危险性，认为"千万不要忘记阶级斗争"，"阶级斗争必须年年讲、月月讲"。1962 年 12 月 17 日至 1963 年 1 月 11 日，第七次全国宗教工作会议根据八届十中全会的精神，着重讨论汉民族宗教工作的形势和任务。会议认为宗教领域的阶级斗争也"很激烈"，这既包括地主富农分子"利用宗教进行复辟"，一部分披着宗教外衣的反动分子"明目张胆地向党进攻"，也包括不少宗教界人士设法扩大"宗教的势力和影响"。会议还说，这些问题在少数民族地区同样存在。根据这些错误的判断，会议提出：必须坚决打击披着宗教外衣的"反革命分子、坏分子和反党反社会主义的右派分子"；加强对广大信教群众的"阶级教育和科学文化知识教育"；加强"对宗教活动的管理"；特别是要在宗教界人士中开展"以反帝、爱国、守法为主要内容的爱国主义、国际主义和社会主义的阶级教育"。② 会议虽然继续要求"全面贯彻宗教信仰自由政策"，但这在当时的环境中难以实现。

　　1963 年 6 月，中共中央批转《第七次全国宗教工作会议纪要》后，一场"爱国主义、国际主义和社会主义的阶级教育活动"在宗教领域开展起来。国务院宗教事务局还提出，要将该活动作为宗教工作的首要任务，并得到各宗教组织的响应。③ 尽管这"三个主义"教育在一定程度上加强了宗

---

① 《我国人民民主统一战线的新发展》（1962 年 4 月 18 日），见《周恩来统一战线文选》，人民出版社 1984 年版，第 445 页。

② 参见赤耐主编：《当代中国的宗教工作》（上），当代中国出版社 1998 年版，第 122 页。

③ 比如，1963 年 11 月 8 日闭幕的中国伊斯兰教第三次代表会议，确定了今后的四项工作任务中，第一条就是"推动伊斯兰教界人士进行以反帝、爱国、守法为主要内容的社会主义、爱国主义和国际主义的学习"。(参见罗广武编：《新中国宗教工作大事概览（1949—1999）》，华文出版社 2001 年版，第 244 页。)

教界人士和信教群众的爱国守法观念，增强了他们对坚持社会主义道路的信心，但在"阶级斗争"这片乌云之下，宗教领域"左"的错误不断发展。

"文化大革命"时期，在极左思潮的冲击下，宗教领域受到更加严重的破坏。很多宗教场所成为破"四旧"的对象；很多宗教界人士和信教群众被当作"牛鬼蛇神"，遭到残酷的迫害，造成了大量冤假错案；各级宗教事务部门也被扣上"执行投降主义、修正主义路线"的帽子，宗教工作陷入混乱。同其他方面一样，宗教领域损失惨重、伤痕累累。当宗教成为"破四旧"和文化革命的对象，发挥宗教界在社会主义建设中的积极作用也就无从谈起了。对此，中共中央 1982 年 19 号文件总结说：反革命集团别有用心地利用"左"的错误，肆意践踏"马克思列宁主义、毛泽东思想关于宗教问题的科学理论"，全盘否定新中国成立后"党对宗教问题的正确方针"，根本取消"党对宗教的工作"，强行禁止"信教群众的正常宗教生活"，"把宗教界爱国人士以至一般信教群众当作'专政对象'"，甚至"把某些少数民族的风俗习惯也视为宗教迷信，强行禁止，个别地方甚至镇压信教群众，破坏民族团结"。[①]

由上可见，从 1956 年到 1976 年，中国宗教工作既有很大的成绩，也有惨痛的教训。正反两方面的经验表明，这一时期提出的基本观点和基本政策，包括宗教具有"五性"特征、对宗教界进行社会主义教育、坚持和发展党同宗教界的统一战线，都是中国特色社会主义宗教理论的重要内容。这些观点和政策贯彻得好，宗教工作就有成绩；相反，宗教工作就有挫折。

四、第八次至第九次全国宗教工作会议：根据改革开放历史新时期的新形势和宗教方面的新情况，在实现宗教领域拨乱反正的基础上，总结了党关于宗教的基本观点和基本政策

1978 年 11 月 10 日至 12 月 15 日，中共中央工作会议在北京召开。

---

① 《关于我国社会主义时期宗教问题的基本观点和基本政策》（1982 年 3 月），见《新时期宗教工作文献选编》，宗教文化出版社 1995 年版，第 58 页。

邓小平在闭幕会上强调，一个党、一个国家、一个民族"如果一切从本本出发，思想僵化，迷信盛行，那它就不能前进，它的生机就停止了，就要亡党亡国"①。在中国究竟向何处去的历史关头，邓小平这篇重要讲话成为开辟新道路、开创新理论的宣言书，实际上成为随后召开的十一届三中全会的主题报告。

12月18日至22日，在北京召开的十一届三中全会，在各条战线上"扭转乾坤"，实现了具有伟大意义的历史转折。它彻底否定"两个凡是"的方针，重新确立解放思想、实事求是为思想路线；停止使用"以阶级斗争为纲"的口号，作出了"把党和国家的工作着重点转移到社会主义现代化建设上来、实行改革开放"的战略抉择；开始形成以邓小平为核心的第二代中央领导集体。十一届三中全会后，思想、政治、组织以及包括宗教在内的各领域的拨乱反正全面展开。一个新的历史时期开始了。

一系列的根本性转变，使党的宗教工作迎来了"春天"。就在中央工作会议召开期间，1978年12月1日至11日，中央统战部在北京召开全国宗教工作座谈会，主要任务是学习中共中央转发的中央统战部《关于当前宗教工作中急需解决的两个政策性问题的请示报告》的通知（即中发〔1978〕65号文件）。这个报告提出的两个问题，一是"认真地、全面地贯彻执行宪法所规定的宗教信仰自由政策"，强调宗教领域的拨乱反正"必须解决的一个重要问题就是尊重信教群众的正当宗教生活"；二是要求"严格区分两类不同性质的矛盾"，加强"对宗教活动的管理"，并提出了八条具体要求。②

这次宗教工作座谈会，是"文化大革命"结束后第一次研究宗教工作问题的全国性会议，时隔第七次全国宗教工作会议已有十六年之久。根据与会者的一致要求，报经中央批准，这次会议被改为第八次全国宗教工作会议。事实证明，这是一次继往开来、拨乱反正、正本清源的会议。经过充分的交流和讨论，会议不仅充分肯定了新中国成立以来宗教工作取得的

---

① 《解放思想，实事求是，团结一致向前看》（1978年12月13日），见《邓小平文选》（第二卷），人民出版社1994年版，第143页。

② 参见赤耐主编：《当代中国的宗教工作》（上），当代中国出版社1998年版，第138页。

重大成就，而且严肃批判了"左"的错误思想特别是"文化大革命"对宗教工作的破坏；根据中国宗教的"五性"特征，确定新时期宗教工作总的指导思想是"安定团结，稳定局势，搞社会主义四个现代化"，今后一个时期的主要任务是"认真落实党的宗教政策，妥善安排信教群众的宗教生活和活动场所，团结广大信教群众参加社会主义建设"。乌兰夫在接见与会者时强调，新中国成立以来，"宗教工作贯彻了党的宗教政策，是有很大成绩的"；"宗教工作、民族工作、统战工作都是革命工作，同志们在工作中是有功劳的"；而今，"实现四个现代化是大局，宗教工作要服从这个大局"。① 这次会议还就恢复和健全各级宗教工作机构，恢复各爱国宗教团体的活动，做好对宗教界人士落实政策的工作，解决宗教团体房产的问题，以及加强对宗教活动的管理等方面工作，提出了具体意见和原则要求。

1979 年 2 月 10 日，中央批转了中央统战部上报的《第八次全国宗教工作会议纪要》，要求各地参照执行。这次会议对恢复宗教政策、推动宗教工作，都起到了显著的作用。从某种意义上说，它就像宗教领域的"十一届三中全会"。在拨乱反正取得一定成绩后，中共中央书记处着眼于做好改革开放新时期的宗教工作，1980 年 12 月 8 日听取了中央统战部、国务院宗教事务局党组关于落实宗教政策的情况以及仍然存在的主要问题的汇报。12 月 10 日，中央书记处于深入讨论了宗教工作，决定起草一个中国共产党关于宗教问题的观点和政策的文件，并同意召开第九次全国宗教工作会议。

1981 年 6 月 27 日，中共十一届六中全会讨论通过《关于建国以来党的若干历史问题的决议》，实事求是地评价了毛泽东的历史功绩与历史地位，充分阐述了毛泽东思想的伟大意义，并对新中国成立后的一系列重大历史问题作出正确结论，强调党在十一届三中全会以后逐步开辟了一条符合中国实际的社会主义现代化建设道路。这个"历史决议"标志着党在指导思想上完成了拨乱反正，其关于宗教问题的论述成为党关于中国社会主

---

① 参见赤耐主编：《当代中国的宗教工作》（上），当代中国出版社 1998 年版，第 140 页。

义时期宗教问题的基本观点：要继续"贯彻执行宗教信仰自由政策"；坚持四项基本原则并不要求宗教信徒"放弃他们的宗教信仰"，只是要求他们"不得进行反对马列主义、毛泽东思想的宣传"，要求宗教"不得干预政治和干预教育"。①

经过一年多的努力，由中央书记处组织力量起草的《关于我国社会主义时期宗教问题的基本观点和基本政策》也顺利完成。它根据"历史决议"的精神，从十二个方面对新中国成立后宗教工作的正反两方面经验进行了系统的、深刻的总结，全面论述了中国共产党关于宗教问题的基本观点和基本政策。可以说，它就如同宗教领域的一个"历史决议"，标志着党实现了宗教工作指导思想的拨乱反正。1982 年 3 月 31 日，这份纲领性文献作为党内文件（即中发〔1982〕19 号文件）下发，成为处理历史遗留问题、开创宗教工作新局面的行动指南。这个具有重大理论与实践意义的文件，以其对马克思主义宗教观基本原理的重申和坚持、对附加于马克思主义宗教观之上的错误观点的澄清和批判、对马克思主义宗教观一些理论政策主张的丰富和深化，以及在新的实践中对马克思主义宗教观的运用和创新，成为中国特色社会主义宗教理论的奠基之作。

值得一提的是，中共中央在下发 19 号文件的《通知》中还特别指出，党在其它方面的工作、各地区各部门的工作，都要像宗教领域这样，进一步"系统地总结自己的经验"，从而形成一套"符合本地区、本部门情况的，理论与实际密切结合的"观点和办法，以"提高全党同志的思想理论水平，采取正确而有效的工作方法"。② 这告诉我们，不仅要从中国特色社会主义建设的大背景下观察宗教问题，而且要认识到正确处理宗教问题对其它领域也可以起到重要的示范作用。

19 号文件印发 3 天后，1982 年 4 月 2 日至 8 日，中共中央在北京召开第九次全国宗教工作会议，主要任务就是学习 19 号文件，讨论如何结

①《关于建国以来党的若干历史问题的决议》（1981 年 6 月 27 日），见《三中全会以来重要文献选编》（下），中央文献出版社 2011 年版，第 171 页。
②《中共中央印发〈关于我国社会主义时期宗教问题的基本观点和基本政策〉的通知》（1982 年3 月 31 日），见《新时期宗教工作文献选编》，宗教文化出版社 1995 年版，第 53—54 页。

合各地区、各宗教的情况来贯彻落实好文件精神。这次会议规格高、规模大，除各省、自治区、直辖市的党委统战部部长和宗教事务部门负责人，还有中央国家机关 40 多个部门负责人，以及特请的十几位省、自治区、直辖市党委或政府主管宗教工作的领导，共有 252 人参加。乌兰夫在开幕会、闭幕会上两次发表讲话，一再强调：19 号文件提出了正确认识和处理中国社会主义时期宗教问题的"一整套观点和办法"；新时期宗教工作的基本任务就是"坚定不移地贯彻执行宗教信仰自由政策，巩固和扩大各民族宗教界的爱国政治联盟，为建设现代化的社会主义强国、完成祖国统一事业、维护世界和平而共同奋斗"。①

1982 年 9 月 1 日至 11 日，中共十二大胜利召开。邓小平在开幕词中明确提出：把马克思主义普遍真理同中国具体实际相结合，"走自己的道路，建设有中国特色的社会主义"。② 从此，"建设有中国特色的社会主义"成为包括宗教界人士和广大信教群众在内的全体中国人民进行改革开放和现代化建设的旗帜。在庆祝中国佛教协会成立三十周年茶会上，杨静仁就根据中共十二大精神，强调宗教界是中共领导下的"爱国统一战线的一个方面"，要继续巩固和发展"与宗教界人士的政治联盟"，为把中国建成社会主义现代化强国，为完成祖国统一大业，为维护世界和平而共同奋斗。③

继第二个"历史决议"、19 号文件之后，五届全国人大五次会议审议通过了现行的《中华人民共和国宪法》，其第二章"公民的基本权利和义务"第三十六条对宗教问题作出了四款规定：（1）"中华人民共和国公民有宗教信仰自由"；（2）"任何国家机关、社会团体和个人不得强制公民信仰宗教或者不信仰宗教，不得歧视信仰宗教的公民和不信仰宗教的公民"；（3）"国家保护正常的宗教活动。任何人不得利用宗教进行破坏社会秩序、损害公民身体健康、妨碍国家教育制度的活动"；（4）"宗教团

① 参见赤耐主编：《当代中国的宗教工作》（上），当代中国出版社 1998 年版，第 149 页。
② 《中国共产党第十二次全国代表大会开幕词》（1982 年 9 月 1 日），见《邓小平文选》（第三卷），人民出版社 1993 年版，第 3 页。
③ 杨静仁：《发扬中国佛教优良传统，为四化建设做出更大贡献》（1983 年 12 月 7 日），见《新时期宗教工作文献选编》，宗教文化出版社 1995 年版，第 100 页。

体和宗教事务不受外国势力的支配"。① 彭真在《关于中华人民共和国宪法修改草案的说明》中就此进行了专门阐释，强调"公民有宗教信仰的自由"，是马列主义、毛泽东思想对待宗教信仰问题的"一贯方针"。有人信仰宗教是"客观存在的社会意识形态问题"，决不能采取强制手段去解决。《宪法修改草案》恢复了 1954 年宪法第八十八条，并有所发展，写得更加明确具体。② 参这部宪法起草工作的许崇德，在回忆中感慨道："宪法关于宗教信仰自由的条文的确定，颇费周折。经过大家的反复努力，才最后形成了现行宪法的第三十六条。""这个条文写了四款，规定甚为完善。"它保留了 1954 年宪法的优点，同时又将它推进和发展，使之"更加全面、正确地体现党的宗教政策"。③

"八二宪法"关于宗教问题的规定，将党的意志通过法律程序转化成国家意志，将党关于宗教的基本观点和基本政策转化为法律。这是中国共产党和人民政府认识和处理社会主义条件下宗教问题的重大成果，为进一步制定和执行宗教法规、政策，正确处理中国宗教问题提供了根本依据。

1985 年 12 月 28 日至 1986 年 1 月 7 日，国务院宗教事务局在北京召开了全国宗教局（处）长会议，主要任务是总结 19 号文件下发后的贯彻执行情况，并研究新出现的问题。习仲勋就新形势下进一步加强党的宗教工作发表讲话，强调既要克服宗教工作中"左"的思想，也要防止右的倾向。他指出"左"和右的表现形式虽然不同，但"实质都是削弱了党对宗教工作的领导，妨碍党的宗教政策正确、全面的落实"，从而"脱离了广大信教和不信教的群众，并给那些利用宗教进行非法、违法活动的人以可乘之机，给外国宗教中的敌对势力的渗透留下空隙"。④

在这次会议上，国务院宗教事务局局长任务之作了题为《进一步开创

---

①《中华人民共和国宪法》（1982 年 12 月 4 日），见《十二大以来重要文献选编》（上），中央文献出版社 2011 年版，第 194 页。

② 参见《我国公民有宗教信仰的自由》（1982 年 4 月 22 日），见《新时期宗教工作文献选编》，宗教文化出版社 1995 年版，第 75 页。

③ 许崇德：《宪法起草过程中的片段回忆》，载《中国人大》2008 年第 18 期。

④《克服宗教工作中"左"的思想，防止右的倾向》（1986 年 1 月 6 日），见《习仲勋文集》（下卷），中共党史出版社 2013 年版，第 1033—1035 页。

宗教工作的新局面，为社会主义现代化建设服务》的工作报告，将贯彻 19
号文件所取得的宗教工作成绩，归纳为四个方面：（1）"在全党进行了一
次社会主义时期宗教问题的基本观点和基本政策的教育，广大干部明确了
宗教工作的指导思想和基本任务，对宗教问题的认识有了较大的提高，使
宗教工作逐步走上了正确的轨道"；（2）"落实宗教政策取得了显著成绩，
宗教界人士中的冤假错案绝大多数得到平反纠正，逐步恢复和建立了各
级爱国宗教组织，恢复开放了一批宗教活动场所，使宗教活动基本恢复正
常，改善了党和政府同宗教界人士及信教群众的关系，巩固和扩大了各民
族宗教界的爱国政治联盟，促进了安定团结"；（3）"宗教组织和寺观教
堂在为社会主义现代化建设服务和实现自养方面，有了一个良好的开端"；
（4）宗教方面的国际友好往来出现新局面，各宗教组织和宗教界人士"组
团出访了五大洲许多国家和地区，参加了一些国际会议，也接待了不少来
我国访问的国外宗教组织和宗教人士，增进了相互的了解和友谊"。[①] 这
一切都说明，宗教工作在实现拨乱反正的基础上，大大地向前发展了。随
着实践经验的逐渐积累，中国特色社会主义宗教理论开创、形成并不断
发展。

五、1990 年全国宗教工作会议至 2001 年全国宗教工作会议：根据冷战后国际格局的深刻变化和宗教问题日益突出的新形势，系统地论述了社会主义初级阶段的宗教问题，提出了党的宗教工作基本方针

1989 年 6 月 23 日至 24 日，十三届四中全会在北京召开，选举江泽
民为中共中央总书记。面对国内外的各种声音，江泽民郑重表示：中央
领导机构虽然"作了一些人事调整"，但是十一届三中全会以来的路线和
基本政策"没有变，必须继续贯彻执行"。在这个最基本的问题上，要做
到"两句话"：一句是"坚定不移，毫不动摇"，一句是"全面执行，一

---

① 参见赤耐主编：《当代中国的宗教工作》（上），当代中国出版社 1998 年版，第 158 页。

以贯之"。①

十三届四中全会以后，以江泽民为核心的第三代中央领导集体，落实中共中央 1982 年 19 号文件精神，推进宗教工作不断向前发展，并在新的实践中积累了新的经验。1990 年 12 月 5 日至 9 日，国务院在北京召开 1990 年全国宗教工作会议②，主要任务是修改《中共中央、国务院关于进一步做好宗教工作若干问题的通知》（讨论稿），确定今后一个时期宗教工作的方针政策。江泽民在会见各宗教团体主要领导人时指出，1990 年全国宗教工作会议的基本精神，就是"统一思想，继续贯彻党和政府的宗教信仰自由政策，保持宗教政策的稳定性和连续性，动员各级党委、政府和社会各方面更加关心、重视和做好宗教工作"。他还就《通知》的两大亮点进行了阐述：

关于正确处理宗教问题是建设中国特色社会主义的"一个重要内容"，江泽民强调了两个方面：对党和政府来说，就是要"坚定不移地贯彻执行尊重和保护公民宗教信仰自由的权利、保护正常的宗教活动、保护宗教界的合法权益这样一些长期不变的基本政策"；对宗教界来说，就是要"坚定不移地拥护中国共产党的领导，拥护社会主义，坚持独立自主自办教会的原则，坚持在宪法、法律、法规和政策规定的范围内开展宗教活动"。概括来说，党处理同宗教界之间关系的原则是"政治上团结合作，信仰上互相尊重"，这一点是"永远不会变的"。江泽民指出，这是中共把马克思主义宗教理论与中国宗教实际相结合而得到的一条重要经验。

关于"依法对宗教事务进行管理"，江泽民强调在《通知》上明确写这一条，根本目的是"为了更好地保护正常的宗教活动和宗教界的合法权益"，这也"有利于防止和制止不法分子利用宗教和宗教活动制造混乱、违法犯罪，有利于抵制境外敌对势力利用宗教进行渗透"。因此，必须深刻认识"依法对宗教事务进行管理"的内涵，它"决不意味着干预宗教团

---

① 《在党的十三届四中全会上的讲话》（1989 年 6 月 24 日），见《江泽民文选》（第一卷），人民出版社 2006 年版，第 57 页。
② 第九次全国宗教工作会议之后，全国宗教工作会议不再以顺序次数排序，而是在会议之前冠以年份。

体自身的活动，更不是宗教政策收紧了"。而且，中共一贯主张在宗教工作中"充分发挥宗教团体和宗教界人士的作用"，始终支持宗教界按照中国国情和各教特点，"独立自主地办好教务"。①

1991年2月5日，中共中央正式下发了这个《通知》（即中发〔1991〕6号文件），为正确处理新形势下的宗教问题提供了理论和政策的指导。此后，中国共产党围绕宗教工作的大政方针，又取得了很多重要突破。比如，李瑞环1993年在全国性宗教团体领导人迎春座谈会上深刻阐释了"政治上团结合作、信仰上互相尊重"这条原则的基础与涵义。他首先指出："建设有中国特色的社会主义，振兴中华，完成祖国统一大业"，是中共与宗教界的"共同目标和共同利益"。这既是双方"在政治上实现团结合作的基础"，也是双方"在信仰上互相理解、互相尊重的基础"。接着，他强调了"政治上团结合作"与"信仰上互相尊重"相辅相成、辩证统一的关系："只有政治上真诚团结合作，才能真正做到在信仰上互相尊重"；"只有在信仰上互相尊重，才能有效巩固和加强政治上的团结合作"。李瑞环认为，只要坚定不移地执行这个原则，就一定能够"团结宗教界爱国人士和广大信教群众，不断巩固和扩大新时期的爱国统一战线"。②

又如，江泽民在1993年全国统战工作会议上就宗教工作提出了"三句话"方针："全面正确地贯彻执行党的宗教政策"、"依法加强对宗教事务的管理"、"积极引导宗教与社会主义社会相适应"；并精辟地论述了"三句话"的内在关系，强调"贯彻党的宗教信仰自由政策"、"依法对宗教事务进行管理"，目的都是要"引导宗教与社会主义社会相适应"。他还分析指出：宗教在社会主义社会中将"长期存在"，如果"宗教与社会主义社会不相适应，就会"发生冲突"；宗教与社会主义社会的"适应"，并不要求"宗教信徒放弃有神论的思想和宗教信仰"，而是要求他们"在政治上热爱祖国，拥护社会主义制度，拥护共产党的领导"，同时"改革不

---

① 江泽民：《保持党的宗教政策的稳定性和连续性》（1991年1月30日），见《新时期宗教工作文献选编》，宗教文化出版社1995年版，第209、210、211页。
② 李瑞环：《在全国性宗教团体领导人迎春座谈会上的谈话》（1993年1月19日），见《新时期宗教工作文献选编》，宗教文化出版社1995年版，第243页。

适应社会主义的宗教制度和教条，利用宗教教义、宗教教规和宗教道德中的某些积极因素为社会主义服务"。① 这段重要论述，深刻阐释了"宗教与社会主义社会相适应"的内涵，而且将之提升到极其重要的位置，在宗教工作部门、宗教界、学术界都引起重大反响。

1990 年全国宗教工作会议之后，1992 年、1994 年、1996 年、1998年、2000 年都召开了全国宗教局长会议，主要议题是总结工作的经验与问题，并根据中央精神作出新的部署，推动宗教工作不断向前发展。2001年 12 月 10 日至 12 日在北京召开的全国宗教工作会议，是中共中央、国务院进入 21 世纪后召开的一次重要会议。江泽民在会上发表重要讲话，深刻分析了宗教问题的复杂性、宗教问题的三个主要特点、做好宗教工作的重要性，提出了新世纪初宗教工作的基本任务是："全面贯彻党的宗教信仰自由政策，依法管理宗教事务，积极引导宗教与社会主义社会相适应，坚持独立自主自办的原则，巩固和发展党同宗教界的爱国统一战线，维护稳定，增进团结，为推进社会主义现代化建设、实现祖国的完全统一、维护世界和平与促进共同发展而努力奋斗。"② 这就将宗教工作的"三句话"发展为"四句话"，标志着"党的宗教工作基本方针"基本形成。《人民日报》就这次会议发表的社论，也着重从这"四句话"出发，强调1990 年全国宗教工作会议以来"党的宗教政策是正确的"、"宗教工作的形势总体上是好的"，并对江泽民的相关论述进行了阐释。③

12 月 12 日，朱镕基在会上作了总结讲话，强调要站在政治和战略高度，"充分熟悉宗教问题的重要性，切实把做好宗教工作当作一项长期的重要任务，坚持不懈地抓紧抓好"。他还结合实际情况，有针对性地指出了需要加强的几项工作，包括：（1）依法对宗教事务进行治理，"既要敢于治理，又要善于治理，努力提高依法治理宗教事务的水平"。（2）重点做

---

① 江泽民：《高度重视民族工作和宗教工作》（1993 年 11 月 7 日），见《新时期宗教工作文献选编》，宗教文化出版社 1995 年版，第 254—255 页。
②《论宗教问题》（2001 年 12 月 10 日），见《江泽民文选》（第三卷），人民出版社 2006 年版，第 372、382 页。
③ 参见《紧密团结信教群众，共同致力于建设有中国特色社会主义的伟大事业》，见《人民日报》2001 年 12 月 13 日。

好农村和少数民族中的宗教工作。做好农村宗教工作，"要建立健全县乡村三级宗教事务治理网络，建立乡、村两级宗教工作责任制"；"要从加快发展经济、减轻农民负担、提高农民生活水平入手，同时切实办好教育，加快普及科学文化知识，有针对性地进行思想政治工作，努力把包括信教群众在内的广大群众的思想引导到发展生产、劳动致富的轨道上来"。做好少数民族中的宗教工作，"既要加强聚居区的工作，又要重视散居区的工作"；"要大力支持少数民族地区发展经济，发展教育、文化、卫生、体育事业，加强社会保障和救济工作，不断增强党和政府的凝聚力"。(3）从根本上铲除邪教的社会土壤。"邪教不是宗教，但邪教往往打着宗教的旗号蒙骗群众，危害社会"，必须"广泛深入地普及科学知识和科学精神，大力反对封建迷信"；必须"继续依法打击和取缔一切邪教活动，严防新的邪教产生"。(4）大力加强宗教工作队伍建设。要健全宗教工作机构，配备宗教工作人员，并"注意保持宗教工作干部队伍的相对稳定"；要"加强宗教工作人员的学习培训，不断提高他们的素质和业务水平"；要"大力支持爱国宗教组织和宗教团体的建设，高度重视发挥爱国宗教人士的作用"。①

　　2001 年全国宗教工作会议结束不久，中共中央于 2002 年 1 月 20 日下发《中共中央、国务院关于加强宗教工作的决定》(即中发〔2002〕3 号文件）。这是继中发〔1982〕19 号文件、中发〔1991〕6 号文件之后，中国共产党关于宗教理论和政策的又一份重要文献。如果说 6 号文件是指导 20 世纪 90 年代宗教工作的指南，3 号文件就是指导新世纪初宗教工作的指南。1990 年全国宗教工作会议与 6 号文件、2001 年全国宗教工作会议与 3 号文件，这两次会议与两个文件也充分体现了中共第三代中央领导集体坚持和发展中国特色社会主义宗教理论的重要贡献。

---

① 参见《全国宗教工作会议在京举行》，载《人民日报》2001 年 12 月 13 日。

六、2002 年至 2012 年的宗教工作会议：立足于新世纪新阶段的新实际，强调保持和促进宗教关系的和谐，发挥宗教界人士和信教群众在促进经济社会发展中的积极作用

2002 年 11 月 8 日至 14 日，中共十六大在北京举行。15 日，十六届一中全会选举胡锦涛为中共中央总书记。十六大将宗教工作"四句话"方针写入大会政治报告，要求"全面贯彻党的宗教信仰自由政策，依法管理宗教事务，积极引导宗教与社会主义社会相适应，坚持独立自主自办的原则"[①]。此后十年时间里，没有召开类似于之前的全国宗教工作会议，但这并不意味宗教工作的削弱。在全面贯彻"四句话"方针的实践中，以胡锦涛为总书记的党中央总结新的经验，继续推进宗教理论创新、开创宗教工作新局面。

2004 年 1 月 4 日至 6 日，中共中央、国务院在北京召开全国宗教工作座谈会。贾庆林在会上指出，"三个代表"重要思想中关于宗教问题的一系列论述，是"对马克思主义宗教观的丰富和发展"，是"做好新世纪新阶段宗教工作的强大思想武器和行动指南"。要坚持用"三个代表"重要思想"统领宗教工作，全面贯彻党的宗教工作基本方针和基本政策，把广大信教群众和不信教群众紧密团结在党和政府周围，将智慧和力量凝聚到全面建设小康社会的宏伟目标上来"。他还说，以胡锦涛为总书记的党中央强调"全面贯彻党的宗教信仰自由政策，依法管理宗教事务，坚持独立自主自办的原则，积极引导宗教与社会主义社会相适应的基本方针"，就是要使宗教工作"在保持连续性、稳定性的基础上继续向前推进"。[②]这是中国共产党首次公开将"四句话"明确为党的宗教工作基本方针。从此，"党的宗教工作基本方针"成为专有名词，有了特定内涵。中共十七大报告就简明扼要地写道："全面贯彻党的宗教工作基本方针，发挥宗教

---

① 江泽民：《全面建设小康社会，开创中国特色社会主义事业新局面》(2002 年 11 月 8 日)，见《十六大以来重要文献选编》(上)，中央文献出版社 2011 年版，第 25 页。
② 参见《全国宗教工作座谈会在京召开》，载《人民日报》2004 年 1 月 7 日。

界人士和信教群众在促进经济社会发展中的积极作用。"①

　　为学习贯彻这次全国宗教工作座谈会的精神，2004年6月3日至8日，中央组织部、中央统战部、中央党校和国家宗教局联合举办了一期"省级领导干部宗教工作专题研究班"，以加深他们对宗教工作基本方针的认识和理解，并进一步掌握马克思主义宗教观和宗教工作的基本知识。在结业座谈会上，贾庆林要求各级党委一定要从"提高党的执政能力、巩固党的执政地位"的高度，"切实加强对宗教工作的领导，健全宗教工作的领导体制和协调机制，真正把宗教工作摆上重要议事日程"；各级党政干部和宗教工作干部一定要"深入基层，了解和掌握宗教工作状况，及时研究和协调解决宗教工作中存在的问题"。② 这次培训活动对贯彻党的宗教工作基本方针，推进新世纪新阶段的宗教工作，起到了重要的促进作用。

　　以胡锦涛为总书记的党中央，非常重视依法管理宗教事务。2004年7月7日，国务院第五十七次常务会议通过了《宗教事务条例》。这是中国第一部宗教方面的综合性行政法规，对保护信教群众、宗教团体、宗教活动场所的合法权益作出了明确规定，对涉及国家利益、社会公共利益的宗教事务作出了明确规范。自2005年3月1日施行以来，《条例》在实践中取得了显著成效，极大地促进了宗教工作全面走上法治化、规范化、制度化的进程。2014年12月26日，刘延东在《条例》公布10周年座谈会上，从各方面的成效对此进行了总结，强调"宗教工作实现了由主要依政策办事向依法管理的转变，保障了公民的宗教信仰自由，得到了广大宗教界人士和信教群众的拥护，宗教工作干部和宗教界人士的法律意识明显增强，在全社会形成了关心支持宗教工作的良好氛围"。③

　　在2006年全国统战工作会议上，胡锦涛提出政党关系、民族关系、

① 胡锦涛：《高举中国特色社会主义伟大旗帜，为夺取全面建设小康社会新胜利而奋斗》（2007年10月15日），见《十七大以来重要文献选编》（上），中央文献出版社2009年版，第24页。
② 参见《学习贯彻"三个代表"重要思想，切实加强新形势下的宗教工作》，载《人民日报》2004年6月9日。
③ 参见《〈宗教事务条例〉公布10周年座谈会召开》，载《中国宗教》2015年第1期。

宗教关系、阶层关系和海内外同胞关系，是政治领域和社会领域中涉及党和国家工作全局的"五大关系"。他强调要"高度重视宗教问题，增强做好宗教工作的责任感和使命感，全面贯彻党的宗教工作基本方针，努力实现宗教与社会和谐相处，各宗教和谐相处，信教群众和不信教群众、信仰不同宗教群众和谐相处"①，并深刻阐述了怎样做好新形势下的宗教工作，特别提出保持和促进宗教关系和谐的要求。因此，这部分内容成为他关于宗教问题的一篇代表性著作。尤为重要的是，保持和促进宗教关系的和谐，不仅是做好新形势下宗教工作的一个实践课题，而且为中国特色社会主义宗教理论增添了重要内容。

2007 年 12 月 18 日，胡锦涛主持中共中央政治局第二次集体学习时的讲话，是他关于宗教问题的又一篇代表性著作。他再次强调：要从战略高度来认识"做好新形势下宗教工作的重要性"，深刻理解宗教工作"关系党和国家工作全局，关系社会和谐稳定，关系全面建设小康社会进程，关系中国特色社会主义事业发展"；要正确认识和全面把握宗教工作"面临的新情况新问题，积极主动地做好宗教工作，促进宗教关系的和谐，努力把宗教界人士和信教群众紧紧团结在党和政府周围，共同为全面建设小康社会、加快推进社会主义现代化而奋斗"。②

根据国内外形势的新变化，胡锦涛就怎样全面贯彻党的宗教工作基本方针，积极主动地做好新世纪新阶段的宗教工作，提出了一系列新思想、新观点和新论断。从 2007 年开始，国家宗教事务局开始召开一年一度的全国宗教工作会议，其规格相当于之前的全国宗教局长会议，主要任务是依据胡锦涛和其他中央领导同志的指示精神，总结上一年的宗教工作，部署下一年的宗教工作。

2007 年 1 月 15 日至 16 日，2007 年全国宗教工作会议在云南省昆明市召开。会议强调要按照构建社会主义和谐社会的部署和要求，进一步

① 胡锦涛：《在全国统战工作会议上的讲话》（2006 年 7 月 10 日），见《十六大以来重要文献选编》（下），中央文献出版社 2008 年版，第 554 页。
② 参见《全面贯彻党的宗教工作基本方针，积极主动做好新形势下宗教工作》，载《人民日报》2007 年 12 月 20 日。

加强宗教工作，主要是切实贯彻"党的宗教工作基本方针"、全面《落实宗教事务条例》，努力开创新形势下宗教工作的新局面。具体而言，必须立足经济社会发展阶段、放眼世界、着眼改革发展稳定大局来认识宗教问题；必须深刻认识宗教问题的长期性、特殊复杂性和重要性；必须深刻认识宗教工作的政治性、政策性和群众性；必须"把握规律性、增强预见性、争取主动性"，切实加强宗教工作，妥善处理宗教关系，发挥宗教在构建社会主义和谐社会中的积极作用。① 把"宗教问题的长期性、特殊复杂性和重要性"与"宗教工作的政治性、政策性和群众性"结合起来，进而要求"把握规律性、增强预见性、争取主动性"，对于认识和处理宗教问题是非常重要的。

2008 年 1 月 16 日至 17 日，2008 年全国宗教工作会议在北京召开，主要任务是认真学习贯彻十七大精神，认真学习领会和贯彻落实胡锦涛在新一届中央政治局第二次集体学习时发表的重要讲话。围绕这个主题，贾庆林从四个方面分析了怎样做好新形势下的宗教工作：一是要坚持党的宗教工作基本方针，"全面准确地理解和把握其精神实质和基本要求，真正把它贯彻落实到宗教工作的各个方面"；二是要做好信教群众工作，"着力把他们的积极性引导到促进发展、改善生活上来"，同广大不信教群众共同奋斗；三是要加强爱国宗教人士队伍建设，"努力造就一支政治上靠得住、学识上有造诣、品德上能服众的教职人员队伍"；四是要努力建设高素质的宗教工作干部队伍，"加强学习培训，强化业务能力，增强大局意识和责任意识，不断提高依法管理宗教事务的水平"。②

2009 年 1 月 7 日至 8 日，2009 年全国宗教工作会议在北京召开。贾庆林在 2008 年讲话的基础上，要求各级宗教工作部门继续努力，进一步贯彻党的宗教工作基本方针，并提出了四方面具体要求：（1）组织和支持广大信教群众积极发展生产、改善生活、勤劳致富，为保持经济平稳较快

---

① 参见《切实加强新形势下的宗教工作，努力提高依法管理宗教事务的能力》，载《人民日报》2007 年 1 月 17 日。
② 参见《全国宗教工作系统表彰大会暨 2008 年全国宗教工作会议在京召开》，载《中国宗教》2008 年第 1 期。

发展贡献力量，为夺取全面建设小康社会新胜利而奋斗；（2）加强对宗教界人士和信教群众的教育引导，确保宗教领域和谐稳定，自觉维护社会安定团结；（3）认真落实《宗教事务条例》，进一步推进宗教事务管理的法制化、科学化和现代化，并据此提出三个"结合"："把保障公民宗教信仰自由与确保宗教活动规范有序结合起来"，"把发挥宗教界人士和信教群众在促进经济社会发展中的积极作用与抵御境外利用宗教进行渗透活动结合起来"，"把依法管理宗教事务与健全宗教自身各种规章制度结合起来"；（4）充分了解和掌握基层宗教工作的基本情况和面临的主要问题，有针对性地加强对基层宗教工作的指导，着力解决宗教领域的一些重点、难点问题。①

2010年1月12日至13日，2010年全国宗教工作会议在北京召开。贾庆林对这次会议作出指示，要求各级党委和政府"进一步加强对宗教工作的领导和支持"，各级统战和宗教部门要"认真学习贯彻党的宗教工作的方针政策和中央对宗教工作的决策部署"，从而做好各项宗教工作，更好地服务党和国家的中心任务。会议工作报告阐述了积极倡导宗教和谐的重要意义，认为促进宗教和谐是"构建和谐社会的重要内容，是当代宗教工作的重要目标，是对宗教工作提出的新要求，是发挥宗教积极作用的新途径，是建设和谐世界的时代召唤。无论是做国内宗教工作，还是开展宗教方面的对外交往，都应当倡导宗教和谐，实践宗教和谐"。②

2011年1月10日至11日，2011年全国宗教工作会议在海南省海口市召开。会议工作报告指出，"十一五"期间宗教工作最值得重视的一条经验，就是以颁布《宗教事务条例》为标志，中国宗教工作开始实现"由主要依靠政策管理向依法管理转变"③。

2012年1月8日至9日，2012年全国宗教工作会议在黑龙江省哈尔

---

① 参见《认真贯彻党的宗教工作基本方针，全力维护我国社会安定团结的良好局面》，载《人民日报》2009年1月8日。
② 参见《全国宗教工作会议在京举行》，载《中国宗教》2010年第1期。
③ 参见《强化管理求实效——2011年全国宗教工作会议在海口举行》，载《中国宗教》2011年第1期。

滨市召开。会议工作报告提出，2012 年宗教工作将以"加强和创新宗教事务管理为主线"，更加注重"夯实基础""解决难点""正面引导""搞好服务"，切实维护宗教领域的和谐稳定，充分发挥宗教界人士和信教群众"在促进经济发展、社会和谐和文化繁荣中的积极作用"。①

从上述材料可以看出，贯穿这一时期宗教工作会议的主题就是，以科学发展观为指导，着眼于社会主义和谐社会的构建，努力保持和促进宗教关系的和谐，积极引导宗教与社会主义社会相适应，充分发挥宗教界人士和广大信教群众在经济社会发展中的积极作用。这不仅开创了宗教工作的新局面，积累了新的实践经验，而且推动了马克思主义宗教观中国化和时代化，为中国特色社会主义宗教理论注入了新内涵。

七、中共十八大特别是 2016 年全国宗教工作会议以来：在新的历史起点上，全面贯彻党的宗教工作基本方针，团结宗教界共同致力于中国特色社会主义伟大事业和中华民族伟大复兴的中国梦

2012 年 11 月 8 日至 14 日，中共十八大在北京举行。15 日，十八届一中全会选举习近平为中共中央总书记。十八大报告再次强调："全面贯彻党的宗教工作基本方针，发挥宗教界人士和信教群众在促进经济社会发展中的积极作用。"②这充分表明中国共产党的宗教政策是稳定的，也反映了中国特色社会主义宗教理论趋于成熟。与此同时，以习近平为核心的党中央在治国理政的实践中，以马克思主义宗教观为指导，深刻总结新中国宗教工作的成就与经验，科学分析新形势下宗教工作面临的新情况新问题，提出一系列新思想新观点，作出一系列新决策新部署，不断丰富和发展中国特色社会主义宗教理论。

十八大召开后不久，习近平提出了实现中华民族伟大复兴的中国梦，并明确要求团结宗教界人士和信教群众为这个伟大梦想共同奋斗。2013

---

① 参见《2012 年全国宗教工作会议在哈尔滨举行》，载《中国宗教》2012 年第 1 期。
② 胡锦涛：《坚定不移沿着中国特色社会主义道路前进，为全面建成小康社会而奋斗》（2012 年11 月 8 日），见《十八大以来重要文献选编》（上），中央文献出版社 2014 年版，第 23 页。

年 1 月 1 日，他在全国政协新年茶话会上指出，要努力"促进政党关系、民族关系、宗教关系、阶层关系、海内外同胞关系的和谐，最大限度调动一切积极因素，共同致力于实现中华民族伟大复兴"。[①] 有学者提出，实现中华民族伟大复兴的中国梦"为释放宗教正能量提供了更加广阔的空间"，宗教界要顺势而为，"担当起服务社会、利益人群的神圣职责，紧密团结在党和政府周围，同全国各族人民一道爬坡过坎，共创美好未来"。[②]

实际上，在福建、浙江、上海工作期间，习近平就高度重视宗教工作，根据当地实际全面贯彻党的宗教工作基本方针，积累了宝贵的实践经验，并提出了许多理论见解和政策主张。比如，2003 年 7 月 10 日，时任浙江省委书记的习近平在省委十一届四次全会上作报告时，就"宗教与文化"发表了一段精彩而深刻的插话。他明确表示："宗教不仅是一种社会意识形态，还是一种特殊的文化现象。"并具体分析指出："浩如烟海的宗教典籍，丰富了传统历史文化宝库；智慧深邃的宗教哲学，影响着民族文化精神；深刻完备的宗教伦理，强化了某些道德规范的功能；异彩纷呈的宗教艺术，装点了千姿百态的艺术殿堂；风景秀丽的宗教圣地，积淀为旅游文化的重要资源；内涵丰富的宗教礼仪，演变为民族风情的习俗文化。"[③] 基于对"宗教与文化"的深刻见解，习近平将宗教领域的友好交流，作为国家交往、不同文明交流互鉴的重要内容。2014 年 3 月 27 日，他在位于法国巴黎的联合国教科文组织总部发表演讲，全面而深刻地阐述了不同文明、不同宗教交流互鉴的看法和主张。他指出："当今世界，人类生活在不同文化、种族、肤色、宗教和不同社会制度所组成的世界里，各国人民形成了你中有我、我中有你的命运共同体"；我们应该"推动不同文明相互尊重、和谐共处，让文明交流互鉴成为增进各国人民友谊的桥梁、推动人类社会进步的动力、维护世界和平的纽带"。他还提出了推动文明

---

① 习近平：《在全国政协新年茶话会上的讲话》，载《人民日报》2013 年 1 月 2 日。
② 王作安：《共圆中国梦的宗教担当》，载《中国宗教》2013 年第 4 期。
③ 习近平：《干在实处，走在前列——推进浙江新发展的思考与实践》，中共中央党校出版社 2006 年版，第 220 页。

交流互鉴的态度和原则，强调文明是多彩的、平等的、包容的，"只有交流互鉴，一种文明才能充满生命力。只要秉持包容精神，就不存在什么'文明冲突'，就可以实现文明和谐"。[①] 像上述这样的思想观点和政策主张，十八大以来习近平还有很多论述。这些重要论述是马克思主义宗教观中国化和时代化的新进展，是中国特色社会主义宗教理论的最新成果，也是正确认识和处理宗教问题的思想武器和行动指南。

2013 年至 2015 年，国家宗教事务局继续召开全国宗教工作会议，学习贯彻习近平关于宗教工作的重要论述。2013 年 1 月 8 日至 9 日，2013 年全国宗教工作会议在北京举行。会议工作报告提出，中共十六大以来宗教工作的基本经验，可以总结为四个方面：一是必须"坚持以科学的态度看待宗教问题"，二是必须"以法治的方式处理宗教事务"，三是必须"以正确的方法化解宗教矛盾"，四是必须"以创新的精神推进宗教工作"。会议还提出，要把中共十八大关于宗教工作的要求转化为生动实践，必须牢固树立"保护、管理、引导、服务"的宗教工作理念。其中，"保护"就是要"全面贯彻党的宗教信仰自由政策，保障公民的宗教信仰自由权利，维护宗教界的合法权益"；"管理"就是"政府依法对涉及国家利益和社会公共利益的宗教事务进行管理，宗教必须在国家法律政策允许的范围内正常开展活动"；"引导"就是要"更加重视发挥正面引导作用，鼓励宗教走与社会主义社会相适应的道路"；"服务"就是要"坚持以人为本，树立服务为先的工作理念，为宗教界提供良好服务"。[②] 2014 年 12 月 17 日，2014 年全国宗教工作会议在北京召开。会议工作报告强调，要深入学习习近平关于宗教工作的重要论述，"用中国特色社会主义理论体系武装头脑，用中国梦凝聚广大信教群众的力量，用改革的精神解决宗教领域的难题，用法治思维和法治方式推进宗教工作，用党的群众路线贯穿宗教工作全过程"。[③] 2014 年 12 月 26 日至 27 日，2015 年全国宗教工作会议在北京召开，再次强调学习习近平关于宗教工作的重要论述，"深入贯彻中央

---

① 习近平：《在联合国教科文组织总部的演讲》，载《人民日报》2014 年 3 月 28 日。
② 参见《准确把握十八大新要求，推动宗教工作再上新台阶》，载《中国宗教》2013 年第 1 期。
③ 参见《转变作风，凝聚力量，推进宗教工作》，载《中国宗教》2014 年第 1 期。

关于宗教工作的决策部署，以法治的方式推进宗教工作，以创新的精神推动解决宗教领域突出问题，以中国梦的伟大理想凝聚广大信教群众力量，努力为全面建成小康社会、全面深化改革、全面推进依法治国营造团结稳定的社会环境"。①

2016 年 4 月 22 日至 23 日，全国宗教工作会议在北京召开，习近平出席会议并发表重要讲话。这是时隔 15 年之后，再次由中共中央、国务院召开的全国宗教工作会议。习近平在讲话中指出："做好新形势下宗教工作，就要坚持用马克思主义立场、观点、方法认识和对待宗教，遵循宗教和宗教工作规律，深入研究和妥善处理宗教领域各种问题，结合我国宗教发展变化和宗教工作实际，不断丰富和发展中国特色社会主义宗教理论，用以更好指导我国宗教工作实践。"他强调，宗教工作具有特殊重要性，要积极主动地做好新形势下宗教工作；宗教工作的本质是群众工作，要善于用群众工作的思路和办法开展工作；要正确认识我国宗教的社会作用，最大限度发挥宗教的积极作用，最大限度抑制宗教的消极作用；要坚持我国宗教中国化方向，不断提高宗教与社会主义社会相适应的广度和深度；要构建积极健康的宗教关系，使宗教关系和谐真正能落到实处；要提高宗教工作法治化水平，依法正确处理宗教领域各种矛盾和问题。② 这个重要讲话集中体现了习近平对中国特色社会主义宗教理论的丰富和发展，为做好新形势下宗教工作提供了行动指南。

2016 全国宗教工作会议召开，国家宗教事务局将原来一年一度的全国宗教工作会议恢复为全国宗教局长会议。2017 年 1 月 9 日至 10 日，2017 年全国宗教局长会议在北京召开。会议报告强调要以学习贯彻全国宗教工作会议精神为主线，切实贯彻落实新修订《宗教事务条例》，着力提高宗教工作法治化水平，着力引导我国宗教坚持中国化方向，着力解决宗教领域突出问题，着力加强宗教界自身建设，促进我国宗教领域团结稳定。③

---

① 参见《凝心聚力，推动宗教工作再上新台阶》，载《中国宗教》2015 年第 1 期。
② 参见《发展中国特色社会主义宗教理论，全面提高新形势下宗教工作水平》，载《人民日报》2016 年 4 月 24 日。
③ 参见《稳中求进，狠抓落实，做好新形势下宗教工作》，《中国宗教》2017 年第 1 期。

　　2017 年 10 月 18 日至 24 日，中共十九大在北京举行。这次会议总结十八大以来党和国家事业的历史性变革，作出中国特色社会主义进入了新时代、我国社会主要矛盾已经转化为人民日益增长的美好生活需要和不平衡不充分的发展之间的矛盾等重大政治论断，系统阐述习近平新时代中国特色社会主义思想，明确提出新时代坚持和发展中国特色社会主义的基本方略，深刻回答新时代坚持和发展中国特色社会主义的一系列重大理论和实践问题，对决胜全面建成小康社会、开启全面建设社会主义现代化国家新征程作出了全面部署。作为中国特色社会主义事业的重要组成部分，十九大评价五年来"宗教工作创新推进"，强调要"全面贯彻党的宗教工作基本方针，坚持我国宗教的中国化方向，积极引导宗教与社会主义社会相适应"。[1]

　　中国特色社会主义进入新时代，中国特色社会主义宗教理论取得新成果，对宗教工作也提出了新要求。2018 年 1 月 8 日，2018 年全国宗教局长会议在北京召开。会议报告强调要全面贯彻党的十九大精神，以习近平新时代中国特色社会主义思想为指导，以深入落实全国宗教工作会议精神为主线，以实施新修订《宗教事务条例》为重点，坚持稳中求进工作总基调，坚持党的宗教工作基本方针，坚持我国宗教中国化方向，注重提高宗教工作法治化水平，注重解决宗教领域突出问题，注重维护宗教领域正常秩序，注重支持宗教界加强自身建设，团结宗教界人士和信教群众，积极引导宗教与社会主义社会相适应，推动宗教工作取得新进展，用新时代宗教工作的新成就，为决胜全面建成小康社会、夺取新时代中国特色社会主义伟大胜利、实现中华民族伟大复兴的中国梦贡献力量。[2]

---

[1] 习近平：《决胜全面建成小康社会，夺取新时代中国特色社会主义伟大胜利——在中国共产党第十九次全国代表大会上的报告》，载《人民日报》2017 年 10 月 28 日。
[2] 参见《2018 年全国宗教局长会议在京召开》，载《中国民族报》2018 年 1 月 9 日。

八、鲜明的理论主题：把马克思主义宗教观与中国宗教实际和时代特征相结合，正确认识和处理中国社会主义时期宗教问题

前面说到司徒雷登在中国"天翻地覆慨而慷"[①]之际，无奈地告别中国，回到美国。1962 年 9 月 19 日，司徒雷登在美国首都华盛顿病逝。他最后的遗愿是回到中国，将骨灰"安葬在原燕京大学他妻子的墓地旁"[②]。

或许司徒雷登自己未曾想到，他的遗愿最终实现了。历经几番风雨，2008 年 11 月 17 日，在司徒雷登逝世 46 年后，他的骨灰安葬在杭州半山安贤园。安葬仪式上，美国驻华大使雷德发表感言说："中国是司徒雷登先生热爱的国家。他出生在杭州，今天回到这里，完成了他的人生旅途。"如果司徒雷登"能看到今天的变化，他一定会非常高兴"。[③]

巧合的是，2008 年是中国实行改革开放三十周年。这三十年，是中国创造人类社会发展奇迹的三十年，也是中国宗教发生沧海桑田般巨大变化的三十年。中国基督教徒的人数及其社会影响[④]，与司徒雷登的年代不可同日而语，与马礼逊之时[⑤]更是有着天壤之别。若司徒雷登能看到这个变化，估计会更加高兴，并夹杂着一些惊叹。也正因为这个变化，他才能实现遗愿，安葬中国。

[①] 1949 年 4 月 23 日，毛泽东收到南京解放的捷报后，为了纪念这一具有历史意义的胜利，写下了一首《七律·人民解放军占领南京》："钟山风雨起苍黄，百万雄师过大江。虎踞龙盘今胜昔，天翻地覆慨而慷。宜将剩勇追穷寇，不可沽名学霸王。天若有情天亦老，人间正道是沧桑。"同当时中国各方面问题一样，宗教问题不可能置身于这个变局之外。

[②] 郝平：《无奈的结局——司徒雷登与中国》，北京大学出版社 2002 年版，第 418 页。

[③] 参见郝平：《魂归故里：司徒雷登骨灰安葬杭州的前前后后》，载《中华读书报》2008 年 12 月 10 日。

[④] 据中国社会科学院世界宗教研究所课题组 2008—2009 年的入户调查，中国基督徒占全国人口总数的 1.8%，总体估值为 2305 万人，其中已受洗者 1556 万人，占 67.5%（参见中国社会科学院世界宗教研究所课题组：《中国基督教入户问卷调查报告》，见金泽、邱永辉主编：《宗教蓝皮书：中国宗教报告（2010）》，社会科学文献出版社 2010 年版，第 191 页）；据信德文化研究所的资料统计，中国天主教徒约 600 万人（参见王美秀：《2009 年中国天主教观察》，见金泽、邱永辉主编：《宗教蓝皮书：中国宗教报告（2010）》，社会科学文献出版社 2010 年版，第 98 页）。

[⑤] 参见顾长声：《从马礼逊到司徒雷登——来华新教传教士评传》，上海书店出版社 2005 年版，第 1—17 页。

那么，这些变化又是怎么出现的呢？核心的一点，就在于中国共产党把马克思主义宗教观与中国宗教实际和时代特征相结合，在实践探索中逐渐形成了正确认识和处理中国社会主义时期宗教问题的理论原则和经验总结——中国特色社会主义宗教理论。

仍然以基督教为例，江泽民在 2001 年全国宗教工作会议上分析指出，无论是中国还是世界的宗教史，都有一条共同的规律，就是"宗教都要适应其所处的社会和时代才能存在和延续"。当代中国是社会主义国家，在这个条件下存在和活动的中国宗教，必须与社会主义社会相适应。这既是社会主义社会对中国宗教的客观要求，也是中国宗教自身存在的客观要求。[①] 试想，如果基督教不能与社会主义社会相适应，它焉能有今天这样的发展变化？司徒雷登的遗愿，又焉能实现？诚如丁光训在纪念三自爱国组织成立三十周年的讲话中所说，新中国成立后，尽管"没有传教士，没有差会经费，不办学校医院，信徒没有好处可图"，但基督徒反而增多了三四倍。关键就在于中国教会经过"三自"爱国运动，"在较大程度上改变了它的洋教形象，使更多的人愿意听听基督福音讲些什么"。"在没有了'洋油'、'洋灯'、'洋布'的今天，如果还有个'洋教'，这对传福音的损害可太大了，原来的七十万是不会增加到三百万的。"[②]

2013 年 9 月 12 日，俞正声会见中国基督教第九次代表会议代表时，希望新一届基督教"两会"为中国基督教的健康发展，为中国特色社会主义事业继续努力、多做贡献。对此，他提出了三条具体要求：要"坚持独立自主自办的原则，自觉维护国家和人民的根本利益"；要"加强基督教团体的自身建设，真正发挥出基督教爱国组织的桥梁纽带作用"；要"引导宗教与社会主义社会相适应，团结带领广大信教群众更好地发挥在经济发展、社会和谐、文化繁荣等方面的积极作用，为实现中华民族伟大复兴

---

① 《论宗教问题》(2001 年 12 月 10 日)，见《江泽民文选》(第三卷)，人民出版社 2006 年版，第 387 页。
② 《纪念三自爱国组织成立三十周年的讲话》(1984 年 8 月 5 日)，见《丁光训文集》，译林出版社 1998 年版，第 329 页。

的中国梦贡献力量。"① 这表明，中国共产党对待基督教的基本态度既有新的时代内容，又保持着连续性。对待其他宗教问题，亦是如此。宗教界也只有顺应时代潮流，顺势而为，才能得到更好发展，与社会共同进步。就像学者们建言基督教那样，"就当今中国国情而言，'基督教中国化'的必由之路在于，为当代中国社会的改革开放、发展进步做出积极而重要的贡献。"② 而且，"基督宗教信徒若以'超越东西方'的境界来在中国社会处境中积极适应和忘我奉献，则有可能重新构建真正沟通中西的桥梁"③。还有学者从大历史的视角，梳理 1620 年至 1960 年从利玛窦、汤若望试图借助西方科技劝服中国人皈依天主教，到丁韪良、傅兰雅通过翻译引介西方知识，再到苏联专家来华的曲折过程，总结道："西方人带给中国的每一项技术，最终都能为中国消化：日心说和历法科学、细腻的外科医学、经济计划、工程学、科际整合的大学、长程通讯、机械化战争、核子物理学。西方人以专业技术粉饰意识形态，企图强迫中国全盘接受，这正是中国人断难容忍的，即使在中国最孱弱的时候，也意识到依外国条件接受外来的意识形态乃是屈从。这种自尊与疑虑是反天主教的先驱沈淮、杨光先，十九世纪的政治家林则徐、曾国藩，以及蒋介石和毛泽东这对宿敌所共有。""如果中西双方都对自己有了新的了解，至少还有机会不让由来已久的误认再度发生。"④

　　总而言之，中国特色社会主义宗教理论有一个贯穿始终的鲜明主题，就是要正确认识和处理中国社会主义时期宗教问题，从而引导宗教与社会主义社会相适应，发挥宗教界人士和广大信教群众在建设中国特色社会主义、实现中华民族伟大复兴中的积极作用。有学者认为，新中国成立以来，中国共产党的宗教政策"坚持'统战'与'安全'两大主线或基轴的基本方针"始终没有变。两者"路径虽异，但目标相同"，因为"对任何

---

① 参见《俞正声会见中国基督教第九次代表会议代表》，载《人民日报》2013 年 9 月 13 日。
② 张志刚：《"基督教中国化"三思》，载《世界宗教文化》2011 年第 5 期。
③ 卓新平：《适应与奉献——中国社会处境中的基督宗教》，载《汕头大学学报（人文社会科学版）》2013 年第 1 期。
④〔美〕史景迁：《改变中国：在中国的西方顾问》，温洽溢译，广西师范大学出版社 2014 年版，第 327—328、330 页。

国家而言，再没有什么比主权安全更重要的事了，并且再也没有比经济繁荣和社会昌盛更关键的治理目标了"。[①] 显然，这个判断从另一个角度揭示了中国特色社会主义宗教理论的主题。

[①] 徐以骅、刘骞：《安全与统战——新中国宗教政策的双重解读》，载《世界宗教研究》2011 年第 6 期。

第一章

思想基础：
从毛泽东批示《加强宗教问题的研究》说起

1963 年 12 月 15 日，中共中央外事小组、中共中央宣传部就"加强研究外国工作"问题，给中央写报告说，为了改变研究外国工作不适应形势需要的状况，"准备加强和扩充研究机构，培养研究人才，在统一指导、分工协作、动静结合、内外交流的原则下，积极开展研究外国的工作"，并据此提出了八条具体意见。12 月 30 日，毛泽东在中共中央转发这个报告的指示稿上，写了一段重要的批语：

"这个文件很好。但未提及宗教研究。对世界三大宗教（耶稣教、回教、佛教），至今影响着广大人口，我们却没有知识，国内没有一个由马克思主义者领导的研究机构，没有一本可看的这方面的刊物。《现代佛学》不是由马克思主义者领导的，文章的水平也很低。其他刊物上，用历史唯物主义的观点写的文章也很少，例如任继愈发表的几篇谈佛学的文章，已如凤毛麟角，谈耶稣教、回教的没有见过。不批判神学就不能写好哲学史，也不能写好文学史或世界史。这点请宣传部同志们考虑一下。"[1]

在这样一份关于"加强研究外国工作"的报告上，大谈加强宗教问题

---

[1] 《关于加强宗教研究问题的批语》（1963 年 12 月 30 日），见《建国以来毛泽东文稿》（第十册），中央文献出版社 1996 年版，第 470—471 页。

研究的重要性和必要性，足见毛泽东对宗教问题的重视。[①] 遵照毛泽东的这个重要批示，在周恩来的直接指导下，任继愈于1964年组建了世界宗教研究所。从此，新中国有了以马克思主义为指导、专门研究世界宗教的学术机构。更重要的是，毛泽东批示中关于宗教研究的方法，特别是客观地认识宗教的存在及其影响、科学地研究宗教的历史与理论，是任何时候都需要的。[②]

　　实际上，毛泽东在领导中国革命和建设的实践中，就宗教问题提出了一系列理论观点和政策主张，形成了毛泽东思想中的宗教理论。它是被实践证明了的关于认识和处理中国宗教问题的正确的理论原则和经验总结，是马克思主义宗教观在中国的创造性运用和发展。关于毛泽东宗教观的研究，已有不少学者进行了专题论述。[③] 比较而言，笔者力图立足于毛泽东思想的整体来探讨毛泽东宗教观，特别是毛泽东思想活的灵魂——实事求是、群众路线、独立自主——对于认识和处理宗教问题的指导意义，并以

[①] 早在1959年10月13日，毛泽东就对任继愈说："宗教问题很重要，要开展研究。""我们过去都是搞无神论，搞革命的，没有顾得上这个问题。"现在，不能再忽略宗教问题，要抽调专人对基督教、佛教、道教各宗教进行研究。(《毛泽东年谱（1949—1976）》（第四卷），中央文献出版社2013年版，第209页。) 1964年5月18日，毛泽东会见苏丹共和国武装部队最高委员会主席阿布德，谈到伊斯兰教时再次指出："我国也有信仰伊斯兰教的，大约有四千万人。伊斯兰教、基督教、佛教是世界上的三大宗教"，"不能因为我们是无神论就认为宗教不存在。世界上有那么多的人信教是个客观存在，应该加以研究"。参加会见的周恩来说，正在准备成立研究所来研究"这三大宗教的历史和现在情况"。(《毛泽东年谱（1949—1976）》（第五卷），中央文献出版社2013年版，第353页。)

[②] 任继愈后来接受采访时表示，毛泽东"是从文化、意识形态，也从政治上考虑的，他要求我们不要耳目闭塞，要了解外国，其中也包括宗教这个方面"。"研究宗教，不能陷入宗教中去，应该从了解世界了解各国人民的文化传统的高度去认识"；"不能离开实际的经济利益、政治利益，光从教义上去讲，那是书生的研究方法，不能抓住它的本质"。(参见《访任继愈——不研究神学，就写不好哲学史》，见张素华、边彦军、吴晓梅编著：《说不尽的毛泽东》（上），中央文献出版社2013年版，第94—95页。)

[③] 比如，李传明：《学习毛泽东同志关于宗教的论述》，载《文史哲》1982年第5期；卿希泰、陈麟书：《毛泽东同志对于马克思主义宗教理论的发展》，载《宗教学研究》1983年第4期；杜玉芳：《毛泽东宗教思想的若干特征》，载《理论学刊》2003年第1期；牛苏林：《毛泽东对马克思主义宗教理论的丰富和发展》，载《西藏民族学院学报（哲学社会科学版）》2004年第5期；李道文：《毛泽东的宗教观及其方法论意义》，载《四川师范大学学报（社会科学版）》2005年第3期；蒲长春：《论毛泽东宗教思想的理论创新及其意义》，载《现代哲学》2008年第3期；何虎生、黄晓霓：《毛泽东宗教观及其当代价值》，载《世界宗教文化》2013年第6期；等等。

宗教"五性"论为例，说明它为中国特色社会主义宗教理论的形成奠定了思想基础。

一、实事求是：正确认识和处理中国宗教问题的根本方法

实事求是一词，原出自《汉书》中的河间献王刘德传，讲汉景帝之子刘德虚心好学，认真整理过古人的著作，可谓"修学好古，实事求是"。可见，这里所说的"实事求是"，是指一种严谨求实的治学态度。精通中国传统文化的毛泽东，结合中国革命的实践经验，对这个历史名词进行了新的解释，赋予它哲学的内涵，使之成为马克思主义哲学的基本命题，成为包括宗教观在内的毛泽东思想全部内容的出发点和根本点。

1938 年 10 月，毛泽东在中共六届六中全会上第一次提出实事求是，认为"共产党员应是实事求是的模范"，强调"只有实事求是，才能完成确定的任务"。[①]1940 年 1 月，他在《新民主主义论》中再次强调"科学的态度是'实事求是'，'自以为是'和'好为人师'那样狂妄的态度是决不能解决问题的"[②]。1941 年 5 月，他在《改造我们的学习》中，对实事求是进行了精辟论述："'实事'就是客观存在着的一切事物，'是'就是客观事物的内部联系，即规律性，'求'就是我们去研究。我们要从国内外、省内外、县内外、区内外的实际情况出发，从其中引出其固有的而不是臆造的规律性，即找出周围事变的内部联系，作为我们行动的向导。"[③]从此，"实事求是"一词有了科学的含义，并初具理论的形态。

具体到中国宗教问题来说，"实事"就是客观存在着的中国宗教，"是"就是宗教与各方面的联系及其内部联系，核心是中国宗教存在和发展的规律性。在我们认识和处理宗教问题时，关键就是要从中国宗教的实

[①]《中国共产党在民族战争中的地位》（1938 年 10 月 14 日），见《毛泽东选集》（第二卷），人民出版社 1991 年版，第 522 页。

[②]《新民主主义论》（1940 年 1 月），见《毛泽东选集》（第二卷），人民出版社 1991 年版，第 662—663 页。

[③]《改造我们的学习》（1941 年 5 月 19 日），见《毛泽东选集》（第三卷），人民出版社 1991 年版，第 801 页。

际情况出发，发现和总结规律性，并指导宗教工作的正确开展。正如赵朴初在全国政协九届一次会议上所说，正确认识和处理"社会主义初级阶段的宗教问题"，就必须坚持实事求是，一切从社会主义初级阶段的宗教实际出发；就必须解放思想，突破陈规，大胆探索"社会主义初级阶段宗教的客观规律"；就必须"用实践作为检验真理的唯一标准"。①

　　当年，毛泽东提出实事求是，最主要的内容和要求，是反对教条主义，一切从实际出发，把马克思主义基本原理运用到中国具体实践中去。马克思和恩格斯早就强调，在实践中运用马克思主义的一般原理，"随时随地都要以当时的历史条件为转移"②。然而，在20世纪20年代后期和30年代前期，中国共产党内盛行着把马克思主义教条化、把共产国际决议和苏联经验神圣化的错误倾向，特别是王明"左"倾教条主义，使中国革命遭受到沉重打击。毛泽东在延安整风时就此指出："把马克思列宁主义书本上的某些个别字句看作现成的灵丹圣药，似乎只要得了它，就可以不费气力地包医百病。这是一种幼稚者的蒙昧，我们对这些人应该作启蒙运动。那些将马克思列宁主义当宗教教条看待的人，就是这种蒙昧无知的人。"③

　　此外，在认识和处理宗教问题上，早期中国共产党人往往局限于阶级斗争的视野。比如，李大钊指出："宗教的本质就是不平等关系的表现"④；蔡和森认为："原来政治宗教都是每个时代的支配阶级用以统御其被支配阶级的工具"⑤；恽代英也指出："基督教的教育事业、社会事业，主要是在骗人做他们的教徒"，"基督教实在只是外国人软化中国的工具"⑥。这种观

---

① 《正确认识和处理我国社会主义初级阶段的宗教问题》（1998年3月），见《赵朴初文集》（下卷），华文出版社2007年版，第1417页。
② 马克思、恩格斯：《〈共产党宣言〉1872年德文版序言》（1872年6月24日），见《马克思恩格斯文集》（第二卷），人民出版社2009年版，第5页。
③ 《整顿党的作风》（1942年2月1日），见《毛泽东选集》（第三卷），人民出版社1991年版，第820页。
④ 《宗教与自由平等博爱》（1922年6月），见《李大钊文集》（第四卷），人民出版社1999年版，第215页。
⑤ 《近代的基督教》（1924年），见《蔡和森文集》，人民出版社1980年版，第693页。
⑥ 《我们为什么反对基督教？》（1923年12月8日），见《恽代英文集》（上卷），人民出版社1984年版，第393、396页。

点体现了早期共产党人运用马克思主义观察宗教的成果，在理论上并不错误，但简单地付诸于实践，难免导致"一刀切"地反对宗教，甚至背离马克思主义所主张的宗教信仰自由政策。

1922年，世界基督教学生同盟准备在清华大学召开第十一届年会。消息传到中国后，在社会上引发了一场声势浩大的反宗教运动。3月9日，"非基督教学生同盟"发表宣言说："在中国设立基督教青年会，无非要养成资本家底善良走狗"，在中国召开年会是侮辱中国青年、欺骗中国人民、掠夺中国经济的"强盗会议"，所以"愤然组织这个同盟，决然与彼宣战"。3月21日，蔡元培、陈独秀、李大钊等77名学者名流，以"非宗教大同盟"的名义联署发表宣言，指出："有宗教可无人类，有人类应无宗教，宗教与人类不能两立"，"我们深恶痛绝宗教之流毒于人类社会十倍于洪水猛兽"。[①]

1922年5月召开的中国社会主义青年团一大，专门讨论了社会主义青年团与非宗教团体的关系，并在通过的决议案中强调："非基督教团体所做的事正是我们所欲做的。非宗教的团体反对一切宗教，因为宗教是桎梏思想，并且在历史上看来是常与旧势力结合的东西。反对宗教，使青年思想自由而趋于革命的路途。因此对于此种非基督教、非宗教的团体应尽力帮助进行。"[②] 在这场非基督教运动中，俄共（布）与共产国际远东局、青年国际进行了直接的指导，共产国际驻华代表更是以俄国革命反宗教斗争的经验为榜样。[③] 这使运动沿着"左"的方向前进，一直延续到1927年国共关系破裂才告一段落。红军长征胜利后，中国共产党从中国实际出发，制定了较为成熟的宗教政策[④]，包括对基督教的新政策[⑤]。之所以实现这个转变，除了经验教训的积累，一个重要因素是毛泽东对中国宗教基本情况的调查研究，包括他对基督教及其社会影响的了解。

① 参见钱理群：《周作人传》，北京十月文艺出版社1990年版，第251—252页。
②《中国社会主义青年团与中国各团体的关系之决议案》（1922年5月），见《建党以来重要文献选编》（第一册），中央文献出版社2011年版，第85页。
③ 参见陶飞亚：《共产国际代表与中国非基督教运动》，载《近代史研究》2003年第5期。
④ 参见陈金龙：《试论抗日战争时期党的宗教政策的成熟》，载《人文杂志》2000年第6期。
⑤ 参见陶飞亚：《抗战时期中共对基督教的新政策》，载《文史哲》1995年第5期。

要反对教条主义，一切从中国实际出发，必须做深入细致的调查研究。1927年初，毛泽东到湖南湘潭、湘乡、衡山、醴陵、长沙五县农村作了32天调查，写出了著名的《湖南农民运动考察报告》。其中，就有关于宗教问题的鲜活材料。他深刻地指出，"由阎罗天子、城隍庙王以至土地菩萨的阴间系统以及由玉皇上帝以至各种神怪的神仙系统——总称之为鬼神系统（神权）"，是束缚中国人特别是农民的一条极大的绳索。他还提到了一个生动的例子，说道："牛。这是农民的宝贝。'杀牛的来生变牛'，简直成了宗教，故牛是杀不得的。农民没有权力时，只能用宗教观念反对杀牛，没有实力去禁止。"[①]

1930年5月，毛泽东到江西寻乌调查，不仅统计出宗教徒在全城近2700人中的大致比例，而且具体指出："所谓宗教徒是耶稣教十人，天主教三人，斋公六人，和尚三人，共二十二人。"他还专门分析了"神道地主"问题，指出："神坛是地主需要的，社坛是农民需要的，庙是地主、农民共同需要的。庙的田产很少，租入不够香纸费及庙老用，所以不是严重剥削所在。'寺'则完全不同，它是和尚的巢穴，是剥削厉害的地方。"[②]

毛泽东的这两个调查，涉及宗教问题的内容并不多，但已经能让我们大致了解当时中国农村的宗教情况。毛泽东对中国宗教信仰的概貌，也是心中有数的。1956年2月，他同在京藏族全国政协委员、西藏地区参观团成员等藏族人士谈话时指出：中国"信仰耶稣教的有八十万人；信天主教的有三百万人；信伊斯兰教的有一千多万人；信佛教的更多，有几千万人；还有信道教的，数目也很大，约有一千多万人"。[③]1970年12月，他会见斯诺时又说：中国真正信教的很少，"几亿人口里面只有八九十万基督教徒，二三百万天主教徒，另外有近一千万的回教徒，穆斯

① 《湖南农民运动考察报告》（1927年3月），见《毛泽东选集》（第一卷），人民出版社1991年版，第31、37页。
② 《寻乌调查》（1930年5月），见《毛泽东文集》（第一卷），人民出版社1993年版，第170、179页。
③ 《同藏族人士的谈话》（1956年2月12日），见《毛泽东文集》（第七卷），人民出版社1999年版，第4页。

林。其他的就信龙王，有病就信，无病就不信，没有小孩子就信，有了小孩子就不信了"。①

毛泽东对中国宗教情况的调查研究，对他正确认识和处理宗教问题起到了重要作用。所以，我们在认识和处理宗教问题之时，务必要深入到城乡生活中去，对宗教问题的发展变化进行调查研究，掌握第一手资料，并以此为基础进行理论联系实际的研究。比如，中国信教人数的变化，就是我们必须掌握的重要资料。这对于我们判断宗教形势、开展宗教工作，具有基础性作用，必须引起我们的高度重视。

实事求是的另一个基本内容和要求，是在实践中检验真理和发展真理，不断推进马克思主义中国化。这与坚持马克思主义为指导，是辩证统一的两个方面。对于马克思主义关于宗教唯心论、有神论的观点，毛泽东有着清醒的认识。他 1937 年讲授辩证法唯物论时指出："哲学的唯心论是将认识的一个片段或一个方面，片面地夸张成为一种脱离物质、脱离自然的神化的绝对体。唯心论就是宗教的教义，这是很对的。"②1938 年，他在读李达所著《社会学大纲》的批注中也明确写道："人类束缚于自然力与社会力的压迫，只能用灵魂或神的观念去解释世界，断不能出现唯物的思想。"③

但是，毛泽东并不拘泥于这个视角，也没有一味地把宗教置于阶级斗争的境地，而是从中国历史与文化出发，从中国宗教的实际出发，客观地全面地审视宗教问题。这方面尤为突出的就是，他对宗教与文化关系的深刻把握。在革命时期，毛泽东就一再强调"宗教是文化"的观点。1947年 10 月 21 日，他途径陕西省佳县时，专程参观了白云山的寺院古迹，明确指出这些宗教建筑都是"历史文化遗产"，一定要好好保存，不能毁坏

---

① 《会见斯诺的谈话纪要》（1970 年 12 月 18 日），见《建国以来毛泽东文稿》（第十三册），中央文献出版社 1998 年版，第 181 页。

② 毛泽东：《辩证法唯物论（讲授提纲）》（1937 年），参见中共中央文献研究室编：《毛泽东著作专题摘编》（上），中央文献出版社 2003 年版，第 19 页。

③ 《读李达著〈社会学大纲〉一书的批注》（1938 年 1 月—3 月），见《毛泽东哲学批注集》，中央文献出版社 1988 年版，第 218 页。

了。①1948 年 4 月 9 日，他从陕北转移到西柏坡途中，路过五台山时，住在中台下的寺院前院。据师哲回忆，第二天，毛泽东用一整天的时间游览了各处。到了中台山下的贮藏室，看见许多经卷和各种贡品，"叮咛当地干部要好好保护这些文物，不可丢失"。②

新中国成立后，毛泽东进一步强调宗教与文化的关系。1952 年 10 月 8 日，他接见西藏致敬团与昌都地区僧俗人民代表时，强调西藏的经济、文化都要发展，并补充解释说：文化既包括学校、报纸、电影等，也包括宗教。③10 月 29 日，他视察徐州时，来到云龙山。据李家骥回忆，毛泽东和当地同志共同研究了石佛像的历史和艺术价值，还一起认真看了 1438 年《重修云龙山兴化寺禅寺记》的石碑，上面写道：石生崖岩间，人因刻之以佛，故又名石佛寺，而兴化之名不知始于何代。因岩石上有开元间人的题名，可断定梁宋时已有寺，以后 800 年寺之兴废无从考察。1432 年寺毁于火，大石佛仍然完好。看后，毛泽东连连说，"国之瑰宝啊！"④类似这样的判断和论述，毛泽东还有很多。尽管他未必都是从"宗教是什么"这个问题来讲这些话，但其理论价值不容小视。

1965 年 6 月，毛泽东在上海找周谷城和刘大杰谈话时，重申了 1963 年关于加强宗教问题研究的观点，指出基督教和伊斯兰教在世界上很有影响，佛教在亚洲有影响，北京大学、复旦大学等高校"应该有宗教课"，不研究宗教就"不懂得文化发展史"，并说他已经看了三本佛学著作，"还要继续看"。⑤他还明确表示，"唯心主义的东西"要搞，"不研究唯心主义

① 《毛泽东年谱（1893—1949）》（修订本）下卷，中央文献出版社 2013 年版，第 245 页。
② 参见师哲回忆、李海文整理：《在历史巨人身边——师哲回忆录》，中央文献出版社 1995 年版，第 364—365 页。毛泽东 1959 年同班禅、阿沛·阿旺晋美等人谈话时也回忆说，"五台山有些喇嘛庙，在土地改革中农民要砸，我从那里经过，给制止了。"（《西藏平叛后的有关方针政策》（1959 年 5 月 7 日），见《毛泽东文集》（第八卷），人民出版社 1999 年版，第 56 页。）
③ 《接见西藏致敬团代表谈话的要点》（1952 年 10 月 8 日），见《毛泽东文集》（第六卷），人民出版社 1999 年版，第 239 页。
④ 参见李家骥回忆，杨庆旺执笔：《领袖身边十三年——毛泽东卫士李家骥访谈录》，中央文献出版社 2007 年版，第 200—201 页。
⑤ 参见中央文献研究室《党的文献》《文献与研究》编辑部编：《读史与治国》，中央文献出版社 2008 年版，311—315 页。

的东西，唯物主义怎么能发展"。① 毛泽东是这么说的，也是这么做的。据他的图书管理员逄先知回忆，毛泽东经常阅读宗教方面的著作和文章，对《金刚经》《华严经》等中国佛教主要宗派的经典，以及关于这些经典的研究成果，他"都读过一些"；对禅宗学说、慧能的思想及《六祖坛经》，毛泽东尤为重视，不仅"要过多次，有时外出还带着"，对哲学期刊上关于禅宗哲学的文章"几乎都看"；对"基督教的《圣经》，他也读过"。② 据他的翻译齐锡玉回忆，毛泽东会见英国坎特伯雷教长约翰逊时，就"圣公会教义的演变、英国君主担任圣公会最高元首对维护英国君主制的重要性、圣公会在英国历史上几个重大转折关头所起的作用等问题询问教长的意见，不时还插话提出自己的看法"。约翰逊教长告辞时，不禁赞扬毛泽东"对宗教问题有深刻的研究"。③

　　视宗教为文化，虽然在马克思主义经典著作上找不到，但是符合中国的实际，体现了实事求是的精神。实际上，推进马克思主义中国化的关键，也就在于此，正如毛泽东在 1944 年接受英国记者斯坦因采访时所言：信奉马克思主义是正确的思想方法并不意味着"忽视中国文化遗产和非马克思主义的外国思想的价值"，我们的态度是"批判地接受我们自己的历史遗产和外国的思想"。④ 毛泽东尤为重视惠能与禅宗，同样是因为惠能在推动佛教中国化方面贡献卓著。据林克回忆，毛泽东向他谈过"慧能学说在佛教史上的地位"，认为"慧能主张佛性人人皆有，创顿悟成佛说，一方面使繁琐的佛教简易化；一方面使印度传入的佛教中国化"。因此，惠能"被视为禅宗的真正创始人，亦是真正的中国佛教的始祖"。⑤

① 刘大杰：《一次不平常的会见》，见中共上海市委党史研究室编：《毛泽东在上海》，中共党史出版社 1993 年版，第 144 页。
② 逄先知：《博览群书的革命家——毛泽东读书生活我见我闻》，见龚育之、逄先知、石仲泉编：《毛泽东的读书生活》，中央文献出版社 2003 年版，第 3 页。逄先知在该文附记中，还记录了毛泽东 1959 年 10 月 23 日外出时要带的图书目录，包括：马克思、恩格斯、列宁、斯大林的主要著作，《六祖坛经》《般若波罗蜜多心经》《法华经》《大涅槃经》，关于《老子》的书十几种，等等。
③ 齐锡玉：《我为毛主席作翻译》，载《中共党史资料》2002 年第 9 期。
④《同英国记者斯坦因的谈话》(1944 年 7 月 14 日)，见《毛泽东文集》(第三卷)，人民出版社 1996 年版，第 191—192 页。
⑤ 林克：《在毛泽东身边的岁月片断》，见中共中央文献研究室《缅怀毛泽东》编辑组编：《缅怀毛泽东》(下)，中央文献出版社 1993 年版，第 560 页。

　　不难发现，毛泽东 1963 年指示的根本要求也正是坚持实事求是，坚持唯物辩证法，正确认识和处理宗教问题。根据实事求是的指导思想，世界宗教研究所在成立后取得了令人瞩目的成绩。对此，丁光训在 1997 年接受《世界宗教研究》杂志采访时指出："对研究宗教而言，尽管有的人信仰宗教，有的人不信宗教，但这并不妨碍研究宗教学术的本身"。世界宗教研究所"对宗教研究走的路线是非常实事求是的"，因而"出版了不少高质量、有影响的学术著作"。① 在纪念毛泽东这个批示发表五十周年之际，现任世界宗教研究所所长卓新平谈及马克思主义宗教观研究时，也着重强调："马克思主义对宗教问题探究的科学方法是历史唯物主义、辩证唯物主义，我们应以这种科学方法来指导我们对世界的观察，对相关问题的分析、处理；把握马克思主义的活的灵魂就是具体问题具体分析，意识到一切都会随时间、地点的变化而变化，因此，应该尊重客观事实，做到实事求是。"② 他还认为，正是"在这个重要批示的指导下，中国的宗教研究出现了质的突破。任继愈先生率领中国学术界的专家学者以马克思主义为指导，坚持以历史唯物主义和辩证唯物主义的立场、观点和方法来研究宗教，从而突破了以往主要由宗教界内人士研究其宗教的局限，在中国形成了真正宗教学学科意义上的宗教研究。"③

　　总之，实事求是体现了马克思主义的理论基石——辩证唯物主义和历史唯物主义，体现了马克思主义的灵魂——具体问题具体分析，也体现了毛泽东思想与马克思主义的一脉相承——在继承中发展。观察毛泽东对宗教问题的探索，鲜明地体现了这一点。观察中国特色社会主义宗教理论的形成和发展，同样鲜明地体现了这一点。

① 黄夏年：《宗教与社会主义社会相适应重在引导——丁光训副主席采访录》，载《世界宗教研究》1997 年第 3 期。
② 卓新平：《研究马克思主义宗教观，发展中国宗教学——纪念毛泽东主席关于开展宗教研究重要批示 50 周年》，载《世界宗教研究》2013 年第 4 期。
③ 卓新平：《研究世界宗教，促进人类和平——世界宗教研究所建所 50 周年感言》，载《世界宗教研究》2014 年第 3 期。

二、群众路线：正确认识和处理中国宗教问题的生命线

群众路线，就是一切为了群众，一切依靠群众，从群众中来，到群众中去。它是以毛泽东为代表的中国共产党人，把马克思主义关于人民群众是历史创造者的理论运用到党的全部活动，把唯物辩证法的认识论同党的领导方法和工作方法统一起来，形成的一条根本工作路线。认识和处理中国宗教问题，必须深刻把握中国宗教的群众性，始终牢记信教群众是人民群众的一部分，坚定不移地贯彻群众路线。

1929年9月，《中共中央给红四军前委的指示信》第一次明确提出"群众路线"的概念，要求筹款工作要"经过群众路线"，没收地主豪绅财产要"经过群众路线"，红军给养及军需用品问题也要"渐次做到由群众路线去找出路"。①1943年6月，毛泽东在为中央起草的《关于领导方法的若干问题》中，对群众路线的工作方法进行了经典性概括：在中国共产党的一切实际工作中，"凡属正确的领导，必须是从群众中来，到群众中去"。换句话说，就是"将群众的意见（分散的无系统的意见）集中起来（经过研究，化为集中的系统的意见），又到群众中去做宣传解释，化为群众的意见，使群众坚持下去，见之于行动，并在群众行动中考验这些意见是否正确。然后再从群众中集中起来，再到群众中坚持下去。如此无限循环，一次比一次地更正确、更生动、更丰富。"② 这就从辩证唯物主义认识论的高度，深刻论述了群众路线的方法论意义。

就认识和处理中国宗教问题而言，完全可以这样说：要开展正确的客观的研究，必须要从信教群众中来，到信教群众中去。唯有如此，才能摸清中国宗教的真实情况，才能知道信教群众的所思所想，才能在群众中检验宗教理论的正确与否。

---

① 《中共中央给红四军前委的指示信》（1929年9月28日），见《周恩来军事文选》（第一卷），人民出版社1997年版，第97、100、101页。

② 《关于领导方法的若干问题》（1943年6月1日），见《毛泽东选集》（第三卷），人民出版社1991年版，第899页。

在宗教理论研究与实践工作中贯彻群众路线，首要一条是尊重宗教信仰自由，保护宗教界人士和信教群众的合法权利。这一点，也是毛泽东在革命和建设中反复强调的。在《湖南农民运动考察报告》中，他就指出，破除迷信观念"是政治斗争和经济斗争胜利以后自然而然的结果。若用过大的力量生硬地勉强地从事这些东西的破坏，那就必被土豪劣绅借为口实"。他还非常生动地说："菩萨是农民立起来的，到了一定时期农民会用他们自己的双手丢开这些菩萨，无须旁人过早地代庖丢菩萨。共产党对于这些东西的宣传政策应当是：'引而不发，跃如也。'"①

一般认为，延安时期是毛泽东思想发展成熟的阶段，是中国共产党在局部执政中形成一系列重要方针政策的时期。尊重和保护宗教信仰自由的政策，也在这个时期完善和成熟。1940 年 4 月，中共中央西北工作委员会制定的《关于回回民族问题的提纲》，明确规定要"尊重回族人民信奉宗教的自由，尊重他们的风俗习惯，发扬回教的美德，提倡抗日回教保护清真寺，反对和禁止任何侮蔑与轻视回教的言论行动"②；7 月制定的《关于抗战中蒙古民族问题提纲》，也要求"尊重蒙古民族的风俗、习惯、宗教、语言、文字，保障喇嘛庙"③。1945 年 4 月，毛泽东在《论联合政府》中进一步指出："根据信教自由的原则，中国解放区容许各派宗教存在。不论是基督教、天主教、回教、佛教及其他宗教，只要教徒们遵守人民政府法律，人民政府就给以保护。信教的和不信教的各有他们的自由，不许加以强迫或歧视。"他还说，中国共产党人必须"帮助各少数民族的广大人民群众，包括一切联系群众的领袖人物在内，争取他们在政治上、经济上、文化上的解放和发展，并成立维护群众利益的少数民族自己的军队。他们

---

① 《湖南农民运动考察报告》(1927 年 3 月)，见《毛泽东选集》(第一卷)，人民出版社 1991 年版，第 33 页。
② 《关于回回民族问题的提纲》(1940 年 4 月)，见《建党以来重要文献选编 (1921—1949)》(第十七册)，中央文献出版社 2011 年版，第 298 页。
③ 《关于抗战中蒙古民族问题提纲》(1940 年 7 月)，见《建党以来重要文献选编 (1921—1949)》(第十七册)，中央文献出版社 2011 年版，第 419 页。

的言语、文字、风俗、习惯和宗教信仰，应被尊重"。①

新中国成立后，中国共产党从革命党转变为执政党。面对新形势和新任务，毛泽东始终把信教群众的信仰自由权利放在重要位置。比如，在领导西藏和平解放和民主改革的过程中，他反复强调要尊重藏族群众的宗教信仰。1952 年 10 月，他在接见西藏致敬团时，首先就强调指出："共产党对宗教采取保护政策，信教的和不信教的，信这种教的或信别种教的，一律加以保护，尊重其信仰。今天对宗教采取保护政策，将来也仍然采取保护政策。"②1956 年 2 月，他同在京藏族全国政协委员、西藏地区参观团成员等藏族人士谈话时，更是强调指出："人们的宗教感情是不能伤害的，稍微伤害一点也不好。除非他自己不信教，别人强迫他不信教是很危险的。这件事不可随便对待。就是到了共产主义也还会有信仰宗教的。"③

毛泽东对藏族群众宗教信仰的重视，不仅局限在西藏地区的层面，在整个国家的层面也不含糊。1954 年 9 月 14 日，毛泽东主持召开中央人民政府委员会临时会议，对 9 月 15 日提交全国人民代表大会讨论的宪法草案，作最后的审议。在两条修改意见中，有一条是总纲中"各民族……都有保持或者改革自己的风俗习惯和宗教信仰的自由"的提法，西藏代表认为不妥。他们觉得说"改革宗教"还可以，说"改革宗教信仰的自由"则不妥，似乎是不要宗教了。毛泽东认为西藏代表提出的意见是有道理的，并指出这一条完全抄自《共同纲领》，可见《共同纲领》也有错误。最后，根据他的建议，把"和宗教信仰"五个字删去，改为"都有保持或者改革

---

① 《论联合政府》（1945 年 4 月 24 日），见《毛泽东选集》（第三卷），人民出版社 1991 年版，第 1092、1084 页。
② 《接见西藏致敬团代表谈话的要点》（1952 年 10 月 8 日），见《毛泽东文集》（第六卷），人民出版社 1999 年版，第 239 页。
③ 《同藏族人士的谈话》（1956 年 2 月 12 日），见《毛泽东文集》（第七卷），人民出版社 1999 年版，第 4 页。

自己的风俗习惯的自由"。①

在毛泽东看来，宗教自身的存在和发展，也要与群众利益相一致。1955 年 3 月，他对达赖说：释迦牟尼创立佛教，主张普度众生，"免除众生的痛苦"，是代表"当时在印度受压迫的人"讲话。因此，信佛之人和共产党人，在为群众"解除受压迫的痛苦"这一点上有共同之处。②几个月后，毛泽东又对拉鲁·次旺多吉、噶雪·曲吉尼玛等人说：释迦牟尼领导人民改革"并没有饿死"，你们要学释迦牟尼"为广大群众着想，为全西藏人民谋利益"。③1959 年 10 月，他同班禅等人谈话时再次指出：释迦牟尼不做王子，出家"和老百姓混在一块，作了群众领袖"。毛泽东甚至提出，佛经也是有区别的，既有"上层人的佛经"，也有"劳动人民的佛经"。比如，慧能的《六祖坛经》，就是劳动人民的佛经。④

坚持和贯彻群众路线，也是毛泽东开展宗教工作的立足点。他对信教群众有着深厚的情感，在宗教工作中格外注意方式方法，尽可能地做到慎重稳进。1955 年，毛泽东在《中国农村的社会主义高潮》按语中写道："除了合作社公养以外，每个农家都要劝他们养一口至几口猪，分作几年达到这个目的。某些少数民族禁止养猪的和某些个别家庭因为宗教习惯不愿养猪的，当然不在此内。"⑤现在看来，这句话并无高深之处，但联系当时农

---

① 参见中共中央文献研究室编：《毛泽东传（1949—1976）》（上），中央文献出版社 2003 年版，第 337—338 页。据毛泽东的警卫员孙勇回忆，1954 年春节期间，正在杭州主持起草宪法草案的毛泽东来到南高峰登山，并在山顶的道观认真读了一本经书。他女儿李讷感到纳闷，下山时不禁问他，"一个老和尚的破书有什么可看的？"毛泽东回答道，这是经书，不是破书！这是道观，里面的人叫道士。他们信仰的道教，是由中国人创造、土生土长的宗教。穿黄衣服、剃光头的人叫和尚，他们信仰的佛教，是从印度传到中国的。此外，在中国流传的宗教主要有伊斯兰教、基督教和天主教，他们都有很多信徒。他们的宗教信仰和习惯，我们一定要尊重。（参见孙勇：《在毛主席身边二十年》，中央文献出版社 2010 年版，125—128 页。）
②《同达赖喇嘛的谈话》（1955 年 3 月 8 日），见《毛泽东西藏工作文选》，中央文献出版社、中国藏学出版社 2008 年版，第 118 页。
③《接见西藏地区参观团、西藏青年参观团负责人等的谈话》（1955 年 10 月 23 日），《毛泽东西藏工作文选》，中央文献出版社、中国藏学出版社 2008 年版，第 131 页。
④《同班禅额尔德尼等的谈话》（1959 年 10 月 22 日），见《毛泽东西藏工作文选》，中央文献出版社、中国藏学出版社 2008 年版，第 215 页。
⑤《〈中国农村的社会主义高潮〉按语选》（1955 年 9 月、12 月），见《毛泽东文集》（第六卷），人民出版社 1999 年版，第 459 页。

村合作化的热潮，以及毛泽东对社会主义改造和建设的迫切愿望，他能够在宗教信仰问题上始终保持冷静，也从一个侧面反映了他对信教群众的关心。

1955 年 7 月 20 日，毛泽东审阅陆定一在全国人大一届二次会议上的发言稿时，将其中"不管自己是唯心主义者或是唯物主义者，都应该积极赞助和不要反对现在正在进行着的马克思主义的思想运动"这段话删去，并在批语中写道："要求资产阶级和宗教信徒积极赞助和不反对马克思主义，是很难的。"他还把发言稿中"我们也应该在广大的青年群众中、妇女群众中、学生中、工人中，积极宣传无神论"这一段删去，说："这一点可在另外的地方讲，暂时不要在这个会上讲。"[①] 这些修改也充分体现了毛泽东在涉及宗教信徒的工作中的群众立场和谨慎态度。

在国际社会主义运动中，毛泽东也倡导保持共产党人与信教群众的密切联系。比如，1956 年 9 月 25 日，他会见参加中共八大的外国共产党代表团使，谈到党员干部可不可以做礼拜时，明确地说："要做，不然要孤立。公开宣传不相信宗教，但到庙里的时候，就要行礼，这样并不违反原则。"[②]1959 年 10 月 1 日，毛泽东会见赫鲁晓夫时重提此事，说：共产党人可以进教堂。叙利亚共产党中央总书记巴格达什上次来提过这个问题，表示不愿到清真寺去。我当时说人民群众既然还去教堂，我们也应该进教堂。"[③]

又如，毛泽东在 1957 年访问苏联期间，与意大利共产党总书记陶里亚蒂会谈时，问意共对教廷采取什么态度。陶里亚蒂说，一方面主张政教分离，另一方面"不提出打倒宗教的口号"。毛泽东肯定说：这是灵活的好政策，因为宗教既然存在，提出打倒宗教的口号就会脱离群众。[④]1964年 5 月，毛泽东接见拉美国家共产党学习代表团时，谈到秘鲁农民信仰多

① 《对陆定一在全国人大一届二次会议上的发言稿的批语》(1955 年 7 月 20 日)，见《建国以来毛泽东文稿》(第五册)，中央文献出版社 1991 年版，第 216—217 页。
② 《毛泽东年谱(1949—1976)》(第二卷)，中央文献出版社 2013 年版，第 636 页。
③ 《毛泽东年谱(1949—1976)》(第四卷)，中央文献出版社 2013 年版，第 188—189 页。
④ 参见中共中央文献研究室编：《毛泽东传(1949—1976)》，中央文献出版社 2003 年版，第749 页。

神教，也指出：简单地宣传"我们是无神论者，你们信神我们不信"，一开始就发动"群众去反对宗教"，人民群众"就会和我们闹翻"。①

正因为毛泽东对信教群众的牵挂，所以他在全面建设社会主义的时候，强调不同信仰的问题属于人民内部矛盾，不能使用简单粗暴的处理手段。他指出："我们不能用行政命令去消灭宗教，不能强制人们不信教。不能强制人们放弃唯心主义，也不能强制人们相信马克思主义。凡属于思想性质的问题，凡属于人民内部的争论问题，只能用民主的方法去解决，只能用讨论的方法、批评的方法、说服教育的方法去解决，而不能用强制的、压服的方法去解决。"②

由上可见，群众路线作为毛泽东思想活的灵魂的一方面，作为党的根本工作路线，在认识和处理宗教问题的过程中发挥了巨大作用。就宗教问题研究来说，同样要坚持贯彻群众路线，采取科学的工作方法，不断克服和纠正各种脱离群众的错误倾向。实际上，毛泽东之所以批示《加强宗教问题的研究》，一个重要考虑正是宗教的群众性。③ 对此，有学者考察了当时其他社会主义国家对待宗教的态度，指出："仅就苏联科学院的科学无神论研究所与中国科学院的世界宗教研究所比较而言，两者的立所目标就有明显不同。其共同点是都强调马克思主义，差异是中国的世界宗教研究所成立的直接原因，是世界三大宗教至今影响着广大人口。"④

三、独立自主：正确认识和处理中国宗教问题的重要原则

独立自主，主要是指中国的事情要按中国的情况来办，并依靠中国人

---

① 参见陈晋：《毛泽东之魂》（修订本），中央文献出版社1997年版，第302页。

② 《关于正确处理人民内部矛盾的问题》（1957年2月27日），见《毛泽东文集》（第七卷），人民出版社1999年版，第209页。

③ 毛泽东曾对班禅额尔德尼说："我赞成有一些共产主义者研究各种宗教的经典，研究佛教、伊斯兰教、耶稣教等等的经典。因为这是个群众问题，群众中有那样多人信教，我们要做群众工作，我们却不懂得宗教，只红不专，是不行的。"（《同班禅额尔德尼的谈话》（1961年1月23日），见《毛泽东西藏工作文选》，中央文献出版社、中国藏学出版社2008年版，第222页。）

④ 魏德东：《世界宗教研究所五十华诞之思》，载《中国民族报》2014年12月23日。

民自己的力量来办，坚持走自己的发展道路。这是中国革命和建设的基本立足点，是中国宗教特别是基督教天主教必须坚持的基本原则，也是正确认识和处理中国宗教问题的重要原则。

马克思主义是无产阶级的科学世界观和方法论，但它不可能为所有国家的一切问题提供全部的现成答案。这必然要求各国无产阶级政党以普遍原理为指导，独立自主、自力更生地解决本国革命的实际问题，走出一条适合本国特点的正确道路。这是以毛泽东为代表的中国共产党人，深刻总结中国革命正反两方面经验的重要成果。

在遵义会议以前，中国共产党事事照搬俄国革命的经验、一切听从共产国际的指挥，导致自己在脱离中国实际的实践中遭到一次又一次的失败，使革命事业濒临绝境。针对这种错误倾向，毛泽东在《反对本本主义》一文中旗帜鲜明地指出："中国革命斗争的胜利要靠中国同志了解中国情况。"[①]这是独立自主原则最初的明确表述。1935 年 1 月召开的遵义会议，是中国共产党第一次在没有共产国际干预的情况下，独立地解决党中央的组织问题和路线问题，因而成为党独立自主地领导中国革命的伟大转折。对此，毛泽东在 1963 年会见印度尼西亚共产党代表团时说："不要先生，自己读书，自己写字，自己想问题。这是一条真理。过去我们就是由先生把着手学写字，从一九二一年党成立到一九三四年，我们就是吃了先生的亏。纲领由先生起草，中央全会的决议也由先生起草，特别是一九三四年，使我们遭到了很大的损失。从那以后，我们就懂得要自己想问题……真正懂得独立自主是从遵义会议开始的。"[②]

如前所述，毛泽东在认识和处理宗教问题时，既坚持以马克思主义为指导，也强调立足于中国的实际，反对照搬照套俄国的经验。不仅如此，毛泽东还从近代中国基督教天主教的情况出发，强调中国宗教要坚持独立自主自办的原则，改变自己被帝国主义控制和利用的命运。1949 年 8 月，

---

① 《反对本本主义》（1930 年 5 月），见《毛泽东选集》（第一卷），人民出版社 1991 年版，第 115 页。
② 《革命和建设都要靠自己》（1963 年 9 月 3 日），见《毛泽东文集》（第八卷），人民出版社 1999 年版，第 338—339 页。

在新中国成立前夕，他指出美国比其他帝国主义国家更注重"精神侵略"，除了强迫中国接受五口通商，还强迫中国接受美国传教士，并由宗教事业推广到"慈善"事业、文化事业、教育事业。他还引用统计材料说，美国教会和"慈善"机关在中国的投资额，总计达到 4190 万美元；在教会财产中，医药费、教育费、宗教活动费分别占 14.7%、38.2%、47.1%；当时中国知名的燕京大学、东吴大学、圣约翰大学、华西协和大学等，都是美国人设立的。毛泽东还说司徒雷登就是"从事这些事业出了名，因而做了驻华大使的"；进而抨击艾奇逊所谓"那些在宗教、慈善事业和文化方面团结中美两国人民的纽带，一直在加深着美国对中国的友谊"，实质上是美国处心积虑地经营了 100 多年的侵略行为。[①] 简而言之，艾奇逊的"加深友谊"，在毛泽东眼里实为"精神侵略"。[②] 这也表明毛泽东对宗教沦为帝国主义侵华工具的认识，并非空泛议论，而是建立在客观分析的基础上。

　　基于这样的认识，1950 年 4 月 13 日，周恩来在全国统战工作会议上明确提出："中国的宗教应该由中国人来办。"所以，中国共产党主张宗教必须"同帝国主义割断联系"，例如中国天主教继续"受梵蒂冈的指挥就不行"。[③]5 月 2 日、6 日和 13 日，周恩来先后三次出席基督教问题座谈会，就基督教在中国的影响、基督教会的问题及应对之策，进行了深入的交流。根据周恩来谈话精神，吴耀宗等人起草了《中国基督教在新中国建设中努力的途径》（"三自宣言"），基本精神是：肃清帝国主义在基督教内的影响，警惕和反对帝国主义利用宗教进行反动活动；培养基督徒爱国民主的精神、自尊自信的心理，实行自治、自养、自传。[④] 对"三自宣言"的

①《"友谊"，还是侵略？》（1949 年 8 月 30 日），见《毛泽东选集》（第四卷），人民出版社 1991 年版，第 1506 页。

② 1949 年 9 月 20 日，《人民日报》发表荣孟源的《美帝利用宗教侵华举例》一文，用史实来印证毛泽东对艾奇逊的驳斥，包括"美国来华教士是美帝侵华的先遣军""美国恶教士利用特权，毒害中国人民""美国教会与中国反动统治阶级的勾结""在华天主教会及战犯于斌的反人民活动""中国人民胜利声中美帝在华教会的特务活动"等内容。

③《发挥人民民主统一战线积极作用的几个问题》（1950 年 4 月 13 日），见《周恩来统一战线文选》，人民出版社 1984 年版，第 174 页。

④ 参见《中国基督教界发表宣言》，载《人民日报》1950 年 9 月 23 日。

发表和宣传，毛泽东十分重视。他在 1950 年 7 月 19 日批示说，这个文件是"很有用的"，"请考虑用内部文件方式电告各中央局及各省市委，并要他们注意赞助"。①10 月 21 日，毛泽东又专门给新闻总署署长胡乔木写信，指出吴耀宗在 10 月 20 日《光明日报》上发表的《怎样推进基督教革新运动》②一文，"可以广播，《人民日报》应当转载"③。10 月 22 日，《人民日报》转载了这篇文章。实践证明，"三自"运动是一场具有深远影响的的爱国爱教运动，维护了中国教会来之不易的独立自主，使中国基督教天主教迈出了与社会主义社会相适应的步伐。

认识和处理宗教问题的独立自主原则，还体现在毛泽东关于共产党员与宗教徒建立统一战线的论述里。1940 年 1 月，他鲜明地指出："共产党员可以和某些唯心论者甚至宗教徒建立在政治行动上的反帝反封建的统一战线，但是决不能赞同他们的唯心论或宗教教义。"④1942 年 3 月，毛泽东又对共产党员与党外人员的关系指出："党员及党组织不得任意地无根据地怀疑党外人员，必须从友谊中细心了解自己周围的每个党外人员的历史和特性，细心了解他们对人民、对我党及对工作的意见和要求。对于他们的宗教信仰、思想自由及生活习惯，必须加以尊重。"⑤1957 年 3 月，毛泽东在中国共产党全国宣传工作会议上进一步指出："一部分唯心主义者，他们可以赞成社会主义的政治制度和经济制度，但是不赞成马克思主义的世界观。宗教界的爱国人士也是这样。他们是有神论者，我们是无神

---

① 《对吴耀宗等的中国基督教会三自宣言的批语》(1950 年 7 月 19 日)，见《建国以来毛泽东文稿》(第一册)，中央文献出版社 1987 年版，第 438 页。

② 吴耀宗在该文中主要回答基督教徒对"革新运动"提出的问题。关于实现"三自"的具体办法，他认为关键在于充分发挥教徒"自尊自信的心理"和"爱国爱民主的精神"；关于肃清帝国主义的影响，他认为必须进行长期的"反帝国主义、反封建主义、反官僚主义的教育"；关于基督教在新中国的前途，他认为新中国坚持宗教信仰自由原则，基督教能否永久存在则取决于它"能否在社会里发挥它所应当发挥的作用"。

③ 《关于广播吴耀宗文章给胡乔木的信》(1950 年 10 月 21 日)，见《建国以来毛泽东文稿》(第一册)，中央文献出版社 1987 年版，第 581 页。

④ 《新民主主义论》(1940 年 1 月)，见《毛泽东选集》(第二卷)，人民出版社 1991 年版，第 707 页。

⑤ 《关于共产党员与党外人员的关系》(1942 年 3 月)，见《毛泽东文集》(第二卷)，人民出版社 1993 年版，第 396—397 页。

论者。我们不能强迫这些人接受马克思主义世界观。"① 按照这个思路，李维汉向宗教界提出："统一战线是按政治划分的，不是按照宗教信仰划分。有神论和无神论是世界观问题，只要政治一致，就可以而且应当团结起来，共同奋斗。只有这样，才符合整个革命斗争的利益，包括宗教界一切爱国人士的利益在内。"② 可见，共产党员与宗教徒建立统一战线，要看到彼此的独立性，决不能把政治上的统一与信仰上的统一混淆了。

从上述材料可以看出，对认识和处理中国宗教问题来说，独立自主的原则具有双重指导意义。一是要重视中国宗教的独立性。1870 年 2 月，近代西方宗教学的奠基人麦克斯·缪勒在英国科学研究所演讲时，突出强调了比较方法在宗教研究中的意义，说："所有的高深知识都是通过比较才获得的，并且是以比较为基础的。"③ 与此同时，他还指出："一切真正的科学都是以分类为基础的。只有在不可能对各种不同的信仰进行分类的时候，我们才会承认不可能建立宗教学。"④ 联系毛泽东关于独立自主的论述，缪勒的这两段话启示我们，在研究中不能"只见树木，不见森林"，要在世界宗教的大视野中研究中国宗教；另一方面，不能"只见森林，不见树木"，要在比较中深刻把握宗教的普遍性和特殊性。只有这样，才能坚持中国宗教的独立性，才能提出中国风格和中国特色的宗教理论。

二是中国宗教理论的独立性。同中国的宗教事业一样，我们在宗教理论上也不能盲目迷信外国的经验，更不能生搬硬套外国的时髦理论来分析中国宗教问题。即便是对待马克思主义宗教理论，也是如此，就像毛泽东所言：马克思主义"老祖宗的书，必须读，他们的基本原理必须遵守，这是第一"；但是，"任何国家的共产党，任何国家的思想界，都要创造新

---

① 《在中国共产党全国宣传工作会议上的讲话》（1957 年 3 月 12 日），见《毛泽东文集》（第七卷），人民出版社 1999 年版，第 269 页。

② 李维汉：《在民族工作会议上的讲话纪要》（1962 年 5 月），见李维汉：《统一战线问题与民族问题》，人民出版社 1982 年版，第 647 页。

③ 〔英〕麦克斯·缪勒：《宗教学导论》，陈观胜、李培茱译，上海人民出版社 2010 年版，第 8 页。

④ 〔英〕麦克斯·缪勒：《宗教学导论》，陈观胜、李培茱译，上海人民出版社 2010 年版，第 43 页。

的理论，写出新的著作，产生自己的理论家，来为当前的政治服务，单靠老祖宗是不行的"。① 就毛泽东指示组建宗教研究机构来说，有学者认为这"从世界学术研究的角度看"，亦"颇有可圈可点之处"。因为"在国家层面成立专业的国立宗教研究机构，这在全球范围内都实属罕见，在很大程度上体现了中国人独特的宗教观。"究其原因，"在中国文化谱系中，绝大多数中国人都没有单一的宗教信仰和身份认同，但绝大多数中国人也都不排斥宗教，反而喜欢了解宗教、学习宗教，重视吸取宗教中的精神价值为我所用。"②

四、宗教"五性"论：在宗教领域运用实事求是、群众路线、独立自主的理论成果

中国共产党坚持和运用实事求是、群众路线、独立自主这三个方面的要求，正确认识和处理新中国宗教问题的一个重要理论成果，就是提出中国宗教具有群众性、长期性、民族性、复杂性、国际性的"五性"特征。

从毛泽东的论述中可以看到，中国共产党很早就认识到宗教将会长期存在，宗教具有群众性，必须妥善处理民族地区的宗教问题，要正确对待宗教领域的对外交往。不过，将宗教具有的这些特征概括在一起，主要源于新中国成立后宗教工作经验的积累。一个重要表现就是，宗教"五性"特征不仅从实践中提出，而且在实践中不断完善。

1950 年 6 月 10 日，中共中央转发乌兰夫、刘格平关于新疆少数民族宗教问题的意见，明确表示"中央认为是正确的"。③ 该《意见》为了突出宗教问题在少数民族工作中的重要性，初步概括了宗教的特征及其原因，强调宗教问题是一个"历史性、民族性的群众思想信仰问题"，不要"轻

① 《读苏联〈政治经济学教科书〉的谈话（节选）》（1959 年 12 月—1960 年 2 月），见《毛泽东文集》（第八卷），第 109 页。
② 魏德东：《世界宗教研究所五十华诞之思》，载《中国民族报》2014 年 12 月 23 日。
③ 《中共中央转发乌兰夫刘格平〈对新疆少数民族宗教问题的意见〉》（1950 年 6 月 10 日），《建国以来重要文献选编》（第一册），中央文献出版社 2011 年版，第 240 页。

言改革"，而要毫不动摇地坚持"信教自由政策"。在少数民族地区，宗教问题与其"落后的经济、文化及社会状况"密切相关。所以，在经济文化没有"相当发展"，人民觉悟没有"大大提高"以前，宗教在少数民族群众的生活中还会保有深刻影响。① 显然，这里面已经讲到了宗教问题的群众性、长期性、民族性。

初步从整体上提出宗教"五性"特征的文献，是中共中央统战部起草、1953年7月第四次全国统战工作会议讨论通过、1954年10月中共中央转发的《关于过去几年内党在少数民族中进行工作的主要经验总结》。这个报告系统总结了党的民族政策执行情况检查的结果，认为"少数民族的宗教信仰问题"是一个重要问题，强调不了解"少数民族宗教的长期性、民族性、国际性"，就会发生"急躁冒进的错误"。报告分析说，少数民族地区宗教问题"不仅是个人信仰问题，而且是整个民族问题不可分离的一个重要部分"；宗教的消灭"只有在人类消灭了阶级并大大地发展了控制自然力量的能力时，才有可能"；对佛教、伊斯兰教的政策"对东方殖民地人民都会有很大影响"。② 这表明，报告虽然是针对少数民族地区宗教问题而言的，但对全国宗教问题也是适应的；虽然只提及长期性、民族性、国际性，但分析中包含了群众性、复杂性的判断。可以说，宗教"五性"特征的雏形基本形成。

在讨论这个报告时，毛泽东给予了充分肯定，认为它"讲清了一些思想问题和策略问题"，包括"少数民族的宗教信仰问题"在内的几个问题是"策略问题"，是"根据群众在各个时期不同的觉悟程度规定出不同政策，采取一些步骤，逐步提高群众的觉悟程度来达到战略的目的"。③ 可见，毛泽东之所以肯定这个报告，关键在于他认为报告的分析实事求是，而且符合群众路线的要求。

---

① 《乌兰夫刘格平对新疆少数民族宗教问题的意见》(1950年4月14日)，见《建国以来重要文献选编》(第一册)，中央文献出版社2011年版，第241—242页。
② 《关于过去几年内党在少数民族中进行工作的主要经验总结》(1954年10月)，见《建国以来重要文献选编》(第一册)，中央文献出版社2011年版，第580—582页。
③ 中共中央统战部研究室编：《历次全国统战工作会议概况和文献》，档案出版社1988年版，第127—128页。

1956 年 2 月 12 日，毛泽东同在京藏族全国政协委员、西藏地区参观团成员等藏族人士谈话时，也阐述了宗教的长期性、复杂性、群众性，强调中国信仰宗教的人并不少，而且到了共产主义社会，"也还会有信仰宗教的"；宗教信仰"全照老样子，以前信什么，照样信什么"，宗教信仰自由"可以是先信后不信，也可以是先不信后信"；强迫他人不信教很危险，宗教感情"稍微伤害一点也不好"。①7 月 22 日，毛泽东与周恩来等人讨论四川省甘孜藏族自治州和凉山彝族自治州的平叛问题时，也强调"这个战争带有群众性"，叛乱分子用"保卫民族和宗教"这个旗号欺骗了一部分群众。因此，必须争取群众，"把民族和宗教的旗帜从他们手中拿过来"。他还说，平叛是阶级斗争，而不是民族和宗教问题，因为党和政府是为了解放少数民族的大多数人民，使他们"生产发展，生活改善"。②

1957 年 4 月 4 日，李维汉在第八次全国统战工作会议作总结发言时，根据毛泽东关于宗教问题的论述，进一步阐发了宗教具有"五性"特征的观点：关于群众性和长期性，他强调"人们对自然和社会必然性的认识和能力随着人类实践历史的发展而逐渐增加"，虽然"社会剥削的消灭，生产力的彻底解放和高度发展，科学和文化的高度发展和广泛普及，最后要导致广大人民解除有神论和宗教信仰的束缚"，但这是要"经过一个很长时期才能逐步解决的问题"；关于民族性和国际性，他强调"宗教的影响在一定范围内，既广且深，它影响到民族关系，有的还影响到国际关系"；他还强调党同宗教界统一战线的重要性，指出有些人"只看见宗教是迷信，是鸦片烟"，"看不见宗教的群众性、民族性、国际性和它的长期性"，所以"不允许人们自由信仰，用行政手段禁止这种精神鸦片，甚至采取粗暴的手段"，不懂得"允许自由信仰，正是为了在政治上团结宗教徒，争取宗教影响下的群众和广大人民一道，为了解放和发展生产力"。③在这里，

①《同藏族人士的谈话》（1956 年 2 月 12 日），见《毛泽东文集》（第七卷），人民出版社 1999 年版，第 4 页。
②《毛泽东年谱（1949—1976）》（第二卷），中央文献出版社 2013 年版，第 595 页。
③ 李维汉：《在全国第七次统战工作会议上的发言》（1957 年 4 月 4 日），李维汉：《统一战线问题与民族问题》，人民出版社 1982 年版，第 182—183 页。

李维汉明确提出了群众性、长期性、民族性、国际性；复杂性虽然没有提，但言语之中的表达更加明显了。此后，宗教"五性"成为专有名词，成为认识和处理宗教问题的重要依据。

实践证明，基于宗教"五性"特征制定方针政策，就能够在宗教工作中取得成绩；相反，宗教领域就会出现问题。中共中央 1982 年 19 号文件总结过去、着眼未来，重申了宗教的"五性"特征及其重要性：文件强调宗教问题在社会主义社会还会长期存在，全党必须"有足够的清醒的认识"；强调宗教问题具有"一定的群众性"，在很多地方与"民族问题交织在一起"，还会受到"某些阶级斗争和国际复杂因素的影响"，具有"一定的复杂性"。文件还强调，必须在马克思主义、毛泽东思想的指导下，全面地正确地贯彻执行党的各项宗教政策。①

对于宗教"五性"的重要性，以及它所体现的实事求是精神，宗教界人士也多有论述。1983 年 10 月 29 日，赵朴初在全国政协宗教组交流学习《邓小平文选》心得体会座谈会上就指出，如果按照《邓小平文选》所强调的实事求是的精神对待宗教问题，"那就应当承认宗教的五性"。因为"信仰宗教的在国内有很多群众，在国际上也有很多群众"，"这就是宗教的群众性；"有好多少数民族是信宗教的，如佛教、伊斯兰教都是如此"，这就是宗教的民族性；还有宗教的国际性、复杂性和长期性，都要"以实事求是的精神来考虑，要承认这个现实"；不承认宗教的五性，"宗教政策贯彻不好，不利于民族团结，不利于国际友好交往，影响许多方面的工作"。②1989 年 3 月 25 日，赵朴初在全国政协七届二次会议上再次强调，只有全面理解宗教的"五性"，才能真正把握宗教工作重要性，真正理解宗教信仰自由政策，真正认识当代中国宗教问题，真正把各项宗教政策落到实处。③

在 2001 年全国宗教工作会议上，江泽民根据新的实际情况，将宗教

---

① 《关于我国社会主义时期宗教问题的基本观点和基本政策》（1982 年 3 月），见《新时期宗教工作文献选编》，宗教文化出版社 1995 年版，第 55—57 页、58—59 页。
② 《学习〈邓小平文选〉是一项长期的任务》（1983 年 10 月 29 日），见《赵朴初文集》（上卷），华文出版社 2007 年版，第 547 页。
③ 《关于进一步落实宗教政策的有关问题》（1989 年 3 月 25 日），见《赵朴初文集》（下卷），华文出版社 2007 年版，第 922 页。

"五性"论发展为宗教"三性"论。他认为，从历史和现实的角度看，我们必须深刻理解宗教问题的几个主要特点：第一，宗教有深刻的社会历史根源，所以它将"长期存在并发生作用"；第二，宗教问题往往不是孤立的问题，而是与经济问题、政治问题等密切相关，所以它"对社会的发展和稳定产生重大影响"；第三，宗教问题是世界政治和国际关系中一个不可忽视的重要因素，所以它往往与"现实的国际斗争和冲突相交织"。进而，他强调宗教是一种"群众性的社会现象"，宗教问题具有"特殊复杂性"，最根本的是要把握"宗教存在的长期性"。[①]2006 年 7 月，中共中央《关于巩固和壮大新世纪新阶段统一战线的意见》明确提出宗教"三性"说，要求充分认识宗教存在的"长期性"、宗教问题的"群众性"、"特殊复杂性"，从而既不"用行政手段压制宗教"，也不"放弃对宗教事务的管理"。[②]

显然，宗教"三性"说是在新的历史条件下对宗教"五性"论的继承和发扬。它们不仅在基本内涵上是一致的，在思想方法、精神实质上更是一脉相承的。正如学者所言，将"五性"提炼为"三性"，不是为了标新立异，而是力求抓住"社会主义条件下宗教问题的本质特征"，清晰指出宗教问题的"主要矛盾和矛盾的主要方面"，以更好地贯彻宗教政策、指导宗教工作。[③]

五、小　结

实事求是、群众路线、独立自主，是以毛泽东为代表的中国共产党人，把马克思主义基本原理运用于中国革命和建设的实践，在长期理论探索中形成的、贯穿于毛泽东思想各个组成部分的立场、观点和方法。这三个方面是毛泽东思想活的灵魂，也是中国特色社会主义宗教理论的思想基

①《论宗教问题》（2001 年 12 月 10 日），见《江泽民文选》（第三卷），人民出版社 2006 年版，第 372—378 页。
②《中共中央关于巩固和壮大新世纪新阶段统一战线的意见》（2006 年 7 月 24 日），见《十六大以来重要文献选编》（下），中央文献出版社 2008 年版，第 574 页。
③　叶小文：《坚持正确的基本观点　才能贯彻好正确的基本方针——所谓宗教问题的"五性、三性说之争"评述》，见《红旗文稿》2006 年第 18 期。

础。不论过去、现在和将来，我们只有坚持和运用这三个方面，才能正确认识宗教问题、妥善做好宗教工作。

新中国成立后，中国共产党坚持和运用实事求是、群众路线、独立自主，在认识和处理社会主义时期宗教问题上的成功探索，为中国特色社会主义宗教理论的形成提供了理论准备和宝贵经验。纵观中国特色社会主义宗教理论的形成和发展历程，时时处处都彰显了这三个方面的重要性。

比如，坚持实事求是，并在新的实践基础上推进理论创新，是中国特色社会主义宗教理论形成与发展的根本。在探讨中共中央 1982 年 19 号文件时，有学者就强调"最根本的一条，就是要始终坚持以实事求是的态度对待宗教问题"。[1] 这个文件之所以"经得起历史的检验，具有历史的价值"，关键在于它"符合历史发展的客观规律，符合人民群众的根本利益，符合国情教情"；它之所以"对于宗教工作的指导思想具有拨乱反正的、里程碑式的作用"，关键在于它对中国社会主义时期宗教的本质、规律及其社会作用"作出了实事求是的解释"，使中共"恢复正确的宗教政策和宗教工作成为可能"。[2]

又如，坚持群众路线，做好信教群众的工作，贯穿于中国特色社会主义宗教理论与实践之中。"文化大革命"结束后，邓小平一再要求保障信教群众的合法权益，强调宗教信仰自由是中国党和政府一贯的政策[3]；江泽民指出，在社会主义条件下，信教和不信教以及信仰不同宗教的群众，"信仰上的差异是比较次要的差异"，"政治上、经济上的根本利益是相同的"，必须团结、教育、引导信教群众共同致力于中国特色社会主义建设[4]；胡锦涛强调，要深刻认识到"做好信教群众工作是宗教工作的根本任务"，"要坚持以人为本，最大限度地把信教群众团结起来，把他们的智慧和力

---

① 王作安：《以实事求是的态度对待宗教——纪念中共中央 1982 年 19 号文件印发 30 周年》，见《中国宗教》2012 年第 4 期。

② 李平晔：《19 号文件再理解——纪念中共中央 1982 年 19 号文件印发 30 周年》，载《中国民族报》2012 年 9 月 11 日。

③《邓小平年谱（1975-1997）》（上），中央文献出版社 2004 年版，第 567 页。

④《论宗教问题》（2001 年 12 月 10 日），见《江泽民文选》（第三卷），人民出版社 2006 年版，第 384 页。

量凝聚到实现全面建设小康社会、加快推进社会主义现代化的共同目标上来"①；习近平强调，"宗教工作本质上是群众工作"②，它不仅是一个"对宗教事务管理的问题"，也不仅是一个"对宗教界人士和信教群众的统一战线问题"，而是一个"关系党的执政前途和命运的全局性和战略性的工作"，对于"密切党同人民群众的血肉联系，推动三个文明建设，加强民族团结和保持社会稳定都有着不容忽视的重要意义"③。

再如，坚持独立自主，在平等友好基础上积极开展宗教领域的对外交流合作，是中国特色社会主义宗教理论的重要内容。中共中央 1982 年 19 号文件根据改革开放后的新形势，强调宗教界的对外交往"一定要坚持独立自主、自办教会的原则，坚决抵制国际宗教反动势力重新控制我国宗教的企图，坚决拒绝任何外国教会和宗教界人士插手干预我国宗教事务"④；中共中央 1991 年 6 号文件进一步指出，中国宗教团体和宗教事务要"坚持独立自主自办教会的原则，不受境外势力的支配"，"不允许任何境外宗教团体和个人干预我国宗教事务，在我国设立办事机构，建立寺观教堂，进行传教活动⑤；中共中央 2002 年 3 号文件再次强调，"越是在扩大开放的形势下，越要坚持独立自主自办原则不动摇，越要做好抵御渗透的工作"，要对宗教界"加强坚持独立自主自办原则的教育，使他们在思想上、行动上自觉抵御渗透"⑥。

2013 年 12 月 26 日，习近平在纪念毛泽东诞辰 120 周年座谈会上的讲话中，进一步阐述了这三个方面的基本内涵和时代要求，强调"新形势

---

① 参见《全面贯彻党的宗教工作基本方针，积极主动做好新形势下宗教工作》，载《人民日报》2007 年 12 月 20 日。
② 参见《巩固发展最广泛的爱国统一战线，为实现中国梦提供广泛力量支持》，载《人民日报》2015 年 5 月 21 日。
③ 习近平：《干在实处，走在前列——推进浙江新发展的思考与实践》，中共中央党校出版社 2006 年版，第 218 页。
④《关于我国社会主义时期宗教问题的基本观点和基本政策》（1982 年 3 月），见《新时期宗教工作文献选编》，宗教文化出版社 1995 年版，第 70 页。
⑤《中共中央、国务院关于进一步做好宗教工作若干问题的通知》（1991 年 2 月 5 日），见《新时期宗教工作文献选编》，宗教文化出版社 1995 年版，第 216—217 页。
⑥《中共中央、国务院关于加强宗教工作的决定》（2002 年 1 月 20 日），见《新疆工作文献选编（1949——2010）》，中央文献出版社 2010 年版，第 554—555 页。

下，我们要坚持和运用好毛泽东思想活的灵魂，把我们党建设好，把中国特色社会主义伟大事业继续推向前进"①。这告诉我们，在新的历史条件下学习、坚持和发展毛泽东思想中的宗教理论，最根本、最重要的仍然是要深刻领会和坚持运用毛泽东思想活的灵魂。只有这样，才能不断推进实践基础上的理论创新，不断开辟马克思主义宗教观中国化的新境界，不断取得正确认识和处理宗教问题的新成就，不断丰富和发展中国特色社会主义宗教理论。

---

① 习近平：《在纪念毛泽东同志诞辰 120 周年座谈会上的讲话》，载《人民日报》2013 年 12 月 27 日。

第二章

历史起点：
邓小平关于宗教领域拨乱反正的论述

　　"文化大革命"结束后，在中国往何处去的重大历史转折关头，邓小平领导全党全国各族人民，既坚决纠正"左"的指导思想，又努力防止发生右的偏向，开辟了一条改革开放新道路，使中国的面貌焕然一新。在这个关键时期，他就宗教领域的拨乱反正提出了重要意见，不仅重申了中国共产党关于宗教的基本观点和基本政策，而且根据改革开放的新形势和新情况，对宗教工作中出现的新问题提出新要求。

　　随着"建设有中国特色的社会主义"这个重大命题的提出，中国共产党对宗教问题的认识进入了新境界，中国特色社会主义宗教理论开始在实践中形成。基于此，邓小平关于宗教领域拨乱反正的论述，可以视作中国特色社会主义宗教理论的历史起点；在这些论述基础上形成的、中共中央书记处会议讨论通过的、经邓小平审阅并同意的中共中央 1982 年 19 号文件，则以其对历史经验的深刻总结、对理论问题的深刻阐述，成为中国特色社会主义宗教理论的奠基之作。[①]

---

① 关于邓小平宗教观的研究，已有不少学者进行了专题论述。比如，龚学增：《邓小平理论与中国社会主义初级阶段的宗教问题——为纪念中共十一届三中全会 20 周年而作》，载《世界宗教研究》1998 年第 4 期；王作安、胡绍皆：《邓小平对新时期宗教工作的重大贡献》，载《中国宗教》2004 年第 7 期；曾传辉：《邓小平的宗教观》，载《世界宗教研究》2014 年第 4 期；等等。不同于这些成果的"长时段"分析，笔者侧重于梳理和研究邓小平在中共十一届三中全会前后关于宗教领域拨乱反正的论述，并指出这些论述何以是中国特色社会主义宗教理论的历史起点。作为既往研究重点，备受人们关注的中共中央 1982 年 19 号文件，正是在这个起点上产生的，标志着中国特色社会主义宗教理论的初步形成。

一、恢复实事求是的思想路线，准确把握中国社会主义时期的宗教实际情况，推动宗教领域的拨乱反正

新中国成立后，中国共产党在社会主义革命和建设的实践中，对宗教问题进行了新的探索，提出了宗教"五性"论、宗教问题属于"思想性质的问题"和"人民内部的争论问题"等重要观点，并在推动宗教制度民主改革、坚持独立自主主办教会等方面取得了重大成就，为改革开放新时期开创中国特色社会主义理论提供了历史前提、理论准备和宝贵经验。

在十年"文化大革命"中，宗教领域和其它领域一样，经历了一场大灾难。党的宗教理论遭到歪曲，党的宗教政策遭到破坏，党的宗教工作遭到践踏。粉碎"四人帮"后，人们的思想还十分混乱，不少人一时难以从"左"的指导思想中摆脱出来。其显著表现就是"两个凡是"错误方针的提出，要求"凡是毛主席作出的决策，我们都坚决维护"；"凡是毛主席的指示，我们都始终不渝地遵循"①。按照这样的思路和方法，包括宗教工作在内的各项事业，都难以打开新的局面，整个社会处于徘徊中前进的状态。

邓小平重新出来工作后，旗帜鲜明地反对"两个凡是"，支持真理标准问题大讨论，强调要正确认识和科学对待毛泽东思想。1977 年 4 月 10 日，他致信中共中央，鲜明地指出：我们必须坚持用"准确的完整的毛泽东思想"来指导全党、全军和全国人民；只有这样，才能社会主义的事业胜利地推向前进。②5 月 24 日，他同王震、邓力群谈话时，直截了当地批评"两个凡是"不符合马克思主义，认为把毛泽东"在这个问题上讲的移到另外的问题上，在这个地点讲的移到另外的地点，在这个时间讲的移到另外的时间，在这个条件下讲的移到另外的条件下"，都是不行的。③

---

① 参见《学好文件抓住纲》，载《人民日报》1977 年 2 月 7 日。
②《邓小平年谱（1975-1997）》（上），中央文献出版社 2004 年版，第 157 页。
③《"两个凡是"不符合马克思主义》（1977 年 5 月 24 日），见《邓小平文选》（第二卷），人民出版社 1994 年版，第 38 页。

为了端正党的思想路线，邓小平特别强调实事求是在毛泽东思想中的独特地位。1977 年 7 月 21 日，他在十届三中全会上指出，在毛泽东倡导的作风中，实事求是、群众路线这两条是"最根本的东西"；对中国共产党的现状来说，这两条"特别重要"。[①]1978 年 6 月 2 日，他在全军政治工作会议上强调，"马克思主义的活的灵魂，就是具体地分析具体情况。马列主义、毛泽东思想如果不同实际情况相结合，就没有生命力了"。毛泽东一贯坚持用马克思主义的立场、观点、方法来提出问题、分析问题、解决问题，实事求是是"毛泽东思想的出发点、根本点"。[②]

真理标准问题大讨论的深入开展，推倒了"两个凡是"的藩篱，打破了迷信盛行、思想僵化的局面，为各条战线的拨乱反正扫除了思想障碍。具体到宗教领域来说，1978 年 10 月 21 日，中共中央转发的中央统战部《关于当前宗教工作中急需解决的两个政策性问题的请示报告》，强调要"认真地、全面地贯彻执行宪法所规定的宗教信仰自由政策"，"严格区分两类不同性质的矛盾，加强对宗教活动的管理"，开始了宗教工作的拨乱反正。[③]以下两个方面，就是很显著的表现：

一是实事求是地评价宗教工作，恢复各级党和国家宗教工作机构，以贯彻落实党的宗教政策。

1979 年 2 月，中共中央统战部提出，中央和各级统战、民族、宗教工作部门在新中国成立后"是认真贯彻执行了党的方针政策，是党在实现总任务的伟大事业中一个方面的有力助手，成绩是很大的"，全国统战系统的干部"绝大多数是好的和比较好的"。因此，给统战、民族、宗教工作"扣上'执行投降主义、修正主义路线'的罪名，是完全没有根据的"，"对强加给各级统战系统的干部和党外工作人员有关'执行投降主义路线'

[①]《完整地准确地理解毛泽东思想》（1977 年 7 月 21 日），见《邓小平文选》（第二卷），人民出版社 1994 年版，第 45 页。

[②]《在全军政治工作会议上的讲话》（1978 年 6 月 2 日），见《邓小平文选》（第二卷），人民出版社 1994 年版，第 114、118 页。

[③] 参见罗广武：《新中国宗教工作大事概览（1949—1999）》，华文出版社 2001 年版，第 254—255 页。

等诬蔑不实之词，应一律推倒，彻底平反"。① 这份报告得到了中共中央的高度重视。3月，中共中央批准了这个报告；4月，中共中央、国务院任命肖贤法担任国务院宗教事务局的党组书记、局长；6月，国务院正式批复国务院宗教事务局的机构编制。随后，各级宗教工作机构相继恢复。这就为贯彻落实党的宗教政策，提供了组织保障。

在当时的历史条件下，贯彻落实党的宗教政策，一个重要任务是保障宗教活动的正常化。在"文化大革命"的混乱局面中，很多宗教活动场所和宗教团体的房产被其他单位占用。为了保障公民的宗教信仰自由、维护宗教界的合法权益，中共中央要求"尽快地解决信教群众过宗教生活所需要的场所、用品和主持宗教活动的神职人员，使信教群众享有宗教信仰自由的权利"，要为"各宗教团体、爱国组织恢复活动创造条件"。②1980年7月3日，国务院宗教事务局与国家基本建设委员会、外交部、财政部、国家城市建设总局一起向国务院报告，指出"恢复和补发文化大革命以来停付和未付的房屋包（定）租费，解冻或归还宗教团体的存款，已成为当前宗教工作中迫切需要解决的问题"，并有针对性地提出了具体建议。③ 国务院很快就批转了这份报告，认为这项工作有利于"天主教、基督教独立自主方针的贯彻"，有利于"同外国宗教势力的渗透作斗争"，也是"解决

---

① 《中共中央统战部关于建议为全国统战、民族、宗教工作部门摘掉"执行投降主义路线"帽子的请示报告》（1979年2月3日），见《新时期宗教工作文献选编》，宗教文化出版社1995年版，第3—4页。

② 《新时期党的民族工作与宗教政策》（1979年9月13日），见《新时期宗教工作文献选编》，宗教文化出版社1995年版，第12页。

③ 这主要包括四条：（1）"将宗教团体房屋的产权全部退给宗教团体，无法退的应折价付款"；（2）"文化大革命以来停付的包（定）租费，应按国家有关规定，实事求是地结算，所收房租，除去维修费、房产税和管理费外，多退少不补"；（3）"文化大革命期间被占用的教堂、寺庙、道观及其附属房屋，属于对内对外工作需要继续开放者，应退还各教使用，如宗教团体不需收回自用者，由占用单位或个人自占用之日起付给租金，房屋被改建或拆建者，应折价付款"；（4）"文化大革命期间各宗教团体被冻结上交财政的存款由当地财政部门予以退还，被其他单位挪用者应当偿还。"《关于落实宗教团体房产政策等问题的报告》（1980年7月3日），见《新时期宗教工作文献选编》，宗教文化出版社1995年版，第24—26页。

宗教团体自养和宗教职业者经济生活问题的妥善办法"。①

对于落实党的宗教政策，邓小平十分重视。比如，1980年11月14日，他阅看了新华社新疆分社《关于南疆地区一个值得注意的动向》，以及汪锋就新疆工作给胡耀邦、邓小平的报告，作出批示："王震同志阅。必要时去帮助一下区党委处理一下这类问题。"主要是指帮助中共新疆维吾尔自治区委解决在维吾尔族、汉族干部与群众相互间存在的团结问题和落实民族、宗教政策等问题。此后，胡耀邦、王震提出了落实邓小平的批示精神的具体意见。1981年1月，中共中央决定成立以王震为团长的中共中央赴新疆巡视团，到新疆协助工作。②

又比如，1982年6月11日，邓小平看到赵朴初反映文物管理部门占有并破坏广州六榕寺的来信后，立即作出批示，要求"中央统战部商同广东省委提出解决办法，并告赵朴初同志"。9月16日，中共广东省委办公厅向中共中央和赵朴初报送的《关于六榕寺交还宗教部门管理的情况报告》，上面写道："在8月底以前广州市文管处干部、职工已全部撤出六榕寺，从9月1日起，六榕寺已移交广州市佛教协会和六榕寺僧人自行管理。"③

二是实事求是地评价宗教界人士，肯定他们在政治上取得了很大进步，发展党同宗教界的爱国统一战线。

早在1977年9月29日，邓小平会见来北京参加国庆活动的华人华侨、台港澳同胞旅行团成员时就指出，过去"四人帮"破坏统一战线，现在我们"把'庙'建立起来，有个'菩萨'在里面管事，要把爱国人士、民主人士、宗教人士等等都更好地团结起来"。④邓小平所说的"庙"，是指1977年6月恢复工作的中央统战部。他在谈话中还明确提出，要恢复侨务、台港澳等统战工作机构。之所以这样做，就是要把各方面的爱国人

①《国务院批转宗教事务局、国家建委等单位〈关于落实宗教团体房产政策等问题的报告〉》（1980年7月16日），见《新时期宗教工作文献选编》，宗教文化出版社1995年版，第24—26页。
②《邓小平年谱（1975-1997）》（上），中央文献出版社2004年版，第691页。
③《邓小平年谱（1975-1997）》（下），中央文献出版社2004年版，第826页。
④《邓小平年谱（1975-1997）》（上），中央文献出版社2004年版，第211页。

士团结起来。中央统战部《关于当前宗教工作中急需解决的两个政策性问题的请示报告》也强调，要认真落实党的宗教政策，特别是"对一贯表现积极的进步朋友，更应在政治上、工作上和生活上作妥善处理，解决他们的困难"。同时，在实际工作中应有意识地"选择和培养一些政治上可靠、有宗教知识的宗教界人士，以适应今后工作的需要"。①

1979 年 6 月 15 日，邓小平在全国政协五届二次会议上更是充分肯定地指出："各民族的不同宗教的爱国人士有了很大的进步。"② 这句话虽然只有二十个字，但是它具有在政治上为宗教界人士定调的重要意义，为恢复党的宗教政策，特别是平反宗教领域的冤假错案创造了条件。比如，国务院宗教事务局、青海省委统战部复查了原青海省副省长、中国佛教协会会长喜饶嘉措的冤案，予以平反昭雪。1979 年 10 月 6 日，喜饶嘉措的追悼会在青海省西宁市举行，悼词评价他是"著名的宗教界爱国民主人士"，强调他"拥护中国共产党，拥护社会主义制度，热爱祖国，维护祖国统一，拥护党和政府的各项政策"，"为促进民族团结，建设社会主义事业做了有益的工作"。③

邓小平还认为，新时期的统一战线已经发展为工人阶级领导的、工农联盟为基础的社会主义劳动者和拥护社会主义的爱国者的广泛联盟，必须团结包括宗教界人士在内的一切可以团结的力量，共同致力于改革开放和社会主义现代化建设。1979 年 9 月 1 日，邓小平在听取第十四次全国统战工作会议的情况汇报时，强调"加强统战工作是必要的"，不过现在提出的大多是"民族资产阶级的问题，民族、宗教问题还没有议，这些方面有很多问题"，"宗教工作也有很多政策问题"。④ 9 月 13 日，中共中央批转的全国统战工作会议文件《新的历史时期统一战线的方针任务》，对民族、宗教工作提出明确要求，强调把宗教界人士和广大信教群众"团结在政府

---

① 参见罗广武：《新中国宗教工作大事概览（1949—1999）》，华文出版社 2001 年版，第 255 页。
②《新时期的统一战线和人民政协的任务》（1979 年 6 月 15 日），见《邓小平文选》（第二卷），人民出版社 1994 年版，第 186 页。
③ 参见罗广武：《新中国宗教工作大事概览（1949—1999）》，华文出版社 2001 年版，第 262 页。
④《新时期统一战线是社会主义劳动者与爱国者的联盟》（1979 年 9 月 1 日），见《邓小平论统一战线》，中央文献出版社 1991 年版，第 161 页。

的周围，在党的领导下为四化贡献力量"。①

邓小平关于发展党同宗教界的爱国统一战线、共同致力于现代化建设的号召，得到了宗教界人士的拥护和响应。1979 年 6 月 29 日，国务院宗教事务局邀请出席五届人大二次会议、出席五届政协二次会议的宗教界代表和委员举行座谈会，重申党和国家的宗教政策，动员宗教界人士为四个现代化建设贡献力量。在座谈会上，班禅额尔德尼·确吉坚赞、马明基、玉赛音阿吉、张家树、丁光训等人表示，"实现祖国四个现代化也是宗教界人士和信教群众的迫切愿望"，"一定努力维护安定团结的大好局面，正确地、全面地宣传党和国家的民族政策和宗教政策"，团结信教群众为现代化建设作出积极贡献。②1980 年先后召开的中国伊斯兰教第四次代表会议、中国佛教协会第四次全国代表会议、中国道教协会第三次代表会议、中国基督教第三届全国会议、中国天主教爱国会第三届代表会议，总结和报告了各自的工作，制定了新形势下的任务，而且都明确提出了要协助党和政府贯彻宗教信仰自由政策、积极参加四化建设和维护祖国统一、民族团结的要求。

以上两个方面表明，实事求是思想路线的恢复，推动宗教领域在拨乱反正的基础上迎来了新气象。正如丁光训后来接受《世界宗教研究》杂志采访时所言，虽然邓小平"在宗教问题方面没有讲过很多的话，但是他的思想对宗教界也起到过巨大的作用"。这是因为"拨乱反正是全面的，宗教工作正是在邓小平同志解放思想、实事求是的路线指引下，才取得了今天的可喜成绩，才使各个宗教深感受惠"。他还举例说，与过去相比，如今"庙宇开放的越来越多，宗教徒的愿望也基本得到了满足，各教都办起了培养下一代接班人的高中低多层次的宗教院校，宗教界和学术界还撰写了大量宗教读物或研究性著作，宗教经典也得以出版"，

---

① 《新时期党的民族工作与宗教政策》(1979 年 9 月 13 日)，见《新时期宗教工作文献选编》，宗教文化出版社 1995 年版，第 12 页。
② 参见《动员宗教界人士为四化贡献力量》，载《人民日报》1979 年 7 月 3 日。

"这些都是拨乱反正的结果"。[①] 可以说，这些结果都是恢复和实行实事求是思想路线的产物。

二、重申中国共产党的宗教信仰自由政策，明确处理宗教问题的基本原则，并使党的方针政策经过法定程序成为国家意志

在革命和建设的实践中，中国共产党把马克思主义基本原理同中国宗教实际和时代特征相结合，提出了关于宗教问题的基本观点与基本主张，确立了关于宗教工作的基本方针与基本政策。在刚刚结束"文化大革命"的历史条件下，邓小平首先强调的是恢复和实行宗教信仰自由政策。

1979 年 10 月 15 日，邓小平在会见费里克斯·格林、德里克·班以安率队的英国知名人士代表团时，强调中共认为"像宗教这样的问题不是用行政方法能够解决的"。新中国成立后，虽然进行无神论的宣传，但中国党和政府始终"实行宗教信仰自由"，只是林彪、"四人帮"破坏了这个一贯的宗教政策。现在，开始恢复宗教信仰自由这个"老的政策"。更何况，宗教信仰自由"涉及民族政策"，中国要"实行正确的民族政策，必须实行宗教信仰自由"。[②]

不无巧合的是，就在邓小平这次谈话两天后，《人民日报》发表《全面贯彻宗教信仰自由政策》这篇文章，就全面落实宗教信仰自由政策，正确处理宗教问题，提出了几个重要问题：（1）要充分认识宗教问题的"五性"特征，这"绝不是经过几次政治运动或者用行政命令的手段所能解决的"；（2）要严格区分和正确处理两类不同性质的矛盾，宗教问题是"人民内部的、思想领域的问题"；（3）中国宗教特别是伊斯兰教、喇嘛教，在少数民族中有较深的影响。民族和宗教"既是两个不同的范畴，同时它们之间又有联系"；（4）宗教界人士是"爱国的统一战线的一个组成部

---

① 黄夏年：《宗教与社会主义社会相适应重在引导——丁光训副主席采访录》，载《世界宗教研究》1997 年第 3 期。
②《邓小平年谱（1975—1997）》（上），中央文献出版社 2004 年版，第 567 页。

分"；（5）要继续加强对宗教界人士和广大信教群众的思想政治工作，对他们进行"爱国守法和社会主义教育"及"科学文化的宣传"，教育他们"积极地参加社会主义革命和建设事业"。①

1980年6月14日，《人民日报》又发表了肖贤法的文章②，进一步阐述宗教信仰自由的涵义③及其在中国的具体表现④，进而联系实际情况，就怎样全面正确地落实宗教信仰自由政策，提出了五个方面应当妥善处理的关系：（1）信教者与国家、民族以及四个现代化的关系，强调四个现代化是全国各族人民的根本利益，"个人的宗教生活、教派的利益，必须服从大局"；（2）信教的和不信教的关系，强调两者都要"遵守党和政府的政策、法令，互相尊重、互相团结、互相照顾，以利于安定团结和四化建设"；（3）落实宗教信仰自由政策和国家对宗教活动进行管理的关系，强调管理是"按照国家的法律、法令来维护人们享受信教或不信教的权利"，目的是为了"从管理的角度来保证宗教信仰得到更充分的自由"；（4）落实宗教信仰自由政策和打击披着宗教外衣的反革命分子和其他刑事犯罪分子的关系，强调"打着宗教信仰自由的幌子进行违法犯罪活动"不是宗教信仰问题，而是政治问题；（5）宗教职业者与宗教职业者之间以及宗教职业者和信教群众之间的关系，强调爱国守法是对每个公民的起码要求，"不论是信什么教，都应把爱国和爱教统一起来"。

不难看出，这两篇文章不仅阐发了邓小平关于宗教信仰自由论述的基本精神，而且结合当时的实际情况，提出了有建设性的意见。邓小平对这个政策的思考，也没有停止。1980年8月26日，邓小平在家中同班禅额尔德尼·确吉坚赞谈话时指出：对宗教问题"不能用行政命令的办法"，

---

① 郭驹：《全面贯彻宗教信仰自由政策》，载《人民日报》1979年10月17日。
② 肖贤法：《正确理解和贯彻党的宗教信仰自由政策》，载《人民日报》1980年6月14日。
③ 包括：（1）信教有自由，不信教也有自由；（2）今天信明天不信有自由，今天不信明天信也有自由；（3）信这个教或者信那个教，都有自由；（4）每个信教的和不信教的公民，在我们国家的社会地位、政治地位都是平等的；（5）信教人数多的宗教和信教人数少的宗教，地位也是平等的。
④ 包括：（1）各教都有全国性和地方性组织，各全国性宗教组织都有学院、刊物；（2）各教都有过宗教生活的场所，都可以印刷出版经籍；（3）各宗教团体或者宗教界人士，都可以同国际上的宗教组织和宗教界朋友进行友好往来；（4）不论是信教的还是不信教的公民，都有参加国家政治生活的权利，各级人民代表大会和各级政协都有宗教界的代表参加。

但宗教方面"也不能搞狂热，否则同社会主义，同人民利益相违背"。①这段言简意赅的话，高度概括了中国共产党处理宗教问题的基本原则。一方面，党和政府要实行宗教信仰自由政策，不能用行政命令的办法对待宗教；另一方面，宗教界要遵守国家法律和政策，不能搞狂热，不能同国家和人民利益相违背。中共十一届六中全会通过的《关于建国以来党的若干历史问题的决议》，进一步阐明了这个基本原则："要继续贯彻执行宗教信仰自由的政策。坚持四项基本原则并不要求宗教信徒放弃他们的宗教信仰，只是要求他们不得进行反对马列主义、毛泽东思想的宣传，要求宗教不得干预政治和干预教育。"②

值得关注的是，邓小平在反思"文化大革命"的教训时，强调这场浩劫"固然与某些领导人的思想、作风有关"，但是"组织制度、工作制度方面的问题更重要"。他认为，"制度好可以使坏人无法任意横行，制度不好可以使好人无法充分做好事，甚至会走向反面"。③邓小平还指出，要避免和防止再发生诸如"文化大革命"这样可怕的事情，关键就是要认真建立"社会主义的民主制度和社会主义法制。只有这样，才能解决问题"。④进入改革开放新时期，党和政府处理宗教问题的一个重要特征就是注重法制建设、运用法律手段。比如，五届全国人大二次会议通过的《中华人民共和国刑法》，在第一百四十七条规定："国家工作人员非法剥夺公民的正当的宗教信仰自由和侵犯少数民族风俗习惯，情节严重的，处二年以下有期徒刑或者拘役。"⑤

在这个时期，依法管理宗教事务，依法保护宗教界人士和信教群众的合法权益，最重要的成果是 1982 年 12 月 4 日五届全国人大五次会议

---

① 《邓小平年谱（1975-1997）》（上），中央文献出版社 2004 年版，第 669 页。

② 《关于建国以来党的若干历史问题的决议》（1981 年 6 月 27 日），见《三中全会以来重要文献选编》（下），中央文献出版社 2011 年版，第 171 页。

③ 《党和国家领导制度的改革》（1980 年 8 月 18 日），见《邓小平文选》（第二卷），人民出版社 1994 年版，第 333 页。

④ 《答意大利记者奥琳埃娜·法拉奇问》（1980 年 8 月），见《邓小平文选》（第二卷），人民出版社 1994 年版，第 348 页。

⑤ 《〈中华人民共和国刑法〉第一百四十七条》（1979 年 7 月 1 日），见《新时期宗教工作文献选编》，宗教文化出版社 1995 年版，第 9 页。

通过的现行《中华人民共和国宪法》，其第二章第三十六条对宗教问题进行了四款规定。（1）"中华人民共和国公民有宗教信仰自由"；（2）"任何国家机关、社会团体和个人不得强制公民信仰宗教或者不信仰宗教，不得歧视信仰宗教的公民和不信仰宗教的公民"；（3）"国家保护正常的宗教活动。任何人不得利用宗教进行破坏社会秩序、损害公民身体健康、妨碍国家教育制度的活动"；（4）"宗教团体和宗教事务不受外国势力的支配"。[①] 显然，这四款规定高度概括了中国共产党对待宗教的基本态度，体现了中国共产党总结新中国成立后正反两方面经验后，形成了关于中国社会主义时期宗教问题的基本原则和基本政策。而且，它以国家根本大法的形式，将党关于宗教问题的基本观点和基本政策转化为国家意志，为其他法律法规涉及宗教信仰的内容规定提供了依据，也为社会各界把握信仰问题提供了指导。

三、根据改革开放和社会主义现代化建设的新形势和新情况，对宗教工作提出新的要求

在 1978 年 12 月的中央工作会议上，邓小平作了实际上成为中共十一届三中全会主题报告、成为中国特色社会主义开篇之作的重要讲话——《解放思想，实事求是，团结一致向前看》。他强调一个党、一个国家、一个民族，"如果一切从本本出发，思想僵化，迷信盛行，那它就不能前进，它的生机就停止了，就要亡党亡国"。[②] 在十一届三中全会作出把党和国家工作重点转移到社会主义现代化建设上来、实行改革开放这个战略决策的新形势下，宗教领域出现了新情况，对宗教工作提出了新的要求。除了上面所谈的团结宗教界人士和信教群众共同致力于社会主义建设之外，很重要的一点就是怎样看待和处理宗教对外交往的问题。对此，邓小平同样给

---

① 《中华人民共和国宪法》（1982 年 12 月 4 日），见《十二大以来重要文献选编》（上），中央文献出版社 2011 年版，第 194 页。
② 《解放思想，实事求是，团结一致向前看》（1978 年 12 月 13 日），见《邓小平文选》（第二卷），人民出版社 1994 年版，第 143 页。

出了十分明确的态度。

　　邓小平认为，宗教领域的正常交往，是可以允许的，党和政府是不会干预的。据美国总统吉米·卡特回忆，1979年1月29日，他与到访的邓小平会谈时，讨论了宗教问题。邓小平"似乎对改善同沙特阿拉伯的关系很感兴趣，并再次强调这个问题的宗教因素"。他说"中国也许有700万穆斯林教徒，中国政府并不干预他们的宗教信仰"。我问邓小平"是否允许这些信徒去麦加朝圣，他说不行，但又说，如果这种朝圣有重大意义，这一政策可以改变。后来我们把这一消息通知了沙特的领导人"。[①]当年10月22日至11月9日，"文化大革命"结束后的第一个中国穆斯林朝觐团，前往伊斯兰教圣地——沙特阿拉伯麦加参加了朝觐盛典，并受到穆斯林世界联盟的热情款待。[②]

　　邓小平还认为，宗教领域的友好交往，对国际关系和文化交流有着积极的作用。1979年8月26日，由赵朴初率领的中国宗教代表团到达纽约，参加即将在美国新泽西州普林斯顿召开的世界宗教和平大会第三届会议。他们在向新闻界发表的书面声明中说，中国宗教代表团是为了和平与友谊而来的，并将"和来自世界各地的许多宗教界代表，共同探讨我们宗教界人士如何为维护世界和平与谋求人类共同幸福，作出贡献"。中国宗教代表团"本着公正的和平终将取代邪恶的战争这一信念，深信世界各国的宗教界人士能够在本届世界宗教和平大会中共同努力，提出有价值的见解和切实可行的办法，为保障国际安全，维护人的尊严和发展国际经济新秩序作出积极贡献"。[③]1980年4月14日，日本唐招提寺长老森本孝顺等宗教界人士护送鉴真像回中国巡展，在中日两国引起很大反响。邓小平在《人

---

① 〔美〕吉米·卡特：《保持信心——吉米·卡特总统回忆录》，裴克安等译，世界知识出版社1983版，第192页。
② 参见《我穆斯林朝觐团参加麦加朝觐》，载《人民日报》1979年11月12日。
③ 参见《我宗教代表团到达纽约》，载《人民日报》1979年8月28日。

民日报》发表文章，称赞这是"一件具有深远意义的盛事"。[①]

当然，重视宗教领域的对外交往，并不是没有原则的。对此，吉米·卡特回忆说，在国宴的宴会桌上，"我们很风趣地谈到了我孩提时代就很感兴趣的基督教传教士的传教计划，他不无勉强地承认也有一些好的传教士到过中国，但是他又坚持说有许多传教士到中国去只是要改变东方的生活方式，使之西方化。我对他提了传教士在中国创办的所有医院和学校，他说许多医院和学校现在还在。他极力反对恢复外国传教士传教计划，并说中国的基督徒也同意他的看法。但当我提出他应该允许《圣经》自由传播以及让人民有信仰自由时，他是很专心地倾听的。他保证要过问此事（后来他采取了有利于这两点建议的行动）。"[②]

吉米·卡特所言的"允许《圣经》自由传播"、"让人民有信仰自由"，属于中国共产党关于宗教信仰自由的内容，自然是可以实现的。但他提出的"恢复外国传教士传教计划"，违背中国共产党关于独立自主主办教会原则，当然会遭到拒绝。1981 年 12 月 12 日，邓小平与意大利天主教民主党副书记、意中经济文化交流协会主席维托里诺·科隆博会谈时，再次强调了这个原则。他就中国与梵蒂冈的关系问题，提出了实现中梵关系正常化的两个前提条件：第一是"梵蒂冈与台湾的关系问题。如果梵蒂冈解决了这个问题，承认一个中国，我们同梵蒂冈的关系就可以建立"。第二是"梵蒂冈必须尊重中国天主教爱国会的独立自主、自传、自办教会的政策。这是在中国历史条件下必然要提出的政策。过去帝国主义侵略中国，教会

[①] 邓小平写道："在中日人民友好往来和文化交流的历史长河中，鉴真是一位作出了重大贡献、值得永远纪念的人物。他应日本留学僧荣睿、普照之请，以百折不回的毅力，经过五次东渡失败，双目俱盲之后，终于到达了日本，完成了他的使命。我前年访日时，在奈良唐招提寺见到了鉴真塑像，诚如历代诗人学者所赞叹的，它具有非常高的艺术性，表现出鉴真的坚强意志和安详风度。一千二百余年来，日本人民把它作为国宝，精心保护和供奉到今天，值得我们敬佩和感谢。现在，在日本政府支持下，日本文化界和佛教界人士，把国宝鉴真像郑重地送来中国供故乡人民瞻仰。这是一件具有深远意义的盛事。它必将鼓舞人们发扬鉴真及其日本弟子荣睿、普照的献身精神，为中日两国人民世代友好事业作不懈努力。"（邓小平：《一件具有深远意义的盛事》，载《人民日报》1980 年 4 月 19 日。）

[②]〔美〕吉米·卡特：《保持信心——吉米·卡特总统回忆录》，裴克安等译，世界知识出版社 1983 年版，第 191—192 页。

是一个重要的工具"。①

四、小结

在中共十二大开幕词中，邓小平总结自己关于"什么是社会主义，如何建设社会主义"这个问题的理论探索，深刻地指出：把马克思主义普遍真理同中国具体实际结合起来，"走自己的道路，建设有中国特色的社会主义"，这就是中国共产党总结历史经验得出的基本结论。② 从此，"建设有中国特色的社会主义"这一重大命题，成为包括宗教工作在内的党和国家全部工作的主题，"中国特色"也成为中国社会主义理论和实践的标记。也正因为如此，这篇讲话"原来是《邓小平文选》第二卷的终卷篇，1993年在编辑《邓小平文选》第三卷时，经请示邓小平同志同意，移到了第三卷中，作为开卷篇"③。

以上几个方面表明，邓小平关于宗教领域拨乱反正的论述，是他在新的历史条件下探索"建设有中国特色的社会主义"的重要组成部分。换言之，这些论述是对历史经验教训的总结，更是着眼于"建设有中国特色的社会主义"这个大局而展开的。所以，这些论述可视为中国特色社会主义宗教理论的历史起点。遵循这些论述的基本精神，中共中央书记处会议讨论形成了《关于我国社会主义时期宗教问题的基本观点和基本政策》，标志着中国特色社会主义宗教理论的初步形成。

---

① 《邓小平年谱（1975—1997）》（下），中央文献出版社 2004 年版，第 790 页。
② 《中国共产党第十二次全国代表大会开幕词》（1982 年 9 月 1 日），见《邓小平文选》（第三卷），人民出版社 1993 年版，第 2 页。
③ 冷溶：《历史的基本结论和新道路的最高范畴——对邓小平同志提出"建设有中国特色的社会主义"重大命题的一点认识》，载《光明日报》2012 年 10 月 9 日。

第三章

奠基之作：
中共中央 1982 年 19 号文件

    1980 年 10 月 25 日，邓小平针对怎样评价毛泽东及其对中国社会主义建设的探索等问题，强调中共十一届三中全会之后，从许多方面来说，是把毛泽东"已经提出、但是没有做的事情做起来"，"把他反对错了的改正过来"，"把他没有做好的事情做好"，同时根据新的实际"继续发展"。①这是一段看似普普通通却又意蕴深刻的话。说其看似普普通通，是因为这段话朴实无华，没有引经据典，也没有玄奥的语言，大意就是继承、纠正、完善、发展这八个字；说其意蕴深刻，是因为联系当时的历史情况，这段话揭示了党是如何在指导思想上进行拨乱反正的，中国特色社会主义道路又是如何在此基础上开辟出来的，蕴含着怎样看待历史和现实、继承和发展的哲理。

    "文化大革命"结束后，中国宗教工作的拨乱反正与继往开来，是邓小平这段讲话的一个生动注脚。1982 年 3 月，中共中央书记处在调查研究的基础上，对宗教问题进行了专门研究，形成了《关于我国社会主义时期

---

① 《对起草〈关于建国以来党的若干历史问题的决议〉的意见》（1980 年 10 月 25 日），见《邓小平文选》（第二卷），人民出版社 1994 年版，第 300 页。除了这次谈话，邓小平在之后两次重要谈话也表达了同样的意思。一是在 1989 年政治风波后，邓小平提出："要认真总结经验，对的要继续坚持，失误的要纠正，不足的要加点劲。"（《在接见首都戒严部队军以上干部时的讲话》（1989 年 6 月 9 日），见《邓小平文选》（第三卷），人民出版社 1993 年版，第 308 页）二是在 1992 年视察南方时，邓小平又谈道："每年领导层都要总结经验，对的就坚持，不对的赶快改，新问题出来抓紧解决。"（《在武昌、深圳、珠海、上海等地的谈话要点》（1992 年），见《邓小平文选》（第三卷），人民出版社 1993 年版，第 372 页）

宗教问题的基本观点和基本政策》这份文献。3 月 31 日，中共中央下发了这个文件（即中发〔1982〕19 号文件），并在通知中强调它比较系统地总结了新中国成立以来"党在宗教问题上的正反两个方面的历史经验，阐明了党对宗教问题的基本观点和基本政策"①。文件制定亲历者也指出，1978 年召开的第八次全国宗教工作会议只是强调了"开放宗教活动场所、落实宗教界房产、为宗教界人士平反"等一些"比较具体的工作"，没有"从整体上定位党的宗教工作"，没有"从根本上解决宗教工作问题"；19 号文件则"从整体上定位了党的宗教工作"。②

那么，19 号文件是如何总结历史经验，并实现理论创新和指导实践发展的呢？对此，我们不妨用继承、纠正、完善、发展这八个字来加以考察。③ 如果把 19 号文件放入马克思主义宗教观中国化的历史进程，不难发现它对四个关键问题无不作出科学的回答；也正因为如此，19 号文件方才成为中国共产党把马克思主义宗教观与中国实际和时代特征相结合，推进马克思主义宗教观中国化的一个标志性成果，成为中国特色社会主义宗教

---

① 《中共中央印发〈关于我国社会主义时期宗教问题的基本观点和基本政策〉的通知》（1982 年 3 月 31 日），见《新时期宗教工作文献选编》，宗教文化出版社 1995 年版，第 53—54 页。

② 参见《亲历者谈 19 号文件》，载《中国民族报》2012 年 3 月 27 日。

③ 值得一提的是，李长春在中央实施马克思主义理论研究和建设工程工作会议上指出："要深入研究和准确阐述马克思主义经典著作中的观点，帮助人们分清哪些是必须长期坚持的马克思主义基本原理，哪些是需要结合新的实际加以丰富发展的理论判断，哪些是必须破除的对马克思主义的教条式的理解，哪些是必须澄清的附加在马克思主义名下的错误观点。用科学的态度对待马克思主义，用发展着的马克思主义指导新的实践。"（李长春：《在中央实施马克思主义理论研究和建设工程工作会议上的讲话》（2004 年 4 月 27 日），见《十六大以来重要文献选编》（中），中央文献出版社 2006 年版，第 54 页。）不难发现，分清这四个问题，同样离不开继承、纠正、完善、发展这八个字。以此精神为指导，中国社会科学院世界宗教研究所"马克思主义经典作家关于宗教的基本观点课题组"已经进行了卓有成效的研究，并取得重要成果。（参见龚学增：《关于马克思主义宗教观中国化的思考》，见曾传辉主编：《马克思主义宗教观研究（2010 年专辑）》，社会科学文献出版社 2011 年版，第 45 页。）

理论的奠基之作。[①]

一、继承：对马克思主义宗教观基本原理的重申和坚持

在创立科学社会主义理论的过程中，马克思、恩格斯对宗教问题进行了深入的系统的研究。就宗教的本质与根源、宗教的社会作用、宗教的发展与消亡等问题，他们提出了一系列的理论观点，并据此提出了无产阶级政党对待宗教的基本原则和态度，从而形成了马克思主义宗教观。国际社会主义运动的实践证明，马克思主义宗教观的基本原理是科学的理论，是必须长期坚持的宗教工作指南。

在领导中国革命和建设的实践中，毛泽东就宗教问题提出了一系列理论观点和政策主张，形成了毛泽东思想中的宗教理论。它是被实践证明了的关于认识和处理中国宗教问题的正确的理论原则和经验总结，是马克思主义宗教观在中国的创造性运用和发展。在新的历史条件下，中共中央 1982 年 19 号文件重申了马克思主义、毛泽东思想中关于宗教问题的基本原理，并强调坚持以马克思主义的立场、观点、方法认识和处理宗教问题。

比如，坚持辩证唯物主义和历史唯物主义，是马克思主义揭示宗教本质、处理宗教问题的根本指针。正是在这个理论指导下，马克思、恩格斯创造性地提出："一切宗教都不过是支配着人们日常生活的外部力量在人们头脑中的幻想的反映，在这种反映中，人间的力量采取了超人间的力量的形式。"[②] "宗教本身既无本质也无王国。在宗教中，人们把自己的经验

[①] 中共中央 1982 年 19 号文件的特殊性和重要性，使之成为学者们研究较多的一份文献，取得了不少有价值的成果。比如，《我国宗教工作的重要文献》，载《中国宗教》1997 年第 1 期；刘金光：《中国特色社会主义宗教理论与政策形成的重要里程碑》，载《中国宗教》2012 年第 3 期；王作安：《以实事求是的态度对待宗教》，载《中国宗教》2012 年第 4 期；龚学增：《19 号文件是中国化马克思主义宗教观的重要文献》，载《中国民族报》2012 年 3 月 27 日；等等。比较而言，笔者力图从马克思主义宗教观发展史和马克思主义宗教观中国化的视角，探讨这篇文献在中国特色社会主义宗教理论中的重要地位。

[②] 恩格斯：《反杜林论》(1876 年 9 月—1878 年 6 月)，见《马克思恩格斯选集》(第三卷)，人民出版社 2012 年版，第 703 页。

世界变成一种只是在思想中的、想象中的本质，这个本质作为某种异物与人们对立着。"① 毛泽东进一步分析说，宗教和唯心论的本质在于"否认世界的物质统一性"，认为世界的运动及发展是"精神作用或上帝神力的结果"；诸如基督教的"上帝创造世界"说，佛教和中国一切拜物教"把宇宙万物的运动发展归之于神力"，都源于此。他还指出，当科学为人类证明了"世界的物质性及规律性"，使人类认识到"宗教与唯心论的幻想之无用"，人们就会树立唯物论的思想。②

这些关于宗教的经典论述，是马克思主义宗教观的核心内容之一。19号文件的开头和结尾部分，对此进行了着重的分析。在开头部分，19号文件不仅指出"宗教信仰，宗教感情，以及同这种信仰和感情相适应的宗教仪式和宗教组织，都是社会的历史的产物"，而且对宗教产生和发展的自然根源、阶级根源、社会根源和认识根源进行了精辟的剖析，说明了宗教发生、发展和消亡的问题。其中，关于宗教在阶级社会得以存在和发展的社会根源，总结了三个"在于"：（1）在于人们受阶级社会"盲目的异己力量的支配而无法摆脱"；（2）在于劳动者对"剥削制度所造成的巨大苦难的恐惧和绝望"；（3）在于剥削阶级"需要利用宗教作为麻醉和控制群众的重要精神手段"。③ 进而，分析在消灭了剥削制度和剥削阶级的社会主义社会中，宗教为何还继续存在和发展。这表明，文件不回避任何问题，而是全面、深刻地分析问题，并得出令人信服的答案。

在结尾部分，19号文件再次强调在社会主义的条件下，"解决宗教问题的唯一正确的根本途径，只能是在保障宗教信仰自由的前提下，通过社会主义的经济、文化和科学技术事业的逐步发展，通过社会主义物质文明和精神文明的逐步发展，逐步地消除宗教得以存在的社会根源和认识根源"。文件还对这种状态进行了描述，就是（1）中国人民"在中国这块土

---

① 马克思、恩格斯：《德意志意识形态》（1845—1846年），见《马克思恩格斯全集》（第三卷），人民出版社1960年版，第170页。
② 毛泽东：《辩证法唯物论（讲授提纲）》（1937年），参见中共中央文献研究室编：《毛泽东著作专题摘编》（上），中央文献出版社2003年版，第19—21页。
③《关于我国社会主义时期宗教问题的基本观点和基本政策》（1982年3月），见《新时期宗教工作文献选编》，宗教文化出版社1995年版，第54—55页。

地上，彻底地摆脱任何贫困、愚昧和精神空虚的状态，而造成一个物质文明和精神文明高度发达的、站在人类前列的光明世界"；（2）绝大多数公民都能够"自觉地以科学的态度对待世界，对待人生，而再也不需要向虚幻的神的世界去寻求精神的寄托"。换言之，这就是（1）马克思、恩格斯所说的"全部社会生活都处于人的有意识有计划的控制之下，摆脱一切异己力量支配的时代"，也就是（2）毛泽东所说的"人们自觉地改造自己和改造世界的时代"。文件号召人们为这个"光辉前景"而努力奋斗，但同时强调这决不是"短时间内"、"一代、两代、三代人的时间内"能够完成的，而是"经过很长的历史时期"，广大信教和不信教群众共同奋斗才能成就的事业。[①]

一头一尾，前后呼应，充分体现了中国共产党对辩证唯物主义和历史唯物主义的成功运用，及其对马克思主义宗教观基本观点的深刻理解、对中国宗教实际情况的深刻把握。

又如，关于无产阶级政党对待宗教的基本原则和态度，是"马克思主义在宗教问题上的政治路线"[②]，是马克思主义宗教观的重要内容。这方面，列宁在《社会主义和宗教》、《论工人政党对宗教的态度》、《各阶级和各政党对宗教和教会的态度》等文中进行了尤为深刻的分析。其中，重要的一条就是："就国家而言，我们要求宗教是私人的事情，但是就我们自己的党而言，我们无论如何也不能认为宗教是私人的事情。"[③]1980 年 8 月 26 日，邓小平同班禅额尔德尼·确吉坚赞谈话时也简明扼要地指出：对宗教问题"不能用行政命令的办法"，但宗教方面"也不能搞狂热，否则同社会主义，同人民利益相违背"。[④]这告诉我们，社会主义国家必须实行政教分离原则，尊重宗教信仰自由；但是，无产阶级政党必须坚持彻底的无神论，同一切宗教偏见作坚决的斗争，并在人民群众中进行无神论的宣传和

---

① 《关于我国社会主义时期宗教问题的基本观点和基本政策》（1982 年 3 月），见《新时期宗教工作文献选编》，宗教文化出版社 1995 年版，第 72—73 页。
② 王作安：《中国的宗教问题和宗教政策》，宗教文化出版社 2002 年版，第 62 页。
③ 《社会主义和宗教》（1905 年 12 月 3 日），见《列宁全集》（第十二卷），人民出版社 1987 年版，第 132 页。
④ 《邓小平年谱（1975-1997）》（上），中央文献出版社 2004 年版，第 669 页。

教育。

对此，19 号文件中也有不少精辟论述，涉及党组织、党员、群众各个层面。文件要求各级党委对宗教问题一定要采取列宁所说的"特别慎重"、"十分严谨"、"周密考虑"的态度。"夸大问题的严重性和复杂性，张皇失措，是不对的"；"忽视实际问题的存在和复杂性，掉以轻心，听之任之，也是不对的"。文件强调共产党员"毫无疑问地应当是无神论者"，"不得信仰宗教，不得参加宗教活动，长期坚持不改的要劝其退党"。文件还明确要求"用马克思主义哲学批判唯心论（包括有神论），向人民群众特别是广大青少年进行辩证唯物论和历史唯物论的科学世界观（包括无神论）的教育，加强有关自然现象、社会进化和人的生老病死、吉凶祸福的科学文化知识的宣传"。① 通过这些论述，我们足见中国共产党对这条"马克思主义在宗教问题上的政治路线"的深刻理解和坚持。

再如，提出宗教具有群众性、长期性、民族性、复杂性、国际性的"五性"特征，是中国共产党把马克思主义与中国宗教实际相结合所取得的理论成果，是毛泽东思想中关于宗教问题的重要内容。宗教领域出现"左"的错误，一个典型表现就是否认宗教的"五性"。通读 19 号文件，可以感受到它处处体现着宗教"五性"的论断，并对相关难点进行了进一步分析。

以宗教的民族性为例，19 号文件不仅客观指出中国有一些少数民族基本上全民信教，要求尊重和保护他们的宗教信仰自由权利，而且对生活在这些地区的共产党员提出灵活的政策，包括：对那些"忠实执行党的路线，积极为党工作，服从党的纪律，但还不能完全摆脱宗教影响"的同志，党组织"不应当简单地加以抛弃"；不能简单地"拒绝参加任何含有某些宗教色彩和传统的婚丧仪式和群众性节日活动"，以免脱离群众。与此同时，文件强调要善于"具体地分析各个民族和各种宗教的不同情况"，"体察民族问题与宗教问题的区别和联系"，尤其是要"警惕和反对任何利

①《关于我国社会主义时期宗教问题的基本观点和基本政策》（1982 年 3 月），见《新时期宗教工作文献选编》，宗教文化出版社 1995 年版，第 57、66、72 页。

用宗教狂热来分裂人民，破坏各民族之间团结的言论和行动"。①

就怎样正确认识民族和宗教的关系，赵朴初 1990 年在藏传佛教座谈会上也指出，一是要把握"可分性"，即"民族和宗教属于两个范畴"，"不能把民族和宗教混同起来"，"尽管各民族历史上都出现过宗教这一社会现象，在许多民族中宗教有着长远、广泛、深入的影响，但宗教毕竟不是民族之为民族的基本特征和决定条件"；二是要理解"不可分性"，即"全面的民族工作与贯彻宗教政策，做好宗教工作"关系密切，"以至不重视少数民族中的宗教问题，不在少数民族中贯彻落实宗教政策，就处理不好民族和宗教关系，就会人为地损害少数民族地区的社会安定和边防的巩固"。② 显然，这里的"可分性"、"不可分性"，与 19 号文件的相关论述是相得益彰的。

二、纠正：对附加于马克思主义宗教观之上的错误观点的澄清和批判

坚持马克思主义宗教观的基本原理，必然要求反对生搬硬套马克思主义书本词句的教条主义，以清除附加于马克思主义宗教观之上的错误观点。与此同时，在实践上把错误的工作纠正过来，恢复到原本正确的状态，并根据新的情况有所发展。一言以蔽之，就是回到马克思主义基本原理与中国具体实际相结合的正确轨道上来。这也正是人们常说的"拨乱反正"。在当时的历史条件下，19 号文件具有鲜明的"纠正"意味，从而为新时期宗教工作的顺利开展创造了前提条件。

比如，对 1957 年以后特别是"文化大革命"时期宗教领域种种"左"的错误，19 号文件进行了深刻的总结。这些错误包括："强行禁止信教群众的正常宗教生活，把宗教界爱国人士以至一般信教群众当作'专政对

①《关于我国社会主义时期宗教问题的基本观点和基本政策》（1982 年 3 月），见《新时期宗教工作文献选编》，宗教文化出版社 1995 年版，第 67—68 页。
②《中国佛协要重视藏传佛教工作》（1990 年 3 月 30 日），见《赵朴初文集》（下卷），华文出版社 2007 年版，第 1011 页。

象'，在宗教界制造了大量冤假错案"；"把某些少数民族的风俗习惯也视为宗教迷信，强行禁止，个别地方甚至镇压信教群众，破坏民族团结"；"在宗教问题上使用暴力，结果却使宗教活动在秘密和分散的状态下得到某些发展，少数反革命分子和坏分子则利用这种条件，在宗教活动掩盖下大搞违法犯罪活动和反革命破坏活动"；等等。而且，这些错误往往是打着马克思主义宗教观的旗号进行的。殊不知，这恰恰是对马克思主义宗教观的肆意践踏。毛泽东在宗教问题上反复强调，"宗教是会长期存在的，这是人民的感情，我们不能用行政命令取消或废除宗教，只有人民觉悟了，才会不相信宗教。伤害人民的宗教感情是没有好结果的"[①]；强迫他人不信教很危险，宗教感情"稍微伤害一点也不好"。[②]为此，19号文件说明了十一届三中全会以后的有针对性的拨乱反正工作，并特别强调"应当认真地总结和吸取建国以来党对宗教的工作的正反两个方面的历史经验，进一步认识和掌握宗教发生、发展和消亡的客观规律，克服一切困难和阻力，坚定不移地把党的宗教政策放到马克思列宁主义、毛泽东思想的科学轨道上来"。[③]

又如，19号文件对宗教问题的定性进行了纠正。1957年2月，毛泽东在《关于正确处理人民内部矛盾的问题》这篇重要讲话中，明确把宗教问题定位为"人民内部的思想问题"、"精神世界的问题"，强调"不能用行政命令去消灭宗教，不能强制人们不信教。不能强制人们放弃唯心主义，也不能强制人们相信马克思主义"。[④]4月26日，他同越南新任驻中国大使阮康交谈时明确指出，"对人民只能采取说理的办法。无产阶级专政是对敌人，不是对人民。我们镇压宗教界中的反革命破坏分子，并不是因为他们信仰宗教，而是因为他们搞反革命破坏活动。对待宗教问题，不能

---

① 《毛泽东年谱（1949—1976）》（第二卷），中央文献出版社2013年版，第596—597页。
② 《同藏族人士的谈话》（1956年2月12日），见《毛泽东文集》（第七卷），人民出版社1999年版，第4页。
③ 《关于我国社会主义时期宗教问题的基本观点和基本政策》（1982年3月），见《新时期宗教工作文献选编》，宗教文化出版社1995年版，第58、59页。
④ 《关于正确处理人民内部矛盾的问题》（1957年2月27日），见《毛泽东文集》（第七卷），人民出版社1999年版，第232、209页。

采取强制的办法。"① 周恩来也表示："现在我们只把宗教信仰肯定为人民的思想信仰问题，而不涉及政治问题。"② 然而，这些正确认识在"左"的错误中被淹没，取而代之的是"以阶级斗争为纲"。对此，19 号文件强调：经过社会经济制度的改造和宗教制度的民主改革，中国宗教状况"已经起了根本的变化"，宗教领域的矛盾"已经主要是属于人民内部的矛盾"；对待"人们的思想问题"、"精神世界的问题"和"宗教信仰的问题"，如果"用简单的强制的方法去处理，不但不会收效，而且非常有害"；信教群众与不信教群众在信仰上的差异是"比较次要的差异，如果片面强调这种差异，甚至把它提到首要地位，歧视和打击信教群众，而忽视和抹杀信教群众和不信教群众在政治上、经济上根本利益的一致，忘掉了党的基本任务是团结全体人民（包括广大信教和不信教的群众）为建设现代化的社会主义强国而共同奋斗，那就只能增加信教群众和不信教群众之间的隔阂，并且刺激和加剧宗教狂热，给社会主义事业带来严重的恶果"。③ 这些认识贯彻到实践中去，就是要科学定位和正确对待宗教问题。

再如，马克思主义认为，马克思主义者与宗教信徒在世界观上的对立，并不意味着政治上完全对立，而且可以在政治上团结合作。对此，列宁在俄国革命过程中就指出："在我们看来，被压迫阶级为创立人间的天堂而进行的这种真正革命斗争的一致，要比无产者对虚幻的天堂的看法上的一致更为重要。"④ 在中国新民主主义革命时期，毛泽东也明确提出："共产党员可以和某些唯心论者甚至宗教徒建立在政治行动上的反帝反封建的统一战线，但是决不能赞同他们的唯心论或宗教教义。"⑤ 新中国成立后，中国共产党一再表示："唯物论者同唯心论者，在政治上可以合作，可以

① 《毛泽东年谱（1949—1976）》（第三卷），中央文献出版社 2013 年版，第 139 页。
② 《关于我国民族政策的几个问题》（1957 年 8 月 4 日），见《周恩来统一战线文选》，人民出版社 1984 年版，第 383 页。
③ 《关于我国社会主义时期宗教问题的基本观点和基本政策》（1982 年 3 月），见《新时期宗教工作文献选编》，宗教文化出版社 1995 年版，第 56、59—60 页。
④ 《社会主义和宗教》（1905 年 12 月 3 日），见《列宁全集》（第十二卷），人民出版社 1987 年版，第 134 页。
⑤ 《新民主主义论》（1940 年 1 月），见《毛泽东选集》（第二卷），人民出版社 1991 年版，第 707 页。

共存，应该相互尊重。我们之间有合作之道。"① "现在应该担心的不是宗教能不能存在，而是民族能不能繁荣。"② "统一战线是按政治划分的，不是按照宗教信仰划分。有神论和无神论是世界观问题，只要政治一致，就可以而且应当团结起来，共同奋斗。"③ 然而，这条统一战线在"左"的错误中被严重破坏，甚至成为阶级斗争的前线之一。为此，19 号文件郑重地指出："在世界观上，马克思主义同任何有神论都是对立的；但是在政治行动上，马克思主义者和爱国的宗教信徒却完全可以而且必须结成为社会主义现代化建设共同奋斗的统一战线。这种统一战线，应当成为党在社会主义时期所领导的规模广大的爱国统一战线的一个重要的组成部分。"④ "完全可以而且必须"这个表述，充分体现了中国共产党在纠正错误中的省思和前进。此后，中国共产党进一步明确了同宗教界"政治上团结合作、信仰上互相尊重"的基本原则⑤。

为了发展党同宗教界的统一战线，19 号文件强调"争取、团结和教育宗教界人士首先是各种宗教职业人员，是党对宗教的工作的重要内容，也是贯彻执行党的宗教政策的极其重要的前提条件"；要求"充分发挥爱国宗教组织的积极性和应有的作用，使它们在宪法和法律的范围内主动地开展有益的工作，真正成为有积极影响的宗教团体，成为党和政府争取、团结和教育宗教界人士的桥梁"；提出"应当帮助各种宗教组织办好宗教院校"，"有计划地培养和教育年轻一代的爱国宗教职业人员"。⑥

坚持和发展党同宗教界的统一战线，也充分体现了党善于从建设中国

---

① 《关于基督教问题的四次谈话》（1950 年 5 月），见《周恩来统一战线文选》，人民出版社 1984 年版，第 184 页。

② 《关于我国民族政策的几个问题》（1957 年 8 月 4 日），见《周恩来统一战线文选》，人民出版社 1984 年版，第 384 页。

③ 李维汉：《在民族工作会议上的讲话纪要》（1962 年 5 月），见李维汉：《统一战线问题与民族问题》，人民出版社 1982 年版，第 647 页。

④ 《关于我国社会主义时期宗教问题的基本观点和基本政策》（1982 年 3 月），见《新时期宗教工作文献选编》，宗教文化出版社 1995 年版，第 62 页。

⑤ 《论宗教问题》（2001 年 12 月 10 日），见《江泽民文选》（第三卷），人民出版社 2006 年版，第 382 页。

⑥ 《关于我国社会主义时期宗教问题的基本观点和基本政策》（1982 年 3 月），见《新时期宗教工作文献选编》，宗教文化出版社 1995 年版，第 61、65—66 页。

特色社会主义的大局来认识和处理宗教问题。19 号文件在最后一段写道："中央再一次地强调指出，全党同志一定要清醒地理解，党的宗教政策，决不是临时性的权宜之计，而是建立在马克思列宁主义、毛泽东思想的科学理论基础之上的，以团结全国各族人民共同建设社会主义现代化强国为目标的战略规定。"[①] 对于这个"目标"，宗教界人士也是十分清楚的。丁光训 1994 年在浸会世界联盟退修会上演讲时指出："信奉马克思主义的中国共产党主张无神论，不相信宗教，但是和前苏联的共产党又很有不同，因为它非常重视统一战线。""共产党懂得，它必须团结和依靠所有希望国家繁荣的人们，其中也包括基督徒。"[②]

三、完善：对马克思主义宗教观一些理论政策主张的丰富和深化

由于历史和实践的局限，马克思主义关于宗教的一些理论观点和政策主张，难以涉及方方面面，或是没有完全展开论述，更不可能作出详尽的预测。这需要后人在坚持这些理论政策主张的同时，要善于总结新的实践经验，使之得到完善和深化，从而推动马克思主义宗教观不断发展。19 号文件根据新中国宗教工作的历史经验，对一些理论观点和政策主张进行了深入阐述，丰富了马克思主义宗教观的理论宝库。

比如，宗教在社会主义社会仍将存在，是马克思主义宗教观的一个基本认识。1952 年 9 月 9 日，毛泽东阅看了习仲勋在中共新疆省第二届代表会议上的报告，认为这个报告很好，"惟在说到宗教的时候"和历史情况不完全适合，所以对这段作了一些修改。具体的修改是，毛泽东将习仲勋报告中"封建阶级及其他剥削阶级只是利用了宗教，而非由他们创造了宗教"这段话，改写为"宗教在阶级社会更加发展，并为剥削阶级所利用"；

---

① 《关于我国社会主义时期宗教问题的基本观点和基本政策》（1982 年 3 月），见《新时期宗教工作文献选编》，宗教文化出版社 1995 年版，第 72 页。
② 《我们正在怎样办好教会》（1994 年 4 月），见《丁光训文集》，译林出版社 1998 年版，第 122 页。

将"宗教不会随着封建剥削制度的消灭而消灭",改写为"宗教的消灭,只有在人类消灭了阶级并大大发展了控制自然和社会的能力的时候,才有可能"。①1953 年 3 月 8 日,他在给达赖喇嘛的信中也说,西藏的宗教与国内其他地方的宗教一样,都"已经受到尊重和保护",而且会"继续受到尊重和保护"。并指出只要有人民群众相信宗教,就"不应当也不可能人为地"去取消或破坏宗教。②1957 年 8 月 4 日,周恩来在全国人民代表大会民族委员会召开的民族工作座谈会上,特别向宗教界的朋友说,你们"不必担心宗教能不能存在"。因为"按照唯物论的观点,当社会还没有发展到使宗教赖以存在的条件完全消失的时候,宗教是会存在的"。不要说社会主义社会,就是进入共产主义社会,宗教"是不是就完全没有了",也"不能说得那么死"。他认为,"宗教是会长期存在的,至于将来发展如何,要看将来的情况。但是,只要人们还有一些不能从思想上解释和解决的问题,就难以避免会有宗教信仰现象"。③

关于宗教的长期性,19 号文件进行了更为全面而深刻的阐述。这体现在以下两个方面:一是全面分析了宗教在中国将长期存在的原因,即四个"由于":(1)由于"人们意识的发展总是落后于社会存在,旧社会遗留下来的旧思想、旧习惯不可能在短期内彻底消除";(2)由于"社会生产力的极大提高,物质财富的极大丰富,高度的社会主义民主的建立,以及教育、文化、科学、技术的高度发达,还需要长久的奋斗过程";(3)由于"由于某些严重的天灾人祸所带来的种种困苦,还不可能在短期内彻底摆脱";(4)由于"还存在着一定范围的阶级斗争和复杂的国际环境。"

二是突出强调了清醒认识宗教长期性之重要,批驳了两个错误"想法":(1)那种认为"随着社会主义制度的建立和经济文化的一定程度的发展,宗教就会很快消亡的想法",是"不现实的";(2)那种认为"依靠

①《对习仲勋在中共新疆省第二届代表会议上的报告的批语》(1952 年 9 月 9 日),见《建国以来毛泽东文稿》(第三册),中央文献出版社 1989 年版,第 539—540 页。
②《给达赖喇嘛的信》(1953 年 3 月 8 日),见《建国以来毛泽东文稿》(第四册),中央文献出版社 1990 年版,第 100 页。
③《关于我国民族政策的几个问题》(1957 年 8 月 4 日),见《周恩来统一战线文选》,人民出版社 1984 年版,第 383—384 页。

行政命令或其他强制手段，可以一举消灭宗教的想法和做法"，更是"背离马克思主义关于宗教问题的基本观点的，是完全错误和非常有害的"。①

19 号文件的这些论述，不仅有助于人们认识宗教长期存在的原因，而且有助于人们科学对待宗教的长期存在，实行正确的方针政策。文件制定亲历者认为，这就"与形形色色的非马克思主义的无神论划清了界线，特别是 18 世纪法国的战斗无神论"，解决了一个"极为重要的理论问题"。②对此，李瑞环 1994 年 7 月与"新形势下民族、宗教问题研讨班"学员座谈时说，中共曾把信仰宗教归结为"经济的落后"与"科学文化的不发达"，但当今世界上，许多发达国家信仰宗教仍是"一种普遍的社会现象"。他还说，"观点影响政策，支配行动"，对这样的基本观点一定要下功夫研究。③江泽民在 2001 年全国宗教工作会议上进一步分析指出：在宗教的诸多特点中，"最根本的是宗教存在的长期性"。④

又如，尊重和保护宗教信仰自由，是马克思主义宗教观的基本主张。在革命和建设的各个时期，中国共产党始终坚持这个基本政策。19 号文件重申了这一点，并强调它是"一项长期政策"，是"一直要贯彻执行到将来宗教自然消亡的时候为止的政策"；是中共"根据马克思列宁主义理论所制定的、真正符合人民利益的唯一正确的宗教政策"。进而，文件系统地阐述了宗教信仰自由的内涵：每个公民"既有信仰宗教的自由，也有不信仰宗教的自由"；"有信仰这种宗教的自由，也有信仰那种宗教的自由"；"在同一宗教里面，有信仰这个教派的自由，也有信仰那个教派的自由"；"有过去不信教而现在信教的自由，也有过去信教而现在不信教的自由"。在此基础上，19 号文件强调指出：宗教信仰自由政策的实质，就是"要使宗教信仰问题成为公民个人自由选择的问题，成为公民个人的私事"。一

① 《关于我国社会主义时期宗教问题的基本观点和基本政策》（1982 年 3 月），见《新时期宗教工作文献选编》，宗教文化出版社 1995 年版，第 55 页。
② 《亲历者谈 19 号文件》，载《中国民族报》2012 年 3 月 27 日。
③ 李瑞环：《新形势下的民族宗教问题》（1994 年 7 月 4 日），见《新时期宗教工作文献选编》，宗教文化出版社 1995 年版，第 283 页。
④ 《论宗教问题》（2001 年 12 月 10 日），见《江泽民文选》（第三卷），人民出版社 2006 年版，第 378 页。

方面，任何人都不应当"到宗教场所进行无神论的宣传，或者在信教群众中发动有神还是无神的辩论"；另一方面，任何宗教组织和教徒也不应当"在宗教活动场所以外布道、传教，宣传有神论，或者散发宗教传单和其他未经政府主管部门批准出版发行的宗教书刊"。①同对宗教长期性的贡献一样，19 号文件的这些论述在理论和实践上都具有重要意义。

再如，加强党对宗教工作的领导，是处理好宗教问题的根本保证。为了加强和改善党对宗教工作的领导，19 号文件也提出了针对性的主张和政策。这在三个方面体现得尤为显著：

一是提出了三个"对于"，要求全党充分认识宗教问题的重要性。文件指出：在宗教问题上能否处理得当，对于"国家安定和民族团结"，对于"发展国际交往和抵制国外敌对势力的渗透"，对于"社会主义物质文明和精神文明的建设"，都具有不可忽视的重要意义。

二是要求各级党委切实地把宗教问题抓起来，并要求一切有关部门紧密合作做好宗教工作。文件指出：宗教工作是"党的统战工作和群众工作的重要组成部分，涉及社会生活的许多方面"。这就要求各级党委一定要有力地指导和组织统战、宗教、民族、政法，以及宣传、文化、教育、科技、卫生等一切有关部门，"统一思想，统一认识，统一政策，并且分工负责，密切配合，把这项重要工作切实地掌握起来，坚持不懈地认真做好"。

三是对宗教事务部门提出具体的意见。文件指出：要健全和加强"政府主管宗教事务的机构"；从事宗教工作的干部要"系统地学习马克思主义关于宗教的理论，深入地理解党对宗教问题基本观点和基本政策"；要"密切地联系信教群众，同宗教界人士平等协商、合作共事"。②

---

① 《关于我国社会主义时期宗教问题的基本观点和基本政策》（1982 年 3 月），见《新时期宗教工作文献选编》，宗教文化出版社 1995 年版，第 59—60、64 页。
② 《关于我国社会主义时期宗教问题的基本观点和基本政策》（1982 年 3 月），见《新时期宗教工作文献选编》，宗教文化出版社 1995 年版，第 56—57、71、71—72 页。

四、发展：在新的实践中对马克思主义宗教观的运用和创新

与时俱进是马克思主义的理论品质。"如果不顾历史条件和现实情况的变化，拘泥于马克思主义经典作家在特定历史条件下、针对具体情况作出的某些个别论断和具体行动纲领，我们就会因为思想脱离实际而不能顺利前进，甚至发生失误。"[①] 而且，我们也不能在实践中积累新经验，以推动马克思主义宗教观的发展。19 号文件是中国共产党在改革开放历史条件下制定的，所以它把理论与实践紧密结合起来，根据新的形势、分析新的问题、总结新的经验，实现了对马克思主义宗教观的创新，做到了"用发展着的马克思主义指导新的实践"。

比如，马克思主义认为，宗教既有积极的作用，也有消极的作用。但在国际社会主义运动史上，由于遭到曲解的"鸦片"论长期居于政策指导地位等原因，宗教的消极作用往往被突出或放大，其积极作用则很少提及。19 号文件根据时代条件和中国宗教的变化，特别是立足于建设中国特色社会主义的大局，非常鲜明地强调发挥宗教的积极作用。文件分析指出，新时期宗教工作的基本任务就是要"坚定地贯彻执行宗教信仰自由的政策，巩固和扩大各民族宗教界的爱国政治联盟，加强对他们的爱国主义和社会主义教育，调动他们的积极因素，为建设现代化的社会主义强国，为完成祖国统一大业，为反对霸权主义、维护世界和平而共同奋斗"；使信教群众和不信教群众联合起来，"把他们的意志和力量集中到建设现代化的社会主义强国这个共同目标上来，这是我们贯彻执行宗教信仰自由政策，处理一切宗教问题的根本出发点和落脚点"。[②] 如果联系邓小平在 1980 年提出"加紧四个现代化建设"、"台湾归回祖国，实现祖国统一"、"在国际事务中反对霸权主义，维护世界和平"是中国共产党"要做的三件大

---

① 《在庆祝中国共产党成立八十周年大会上的讲话》（2001 年 7 月 1 日），见《江泽民文选》（第三卷），人民出版社 2006 年版，第 282—283 页。
② 《关于我国社会主义时期宗教问题的基本观点和基本政策》（1982 年 3 月），见《新时期宗教工作文献选编》，宗教文化出版社 1995 年版，第 58、60—61 页。

事"①，以及这"三件大事"之后成为中国共产党致力解决的三大历史任务，可见中国共产党对发挥宗教积极作用的重视。

当然，强调发挥宗教的积极作用，并不意味着忽视宗教领域可能出现的问题。对此，19号文件提出了四个"绝不允许"，即：（1）绝不允许"宗教干预国家行政、干预司法、干预学校教育和社会公共教育"；（2）绝不允许"强迫任何人特别是十八岁以下少年儿童入教、出家和到寺庙学经"；（3）绝不允许"恢复已被废除的宗教封建特权和宗教压迫剥削制度"；（4）绝不允许"利用宗教反对党的领导和社会主义制度，破坏国家统一和国内各民族之间的团结"。②

又如，进入改革开放新时期，随着中国对外交往的日益扩大，宗教领域的对外联系也随之不断发展。这就给中国宗教工作提出了新课题：一方面要顺应历史趋势，积极发展宗教方面的对外友好关系；另一方面要坚持独立自主自办的原则，防止敌对势力利用宗教进行破坏活动。有鉴于此，19号文件提出了中国共产党的基本主张，就是："既要积极开展宗教方面的国际友好往来，又要坚决抵制外国宗教中的一切敌对势力的渗透。"这两个方面是相辅相成、辩证统一的。具体来说：中国宗教界可以而且应当"同各国宗教界人士进行互相访问，友好往来，开展宗教学术文化的交流"；但在交往中，"一定要坚持独立自主、自办教会的原则，坚决抵制国际宗教反动势力重新控制我国宗教的企图，坚决拒绝任何外国教会和宗教界人士插手干预我国宗教事务，绝不允许任何外国宗教组织（包括它们所控制的机构）用任何方式来我国传教，或者大量偷运和散发宗教宣传材料"。文件还根据政教分离的原则，要求各宗教团体和个人"不得以任何方式向外国宗教团体和宗教人士索要财物"，也不应当接受"外国宗教组织提供的津贴和办教经费"。③

---

① 《目前的形势和任务》（1980 年 1 月 16 日），见《邓小平文选》（第二卷），人民出版社 1994 年版，第 239—240 页。
② 《关于我国社会主义时期宗教问题的基本观点和基本政策》（1982 年 3 月），见《新时期宗教工作文献选编》，宗教文化出版社 1995 年版，第 60 页。
③ 《关于我国社会主义时期宗教问题的基本观点和基本政策》（1982 年 3 月），见《新时期宗教工作文献选编》，宗教文化出版社 1995 年版，第 70 页。

再如，适应社会主义法治建设的要求，19 号文件对制定宗教领域的法规、应用法律手段管理宗教事务提出明确要求。文件就此指出："为了保证宗教活动的进一步正常化，国家今后还将按照法律程序，经过同宗教界代表人士充分协商，制订切实可行的宗教法规"；"坚决保障一切正常的宗教活动，同时就意味着要坚决打击一切在宗教外衣掩盖下的违法犯罪活动和反革命破坏活动，以及各种不属于宗教范围的、危害国家利益和人民生命财产的迷信活动"，"对于披着宗教外衣的反革命分子和其他刑事犯罪分子，必须依法给以严厉的制裁"；"严密注视外国宗教敌对势力在我国建立地下教会和其他非法组织，在宗教外衣掩盖下进行间谍破坏活动的情况，并给以坚决的打击"。[①]

五、小　结

上述四个方面充分说明，中共中央 1982 年 19 号文件既总结了新中国宗教工作正反两个方面的历史经验，又根据新形势和新问题提出了新认识；既阐明了中国共产党关于宗教问题的基本观点和基本政策，又作出了一些具体问题的具体分析；既说明了中国共产党对马克思主义宗教观基本原理的坚持，又反映了中国共产党对马克思主义宗教观的运用和发展。有学者指出，这表明"中国共产党对于宗教问题规律性的认识已经提升到一个新高度，已经形成了完整的体系，中国化的马克思主义宗教观初步形成"；"这在世界社会主义发展历史上也是一个创举，对其他社会主义国家对于宗教问题的认识和处理产生了积极的影响"。[②]

19 号文件的贯彻落实，给中国宗教领域带来了改革开放新时代的"春风"。所以，宗教界人士对它给予了极高的评价。丁光训 1984 年在一次向政府干部的发言中指出：要深刻认识这个文件的价值，必须把它同来自苏

[①]《关于我国社会主义时期宗教问题的基本观点和基本政策》（1982 年 3 月），见《新时期宗教工作文献选编》，宗教文化出版社 1995 年版，第 64、68—69、71 页。
[②] 龚学增：《19 号文件是中国化马克思主义宗教观的重要文献》，见《中国民族报》2012 年 3 月 27 日。

联的、中国过去的一些有关宗教的文件、文章作比较。从比较就可以看出，它没有因袭苏联和中国过去的东西，不是"从概念、定义出发，而是从中国的实际出发，从中国的社会和宗教的现状出发"，讲的是许多"清新精辟的东西"。① 赵朴初1997年在中共中央迎新春座谈会上也高度评价说，19号文件这一重要历史性文献，对新中国成立以来"党和政府在认识和处理宗教问题上的正反两个方面的经验进行了科学的总结，突破了教条主义和经验主义的框框，是马列主义、毛泽东思想关于宗教问题的基本理论同中国宗教的实际相结合的典范，是贯彻中共十一届三中全会实事求是思想路线的生动体现，是邓小平建设有中国特色社会主义理论的重要组成部分，是新时期宗教工作的纲领性文献，对于我国的宗教工作具有现实的和长远的指导意义"。②

　　19号文件对学术界以马克思主义的立场、观点、方法为指导，推动中国宗教学的发展也起到了不可估量的作用。有学者认为，19号文件发布30年间，中国"一跃而成为一个宗教研究发达、宗教关系和谐的先进国家"，这突出表现在三个方面：（1）"马克思主义宗教理论研究有了突飞猛进的发展，宗教学成为人文社会科学领域中的显学，中国特色社会主义宗教理论日趋成熟，宗教适应论、宗教文化论、宗教和谐论相继出现"；（2）"马克思主义宗教学队伍的壮大及其丰硕成果，为做好宗教工作提供理论咨询，为繁荣人文学术研究提供营养，为引导宗教健康发展提供智慧，为促进社会和谐、民族团结提供新知，发挥了建设性的积极作用"；（3）"各省区都建立了宗教研究机构，一大批高校设置了宗教学专业，多年来培养出数量可观的宗教学青年人才，充实了宗教事务管理机构、宗教学及相关学科的教学科研机构和社会其他行业"。③

　　可见，19号文件对中国的宗教工作、宗教研究以及宗教事业，都产生

---

① 《学习"十九号文件"心得》（1984年），见《丁光训文集》，译林出版社1998年版，第386页。
② 《在中共中央迎新春座谈会上的发言》（1997年1月30日），见《赵朴初文集》（下卷），华文出版社2007年版，第1364页。
③ 牟钟鉴：《19号文件是一座里程碑》，载《中国民族报》2012年3月27日。

了重大而深远的影响。当然，任何事情都不是一个文件就能解决的。19 号文件在贯彻落实的过程中，也存在着一些问题。在 19 号文件印发 30 年之际，有学者在调查研究的基础上指出，与 19 号文件的要求相比，一些地区、单位和干部"在如何对待信教群众和做好信教群众工作方面还存在不少差距"，"在对宗教工作干部的教育培养方面还有待于进一步加强"，"对'各种不属于宗教范围的、危害国家利益和人民生命财产的迷信活动'的依法处置"没有落实到位，"在教育、培养、团结、关心和帮助宗教界人士进步方面还有许多工作要做"。① 有鉴于此，有学者认为对 19 号文件最好的纪念，就是"对 30 年来贯彻 19 号文件的情况和经验教训，进行一次全面地实事求是地总结"，并结合新的实际，"把总结的过程变为 19 号文件再学习再教育的过程"，"把宗教工作做得更好"。②

实际上，19 号文件在贯彻落实中存在的问题，并不是它本身存在着缺陷，而是从反面验证了它的科学性和重要性。尤为重要的是，19 号文件对马克思主义宗教观的继承、纠正、完善、发展，具有重要的方法论意义。只要我们做好这四个方面，就一定能够理清头绪、认清方向、廓清思路，正确认识和处理中国社会主义时期宗教问题，坚持和发展中国特色社会主义宗教理论。

① 毛国庆：《重温 19 号文件，还有哪些工作需要加强》，载《中国民族报》2012 年 3 月 20 日。
② 段启明：《贯彻 19 号文件中的得与失——纪念中共中央"中发 1982 年 19 号文件"下发 30 周年》，载《科学与无神论》2012 年第 4 期。

第四章

重要推进：
中共中央 1991 年 6 号文件

　　理论是实践的先导。中共十一届三中全会召开以后，中国共产党重新树立实事求是的思想路线，实现了各条战线的拨乱反正，开始了改革开放和社会主义现代化建设的新征程。具体到宗教领域，在中国特色社会主义宗教理论的指导下，无论是党和政府的宗教工作，各宗教自身的建设和发展，以及宗教问题的研究，都取得了非常大的成绩。

　　1991 年 2 月 5 日，中共中央下发的《中共中央、国务院关于进一步做好宗教工作若干问题的通知》（即中发〔1991〕6 号文件），不仅总结了十一届三中全会后宗教工作的实践经验，而且根据改革开放新形势下宗教方面出现的新情况和新问题，借鉴东欧社会主义国家在宗教问题上的惨痛教训，对宗教理论、政策和实践的若干重要问题作出了科学分析，提出正确认识和处理宗教问题"是建设有中国特色的社会主义的一个重要内容"、明确要求"依法对宗教事务进行管理"、要努力"使宗教同社会主义社会相适应"等新论断，推进了马克思主义宗教观中国化和时代化，丰富和发展了中国特色社会主义宗教理论，成为指导 20 世纪 90 年代中国宗教工作的纲领性文件。[①]

---

① 在为数不多的几篇研究文章中，学者都强调中共中央 1991 年 6 号文件是中共宗教理论和政策的重要发展。比如，樊化江：《指导宗教工作的又一纲领性文件》，载《中州统战》2001 年第 5 期；王作安：《宗教理论和政策发展中的重要里程碑》，载《中国宗教》2001 年第 2 期；等等。比较而言，笔者力图从中国特色社会主义宗教理论发展史的视角，探讨这篇文献产生的历史背景、提出的科学论断，及其对中共宗教理论与实践的影响。

一、回顾 20 世纪 80 年代宗教工作的新进展，辩证分析实践中出现的新情况和新问题

进入 20 世纪 80 年代，中国共产党在宗教领域拨乱反正的基础上，通过制定中共中央 1982 年 19 号文件这个重要文献，实现了宗教理论和政策的正本清源，使宗教方面"左"的错误进一步得到纠正。

随着正确的宗教方针政策逐步得到贯彻落实，党的宗教工作很快取得显著成绩。具体来讲，这包括平反宗教界的冤假错案；落实宗教团体的房产，恢复开放和安排宗教活动场所；保护正常的宗教活动，保护宗教信仰自由权利，保护宗教团体的合法权益；恢复和健全各级党和国家宗教工作机构，恢复和建立各宗教爱国宗教团体，恢复和新办宗教院校；等等。可是说，宗教工作在新时期呈现出的总体形势是好的。它的一个突出表现，就是党同宗教界的爱国统一战线进一步巩固和壮大。宗教界人士、广大信教群众不仅响应改革开放的号召，投身于社会主义现代化建设的时代潮流，而且在巩固民族团结、维护社会稳定、促进祖国统一、开展国际友好交往等方面，发挥了自己的重要作用。

但是，在改革开放不断深入发展的过程中，宗教领域也出现了一些新情况和新问题。对此，6 号文件从两个方面进行了总结。一方面，利用宗教进行的违法活动越来越严重，包括：（1）"境外敌对势力一直利用宗教不断对我进行渗透和破坏活动"；（2）"民族分裂主义分子也利用宗教煽动骚乱闹事，攻击党的领导和社会主义制度，破坏祖国统一和民族团结"；（3）"有的地方少数敌对分子活动猖獗，建立非法组织，同我们争夺寺观教堂领导权"；（4）"有的非法开办经文学校、修院、神学院，同我们争夺青少年"；（5）"有的寺庙恢复了被废除的宗教封建特权和压迫剥削，一些基层出现利用宗教干预国家行政、干预司法、干预学校教育的情况"。另一方面，贯彻执行宗教信仰自由政策方面也存在不少问题，"有的地方侵犯公民宗教信仰自由的权利，侵犯寺观教堂合法权益，干涉宗教团体正常的教务活动，应该退还的宗教房产和寺观教堂长期得不到解决。因宗教问

题或对宗教问题处理失当引发的社会矛盾时有发生"。① 更为重要的是，党内不少同志片面地认为宗教工作无关社会主义建设大局，对这些问题的复杂性和严重性没有清醒认识和足够重视。

　　当然，我们也要看到，中共中央一直关注着宗教领域，并为解决上述问题提出了有针对性的方针政策。关于贯彻执行宗教信仰自由政策中存在的问题，强调尊重和保护宗教信仰自由是中国共产党一贯方针和长期政策，必须坚决贯彻执行到底。比如，1982 年通过的《中华人民共和国宪法》第三十六条明确规定："任何国家机关、社会团体和个人不得强制公民信仰宗教或不信仰宗教，不得歧视信仰宗教的公民和不信仰宗教的公民。"②1983 年 12 月，中共中央专门就清除精神污染中正确对待宗教的问题发出指示，强调"宗教与精神污染是两回事，必须把尊重宗教信仰自由和保护正常的宗教同清除精神污染区别开来。"③江泽民 1990 年在新疆考察工作时，再次阐释了"全面正确地贯彻执行宗教信仰自由政策"的内涵，强调"既有信教的自由，也有不信教的自由；既有信这一种教或某一教派的自由，也有信那一种教或另一教派的自由"。要求"不信教的要尊重信教的，信教的也要尊重不信教的"；"依法切实保护信教群众正常的宗教活动，注意团结爱国宗教人士并发挥他们应有的作用"；"大力促进信教和不信教以及信仰不同宗教的群众之间真诚的团结，为社会主义祖国的繁荣昌

---

① 《中共中央、国务院关于进一步做好宗教工作若干问题的通知》（1991 年 2 月 5 日），见《新时期宗教工作文献选编》，宗教文化出版社 1995 年版，第 213—214 页。就宗教领域存在的问题，赵朴初 1989 年在全国政协七届二次会议上也指出，"从各宗教反映的情况来看，落实宗教政策的工作还很不平衡，有些地方还出现了反复的现象"，主要包括："侵犯公民宗教信仰自由权利和宗教界合法权益的事各地时有发生"；"一些宣传媒介（包括影视和报刊）中刺激宗教感情、歪曲宗教教义、侮辱教徒人格、不尊重宗教习惯的文章和言论经常出现"；"许多被占用的教堂房产的归属问题迟迟得不到解决"；"不少地方有关部门习惯于包办代替的做法，干预宗教的内部事务"；"落实宗教政策阻力重重，严重影响正常宗教活动的开展，客观上也给某些敌对分子可乘之机"。（参见《关于进一步落实宗教政策的有关问题》（1989 年 3 月 25 日），见《赵朴初文集》（下卷），华文出版社 2007 年版，第 920 页。）
② 《中华人民共和国宪法》（1982 年 12 月 4 日），见《十二大以来重要文献选编》（上），中央文献出版社 2011 年版，第 194 页。
③ 《中共中央关于在清除精神污染中正确对待宗教问题的指示》（1983 年 12 月 31 日），见《新时期宗教工作文献选编》，宗教文化出版社 1995 年版，第 101 页。

盛而并肩作战"。①

关于利用宗教进行违法活动的问题，强调要通过宗教立法，依法加以管理和解决。比如，明确要求各级党政领导机关根据中共中央 1982 年 19 号文件的精神，"在充分地耐心细致地做好信教群众的思想工作，做好爱国宗教职业人员和宗教界上层人士工作的基础上，通过民主程序，制定必要的行政法规或地方性法规，认真加以解决。对于极个别披着宗教外衣，借机进行煽动破坏社会主义事业和其他反动活动的反革命分子，则必须坚决予以揭露和打击"。②1990 年 9 月，江泽民在新疆考察工作时也强调指出："一切宗教必须在国家法律允许的范围内活动。要加强对宗教团体和宗教活动场所的管理，使其自主地依法办好宗教。不准恢复已被废除的宗教特权和封建压迫剥削制度。对于披着宗教外衣进行分裂破坏活动的，应依法惩处。"③

对宗教渗透问题，党和国家领导人更是保持高度警惕，要求依法进行打击。陈云 1990 年专门就此致信江泽民，指出："利用宗教，同我们争夺群众尤其是青年，历来是国内外阶级敌人的一个惯用伎俩，也是某些共产党领导的国家丢失政权的一个惨痛教训"，"中央应该切切实实地抓一抓这件大事"。江泽民将这封信批转中央其他几位领导同志阅看，并指出：这个"问题很重要，确实需要引起各级党委和政府重视和警觉，千万不能麻痹大意，要及早采取有力措施，否则会酿成严重后果。"④

关于加强党对宗教工作领导的问题，强调要从社会主义建设大局、党和国家工作全局来认识和处理宗教问题。比如，1985 年 4 月，习仲勋在中央统战部召开的落实宗教政策座谈会上指出：十一届三中全会以来，中

---

① 江泽民：《必须树立马克思主义的民族观和宗教观》（1990 年 9 月），见《新时期宗教工作文献选编》，宗教文化出版社 1995 年版，第 184 页。
②《中共中央办公厅、国务院办公厅转发教育部〈关于正确处理少数民族地区宗教干扰学校教育问题的意见〉》（1983 年 2 月 17 日），见《新时期宗教工作文献选编》，宗教文化出版社 1995 年版，第 78 页。
③ 江泽民：《必须树立马克思主义的民族观和宗教观》（1990 年 9 月），见《新时期宗教工作文献选编》，宗教文化出版社 1995 年版，第 184—185 页。
④ 陈云：《关于高度重视宗教渗透问题的信》（1990 年 4 月 4 日），见《新时期宗教工作文献选编》，宗教文化出版社 1995 年版，第 177 页。

国之所以"能够很快形成安定团结的政治局势",这个局势之所以"能够不断巩固和发展",是"同我们对民族、宗教问题解决得比较好十分不开的"。他站在党的事业的高度,严厉批评"不少同志在执行宗教政策缺乏全局观点和政策观点,往往自觉不自觉地只从本部门、本单位的利害得失来考虑和处理问题,而不是首先把党的政策、党的利益放在第一位","这实际上是一种无组织无纪律的行为,是党性不纯的表现"。[1]1985年6月,中共中央统战部在全国统一战线理论工作会议的情况报告中也明确指出:"坚持贯彻党的宗教政策,保持国家的安定团结,团结信仰宗教和不信仰宗教的群众共同进行四化建设,这是建设具有中国特色的社会主义的条件之一。"[2]

值得强调的是,正确认识宗教与社会主义社会的关系,引导宗教与社会主义社会相适应,已经在这段时期的探索中逐步形成共识。比如,在庆祝中国佛教协会成立30周年茶会上,杨静仁希望中国佛教协会在新的历史时期要"发扬成绩,更好地协助党和政府全面贯彻宗教信仰自由政策,遵循宪法和有关政策法律的规定,适应社会主义环境条件,努力办好教务,为我国四化建设贡献力量"[3]。在中国基督教三自爱国运动委员会成立30周年纪念会上,他进一步提出:"三自爱国会和基督教协会要以各种方式支持、鼓励基督徒在各自的工作岗位上努力工作、服务人民、多做贡献","对于某些严重危害群众生产、生活和身心健康的教规陋习,采取稳妥的步骤,加以适当改革。使基督教同社会主义社会相适应,发挥它在社会主义现代化建设中应有的作用"。[4]

又如,胡乔木1984年致电胡启立说:"要注意把宗教界的积极性利

① 习仲勋:《一定要抓紧落实党的宗教政策》(1985年4月3日),见《新时期宗教工作文献选编》,宗教文化出版社1995年版,第123—124页。

②《重视研究统一战线和民族、宗教问题》(1985年6月9日),见《新时期宗教工作文献选编》,宗教文化出版社1995年版,第134页。

③ 杨静仁:《发扬中国佛教优良传统,为四化建设做出更大贡献》(1983年12月7日),见《新时期宗教工作文献选编》,宗教文化出版社1995年版,第99页。

④ 杨静仁:《在中国基督教三自爱国运动委员会成立三十周年纪念会上的讲话》(1984年8月5日),见《新时期宗教工作文献选编》,宗教文化出版社1995年版,第119页。

用起来，引导他们做一些社会服务工作"，"旧社会信教的人还办社会福利事业，现在更应该提倡为社会做好事。如果我们向这方面引导，就可使一些宗教界人士有许多公益事业好做，同时就会与我们有更多的共同语言。"①1990 年 7 月，中共中央《关于加强统一战线工作的通知》进一步指出："要引导爱国宗教团体和人士把爱教与爱国结合起来，把宗教活动纳入宪法和法律的范围，同社会主义制度相适应。"②

对宗教与社会主义社会相适应的问题，宗教界人士也进行了深入的思考。丁光训在介绍罗竹风主编的《中国社会主义时期的宗教问题》时，就"宗教与社会主义社会相协调"指出，这就是一方面"要求各教在自己的信仰许可的范围之内，进一步发扬符合社会主义的东西"；另一方面"要求教外进一步坚决摆脱'左'的影响，消除灭教思想的残余，落实政策，向各教提供办好教务的条件"。他认为，中国基督教提倡按"三自"原则办好教会，既"使信徒喜爱并支持我们的教会，同时也使教会同社会主义协调，得众民的喜爱"。如果"只强调与社会主义协调，教会有越办越不像教会、团结不了教徒的可能"；但"只以办好教会为标榜，不顾三自爱国原则，不顾同社会主义协调，教会势必遭到人民的唾弃，较有认识的信徒也要游离于教会之外的"。③

由上可见，面对改革开放和社会主义现代化建设的新形势与新要求，中国共产党总结拨乱反正以后宗教工作的新经验，对实践中出现的新情况和新问题进行了深入的思考，从而有针对性地强调了一些基本观点、基本政策，并提出了一些新思想和新认识。特别是对宗教与社会主义社会相适应的重要性、可能性以及方法途径，中国共产党与宗教界都已经有了比较成熟的认识。这些为 6 号文件的制定和出台奠定了坚实的理论和实践基础。

---

① 胡乔木：《引导宗教界办社会公益事业》（1984 年 3 月 24 日），见《新时期宗教工作文献选编》，宗教文化出版社 1995 年版，第 105 页。
②《巩固和扩大党同各民族爱国宗教界的统一战线》（1990 年 7 月 14 日），见《新时期宗教工作文献选编》，宗教文化出版社 1995 年版，第 178 页。
③《〈中国社会主义时期的宗教问题〉介绍》（1988 年 4 月），见《丁光训文集》，译林出版社 1998 年版，第 416 页。

二、提出三大论断：正确处理宗教问题是建设中国特色社会主义的"一个重要内容"、"依法对宗教事务进行管理"、"使宗教同社会主义社会相适应"

经过充分的理论和实践准备，中共中央研究制定了 6 号文件。文件再次重申了党关于宗教问题的基本观点、基本政策，同时首次在中央文件中明确提出正确认识和处理宗教问题"是建设有中国特色的社会主义的一个重要内容"、明确要求"依法对宗教事务进行管理"、要努力"使宗教同社会主义社会相适应"。显然，这三个方面都是中国共产党用马克思主义宗教观分析中国宗教具体问题的重要结果，是改革开放和现代化建设新形势下宗教工作的经验总结。因此，6 号文件发表后，立即在社会各界产生广泛影响，并对之后的宗教工作起到了重要的指导作用。如果联系江泽民在 1990 年 12 月 7 日同全国宗教工作会议部分代表座谈时的讲话、1991 年 1 月 30 日会见各宗教团体主要领导人的谈话，以及李鹏在 1990 年 12 月 5 日全国宗教工作会议全体会议上的讲话，我们可以更加全面深入地理解和把握这三个新论断的基本内涵及其要求。

（一）关于正确认识和处理宗教问题是"建设有中国特色的社会主义的一个重要内容"①

6 号文件为什么要突出宗教工作的重要性，强调它是社会主义现代化建设事业的一个重要课题，是建设有中国特色的社会主义的一个重要内容呢？江泽民、李鹏在相关谈话中着重从理论和实践两个方面进行了分析。从理论上讲，主要是因为宗教在社会主义历史条件下"还将长期存在，需要在党的领导下，经过若干代人的长期努力才能解决好宗教问题"。更何况，宗教在中国仍有"比较广泛的群众基础"，从某种意义上讲，正确对

---

① 《中共中央、国务院关于进一步做好宗教工作若干问题的通知》（1991 年 2 月 5 日），见《新时期宗教工作文献选编》，宗教文化出版社 1995 年版，第 214 页。

待宗教问题就是"正确对待群众的问题"；"各民族信教与不信教的群众之间的团结，是全国各族人民大团结的一个重要组成部分，而全国各族人民的大团结是我国社会主义事业取得胜利的一项根本保证"。①

从实践上讲，是因为"宗教问题是个大问题"，"做好宗教工作具有重大的意义"。宗教问题之所以"大"，关键在于它关系大局，主要包括：（1）关系到"我们整个国家的安定团结"，（2）关系到"民族的团结、祖国的统一"，（3）关系到"我们整个社会主义物质文明和精神文明的建设"，（4）关系到"渗透与反渗透、和平演变与反和平演变的斗争"。这样一来，如果宗教工作做得好，就可以"对促进社会主义建设起好作用"；如果宗教工作做得不好，"就会被国内外敌对势力所利用"，就会对社会主义建设起负作用。②

强调宗教工作的重要性，明确宗教工作在社会主义现代化建设事业中的地位，必然要求各级党委和政府从大局出发，加强和改善宗教工作。对此，江泽民提出了很多具体措施，主要包括："要把宗教工作列入各级党委、政府的议事日程"，"及时发现问题，把问题解决在萌芽状态"；要"大力加强思想政治工作"，要"对广大人民群众特别是青少年加强辩证唯物主义和历史唯物主义的教育"；"要保持宗教政策的稳定性和连续性"，召开 1990 年全国宗教工作会议就是"为了更好地贯彻党的宗教政策"，贯彻 6 号文件就是要"结合当前具体情况进一步阐明党的宗教政策"；"要做好团结教育宗教界上层人士的工作"，"注意发挥他们的作用"；"要加强宗教工作干部队伍的建设"，"下力气培养一支拥护党的领导、拥护社会主义制度、有学识的年轻的爱国宗教教职人员队伍"；"要协调各个方面力量，共同做好宗教工作"。③

---

① 李鹏：《进一步重视、关心和做好宗教工作》（1990 年 12 月 5 日），见《新时期宗教工作文献选编》，宗教文化出版社 1995 年版，第 190—191 页。
② 江泽民：《一定要做好宗教工作》（1990 年 12 月 7 日），见《新时期宗教工作文献选编》，宗教文化出版社 1995 年版，第 199 页。
③ 江泽民：《一定要做好宗教工作》（1990 年 12 月 7 日），见《新时期宗教工作文献选编》，宗教文化出版社 1995 年版，第 201—203 页。

（二）关于明确要求"依法对宗教事务进行管理"①

通过法律手段来处理宗教问题，是中国共产党进入改革开放新时期的一贯主张。比如，中共中央 1982 年 19 号文件就指出："要坚决打击一切在宗教外衣掩盖下的违法犯罪活动和反革命破坏活动，以及各种不属于宗教范围的、危害国家利益和人民生命财产的迷信活动。对于披着宗教外衣的反革命分子和其他刑事犯罪分子，必须依法给以严厉的制裁。"②6 号文件在总结宗教事务管理新的实践经验的基础上，鲜明地提出"依法对宗教事务进行管理"，并界定其涵义是"政府对有关宗教的法律、法规和政策的贯彻实施进行行政管理和监督"，目的是"为了使宗教活动纳入法律、法规和政策的范围，不是去干预正常的宗教活动和宗教团体的内部事务"③。

为什么要突出"依法对宗教事务进行管理"呢？江泽民、李鹏在相关谈话中也进行了深入的分析。比如，江泽民强调指出：这是为了"更好地全面地贯彻执行宗教信仰自由政策"，而"绝不意味着干预宗教团体自身的活动，更不是宗教政策收紧了"。④对依法管理宗教事务的具体内容，李鹏进行了详细阐述："就是区别不同情况，分别采用教育的、行政的、法律的手段，既保护公民信仰宗教的权利，也保护公民不信仰宗教的权利；既保护宗教团体、寺观教堂的合法权益，保护宗教教职人员履行正常的教务活动的权利和信教群众正常的宗教活动，又要坚决制止和打击利用宗教和宗教活动进行的违法犯罪活动。对借宗教问题煽动群众闹事、扰乱社会治安、破坏国家统一和民族团结的犯罪行为，要依法处理，首恶分子要从严惩办。"⑤

---

① 《中共中央、国务院关于进一步做好宗教工作若干问题的通知》（1991 年 2 月 5 日），见《新时期宗教工作文献选编》，宗教文化出版社 1995 年版，第 216 页。
② 《关于我国社会主义时期宗教问题的基本观点和基本政策》（1982 年 3 月），见《新时期宗教工作文献选编》，宗教文化出版社 1995 年版，第 68—69 页。
③ 《中共中央、国务院关于进一步做好宗教工作若干问题的通知》（1991 年 2 月 5 日），见《新时期宗教工作文献选编》，宗教文化出版社 1995 年版，第 216 页。
④ 江泽民：《保持党的宗教政策的稳定性和连续性》（1991 年 1 月 30 日），见《新时期宗教工作文献选编》，宗教文化出版社 1995 年版，第 211 页。
⑤ 李鹏：《进一步重视、关心和做好宗教工作》（1990 年 12 月 5 日），见《新时期宗教工作文献选编》，宗教文化出版社 1995 年版，第 194 页。

　　依法对宗教事务进行管理，也有利于抵制和防御境外敌对势力利用宗教进行渗透。因为这种渗透是"以颠覆中华人民共和国政权和社会主义制度、破坏祖国统一为目的的反动政治活动和宣传，以控制我国宗教团体和宗教事务为目的的活动和宣传，以及在我国境内非法建立和发展宗教组织和活动据点，而不是指宗教方面的友好往来"①。可见，宗教渗透"实质上是政治问题"②，所以，必须依法处理宗教渗透问题，而且只有通过法律手段才能取得坚决制止和打击的效果。

　　对于"依法对宗教事务进行管理"，宗教界人士也认为很必要、很重要，并提出了有建设性的意见。赵朴初对 6 号文件的征求意见稿提出了几点看法，认为"关于加强管理的问题"，"必须把这种管理的含义和范围界限说清楚"，"含义应该是对宗教的政治领导和就有关法律、法规、政策的贯彻实施进行行政监督，而不是管理宗教自身的教务和行政事务"；"这种管理应包括两个方面，一方面监督有关法律、政策在宗教方面的贯彻实施，纠正和处理有关违犯法律和政策的事情；另一方面绝不可避而不谈，就是要监督社会其他方面按照有关法律、政策对待宗教，纠正和处理侵犯公民宗教信仰自由权利和宗教合法权益的事情"。③

（三）关于努力"使宗教同社会主义社会相适应"④

　　据李维汉的秘书黄铸回忆，新中国成立初期，李维汉到西北调查时就提出"宗教制度改革，不是改革宗教，而是摆脱封建主义势力控制，是民主改革，目的是要实现与新民主主义社会相适应"。在中共中央 1982 年 19 号文件起草过程中，征求李维汉的意见时，他提出了写上"引导宗教与

---

① 李鹏：《进一步重视、关心和做好宗教工作》（1990 年 12 月 5 日），见《新时期宗教工作文献选编》，宗教文化出版社 1995 年版，第 194—195 页。
② 江泽民：《保持党的宗教政策的稳定性和连续性》（1991 年 1 月 30 日），见《新时期宗教工作文献选编》，宗教文化出版社 1995 年版，第 211 页。
③《关于当前宗教工作的形势、方针和任务》（1990 年 9 月 7 日），见《赵朴初文集》（下卷），华文出版社 2007 年版，第 1032 页。
④《中共中央、国务院关于进一步做好宗教工作若干问题的通知》（1991 年 2 月 5 日），见《新时期宗教工作文献选编》，宗教文化出版社 1995 年版，第 220 页。

社会主义社会相适应"这个意见，但"没有被吸纳，是很可惜的"。因为"把这条建议写进去，就会更具有指导意义，会显得更加完整"。①

而今，6 号文件完成了这个历史任务，从而使中国特色社会主义宗教理论更加完整。如前所述，在改革开放和现代化建设的新形势和新要求下，党对宗教与社会主义社会相适应的重要性、必要性、可能性以及相关政策措施的认识，越来越全面、成熟。在这个大背景下，6 号文件写进"使宗教同社会主义社会相适应"这个论断，可以说是水到渠成的事情。

为什么要努力使宗教同社会主义社会相适应呢？最重要的原因在于党与宗教界拥有合作的政治基础——爱国主义和建设有中国特色的社会主义。对此，江泽民分析指出：这既要求党和政府"坚定不移地贯彻执行尊重和保护公民宗教信仰自由的权利、保护正常的宗教活动、保护宗教界的合法权益这样一些长期不变的基本政策"，也要求宗教界"坚定不移地拥护中国共产党的领导，拥护社会主义，坚持独立自主自办的原则，坚持在宪法、法律、法规和政策规定的范围内开展宗教活动"。②这两个方面的有机结合，不就是宗教与社会主义社会相适应的基本内容吗？

三、宗教工作新局面的开创与新经验的积累

实践是检验真理的唯一标准。6 号文件发表之后 20 多年的宗教工作实践，充分证明其理论创新及其规定的政策，是经得起考验的，是符合中国实际的，是富有成效的。

6 号文件指出，今后一个时期党和政府对宗教工作的基本任务是："认真贯彻党的宗教政策，维护公民宗教信仰自由的权利，加强对信教群众和宗教界人士的爱国主义和社会主义教育，调动他们的积极因素，支持他们开展有益的工作，巩固和发展同宗教界的爱国统一战线，依法对宗教事务进行管理，制止和打击利用宗教进行违法犯罪活动，坚决抵制境外宗教

---

① 参见《亲历者谈 19 号文件》，载《中国民族报》2012 年 3 月 27 日。
② 江泽民：《保持党的宗教政策的稳定性和连续性》(1991 年 1 月 30 日)，见《新时期宗教工作文献选编》，宗教文化出版社 1995 年版，第 210 页。

敌对势力的渗透活动，为维护稳定、增进团结、统一祖国、振兴中华服务。"① 那么，这些任务完成的如何呢？新华社在 2001 年 12 月 12 日的一篇专题报道中，给出的答案是："十几年来，党的宗教信仰自由政策得到进一步贯彻落实，正常的宗教活动和宗教界的合法权益得到切实保障。政府对宗教事务的管理逐步走上法制化、规范化的轨道。引导宗教与社会主义社会相适应迈出了新步伐。党同宗教界的爱国统一战线日益巩固发展。宗教界人士和广大信教群众爱国爱教、团结进步，积极参与社会主义两个文明建设，为社会稳定、经济发展、祖国统一作出了积极贡献。"②

为了更好地把握 6 号文件与中国宗教工作的新发展，我们不妨再来看看文件中首次明确提出的三个新观点的落实情况。

先看中共中央从建设中国特色社会主义全局的战略高度，对宗教问题作出的新阐述和新论断。比如，党的宗教工作基本方针不断完善并正式确立，成为中国特色社会主义理论与实践的重要内容。在 1993 年全国统战工作会议上，江泽民就宗教问题提出了"三句话"：一是"全面、正确地贯彻执行党的宗教政策"，二是"依法加强对宗教事务的管理"，三是"积极引导宗教与社会主义社会相适应。"③ 到了 2001 年全国宗教工作会议，他在"三句话"基础上增加了一句话，即："全面贯彻党的宗教信仰自由政策，依法管理宗教事务，积极引导宗教与社会主义社会相适应，坚持独立自主自办的原则。"④ 这是中央第一次把"四句话"放在一起，但没有明确这就是党的宗教工作基本方针。2003 年底，中央在有关宗教工作的内部文件中第一次正式把"四句话"称作党的宗教工作基本方针，并把第三句话与第四句在前后次序上做了调整。⑤ 2004 年 1 月，贾庆林在全国宗教工作

①《中共中央、国务院关于进一步做好宗教工作若干问题的通知》（1991 年 2 月 5 日），载《新时期宗教工作文献选编》，宗教文化出版社 1995 年版，第 214—215 页。

② 新华社记者：《我国宗教工作出现新局面》，载《人民日报》2001 年 12 月 12 日。

③ 江泽民：《高度重视民族工作和宗教工作》（1993 年 11 月 7 日），载《新时期宗教工作文献选编》，宗教文化出版社 1995 年版，第 253 页。

④《论宗教问题》（2001 年 12 月 10 日），见《江泽民文选》（第三卷），人民出版社 2006 年版，第 382 页。

⑤ 参见王作安：《谈谈宗教工作基本方针》，载《中国宗教》2009 年第 2 期。

座谈会上将这个方针公布于众，强调以胡锦涛为总书记的党中央"重申宗教工作要坚持全面贯彻党的宗教信仰自由政策，依法管理宗教事务，坚持独立自主自办的原则，积极引导宗教与社会主义社会相适应的基本方针，使宗教工作在保持连续性、稳定性的基础上继续向前推进"。① 在 2007 年的十七大上，不仅政治报告中正式写道："全面贯彻党的宗教工作基本方针，发挥宗教界人士和信教群众在促进经济社会发展中的积极作用"②，而且，新修订的党章在总纲中也郑重写道："全面贯彻党的宗教工作基本方针，团结信教群众为经济社会发展作贡献。"③ 可以说，"四句话"已经成为中国共产党对待宗教态度的集中体现和权威表述。

又如，在 2006 年全国统战工作会议上，胡锦涛首次提出了正确认识和处理政治与社会领域中"五大关系"的重要理论。具体来说，就是要正确认识和处理政党关系、民族关系、宗教关系、阶层关系以及海内外同胞关系，并强调它们是"涉及党和国家工作全局的一些重大关系，也是统一战线需要全面把握和正确处理的重大关系。正确认识和处理这五个方面的重大关系，保持和促进这五个方面的重大关系和谐，事关中国特色社会主义事业的全局，事关构建社会主义和谐社会的进程，事关党和国家的兴旺发达和长治久安"④。把"宗教关系"列为"五大关系"之一，强调宗教工作在构建社会主义和谐社会中的重要作用，体现了党对宗教问题认识的深化，也反映出党对宗教工作是建设中国特色社会主义重要内容的深刻把握。

再来看看"依法对宗教事务进行管理"的情况。在实施依法治国方略的大背景下，这方面的工作取得了显著的成就。以宗教立法为例，1994 年 1 月 31 日，国务院颁布的《中华人民共和国境内外国人宗教活动管理规定》、《宗教活动场所管理条例》，是新中国成立以来除《宪法》外，首次以法律、法规的形式，公布于众的政府对宗教事务进行管理的

① 参见《全国宗教工作座谈会在京召开》，载《人民日报》2004 年 1 月 7 日。
② 胡锦涛：《高举中国特色社会主义伟大旗帜，为夺取全面建设小康社会新胜利而奋斗》（2007 年 10 月 15 日），见《十七大以来重要文献选编》（上），中央文献出版社 2009 年版，第 24 页。
③《中国共产党章程》（2007 年 10 月 21 日），载《人民日报》2007 年 10 月 26 日。
④ 胡锦涛：《在全国统战工作会议上的讲话》（2006 年 7 月 10 日），见《十六大以来重要文献选编》（下），中央文献出版社 2008 年版，第 548 页。

专门性条例。此后，《宗教活动场所登记办法》、《宗教活动场所年度检查办法》、《宗教院校聘用外籍专业人员办法》以及《中华人民共和国境内外国人宗教活动管理规定实施细则》等部门规章陆续出台，各省、市、自治区也相继制定了地方性宗教法规。在此基础上，2004 年 11 月 30 日，国务院正式颁布了《宗教事务条例》这个中国宗教方面的综合性行政法规，有力地推动了宗教工作法治化进程。为了贯彻实施《宗教事务条例》，国家宗教事务局制定又制定了《宗教活动场所设立审批和登记办法》、《宗教教职人员备案办法》、《宗教院校设立办法》等多项配套规章和规范性文件，地方性宗教法规和政府规章也按照法制统一的原则进行了制定或修订。这些法律、法规的出台，逐步形成了一个以《宪法》为核心，包括行政法规、地方法规、部门规章、地方政府规章在内的宗教事务法律体系，极大地改变了过去那种宗教事务管理无法可依的状况，从制度上保证了党的各项宗教政策的贯彻实施。2014 年 12 月 26 日，刘延东在《宗教事务条例》公布 10 周年座谈会上，从各方面的成效对此进行了总结，强调"宗教工作实现了由主要依政策办事向依法管理的转变，保障了公民的宗教信仰自由，得到了广大宗教界人士和信教群众的拥护，宗教工作干部和宗教界人士的法律意识明显增强，在全社会形成了关心支持宗教工作的良好氛围"。①

最后说说"使宗教同社会主义社会相适应"的情况。这个新命题提出后，不仅在理论上逐步成熟完善，而且成为党的宗教工作的总方向和中心环节。在 1993 年全国统战工作会议上，江泽民就指出："贯彻党的宗教信仰自由政策也好，依法加强对宗教事务的管理也好，目的都是要引导宗教与社会主义社会相适应。"② 在 2001 年全国宗教工作会议上，他全面、系统地阐述了这个论断的基本内涵，即：积极引导宗教与社会主义社会相适应，不是要求"宗教界人士和信教群众放弃宗教信仰"，而是要求他们"热爱祖国，拥护社会主义制度，拥护中国共产党的领导，遵守国家的法律法规和方针政策"；

---

① 参见《〈宗教事务条例〉公布 10 周年座谈会召开》，载《中国宗教》2015 年第 1 期。
② 江泽民：《高度重视民族工作和宗教工作》（1993 年 11 月 7 日），见《新时期宗教工作文献选编》，宗教文化出版社 1995 年版，第 254 页。

要求他们"从事的宗教活动要服从和服务于国家的最高利益和民族的整体利益";支持他们"努力对宗教教义作出符合社会进步要求的阐释";支持他们"同各族人民一道反对一切利用宗教进行危害社会主义祖国和人民利益的非法活动,为民族团结、社会发展和祖国统一多作贡献"。[①]上面提及的宗教工作基本方针"四句话"次序的调整,也再次说明了该命题的重要地位。一言以蔽之,它不仅在理论上标志着中国共产党对社会主义时期宗教问题的认识达到了一个新的高度,而且在实践上指导中国共产党处理好了宗教与社会主义关系这道国际社会主义运动史上的难题。

四、小　结

1991 年 1 月 30 日,江泽民会见各宗教团体主要领导人时,站在马克思主义宗教观中国化的理论高度,强调作为"党领导的爱国统一战线组成部分的各民族宗教界的爱国统一战线",能够在建设中国特色社会主义的实践中"不断地得到改革和发展",是党把马克思主义宗教理论同中国宗教实际相结合而得到的一条重要经验。[②]如果我们以此来审视依法管理宗教事务、把认识和处理宗教问题作为建设中国特色社会主义的一个重要内容,以及 6 号文件中重申的党关于宗教问题的其他基本观点、基本政策,不难得出这样的结论:6 号文件是中国共产党运用马克思主义宗教观处理中国宗教问题的经验总结,是马克思主义宗教观中国化和时代化的重要成果。

也正是在新的总结、新的发展、新的突破中,中国特色社会主义宗教理论不断丰富和发展。正如研究者所言,第二代中央领导集体的贡献,"主要是实现了党在宗教工作指导思想上的拨乱反正,比较系统地总结了建国以来党在宗教问题上正反两个方面的历史经验,阐明了党对宗教问题的基本观点和基本政策,并明确载入国家的根本大法";第三代中央领导集体的贡

---

① 《论宗教问题》(2001 年 12 月 10 日),见《江泽民文选》(第三卷),人民出版社 2006 年版,第 387 页。

② 江泽民:《保持党的宗教政策的稳定性和连续性》(1991 年 1 月 30 日),见《新时期宗教工作文献选编》,宗教文化出版社 1995 年版,第 210 页。

献，"主要是确立了新时期宗教工作的指导思想和重要原则，指明了社会主义初级阶段处理宗教问题的大方向，在理论政策上有新的突破，丰富和发展了马克思主义宗教观，并在实践中取得了令人瞩目的成就"。[1]

---

[1] 王作安：《宗教理论和政策发展中的重要里程碑——纪念中央 1991 年 6 号文件制定下发 10 周年》，载《中国宗教》2001 年第 2 期。

第五章

深刻阐述:
江泽民《论宗教问题》

中共十三届四中全会后，以江泽民为核心的第三代中央领导集体，准确判断冷战结束后国际格局错综复杂、宗教问题日益突出的新形势，深刻把握中国社会主义现代化建设的新实践和宗教领域出现的新情况，借鉴苏联和东欧社会主义国家在宗教问题上的经验教训，坚持用马克思主义的科学方法探索宗教问题，提出了很多新观点和新论断，并据此制定了一整套符合当代中国实际的宗教方针政策，取得了宗教工作的重大成就。

2001 年 12 月 10 日，江泽民在全国宗教工作会议上发表的讲话，即收入《江泽民文选》第三卷中的《论宗教问题》一文，是他关于党的宗教理论认识与实践经验的重要总结，也是系统阐述中国特色社会主义宗教理论的重要文献。这篇文献不仅思想内容丰富，而且蕴含着正确认识和处理中国社会主义时期宗教问题的基本方法，对于全面理解和深刻领会中国特色社会主义宗教理论的内涵与精髓有着重大意义。[①]

---

① 江泽民的这篇重要讲话发表后，立刻引起社会各界的关注和探讨。比如，叶小文：《"社会主义与宗教"的历史新篇》，载《学习时报》2002 年 1 月 7 日；黄铸：《关于马克思主义宗教观和党的宗教政策的若干问题》，《中国统一战线》，载《求是》2002 年第 4 期；王兆国：《积极引导宗教与社会主义社会相适应》，载《求是》2002 年第 10 期；等等。比较而言，笔者力图全面分析最终定稿、全文公开的《论宗教问题》，梳理和总结它对中国特色社会主义宗教理论基本内容的系统阐述。

一、坚持社会存在决定社会意识的历史唯物主义，准确回答"宗教是什么"这个基本理论问题

探究"宗教是什么"，就是对宗教下定义，揭示宗教之所以为宗教的本质规定性。这是一切宗教理论与实践的首要问题。准确回答这个问题，是树立理性的宗教态度、扎实做好宗教工作的前提。在《论宗教问题》中，江泽民有针对性地辨析了马克思主义关于宗教的"反映"论和"鸦片"论，并提出了自己的独创性见解，继承和发展了历史唯物主义对宗教本质的认识。

从不同的视角出发，得出的宗教定义是迥然不同的。[①] 马克思、恩格斯认为，"每一历史时代主要的经济生产方式和交换方式以及必然由此产生的社会结构，是该时代政治的和精神的历史所赖以确立的基础"[②]，宗教的本质必须到宗教"每一个发展阶段的现存物质世界中去寻找"[③]。因此，他们立足于人们的物质生活条件与实践活动，扬弃了费尔巴哈关于"宗教是人的本质的异化"的观点，创造性地提出："一切宗教都不过是支配着人们日常生活的外部力量在人们头脑中的幻想的反映，在这种反映中，人间的力量采取了超人间的力量的形式。"[④] "宗教本身既无本质也无王国。在宗教中，人们把自己的经验世界变成一种只是在思想中的、想象中的本质，这个本质作为某种异物与人们对立着。"[⑤] 这些论述既科学地揭示了宗

[①] 关于"宗教是什么"，古今中外向来有着形形色色的观点。早在 1878 年，被称为近代西方宗教学奠基人的麦克斯·缪勒，就坦率地说："世界上有多少宗教，就会有多少宗教的定义"。他还认为，对于"坚持不同宗教定义的人"来说，他们之间的敌意"几乎不亚于信仰不同宗教的人们"。〔〔英〕麦克斯·缪勒：《宗教的起源与发展》，金泽译，上海人民出版社 2010 年版，第 13 页。〕

[②] 恩格斯：《〈共产党宣言〉1888 年英文版序言》（1888 年 1 月 30 日），载《马克思恩格斯文集》（第二卷），人民出版社 2009 年版，第 14 页。

[③] 马克思、恩格斯：《德意志意识形态》（1845—1846 年），载《马克思恩格斯全集》（第三卷），人民出版社 1960 年版，第 170 页。

[④] 恩格斯：《反杜林论》（1876 年 9 月—1878 年 6 月），载《马克思恩格斯选集》（第三卷），人民出版社 2012 年版，第 703 页。

[⑤] 马克思、恩格斯：《德意志意识形态》（1845—1846 年），载《马克思恩格斯全集》（第三卷），人民出版社 1960 年版，第 170 页。

教作为一种社会意识形态，同其他社会意识形态一样，是对社会存在的反映；又高度概括了各种宗教的普遍特征，清晰地把宗教与其他意识形态区别开来。后来的马克思主义者将之简称为"反映"论，视作界定宗教本质的经典论述和马克思主义宗教观的核心观点。

然而，在很长一段时期里，"鸦片"论取代"反映"论，成为马克思主义关于宗教的定义。"鸦片"论出自这段论述："宗教里的苦难既是现实的苦难的表现，又是对这种现实的苦难的抗议，宗教是被压迫生灵的叹息，是无情世界的心境，正像它是无精神活力的制度的精神一样。宗教是人民的鸦片。"①这是马克思站在批判阶级社会的角度，对宗教社会根源的分析，亦是对宗教在特定历史条件下的社会作用的探讨。类似的论述还有："在各阶级中必然有一些人，他们既然对物质上的解放感到绝望，就去追寻精神上的解放来代替，就去追寻思想上的安慰，以摆脱完全的绝望处境。"②基于无产阶级反帝反封建的需要，列宁在革命时期将"宗教是人民的鸦片"论断单独提取出来，作为"马克思主义在宗教问题上的全部世界观的基石"③，并进一步指出宗教为压迫阶级提供了"牧师的职能"："牧师的使命是安慰被压迫者，给他们描绘一幅在保存阶级统治的条件下减少苦难和牺牲的前景"，"从而使他们放弃革命行动，打消他们的革命热情，破坏他们的革命决心"。④从此，"鸦片"论成为革命者认识和处理宗教问题的立足点。

"鸦片"论有其合理性的一面，可看成是"反映"论的一个具体表现。但是，脱离具体的革命语境，只从这个论断本身来认识宗教，就会使马克思、恩格斯对宗教本质的认识发生转变，而且会使"鸦片"论的原本涵义

---

① 马克思：《〈黑格尔法哲学批判〉导言》（1843年10—12月），载《马克思恩格斯选集》（第一卷），人民出版社2012年版，第2页。

② 恩格斯：《布鲁诺·鲍威尔和早期基督教》（1882年4月），载《马克思恩格斯全集》（第十九卷），人民出版社1963年版，第334页。

③《论工人政党对宗教的态度》（1909年5月13日），载《列宁选集》（第二卷），人民出版社2012年版，第247页。

④《第二国际的破产》（1915年5—6月），载《列宁选集》（第二卷），人民出版社2012年版，第478页。

发生变化。由此，"鸦片"就由"麻醉药物"变成"毒品"，进而宗教徒变成了"吸毒者"，宗教职业人员变成了"毒品贩子"，也就不足为奇了。对此，周恩来在 1950 年就指出："这是革命时期的口号。现在我们有了政权，可以不必强调宗教就是鸦片了。"① 遗憾的是，在国际社会主义运动史上，很多人以"鸦片"论为制定宗教政策的基本依据，导致用行政手段干涉宗教的粗暴行为时有发生，甚至将宗教工作简单地等同于消灭宗教，中国在"文化大革命"时期也犯了这样的错误。

十一届三中全会以后，随着宗教工作的拨乱反正，"鸦片"论在中国逐步得到澄清，人们逐渐回归到"反映"论来认识宗教的本质。在《论宗教问题》中，江泽民既引用了"反映"论，又引用了"鸦片"论，并对两者进行了辨析。他认为"反映"论揭示了宗教的本质，并以此为中心详细地分析了历史唯物主义关于宗教问题的观点的科学性。讲到"鸦片"论时，他指出该论断的特定意思："在阶级社会中，宗教对人类的压迫是社会内部经济压迫的产物和反映，劳动群众受到这种压迫又无法解脱，就往往到宗教中去寻找精神寄托；剥削阶级也利用宗教作为控制群众的重要精神手段，削弱劳动群众的反抗意志，分散劳动群众的反抗力量。马克思说'宗教是被压迫生灵的叹息'、'宗教是人民的鸦片'，就是从这个意思上来讲的。"② 通过史论结合的分析，江泽民从理论上理清了"反映"论与"鸦片"论的定位与关系，准确回答了"宗教是什么"。

更重要的是，江泽民根据中国宗教的历史和实际，十分重视从文化的视野来审视宗教。在 1999 年全国政协九届二次会议上，他就指出：中国五大宗教都有"非常珍贵的文化内涵、优秀的文化传统和丰富的伦理道德思想"，能够"为维护民族团结、社会稳定作贡献"。③ 在《论宗教问题》中，他进一步强调了宗教同传统文化的密切关系：中国宗教在产生和发展的过程中，与中国文化的发展"相互交融"，吸取了"建筑、绘画、雕塑、音

---

① 《周恩来年谱（1949—1976）》（上卷），见中央文献出版社 1997 年版，第 50 页。
② 《论宗教问题》（2001 年 12 月 10 日），见《江泽民文选》（第三卷），人民出版社 2006 年版，第 374—375、380 页。
③ 参见宣宇才：《为民族伟大复兴作贡献》，载《人民日报》1999 年 3 月 6 日。

乐、文学、哲学、医学当中的不少优秀成分"，可以而且应该研究和发掘
蕴含宗教之中的精华。[①] 突出宗教的文化性，既开辟了认识宗教本质属性
的新境界，也为正视宗教在社会主义社会的存在和发展、发挥宗教的积极
作用提供了理论依据。

　　由于"宗教是什么"命题在宗教理论与实践中的重要性，江泽民关于
宗教与文化关系的阐述，也得到了社会各界的高度认同和回应。比如，有
学者在系统阐述"中国化马克思主义宗教观"时明确提出："视宗教本质
为有神论的信仰文化，是中国化马克思主义宗教本质观的核心观点。"[②] 有
学者立足于新时期中国宗教学发展的历程，强调"将宗教作为文化现象而
展开的研究探讨乃标志着中国学者在评价宗教时所迈出的具有决定意义
的一步。其目的乃是在世界范围文化交流的现代气氛中加深对宗教的理
解。只有这种新的探究才可能为寻求认知宗教本质之新共识创造条件"[③]。
还有学者认为，"无论就宗教研究的对象、范围还是重大问题或前沿课题
而言"，作为一种新方法论的"宗教—文化观"有助于"拓宽并深化我们
的学术视野，形成一种更为成熟的方法论观念"。[④] 事实上，"宗教—文化"
观确已成为中国人现今认识和处理宗教问题的基本方法论之一。

二、发展地而不是静止地认识宗教在社会主义条件下的存在和发展，积极引导宗教与社会主义社会相适应

　　宗教有其发生、发展的客观规律，将在社会主义社会长期存在，是马
克思主义宗教观的一个基本论点。只有"当社会通过占有和有计划地使用
全部生产资料而使自己和一切社会成员摆脱奴役状态的时候"，"当谋事在
人，成事也在人的时候，现在还在宗教中反映出来的最后的异己力量才会

---

① 《论宗教问题》(2001 年 12 月 10 日)，见《江泽民文选》(第三卷)，人民出版社 2006 年版，
第 388—389 页。

② 方立天：《论中国化马克思主义宗教观》，载《中国社会科学》2005 年第 4 期。

③ 卓新平：《 "全球化" 的宗教与当代中国》，社会科学文献出版社 2008 年版，第 372 页。

④ 张志刚：《再论宗教—文化观的方法论意义》，载《世界宗教研究》2008 年第 4 期。

消失，因而宗教反映本身也就随着消失"。① 这与"反映"论的精神实质是一致的。有鉴于此，恩格斯曾严厉谴责杜林关于"社会主义社会中禁止宗教存在"的主张，列宁也明确要求无产阶级政党必须根据恩格斯的要求，"耐心地去组织和教育无产阶级，使宗教渐渐消亡，而不要冒险地在政治上对宗教作战"②。

　　然而，在国际社会主义的实践中，许多人奉"鸦片"论为圭臬，容不得宗教在社会主义社会继续存在，希望通过行政手段促进宗教的削弱，甚至妄图人为地消灭宗教。例如，1966 年 11 月，阿尔巴尼亚劳动党第五次党代会制定了"从人们的思想意识中根除宗教信仰"的新政策，随即付诸"革命"行动，并宣布成为"世界上第一个无神论国家"。当时，中国正处于"文化大革命"时期，《人民日报》将之作为革命新事物大力进行宣传报道，红卫兵更是直接效仿。1967 年，姚文元访问阿尔巴尼亚时也高调支持，并在弗拉歇里中学发表讲话时荒诞地说："象你们支持中国无产阶级文化大革命一样，我们支持你们在劳动党和霍查同志领导下所提出的反动宗教迷信和剥削阶级落后习俗的革命化倡议和措施。我们从来都是相互支持的。"③

　　殊不知，中国共产党领导人对宗教的长期性是有深刻认识的。毛泽东在革命时期就生动地说："菩萨是农民立起来的，到了一定时期农民会用他们自己的双手丢开这些菩萨，无须旁人过早地代庖丢菩萨。共产党对于这些东西的宣传政策应当是：'引而不发，跃如也。'"④ 新中国成立之初，毛泽东继续强调："只要人民还相信宗教，宗教就不应当也不可能人为地去加以取消或破坏。"⑤ 对此，周恩来也有一段透彻的分析："宗教是会长期

① 恩格斯：《反杜林论》（1876 年 9 月—1878 年 6 月），见《马克思恩格斯选集》（第三卷），人民出版社 2012 年版，第 705 页。
②《论工人政党对宗教的态度》（1909 年 5 月 13 日），见《列宁选集》（第二卷），人民出版社 2012 年版，第 249 页。
③ 参见《阿尔巴利亚热烈欢迎毛主席的忠实战士》，载《人民日报》1967 年 6 月 27 日。
④《湖南农民运动考察报告》（1927 年 3 月），见《毛泽东选集》（第一卷），人民出版社 1991 年版，第 33 页。
⑤《给达赖喇嘛的信》（1953 年 3 月 8 日），见《建国以来毛泽东文稿》（第四册），中央文献出版社 1990 年版，第 100 页。

存在的，至于将来发展如何，要看将来的情况。但是，只要人们还有一些不能从思想上解释和解决的问题，就难以避免会有宗教信仰现象。有的信仰具有宗教形式。有的信仰没有宗教形式。宗教界的朋友们不必担心宗教能不能存在。按照唯物论的观点，当社会还没有发展到使宗教赖以存在的条件完全消失的时候，宗教是会存在的。"①

　　"文化大革命"结束后，宗教领域的拨乱反正得以顺利开展，理论前提就是正视宗教在社会主义条件下的存在和发展。对于这一点，江泽民有着深刻的认识。他同参加1990年全国宗教工作会议部分代表座谈时指出："马克思主义宗教观认为，宗教的发生、发展和消亡有一个过程，想用行政的办法或强制手段消灭宗教是不可能的。"②他在2000年全国统战工作会议上指出："宗教作为一种社会现象，具有漫长的历史，在社会主义社会也将长期存在。宗教走向最终消亡也必然是一个漫长的历史过程，可能比阶级和国家的消亡还要久远。"③在《论宗教问题》中，江泽民再次强调："由于我国生产力发展水平还不高，科学技术还不发达，人们的思想道德素质和科学文化素质也还不高，加上国际环境的影响，我国宗教存在的根源仍将长期存在。"他还鲜明地提出，在宗教的诸多特点中，"最根本的是宗教存在的长期性"。④

　　在《论宗教问题》中，江泽民根据中国处于社会主义初级阶段的基本国情，不仅强调了宗教在中国存在和发展的长期性，而且对人们关心的宗教消亡问题进行了深入的分析。他强调，所谓社会主义初级阶段，就是"不发达的阶段"；在中国这样一个"有几千年历史、十二亿多人口的发展中大国"，要实现物质文明和精神文明的充分发展，必须经历"一个漫长的历

---

① 《关于我国民族政策的几个问题》（1957年8月4日），见《周恩来统一战线文选》，人民出版社1984年版，第384页。
② 江泽民：《一定要做好宗教工作》（1990年12月7日），见《新时期宗教工作文献选编》，宗教文化出版社1995年版，第200页。
③ 《进一步开创统一战线工作的新局面》（2000年12月4日），见《江泽民文选》（第三卷），人民出版社2006年版，第150页。
④ 《论宗教问题》（2001年12月10日），见《江泽民文选》（第三卷），人民出版社2006年版，第379、378页。

史阶段"；从长远看，随着两个文明的发展，"人们不断掌握自然界的奥秘和自己的命运，对客观世界、生命运动和宗教本质的认识不断趋于科学和理性，有利于宗教最终走向消亡，但这绝不是短时期内可以达到的"。①

认识到宗教的长期性存在及其根源所在，就要根治对待宗教问题的"短视症"，坚持马克思主义关于经济基础决定上层建筑的基本观点，通过发展两个文明，"逐步消除宗教赖以存在的根源"。也就是说，必须把经济建设搞上去，必须提高人们的科学文化素质；反之，"就宗教论宗教是解决不了问题的"②。这一点落实到具体宗教工作之中，就是要通过党和政府的实际行动，让人民群众真正感到"代表他们利益、能够带领他们创造幸福生活的是我们党和政府"，而不是"任何宗教和'神'的力量"。③

在明确宗教在社会主义社会将长期存在的基础上，江泽民通过总结世界宗教发展史的基本经验，强调当代中国宗教必须与社会主义社会相适应。他在《论宗教问题》中分析指出，通观中国和世界的宗教历史，可以发现一条共同规律，就是"宗教都要适应其所处的社会和时代才能存在和延续"。比如，十六世纪基督教发生的宗教改革运动，就是一个典型的例子。当代中国是社会主义国家，当代中国宗教是"在社会主义条件下存在和活动的，必须与社会主义社会相适应"。这既是社会主义社会对中国宗教的客观要求，也是中国各宗教"自身存在的客观要求"。④关于宗教与社会主义社会相适应的论述，是江泽民对马克思主义宗教观的重大创新，对当代中国宗教工作具有重要指导意义。

关于宗教与社会主义社会相适应，江泽民还曾具体讲到，新中国成立初期进行的宗教制度改革，"在天主教、基督教方面革掉帝国主义的操纵

---

① 《论宗教问题》（2001年12月10日），见《江泽民文选》（第三卷），人民出版社2006年版，第380页。

② 江泽民：《一定要做好宗教工作》（1990年12月7日），见《新时期宗教工作文献选编》，宗教文化出版社1995年版，第200页。

③ 《论宗教问题》（2001年12月10日），见《江泽民文选》（第三卷），人民出版社2006年版，第394页。

④ 《论宗教问题》（2001年12月10日），见《江泽民文选》（第三卷），人民出版社2006年版，第387页。

和控制，实行独立自主自办教会，在佛教和伊斯兰教方面革掉封建剥削和压迫制度，是完全必要的和正确的，使我国宗教界迈出了与社会主义社会相适应的重要一步"。而今，"宗教界应当在这个基础上，适应社会主义现代化建设的新形势新任务，继续前进，而不能倒退"。[1] 这就从新中国宗教工作史和宗教发展史两个方面，将"积极引导宗教与社会主义社会相适应"作为一项战略性目标确定下来，指明了正确认识和处理中国社会主义时期宗教问题的大方向。

三、全面地辩证地认识宗教的社会作用，注重发挥宗教的积极作用，同时抑制宗教的消极作用

马克思主义认为，宗教既有积极的作用，也有消极的作用，且对不同阶级具有不同的作用，可以是统治阶级维护统治的工具，也可以给被统治阶级带来精神慰藉。例如，关于宗教在政治方面的作用，马克思和恩格斯在研究基督教问题时曾指出："基督教的社会原则曾为古代奴隶制进行过辩护，也曾把中世纪的农奴制吹得天花乱坠，必要的时候，虽然装出几分怜悯的表情，也还可以为无产阶级遭受压迫进行辩解。"[2] 早期基督教"最初是奴隶和被释放的奴隶、穷人和无权者、教罗马征服或驱散的人们的宗教"[3]，反映了下层民众要求摆脱现实苦难、追求自由幸福生活的美好愿望和要求摆脱罗马帝国反动统治的抗争意识。在中国历史上，打着宗教旗号的农民起义更是屡见不鲜。

由于遭到曲解的"鸦片"论长期居于政策指导地位，社会主义国家处理宗教问题时，往往放大宗教的消极作用，很少提起宗教的积极作用。这个思维惯性对中国共产党产生了很大的影响，更何况，中国传统宗教同封

---

① 江泽民：《高度重视民族工作和宗教工作》(1993 年 11 月 7 日)，见《新时期宗教工作文献选编》，宗教文化出版社 1995 年，第 255 页。
② 马克思：《"莱茵观察家"的共产主义》(1847 年 9 月 5 日)，见《马克思恩格斯全集》(第四卷)，人民出版社 1965 年版，第 218 页。
③ 恩格斯：《论早期基督教的历史》(1894 年)，见《马克思恩格斯全集》(第二十二卷)，人民出版社 1965 年版，第 525 页。

建旧制度有着密切联系，外来宗教在中国近代史上又是帝国主义对中国进行殖民侵略的工具，导致宗教在中国人民的记忆深处有着难以抹去的负面印象。在革命和建设的实践中，中国共产党时刻警惕宗教的消极作用，这无疑是正确的，但也发生了通过限制和消灭宗教来规避宗教消极作用的错误。对此，赵朴初1997年在中共中央迎新春座谈会上说，正确认识和对待中国宗教问题，一个关键问题是要从社会政治的视角认识到，中国宗教"从整体上和主流上看，它日益与具有中国特色的社会主义社会相适应，是保持稳定的重要因素；是深化改革、促进发展的重要力量；是扩大开放的重要渠道"；中国宗教界是"改革开放和现代化建设事业的助力而不是阻力；是党和政府可以信赖的同盟者，而不是异己力量"。他认为，这是当代中国宗教"较之外国宗教所独具的特点"，是当代中国宗教"最大的实际"，也是新中国成立以来特别是中共十一届三中全会以来"党和政府执行正确的方针政策所取得的积极成果"。①

江泽民对宗教正反两方面社会作用有着清醒的、辩证的认识，一贯要求发挥宗教的积极作用，并抑制宗教的消极作用。不同于以往侧重于揭露和渲染宗教的消极作用，他着眼于改革开放和社会主义现代化建设的事业，十分注重发挥宗教的积极作用。他在《论宗教问题》中特地提及这个问题，说"如何调动宗教中的积极因素为社会发展和稳定服务"，在改革开放之初就提出来了，1993年全国统战工作会议又进一步加以强调，在实际工作中也进行了一些推进，但做得还不够。"既然宗教在社会主义社会要长期存在，我们就要对宗教事务进行科学的管理。这种管理，既要有利于抑制宗教中的消极因素，又要有利于发挥宗教中的积极因素"。②

之所以有这样的认识，首先在于江泽民认为时代条件和中国宗教都发生了变化。在《论宗教问题》中，他强调了两个"基础"，指出："社会主义制度的建立，建设有中国特色社会主义，符合包括信教群众在内的广大

---

① 《在中共中央迎新春座谈会上的发言》（1997年1月30日），见《赵朴初文集》（下卷），华文出版社2007年版，第1363页。
② 《论宗教问题》（2001年12月10日），见《江泽民文选》（第三卷），人民出版社2006年版，第388页。

人民群众的根本利益"，这是"做好宗教工作的政治基础"；中国各宗教"通过自身的改革和进步，也为在社会主义社会发挥其积极因素打下了一定基础"。进而，他不仅充分肯定宗教界爱国进步人士"根据新的历史条件，努力挖掘和弘扬宗教教义、宗教道德、宗教文化中有利于社会发展、时代进步和健康文明的内容，对宗教教义进行符合社会进步要求的阐释"，还具体地分析了宗教积极作用的表现："宗教道德中的弃恶扬善等内容，对鼓励广大信教群众追求良好的道德要求有积极作用"；"宗教通过对信教群众的心理慰藉，对稳定信教群众的情绪、调节信教群众的心理也有积极作用"。①

之所以强调宗教的积极作用，还在于江泽民对宗教信仰的群众性的深刻把握。在《论宗教问题》中，他分析指出："由于宗教的这种群众性，宗教往往构成一种非常强大的社会力量，处理得好，可以对社会发展和稳定产生积极作用；处理得不好，就会产生消极作用，甚至产生很大破坏作用。"因此，他站在政治大局的高度，指出："在社会主义条件下，信教和不信教以及信仰不同宗教的群众，他们在这种信仰上的差异是比较次要的差异，他们在政治上、经济上的根本利益是相同的"；中国信仰各宗教的群众有一亿多，他们也是"建设有中国特色社会主义的积极力量"，必须团结、教育、引导信教群众，"把他们在生产和工作中的积极性和创造性充分调动起来，以利依靠和团结全体人民共同推进社会主义物质文明和精神文明建设"。②

不同于一些人容易从一个极端走到另一个极端，江泽民虽然重视发挥宗教的积极作用，但强调这是有限度的。他在《论宗教问题》中明确指出："各国政府都十分注重运用宗教来为维护社会秩序和社会稳定服务。我们不提利用宗教。我们鼓励和支持宗教界发挥宗教中的积极因素为社会发展和稳定服务，鼓励宗教界多做善行善举。在国家引导和管理下，宗教

---

① 《论宗教问题》（2001年12月10日），见《江泽民文选》（第三卷），人民出版社2006年版，第387—389页。
② 《论宗教问题》（2001年12月10日），见《江泽民文选》（第三卷），人民出版社2006年版，第376、384、381页。

组织可以从事一些有益于社会发展的公益、慈善活动。"他同时还指出，肯定宗教中的积极因素"不是为了发展宗教，而是要努力使已经存在的宗教多为民族团结、经济发展、社会稳定、祖国统一服务。在处理这个问题时，分寸一定要把握好。宗教中的积极因素可以肯定，但不能夸大"。[1]

在肯定宗教积极作用的同时，江泽民并没有忽视宗教的消极作用。在《论宗教问题》中，他分析指出："在人类历史上，由宗教引起的矛盾和冲突、打着'宗教'旗号进行的侵略和战争多得很。七世纪到十六世纪初，信奉伊斯兰教的一些势力通过武力对亚洲、欧洲、非洲的广大地区进行了旷日持久的扩张。十一世纪末到十三世纪末，十字军东征进行了长达二百年之久，所到之处，刀光剑影，血流成河。在西方殖民主义和帝国主义的早期殖民扩张中，宗教从来都是相伴而至的"；"在当今世界上，宗教更是为各派政治和社会力量所加紧利用。一些国家和地区矛盾激烈、冲突不断，往往与民族问题、宗教问题卷在一起。当狭隘民族主义与宗教极端主义相结合时，就有可能产生很大破坏力"。[2] 对此，我们岂能掉以轻心！

宗教在当今中国的消极影响，是江泽民关注的焦点问题。早在 1993 年 11 月，他在全国统战工作会议上就指出："一些地方滥建、扩建寺观教堂，频繁进行大型宗教活动，信教群众的宗教负担加重，有的地区竟达到年纯收入的百分之二十。利用宗教干涉行政、司法、教育、婚姻和群众生产、生活的现象时有发生，有的地方甚至恢复了早已被废除的宗教封建特权和压迫剥削制度。有的地方教派纷争，发生流血事件。"[3] 更为重要的是，他格外重视透过现象看本质，指出一些宗教问题背后的反动政治企图："有的地方非法宗教势力乘虚而入，与我们争夺基层政权"[4]；国内外敌对势

---

① 《论宗教问题》(2001 年 12 月 10 日)，见《江泽民文选》(第三卷)，人民出版社 2006 年版，第 388、389 页。

② 《论宗教问题》(2001 年 12 月 10 日)，见《江泽民文选》(第三卷)，人民出版社 2006 年版，第 377—378、376 页。

③ 江泽民：《高度重视民族工作和宗教工作》(1993 年 11 月 7 日)，见《新时期宗教工作文献选编》，宗教文化出版社 1995 年版，第 250 页。

④ 江泽民：《全党全社会动员起来，为实现八七扶贫攻坚计划而奋斗》(1996 年 9 月 23 日)，见《十四大以来重要文献选编》(下)，人民出版社 2011 年版，第 120 页。

力一直把利用宗教进行政治渗透作为他们对中国推行和平演变战略的一个重要手段，这"实质上是政治问题"①。这就分清了宗教消极作用的不同性质，提醒我们必须依法管理宗教事务，"密切注意和防范境内外敌对势力的渗透破坏活动，严厉打击暴力恐怖势力、宗教极端势力、民族分裂势力和'法轮功'等邪教组织的各种破坏活动"②。

四、清晰地区分宗教事务与宗教信仰，依法管理宗教事务，全面保障宗教信仰自由

宗教作为一种社会化的客观存在，既具有内在基本因素（主要包括宗教的观点或思想、宗教的感情或体验），又具有外在基本因素（主要包括宗教的行为或活动、宗教的组织和制度）③。因而，宗教不仅是一种意识形态，也是一种社会实体。作为一种意识形态，宗教与哲学、文学、艺术、法律、道德等交互作用，形成特殊的宗教信仰；作为一种社会实体，宗教与社会方方面面发生联系，形成特殊的宗教事务。这就决定了"宗教问题从来就不是孤立存在的，它总是同政治、经济、文化、民族等方面历史和现实的矛盾相交错，具有特殊复杂性"。此外，"宗教常常与现实的国际斗争和冲突相交织，是国际关系和世界政治中的一个重要因素"。④根据宗教问题的具体情况，江泽民将作为意识形态的宗教信仰，与作为社会实体的宗教事务清晰地区分开来，强调依法管理宗教事务，全面保障宗教信仰自由。这一思想方法，在他深刻阐述的党的宗教工作基本方针中得到了充分体现。

一是全面正确地贯彻宗教信仰自由政策，并保持这一政策的稳定性

---

① 江泽民：《保持党的宗教政策的稳定性和连续性》（1991年1月30日），见《新时期宗教工作文献选编》，宗教文化出版社1995年版，第211页。
② 中共中央文献研究室编：《江泽民论有中国特色社会主义（专题摘编）》，中央文献出版社2002年版，第217—218页。
③ 参见吕大吉：《宗教学通论新编》，中国社会科学出版社1998年版，第76页。
④《论宗教问题》（2001年12月10日），见《江泽民文选》（第三卷），人民出版社2006年版，第373、377页。

和连续性。在《论宗教问题》中，江泽民强调宗教信仰自由"是我们党一项长期的基本政策，是宪法赋予公民的一项基本权利"；尊重和保护公民的宗教信仰自由权利"是我们党维护人民利益、尊重和保护人权的重要体现，也是最大限度团结人民群众的需要"。① 基于这个认识，江泽民曾全面深入地阐明宗教信仰自由的内涵："既有信教的自由，也有不信教的自由；既有信这一种教或某一教派的自由，也有信那一种教或另一教派的自由。不信教的要尊重信教的，信教的也要尊重不信教的。"② 可见，信不信教，信何种宗教，都是受法律保护的个人自由，可谓一个问题的两个方面。也只有这样，才称得上全面的真正的宗教信仰自由。

江泽民还总结历史经验，多次指出必须保持宗教信仰自由政策的稳定性和连续性。1991 年 1 月 30 日，他会见各宗教团体主要领导人时说，中国共产党处理同宗教界朋友之间的关系，坚持"政治上团结合作，信仰上互相尊重"的原则，而且"这一点是永远不会变的"；党的宗教信仰自由政策也"一定会保持稳定性和连续性，是绝对不能改变的"。因为实践已经证明这个政策是完全正确的，"只要正确贯彻这一政策，就有利于民族团结、国家和社会稳定，有利于社会主义建设，否则，就会产生多方面负效应"。③

二是根据依法治国基本方略的要求，强调依法管理宗教事务，切实做到"保护合法，制止非法，抵御渗透，打击犯罪"。在江泽民看来，依法管理宗教事务与宗教信仰自由政策是相辅相成的，两者不仅不矛盾，而且有利于宗教界人士和信教群众坚持权利和义务的统一，更好地维护他们的合法利益。在《论宗教问题》中，他明确指出：依法管理宗教事务就是要"切实保障宗教信仰自由，保证正常宗教活动有序进行，保护宗教团体的合法利益"。接着，他详细地论述道：中国实行政教分离的原则，任何宗

---

① 《论宗教问题》（2001 年 12 月 10 日），见《江泽民文选》（第三卷），人民出版社 2006 年版，第 383 页。

② 江泽民：《必须树立马克思主义的民族观和宗教观》（1990 年 9 月），见《新时期宗教工作文献选编》，宗教文化出版社 1995 年版，第 184 页。

③ 江泽民：《保持党的宗教政策的稳定性和连续性》（1991 年 1 月 30 日），见《新时期宗教工作文献选编》，宗教文化出版社 1995 年版，第 210 页。

教"都没有超越宪法和法律的特权，都不能干预国家行政、司法、教育等国家职能的实施"。宗教方面涉及国家利益和社会公共利益的事项和活动"必须纳入依法管理的范围"，不能以宗教信仰自由和政教分离为借口，放弃或摆脱国家对宗教事务的管理。绝不允许"恢复已被废除的宗教封建特权和宗教压迫剥削制度"，绝不允许"利用宗教反对党的领导和社会主义制度，破坏国家统一和国内各民族的团结"，绝不允许"利用宗教损害国家和社会的利益，妨碍其他公民的合法权利"。[①]

依法管理宗教事务政策的实施，使中国对宗教事务的管理走上了法制化、制度化的轨道，为宗教信仰自由提供了坚实保障。宗教界人士也认为，"把制定宗教法规列入国家立法计划，把党和政府正确的宗教政策加以法律化、条文化，规范社会和宗教行为，保持合法，抵制非法，打击犯罪"，有利于"匡正人们对宗教'左'的偏见，规范政府宗教部门的行政行为，调动宗教界人士参加社会主义建设的积极性"，这"是依法治国，保持社会稳定的重要内容，是发展社会主义市场经济，团结广大信教群众共同建设社会主义强国的重要保证，对国外敌对势力利用宗教问题攻击我国的无耻谰言是个有力回击"。[②]

三是坚持独立自主自办原则。同依法管理宗教事务一样，这一政策的出发点和落脚点，是为了防范和抵御境外敌对势力利用宗教进行渗透活动，以更好地维护宗教信仰自由，而不是为了限制宗教活动、阻碍宗教对外交往。在《论宗教问题》中，江泽民明确指出：要继续鼓励和支持中国宗教界"在独立自主、平等友好、互相尊重的基础上开展对外交往，增进与各国人民及宗教界的相互了解和友谊，为维护世界和平作出积极贡献"。这表明中国共产党是积极支持宗教领域的国际交往的，但必须以"独立自主、平等友好、互相尊重"为前提，绝不允许任何境外宗教势力重新控制中国宗教，绝不允许任何境外宗教团体和个人干预中国宗教事务，绝不允

---

① 《论宗教问题》（2001年12月10日），见《江泽民文选》（第三卷），人民出版社2006年版，第385—386页。
② 《与社会主义社会相适应始终是我国宗教的主流》（1999年3月4日），见《赵朴初文集》（下卷），华文出版社2007年版，第1440—1441页。

许任何境外宗教组织用任何方式在中国传教。①

　　在论及独立自主自办原则时，江泽民殷切希望中国宗教界自觉地增强自身免疫力，高度警惕和坚决抵制宗教渗透活动。他曾对宗教团体领导人讲：中国各爱国宗教团体应当"教育自己的教职人员和信教群众，经常保持警惕，自觉地抵制这种渗透"，要认识到这种渗透"首先和直接受害的是爱国宗教团体本身"。②对这一点，宗教界人士深有体会。丁光训就曾说过：基督教要在新中国存在和发展，"光靠国家的宗教信仰自由政策还不够，还必须同中国人民有较多的共同语言，从一个洋的宗教变为中国自己的宗教"。"三自爱国运动是中国基督徒的爱国运动。它提倡中国基督徒发扬民族自尊心，热爱祖国，同祖国同胞走在一起，想在一起，投身祖国的事业。在教会方面，它主张真正的自治、自养，自传，主张中国教会独立自主，由中国信徒自己来办。""我们要团结各国信徒，向他们说明我国信徒独立自主的愿望，帮助他们明辨是非，做新中国的朋友，做新中国基督教的朋友，识破反华阴谋，起而反对国外宗教界反华分子所进行的宣传、渗透和干预。"③可见，坚持独立自主自办原则，不仅事关民族团结和国家安全，事关改革开放和现代化建设，事关中国特色社会主义伟大事业，而且关系到宗教界人士和信教群众的切身利益。

　　四是积极引导宗教与社会主义社会相适应。如前面所述，宗教必须与时俱进，适应其所处的社会，是江泽民关于宗教的基本判断之一。在当代中国，无论是全面贯彻宗教信仰自由政策，还是依法管理宗教事务、坚持独立自主自办原则，目的都是为了引导宗教与社会主义社会相适应。只有这样，宗教才能在社会主义条件下存在和发展，宗教界人士和信教群众的合法权益才能得到根本保证。

　　为了讲清楚这个道理，江泽民在《论宗教问题》中对"积极引导宗

---

① 《论宗教问题》（2001年12月10日），见《江泽民文选》（第三卷），人民出版社2006年版，第389—390页。

② 江泽民：《保持党的宗教政策的稳定性和连续性》（1991年1月30日），见《新时期宗教工作文献选编》，宗教文化出版社1995年版，第211－212页。

③ 《回顾与展望》（1980年10月6日），见《丁光训文集》，译林出版社1998年版，第295、306—307页。

教与社会主义社会相适应"进行了深入分析,指出:它不是要求宗教界人士和信教群众"放弃宗教信仰",而是要求他们"热爱祖国,拥护社会主义制度,拥护中国共产党的领导,遵守国家的法律法规和方针政策";要求他们"从事的宗教活动要服从和服务于国家的最高利益和民族的整体利益";支持他们"努力对宗教教义作出符合社会进步要求的阐释";支持他们"同各族人民一道反对一切利用宗教进行危害社会主义祖国和人民利益的非法活动,为民族团结、社会发展和祖国统一多作贡献"。①这段论述充分体现了江泽民对待宗教信仰和宗教事务的科学方法和正确态度。

需要强调的是,党的宗教工作基本方针是相互联系、相辅相成、辩证统一的关系。对此,有学者将这"四句话"与江泽民宗教问题的三个特点结合起来,指出:正因为"根本是长期性",所以要"积极引导宗教与社会主义社会相适应";正因为"关键是群众性",所以要"全面正确地贯彻执行宗教信仰自由政策";正因为"特殊的复杂性",所以要"依法管理宗教事务","坚持独立自主自办的原则"。②还有学者分析说,这"四句话"是在党关于社会主义社会宗教问题的一整套基本观点和基本政策基础上提炼的。全面贯彻这个宗教工作基本方针,应抓住的关键是"全面正确贯彻宗教信仰自由政策,警惕右,但主要是防止'左'";需落实的要点是"依法管理宗教事务";要解决的难点是"正确把握和处理宗教方面的人民内部矛盾";要坚守的基点是坚持独立自主自办的原则,"在扩大开放的条件下抵御境外利用宗教进行的渗透";待深入的重点是"积极引导宗教与社会主义社会相适应,发挥宗教界人士和信教群众在促进经济社会发展中的积极作用"。③

办好中国的事情,关键在中国共产党。贯彻宗教工作基本方针,当然也不例外。只有加强党对宗教工作的领导,才能为全面贯彻宗教工作基本

---

① 《论宗教问题》(2001年12月10日),见《江泽民文选》(第三卷),人民出版社2006年版,第387页。
② 国家宗教局党组中心学习组:《社会主义的宗教论》,载《求是》2003年第9期。
③ 叶小文:《中国破解宗教问题的理论创新和时间探索》,中共中央党校出版社2014年版,第72—78页。

方针提供根本保证。在《论宗教问题》中，江泽民就此强调指出：全党同志必须"从保证党和国家长治久安、维护改革发展稳定大局的政治高度观察和处理宗教问题，充分认识做好宗教工作的重要性，增强责任感和紧迫感"①；各级党委和政府要"高度重视宗教工作"，要"加强马克思主义宗教观和党的宗教政策的宣传教育"，要"完善工作机制，健全管理机构，提高宗教工作干部队伍素质"，要"巩固党同宗教界的爱国统一战线"。此外，他还要求"支持宗教团体加强自身建设，做好培养人的工作"。②而加强法制教育，树立法治观念，依法管理宗教事务，以保护正常的宗教活动和宗教界的合法权益，制止和打击利用宗教进行的各种违法犯罪活动，真正做到全面保障宗教信仰自由，则贯穿于这些工作措施之中。

五、小结

冷战结束后，世界上一些地区宗教冲突不断，严重影响社会稳定和经济发展，而中国宗教领域总体上保持着团结和谐的局面，广大信教和不信教群众和睦相处，并共同致力于实现社会主义现代化和中华民族伟大复兴。这个鲜明对比说明，中国共产党处理宗教问题的各项路线方针政策是正确的，宗教工作是富有成效的。

有学者从马克思主义宗教理论发展史的视角，深刻分析了江泽民《论宗教问题》的重要地位，指出：20世纪初，列宁在"无产阶级革命向着建立社会主义制度冲刺、社会主义向着苏联走来的时候"，写下了《社会主义与宗教》这一名篇，"提出了一个复杂、敏感，关系到社会主义国家团结安定，关系到社会主义制度兴衰存亡的政治难题：社会主义国家的执政党和国家政权如何对待宗教，宗教又如何适应社会主义社会？"21世纪初，

---

① 《论宗教问题》（2001年12月10日），见《江泽民文选》（第三卷），人民出版社2006年版，第382页。
② 《论宗教问题》（2001年12月10日），见《江泽民文选》（第三卷），人民出版社2006年版，第391—396页。

江泽民在"社会主义在中国站稳脚跟并蓬勃发展的时候",写出了"社会主义与宗教"的历史新篇——在 2001 年全国宗教工作会议的讲话,"标志着我们党在重大复杂敏感的意识形态问题上理论的清醒和成熟,在新的历史条件下群众工作水平的提高"。①

事实胜于雄辩。在新的历史条件下,深入学习江泽民关于宗教问题的理论创新和实践经验,尤其是他观察和思考宗教问题的总体思路和基本方法,对于我们准确把握和正确处理宗教领域出现的新情况和新问题,继续发展中国特色社会主义宗教理论,仍然是非常有帮助的。

---

① 叶小文:《"社会主义与宗教"的历史新篇——学习江泽民总书记在全国宗教工作会议上讲话的体会》,载《中国宗教》2002 年第 1 期。

第六章

工作指南：
中共中央 2002 年 3 号文件

2002 年 1 月 20 日，中共中央下发的中发〔2002〕3 号文件，即《中共中央、国务院关于加强宗教工作的决定》，是继中发〔1982〕19 号文件、中发〔1991〕6 号文件之后，中国共产党关于宗教理论和政策的又一份重要文献。如果说江泽民 2001 年 12 月 10 日在全国宗教工作会议上的讲话，系统阐述了中国特色社会主义宗教理论的基本内容，那么在会议上讨论形成的中共中央 2002 年 3 号文件，则是这个讲话精神的具体化。它深刻总结了中共十三届四中全会以来宗教工作的新经验，并根据宗教领域出现的新情况和新问题，提出了加强宗教工作的方针政策，成为指导新世纪新阶段中国宗教工作的行动指南。①

一、全面总结宗教工作的成绩，明确指出宗教领域的问题，进而分析新世纪新阶段宗教工作的基本任务，回答了"怎么看宗教问题"、"为什么要加强宗教工作"

3 号文件开宗明义，指出宗教工作是"党和国家工作中的重要组成部

---

① 或许是因为 3 号文件主要是对宗教工作提出具体要求，不同于 19 号文件、6 号文件那样兼顾理论阐述与实践要求，所以未见学者对这篇文献进行专题研究。笔者认为，梳理和分析 3 号文件作出的工作要求，特别是将它和江泽民《论宗教问题》联系起来学习和研究，不仅有助于把握中国特色社会主义宗教理论的基本内容，而且有助于理解中国特色社会主义宗教理论的时代性、实践性、系统性等基本特征。

分，在党和国家事业发展的大局中有着重要地位"。并用四个"关系到"强调做好宗教工作的重要性：关系到"加强党同人民群众的血肉联系"，关系到"推进两个文明建设"，关系到"加强民族团结、保持社会稳定、维护国家安全和祖国统一"，关系到中国"对外关系和国际形象"。①

对 3 号文件的这两个重要判断，江泽民在 2001 年全国宗教工作会议上进行了深刻阐述。他分析了国际上的九一一事件以及中东问题、克什米尔问题等，分析了中国处于社会主义初级阶段的基本国情，强调对宗教问题"在当今世界政治社会生活中的影响，绝不可低估。无论是做好国内各项工作，还是开展对外工作，都要求我们密切关注宗教问题"。要求全党同志必须"从保证党和国家长治久安、维护改革发展稳定大局的政治高度观察和处理宗教问题，充分认识做好宗教工作的重要性，增强责任感和紧迫感"。②

再往前看，江泽民与 1990 年全国宗教工作会议部分代表座谈时，就提出"宗教问题是个大问题"，关系到"整个国家的安定团结"，关系到"民族的团结、祖国的统一"，关系到"整个社会主义物质文明和精神文明的建设"，也关系到"渗透与反渗透、和平演变与反和平演变的斗争"。有鉴于此，江泽民在讲话中还强调，做好宗教工作"具有重大的意义"：如果做得好，就可以"对促进社会主义建设起好作用"；如果做得不好，就会"被国内外敌对势力所利用"。③3 号文件沿着这个思路，丰富和完善了四个"关系到"的内容，充分揭示了正确认识和处理宗教问题的重要性。

可以说，正因为以江泽民为核心的第三代中央领导集体坚持从党和国家工作全局出发，高度重视和善于处理宗教问题，所以十三届四中全会以后的十几年里，中国宗教工作取得了显著的成绩。对此，3 号文件从五个

---

① 《中共中央、国务院关于加强宗教工作的决定》(2002 年 1 月 20 日)，见《新疆工作文献选编 (1949——2010)》，中央文献出版社 2010 年版，第 545 页。
② 《论宗教问题》(2001 年 12 月 10 日)，见《江泽民文选》(第三卷)，人民出版社 2006 年版，第 373、382 页。
③ 江泽民：《一定要做好宗教工作》(1990 年 12 月 7 日)，见《新时期宗教工作文献选编》，宗教文化出版社 1995 年版，第 199 页。

方面进行了全面的总结：（1）"党的宗教信仰自由政策得到贯彻，正常的宗教活动和宗教团体的合法权益得到保障"；（2）"国家对宗教事务的管理逐步走上规范化、法制化轨道，涉及民族、宗教因素的问题得到妥善处理，打着'宗教'旗号进行的分裂活动和违法犯罪活动受到严厉打击"；（3）"鼓励和支持宗教界对宗教教义作出符合社会进步要求的阐释，引导宗教与社会主义社会相适应的工作取得新的进步"；（4）"党同宗教界的爱国统一战线日益巩固和发展，宗教界人士和广大信教群众爱国爱教、团结进步，积极投身社会主义现代化建设，开展反对'法轮功'等邪教组织的斗争"；（5）"坚持独立自主自办原则，开展对外友好交往，坚决抵御境外利用宗教对我国进行的渗透，在涉及宗教问题的国际人权斗争中，维护了我国的国家主权和民族尊严"。在深入总结宗教工作成绩的基础上，3 号文件得出了一个重要的结论："党的宗教政策是正确的，我国宗教工作的形势总体上是好的。"[1]

在看到工作成绩的同时，3 号文件对宗教领域和宗教工作中存在的问题也毫不避讳。就宗教领域而言，文件详细列举了其主要表现，包括：（1）"一些地区宗教活动混乱，发展不正常，乱建寺观教堂、滥塑露天宗教造像和以各种借口聚敛钱财的现象屡禁不止"；（2）"一些地方早已被废除的宗教封建特权死灰复燃，利用宗教干预行政、司法、教育等情况有所抬头"；（3）"因民族、宗教因素引发的影响社会稳定的突发性和群体性事件时有发生"；（4）"境外利用宗教对我国进行的渗透不断加剧"；（5）"达赖集团和'东突'恐怖势力利用宗教进行分裂破坏和暴力恐怖活动从未停止"；（6）"打着宗教旗号的邪教和其他违法犯罪活动猖獗"；（7）"不尊重信教群众的信仰、干涉正常宗教活动、侵犯宗教界合法权益的情况在一些地方不同程度地存在"；（8）"爱国宗教团体和爱国宗教教职人员队伍建设还比较薄弱"。对这些问题的由来及其性质，3 号文件进行了认真分析，指出："有些是原有矛盾在新条件下的延续和发展，有些是新形势

---

[1]《中共中央、国务院关于加强宗教工作的决定》（2002 年 1 月 20 日），见《新疆工作文献选编（1949——2010）》，中央文献出版社 2010 年版，第 545—546 页。

下出现的新问题";"大量的属于人民内部矛盾,也有一些属于敌我性质的矛盾,还有的是两类矛盾交织"。① 具体而言,"宗教活动混乱"、"宗教封建特权死灰复燃"等问题,是原有矛盾的延续;境外敌对势力的渗透"不断加剧",则是在改革开放新形势下出现的;大多数由宗教因素引发的群体性事件、不尊重信教群众的现象,属于人民内部矛盾的范围;利用宗教进行的渗透、利用宗教进行分裂破坏和暴力恐怖活动、邪教和其他违法犯罪活动,则属于敌我性质的矛盾,而且这些活动实质上都不是宗教问题,而是打着宗教旗号、披着宗教外衣的政治问题。

就宗教工作而言,3 号文件认为突出的问题在于一些干部特别是领导干部缺乏政治意识,存在认识上的偏差,不能正确认识和对待社会主义条件下的宗教问题。一种错误认识是"不认真学习和理解党关于宗教问题的理论和方针、政策,简单地把有神论和无神论的区别等同于政治上的对立,甚至把宗教界人士和信教群众视为异己力量,对宗教采取简单粗暴的态度";另一种错误认识是"忽视宗教对社会的消极影响,放弃对宗教事务的管理和对宗教人士的教育引导,甚至热衷于搞所谓'宗教搭台,经济唱戏',助长宗教热,对境外利用宗教进行的渗透视而不见、丧失警惕"。② 从某种程度上说,前一种认识犯的是"左"的错误,后一种认识犯的是右的错误。

显然,上述宗教领域存在的各种问题,与这两种不正确认识是相关的。比如,不尊重信教群众的信仰、侵犯宗教界的合法权益、干涉正常宗教活动的情况,就是前一种错误认识导致的结果;爱国宗教团体及宗教教职人员队伍建设比较薄弱、境外势力利用宗教进行的渗透不断加剧,则是后一种错误认识带来的结果。因此,要做好新形势下的中国宗教工作,必须坚决克服这两种错误认识。

看到宗教领域和宗教工作中还存在一系列不容忽视的问题,我们就要进一步加强宗教工作,在已有成绩的基础上"更上一层楼"。为此,3 号文

①《中共中央、国务院关于加强宗教工作的决定》(2002 年 1 月 20 日),见《新疆工作文献选编(1949——2010)》,中央文献出版社 2010 年版,第 546 页。
②《中共中央、国务院关于加强宗教工作的决定》(2002 年 1 月 20 日),见《新疆工作文献选编(1949——2010)》,中央文献出版社 2010 年版,第 547 页。

件指出了新世纪初宗教工作的基本任务是："全面贯彻党的宗教信仰自由政策，依法管理宗教事务，积极引导宗教与社会主义社会相适应，坚持独立自主自办的原则，巩固和发展党同宗教界的爱国统一战线，维护稳定，增进团结，为推进社会主义现代化建设、实现祖国完全统一、维护世界和平与促进共同发展而努力奋斗。"[①] 这个基本任务，是江泽民在 2001 年全国宗教工作会议上提出来的，是有针对性地加强和改进宗教工作、不断开创宗教工作新局面的努力方向。

3 号文件还指出，宗教工作最根本的任务是"做信教群众的工作"，强调要"实现现代化建设的第三步战略目标，实现中华民族的伟大复兴，必须在爱国主义的旗帜下，把包括广大信教群众在内的海内外中华儿女最大限度地团结起来"。[②] 显然，新世纪初宗教工作的基本任务，服从和服务于这个"最根本的任务"。也可以说，"基本任务"是这个"最根本的任务"在新世纪初的具体内容。

二、系统概括党关于宗教问题的基本观点和基本政策，着重阐释党的宗教工作基本方针，回答了"宗教问题怎么办""如何加强宗教工作"

看清了问题、明确了任务之后，就是付诸行动了。为了保证行动的成功，3 号文件依据江泽民 2001 年全国宗教工作会议讲话精神，对党关于宗教问题的基本观点和基本政策进行了梳理和概括，并对"全面正确地贯彻宗教信仰自由政策"、"依法对宗教事务进行管理"、"积极引导宗教与社会主义社会相适应"、"坚持独立自主自办的原则"进行了专门阐述。

关于党对宗教问题的基本观点和基本政策，中共中央 1982 年 19 号文件、1991 年 6 号文件都有过论述。长期分管统战、民族、宗教工作的

①《中共中央、国务院关于加强宗教工作的决定》(2002 年 1 月 20 日)，见《新疆工作文献选编 (1949——2010)》，中央文献出版社 2010 年版，第 547 页。
②《中共中央、国务院关于加强宗教工作的决定》(2002 年 1 月 20 日)，见《新疆工作文献选编 (1949——2010)》，中央文献出版社 2010 年版，第 547 页。

李维汉 ①、李瑞环 ②，以及宗教界的赵朴初 ③ 等人也分别结合自己的理解，

---

① 1980 年 12 月 19 日，李维汉在中央统战部部务会议上的书面发言中，将他对宗教问题的基本理论观点和政策观点，简要概括为 13 个方面：(1)"宗教的根源是对自然压迫和社会压迫的无知和无能为力"；(2)"宗教信仰是历史产物，它是在历史上发生、发展和消亡的。由于它的发生的根源，它只能随着根源的消灭而消灭，只能自然消亡。菩萨是人民自己造成的，只能由他们自己去丢掉。行政办法只能助长宗教感情，决不能消灭宗教。社会主义社会将长期存在宗教"；(3)"宗教是一定的社会生活，必须有相应的宗教活动场所"；(4)"宗教有五性：群众性，民族性，国际性，复杂性，长期性"；(5)"宗教在历史上曾经是被压迫人民团结奋斗的纽带、旗帜。要历史地看待，不能简单否定"；(6)"宗教矛盾在民主改革和所有制改造完成后，将逐渐演变成为劳动人民间信仰不信仰的矛盾"；(7)"实行宗教信仰自由、改革自由的政策。批判包办子女信仰宗教。要把宗教信仰自由的旗帜抓在我们手里"；(8)"实行政教分离，宗教和教育分离"；(9)"用和平改革方法，改革宗教制度，废除封建剥削和特权"；(10)"在党内进行无神论教育，在信教群众中有步骤地进行科普教育"；(11)"团结、教育、改造宗教界人士，镇压和肃清反革命"；(12)"培养红色神职人员，培养政治上靠拢我们、有丰富宗教学识的学者"；(13)"宗教不是科学，但宗教问题要当作一门科学来研究"。(李维汉：《建国以来十五年统战工作的回顾与再认识》(1980 年 12 月 19 日)，见李维汉：《回忆与研究》(下)，中共党史出版社 2013 年版，第 689、693 页。)
② 1994 年 7 月 4 日，李瑞环与"新形势下民族、宗教问题研讨班"的学员座谈时，强调"做好民族、宗教工作，必须正确理解、全面把握我们党关于民族、宗教问题的基本观点和基本政策"。他将党关于宗教问题的基本观点和基本政策，归纳为八个方面：(1)"宗教有其发生、发展和消亡的过程，在社会主义社会中将长期存在，我们不能用行政力量去消灭宗教，也不能用行政力量去发展宗教"；(2)"宗教信仰问题是公民个人的私事，宗教信仰自由受国家宪法的保护，公民有信仰宗教的自由，也有不信仰宗教的自由"；(3)"无神论者和宗教信仰者在政治上经济上的根本利益是一致的，在思想信仰上的差异是次要的，要坚持政治上团结合作、信仰上互相尊重"；(4)"我国宗教方面的矛盾主要是人民内部矛盾，但在一定条件和一定情况下也可能出现对抗性的问题"；(5)"宗教活动必须在法律和政策范围内进行，国家依法对宗教事务进行管理，保护正常的宗教活动，制止和打击利用宗教进行违法犯罪活动"；(6)"坚持独立自主、自办教会的原则，反对境外宗教团体和个人干预我国宗教事务，抵制境外敌对势力利用宗教进行渗透"；(7)"争取、团结和教育宗教界人士，有计划地培养年轻一代的爱国宗教职业人员，充分发挥爱国宗教团体的作用"；(8)"积极引导宗教与社会主义社会相适应"。(李瑞环：《新形势下的民族宗教问题》(1994 年 7 月 4 日)，见《新时期宗教工作文献选编》，宗教文化出版社 1995 年版，第 280—282 页。)
③ 1991 年 6 月 24 日，在全国政协宗教委员会纪念中国共产党成立 70 周年座谈会上，赵朴初也对中国共产党的宗教理论与政策进行了概括，主要包括：(1)"对待和处理宗教问题的基本政策是宗教信仰自由政策"；(2)"中国共产党和人民政府在各个时期对宗教工作的基本任务应该是在尊重和保护人们宗教信仰自由的前提下，团结各民族宗教徒同全国人民一道，为实现各个时期政治、经济、文化的正确目标共同奋斗，决不应该是违背宗教信仰自由的原则，运用政权的力量，采取行政命令的手段人为地削弱乃至消灭宗教"；(3)"我国宗教具有群众性、民族性、国际性、长期性、复杂性，这"五性"论科学地揭示了宗教作为一种社会实体的基本特征，是中国共产党对马列主义宗教问题理论的重要贡献"；(4)"必须在错综复杂的情况下正确区分思想信仰问题和政治问题，人民内部矛盾和敌我矛盾，并分别加以正确对待"；(5)"组织、引导宗教徒进行爱国主义和社会主义的自我教育，清除帝国主义和反动派在我国宗教中的势力和影响，实行独立自主、自办教会的方针，使我国宗教成为中国宗教徒自办的事业"；(6)"建立、巩固和发展同宗教徒的爱国统一战线"。(《巩固和发展中国共产党同宗教界的爱国统一战线》(1991 年 6 月 24 日)，见《赵朴初文集》(下卷)，华文出版社 2007 年版，第 1097—1098 页。)

进行了很有见地的概括。随着实践的发展，党关于宗教问题的基本观点和基本政策日益丰富、愈加确切。3 号文件总结新的经验，从十个方面进行了简明扼要的概括：

（1）"宗教有其产生、发展和消亡的过程，在社会主义社会将长期存在，不能用行政力量去消灭宗教，也不能用行政力量去发展宗教"；

（2）"宗教信仰自由受宪法保护，公民有信仰宗教的自由，也有不信仰宗教的自由"；

（3）"要宣传无神论，但不能简单地把有神论和无神论的区别等同于政治上的对立。要坚持政治上团结合作、信仰上互相尊重"；

（4）"国家依法对宗教事务进行管理，保护正常的宗教活动和宗教界的合法权益，制止和打击利用宗教进行的违法犯罪活动"；

（5）"我国宗教方面的矛盾主要是人民内部矛盾，但在一定条件下也可能出现对抗性的问题，要严格区分、妥善处理两类不同性质的矛盾"；

（6）"坚持独立自主自办的原则，在平等的基础上开展宗教对外友好交往，抵御境外敌对势力利用宗教进行渗透，不允许境外任何宗教组织、团体和个人干预我国宗教事务"；

（7）"爱国宗教团体是党和政府联系信教群众的桥梁，要支持他们加强自身建设，自主开展活动，充分发挥作用"；

（8）"爱国宗教界人士是团结信教群众、维护社会稳定的重要力量。要有计划、有组织地培养爱国宗教教职人员队伍"；

（9）"积极引导宗教与社会主义社会相适应。宗教界人士和信教群众要树立公民意识，把爱国与爱教结合起来，在法律、法规和政策允许的范围内活动"；

（10）"所有宗教团体和宗教界人士都必须维护法律尊严，维护人民利益，维护民族团结，维护国家统一"。[①]

这十个方面形成了一个系统的、有机的整体，既继承了马克思主义

[①]《中共中央、国务院关于加强宗教工作的决定》（2002 年 1 月 20 日），见《新疆工作文献选编（1949——2010）》，中央文献出版社 2010 年版，第 549 页。

关于宗教问题的基本原理，如宗教产生、发展与消亡的客观规律，无产阶级政党对待宗教的立场和态度，又根据新中国宗教工作的经验，提出了许多新观点、新论断，如宗教的长期性、复杂性、群众性、民族性、国际性，宗教界人士和广大信教群众是建设中国特色社会主义的积极力量，积极引导宗教与社会主义社会相适应，从而丰富和发展了马克思主义宗教观。

上述基本观点和基本政策，来之不易。它是中国共产党认识和处理宗教问题所积累的宝贵财富，并告诉我们如何把马克思主义宗教观与中国实际和时代特征相结合，不断推进马克思主义中国化和时代化。正如3号文件所指出，必须坚持马克思主义宗教观，并根据中国社会和宗教状况的发展变化，"以解决实际问题为中心，不断总结宗教工作中新的实践经验，不断作出新的理论概括"。

3号文件不仅系统概括了党关于宗教问题的基本观点和基本政策，而且着眼指导实际工作，对"全面正确地贯彻宗教信仰自由政策"、"依法对宗教事务进行管理"、"积极引导宗教与社会主义社会相适应"、"坚持独立自主自办的原则"的涵义进行了阐释，并提出了在新世纪初各方面应该"如何加强"的要求。这也是江泽民在2001年全国宗教工作会议上重点讲到的问题。这从一个侧面说明，后来将这四个方面整合为"党的宗教工作基本方针"，不是简单的政策组合，而是在实践基础上形成的、有机统一的重要方针。

关于"全面正确地贯彻宗教信仰自由政策"，3号文件首先进一步分析了"尊重和保护公民的宗教信仰自由权利"的内涵与意义，强调中国"公民有信仰宗教的自由和不信仰宗教的自由"、"国家保护正常的宗教活动"、"任何组织和个人不得强制公民信仰宗教或者不信仰宗教，不得歧视信仰宗教的公民和不信仰宗教的公民"。文件还指出，"要坚决纠正干涉宗教信仰自由、排斥和歧视信教群众、侵犯宗教团体和宗教活动场所合法权益的现象"。还特别指出两点，"在多数群众不信教的地方，要注意尊重和保护少数信教群众的权益；在多数群众信教的地方，要注意尊重和保护少数不信教群众的权益"。

从"宗教信仰自由"的内涵就可以看出，宗教信仰的"自由"并不等于宗教活动的"放任自流"。因此，3 号文件强调了两个原则。一是权利和义务相统一的原则，要教育和引导宗教界人士和信教群众"把国家和人民利益放在首位，在行使宗教信仰自由权利的同时，要遵守宪法、法律、法规和政策"；要求宗教活动"不得妨碍社会秩序、工作秩序和生活秩序"。具体来说，包括：（1）"任何人不能利用宗教反对党的领导和社会主义制度，破坏民族团结、社会稳定和祖国统一"；（2）"不能利用宗教损害国家、集体利益，妨碍其他公民的合法权益"；（3）"不能利用宗教进行违法犯罪活动"；（4）"不能搞宗教狂热"。文件还特别指出，要教育宗教界人士和信教群众"学会运用法律手段维护自己的合法权益，通过正常的途径反映自己的要求"。二是政教分离的原则。尽管中国社会和宗教情况不断变化，但中国实行政教分离这个原则没有变化。3 号文件再次强调，任何宗教在中国"都没有超越宪法和法律的特权，都不能干预行政、司法和教育等国家职能的实施"；"不能以宗教信仰自由和政教分离为借口，放弃或摆脱政府对宗教事务的管理"。①

关于"依法对宗教事务进行管理"，3 号文件首先重申了"依法管理宗教事务"的涵义、宗旨与要求。所谓"依法管理宗教事务"，就是指"政府根据宪法和有关法律、法规及规范性文件，对宗教方面涉及国家利益、社会公共利益的关系和行为，以及社会公共活动涉及宗教界权益的关系和行为的行政管理"。其目的就是要"切实保障宗教信仰自由，保证正常宗教活动的有序进行，保护宗教团体的合法权益"。其宗旨就是"保护合法，制止非法，抵御渗透，打击犯罪"。不难发现，3 号文件关于"宗教信仰自由政策"强调的两个原则，与"依法管理宗教事务"是密切相关的。

3 号文件针对宗教领域与宗教工作中存在的问题，对"依法管理宗教事务"提出了很多具体要求。比如，要尽快实现"有法可依"，"抓紧制定

---

① 《中共中央、国务院关于加强宗教工作的决定》（2002 年 1 月 20 日），见《新疆工作文献选编（1949——2010）》，中央文献出版社 2010 年版，第 550—551 页。

全国性宗教事务条例，各地要结合实际制定地方性法规和规章，把对宗教事务的管理纳入法制化轨道"；要提高法治权威、树立法治意识，各级宗教工作部门要"增强依法行政意识，不断提高依法管理水平"，宗教界人士和信教群众也要提高遵纪守法的观念。

又如，文件详细列举了宗教管理中的一系列重点、难点问题，要求依法解决。包括：认真做好"天主教中受境外势力操纵从事违法活动的骨干分子的教育转化工作"；认真解决"部分地区基督教活动混乱、不正常发展的问题"；坚决制止"乱建寺观教堂、滥塑露天宗教造像和以各种借口聚敛钱财的行为"；加强对"藏传佛教僧人在其他地区活动的管理"；妥善处理"伊斯兰教教派问题，不允许利用宗教内部纷争组织策划械斗事件"；要重视"一些地区的民间信仰问题"；以及"任何人不得强迫少年儿童信教"；坚决打击"利用宗教进行的分裂、破坏活动"；坚决抵御"境外利用宗教对我国进行的渗透"；坚决取缔和打击"打着'宗教'旗号的各种邪教"，等等。[1] 这些问题都是宗教领域中存在的突出问题，非常有针对性，为加强"依法管理宗教事务"指明了方向。

关于"积极引导宗教与社会主义社会相适应"，江泽民在 2001 年全国宗教工作会议上进行了深刻的阐释。3 号文件强调这个重要方针是党"从社会主义初级阶段这一基本国情出发，总结新中国成立以来宗教工作的成功经验作出的科学论断，是对马克思主义宗教观的重要发展和理论创新"。并对江泽民指出的两个"基础"、两个"要求"、两个"支持"进行了进一步分析。

两个"基础"就是：（1）"社会主义制度的建立，建设有中国特色的社会主义，符合包括信教群众在内的广大人民群众的根本利益"，这是"做好宗教工作的政治基础"；（2）新中国成立以来，各宗教"通过自身的改革和进步，为在社会主义社会发挥其积极因素打下了一定的基础"。

两个"要求"就是：不是要求宗教界人士和信教群众放弃宗教信仰，

---

[1]《中共中央、国务院关于加强宗教工作的决定》（2002 年 1 月 20 日），见《新疆工作文献选编（1949——2010）》，中央文献出版社 2010 年版，第 551—552 页。

而是（1）要求他们"热爱祖国，拥护社会主义制度，拥护中国共产党的领导，遵守国家的法律、法规和方针政策"；（2）要求他们从事的宗教活动"要服从和服务于国家的最高利益与民族的整体利益"。

两个"支持"就是：（1）支持他们"努力对宗教教义作出符合社会进步要求的阐释"；（2）支持他们"与各族人民一道反对一切利用宗教进行危害社会主义祖国和人民利益的非法活动，为民族团结、社会发展和祖国统一多作贡献"。

遵循两个"要求"、两个"支持"的精神，3 号文件对宗教界在改革开放的新形势下，不断迈出与社会主义社会相适应的新步伐，提出了具体的意见。比如，支持和鼓励信教群众"在各自的工作岗位上努力工作"；"在国家的引导和管理下，宗教组织可以从事一些有益于社会发展的公益和慈善活动"；"在信教群众比较集中的地区，要引导和帮助信教群众发展经济、改善生活，追求和创造现世的幸福生活"；"挖掘和弘扬宗教教义、宗教道德和宗教文化中有利于社会发展、时代进步和健康文明的内容"，等等。[1] 这些意见和要求，就是"积极引导宗教与社会主义社会相适应"需要加强的地方。

当然，宗教与社会主义社会相适应，是双方的互动。"加强"不是"牵强"，不能勉为其难。因此，3 号文件重申了"既要积极又要稳妥"的原则，并提出三条要求：（1）要"采取慎重严谨的态度，做耐心细致的思想政治工作，根据各个宗教、各个地方的实际，抓住重点，取得实效"；（2）要"支持和引导宗教界人士自觉、主动对宗教教义作出符合社会进步要求的阐释，但应注意方式方法，不能越俎代庖"；（3）要"坚持求同存异、团结多数的原则，把握方向，稳步推进"。[2]

关于"坚持独立自主自办的原则"，3 号文件首先指出它的重要性，强调"越是在扩大开放的形势下，越要坚持独立自主自办原则不动摇，越

---

[1]《中共中央、国务院关于加强宗教工作的决定》（2002 年 1 月 20 日），见《新疆工作文献选编（1949——2010）》，中央文献出版社 2010 年版，第 552—553 页。
[2]《中共中央、国务院关于加强宗教工作的决定》（2002 年 1 月 20 日），见《新疆工作文献选编（1949——2010）》，中央文献出版社 2010 年版，第 554 页。

要做好抵御渗透的工作"。鉴于这是一项政策性很强的工作，文件专门对"坚持独立自主自办原则"、"利用宗教进行渗透"这两个名词进行了界定。所谓"坚持独立自主自办原则"，就是指"我国宗教团体和宗教事务不受外国势力支配，任何境外宗教组织、团体和个人不得在我国境内成立宗教组织、设立宗教办事机构和宗教活动场所、开办宗教院校、擅自招收留学生，不准在我国公民中发展教徒、委任宗教教职人员或进行其他传教活动"。所谓"利用宗教进行渗透"，就是指"境外团体、组织和个人利用宗教从事各种违反我国宪法、法律、法规和政策的活动和宣传，与我争夺信教群众，争夺思想阵地，企图西化、分化中国"。将这两个方面弄清楚，并联系起来，有助于我们深刻把握"坚持独立自主自办原则"、"利用宗教进行渗透"的必要性、重要性及其基本要求。

　　境外敌对势力利用宗教进行的渗透活动，主要有两种情况：一种是"企图颠覆我国政权和社会主义制度，破坏我国家统一、领土完整和民族团结"；另一种是"企图控制我国的宗教团体和干涉我国宗教事务，在我国境内建立宗教组织和活动据点、发展教徒"。[①] 陈云1990年就这个问题致信江泽民，写道："最近看到几份有关宗教渗透日益严重，特别是在新形势下披着宗教外衣从事反革命活动日益猖獗的材料，深感不安。利用宗教，同我们争夺群众尤其是青年，历来是国内外阶级敌人的一个惯用伎俩，也是某些共产党领导的国家丢失政权的一个惨痛教训。现在是中央应该切切实实地抓一抓这件大事的时候了。在这方面务必使它不能成为新的不安定的因素。"江泽民将这封信批转中央其他几位领导同志阅看，强调陈云提出的这个问题"很重要，确实需要引起各级党委和政府重视和警觉，千万不能麻痹大意，要及早采取有力措施，否则会酿成严重后果"。[②]

　　那么，在对外开放不断扩大的新形势下，应该怎样加强抵御宗教渗

[①]《中共中央、国务院关于加强宗教工作的决定》（2002年1月20日），见《新疆工作文献选编（1949——2010）》，中央文献出版社2010年版，第554—555页。

[②] 陈云：《关于高度重视宗教渗透问题的信》（1990年4月4日），见《新时期宗教工作文献选编》，宗教文化出版社1995年版，第177页。

透的工作呢？对此，3 号文件提出了明确要求：（1）各级党委和政府必须"深刻认识做好抵御渗透工作的复杂性、迫切性和极端重要性，进一步加强领导，将抵御宗教渗透工作纳入议事日程"；（2）建立各相关部门参加的工作机制，建立工作网络、信息网络，"统战、民族、宗教、宣传、司法、公安、国家安全、外事、海关、外经贸、旅游、民政、教育、文化和新闻出版等部门要明确责任，各司其职，密切配合"；（3）对宗教界"加强坚持独立自主自办原则的教育，使他们在思想上、行动上自觉抵御渗透"；（4）继续执行"《中华人民共和国境内外国人宗教活动管理规定》及其实施细则"；（5）进一步做好"国际人权斗争中涉及宗教方面的工作"；（6）加强调查研究，特别是加入世界贸易组织和互联网迅速发展等新情况给中国宗教工作带来的影响，"及早制定应对措施，不断完善有关政策和法规，牢牢掌握抵御宗教渗透工作的主动权"。

与此同时，3 号文件一如既往，要求积极开展宗教方面的对外友好交流，"增进与各国人民及宗教界的相互了解和友谊，为维护世界和平作出积极贡献"。积极开展宗教方面对港澳台地区的友好交往，促进香港和澳门的繁荣稳定，为促进祖国统一大业服务。[①] 这说明，同"依法管理宗教事务"不是"限制宗教信仰自由"，而是"切实保障宗教信仰自由"一样，"坚持独立自主自办原则"、加强抵御宗教渗透工作，不是限制宗教界的对外交往，而是切实保障宗教方面平等友好、互相尊重的交往。

三、指出宗教工作的薄弱环节，提出有针对性的改进措施，回答了"如何把握宗教工作重点""怎样切实加强宗教工作"

着重阐释了党的宗教工作基本方针之后，3 号文件分别就加强"爱国宗教力量的建设"、加强"农村宗教工作"、做好"少数民族中的宗教工作"作出了具体的部署。顾名思义，这三个方面都是围绕"加强"这个主

---

① 《中共中央、国务院关于加强宗教工作的决定》（2002 年 1 月 20 日），见《新疆工作文献选编（1949——2010）》，中央文献出版社 2010 年版，第 555 页。

题，对宗教工作中的重大问题进行规定。

关于加强"爱国宗教力量的建设"，3 号文件作出了三条要求。一是要支持宗教团体加强自身的各方面建设，包括：帮助宗教团体"加强领导班子和工作班子建设，积极物色和培养后备力量，稳妥解决新老交替问题"；指导宗教团体"加强对宗教界人士和信教群众进行爱国主义、社会主义教育，独立自主自办原则教育和法律政策教育"等。二是要加强"爱国宗教教职人员的培养工作"，包括：支持和帮助宗教团体"有计划、有步骤地培养爱国守法、有较高宗教造诣的中青年教职人员，形成爱国爱教新一代的骨干力量，保证宗教领导权牢牢掌握在爱国爱教的人士手中"；加强和抓紧"全国性宗教团体负责人后备人选的培养工作"等。三是要加强宗教院校的建设，强调宗教院校的办学方针是"努力培养和造就一支热爱祖国、接受党和政府领导、坚持走社会主义道路、维护祖国统一和民族团结、有宗教学识、立志从事宗教事业并能联系信教群众的宗教教职人员队伍"，要"加强教师和学生的思想政治工作，加强领导班子建设和师资队伍建设，加强对教材编写工作的领导"等。①

关于"加强农村宗教工作"，3 号文件单列一节，是之前不多见的。为什么要突出这个问题呢？文件指出：中国信教群众"绝大部分在农村"，且宗教领域的问题"大多表现在农村"，但目前农村宗教工作又"最为薄弱"。怎样改变这种状况呢？文件作出了一系列重要部署，包括：（1）要"把开展马克思主义宗教观、党的宗教政策和法律、法规的教育，纳入农村'三个代表'重要思想学习教育活动"；（2）要"建立健全县、乡、村三级宗教事务管理网络，建立乡（镇）、村两级宗教工作责任制，依法加强对农村宗教事务的管理"；（3）要"进一步加强农村基层党政组织的思想、组织和作风建设，关心群众疾苦，做好思想工作，帮助群众解决实际问题，改善干群关系，把广大群众紧密团结在党和政府的周围"；（4）要"尽快改变一些地方农村基层党政组织软弱涣散的状况，坚决制止一些

---

① 《中共中央、国务院关于加强宗教工作的决定》（2002 年 1 月 20 日），见《新疆工作文献选编（1949——2010）》，中央文献出版社 2010 年版，第 556—557 页。

人利用宗教干预行政和基层工作"；（5）要"采取有效措施，加强地区之间的协调配合，制止非法传教活动，防止出现区域性的宗教热"；（6）要"注意防止宗教与宗法势力结合，形成妨碍农村社会稳定和进步的势力"。[①]可以说，这些措施是党关于宗教问题的基本观点和基本政策在农村宗教工作中的实际运用，为解决农村宗教存在的突出问题提供了理论和政策指导。

同"加强农村宗教工作"一样，3 号文件将做好"少数民族中的宗教工作"单列一节，也是之前不多见的。而且，鉴于这个问题的复杂性，3 号文件进行了全面而深入的分析，特别是进行了针对性很强的区别，并作出相应的规定。

一是针对少数民族中的宗教工作，提出了一些具体要求，包括：（1）"既要做好聚居区的工作，也要做好散居区的工作"；（2）要"大力发展少数民族地区教育、科技、文化、卫生事业，做好社会救济和社会保障工作，增强党和政府在少数民族群众中的凝聚力"；（3）要"在政治上、生活上关心工作在基层的少数民族党员、干部，既要教育他们坚定共产主义信念，不信仰宗教，又要尊重他们的民族风俗习惯"；（4）处理宗教问题要"着眼于民族的团结和进步，警惕和反对任何利用宗教破坏各民族之间团结的行为"。总的来说，这些要求既与加强宗教工作的总要求相一致，又照顾到了少数民族的特点。

二是针对与民族、宗教有关的突发性事件和群体性事件，分析了原因所在，并提出了处理原则。文件认为，这类事件的出现，主要有三种情况：一部分是"由于一些传媒和出版物出现违反民族、宗教政策的内容而引发的"；一部分是"由于民族间文化传统、风俗习惯、宗教信仰的差异而引发的"；还有一部分则是"由于一些别有用心的人利用民族、宗教问题挑起纠纷、煽动、制造事端而引发的"。

在准确把握事件缘由的基础上，文件提出了处理这类事件的要求，包

---

① 《中共中央、国务院关于加强宗教工作的决定》（2002 年 1 月 20 日），见《新疆工作文献选编（1949——2010）》，中央文献出版社 2010 年版，第 557—558 页。

括：（1）要"高举维护法律尊严、维护人民利益的旗帜，准确把握民族、宗教问题的特定含义，是什么问题就按什么问题处理，避免把发生在不同民族之间的矛盾和纠纷都归结为民族、宗教问题"；（2）要"严格区分两类不同性质的矛盾，对人民内部矛盾只能用耐心说服、改进工作的办法解决，防止把非对抗性矛盾激化为对抗性矛盾，对一些人利用民族、宗教问题制造事端、引发动乱，要及时揭露，依法惩处"；（3）要"把由某一宗教因素引发的事件同这一宗教本身严格区别开来，把借宗教问题制造事端的极少数人与多数信教群众严格区别开来，最大限度地团结群众，最大限度地孤立和打击极少数不法分子"；（4）要"在党委、政府领导下，发挥宗教团体和宗教界代表人士在处理这类事件中的积极作用"。① 这里强调的"是什么问题就按什么问题处理"、"严格区分两类不同性质的矛盾"，以及把"党委、政府领导"与发挥宗教方面的积极作用结合起来，都是实践证明了的成功方法和宝贵经验。

三是针对敌对势力利用宗教进行的分裂破坏活动，要求与之作坚决斗争。3号文件再次强调，与民族分裂势力、宗教极端势力、暴力恐怖势力这三股势力以及支持他们的国际反华势力的斗争，不是宗教问题，而是敌我性质的斗争，必须"旗帜鲜明，针锋相对，主动治理"。三股势力往往"以宗教为幌子，以暴力恐怖为手段，以分裂祖国为目的"，不仅祸国殃民，而且破坏和损害宗教自身，所以反对宗教极端势力"不是反对宗教，而是反对利用宗教进行的分裂破坏活动"。3号文件还对新疆和西藏地区提出具体要求：在新疆，"要依法管理宗教事务，从'培养人、讲好经、管好寺'入手，加强宗教界爱国力量建设的基础性工作"；在西藏和其他藏区，"要继续深入揭批达赖集团在政治上的反动性和在宗教上的虚伪性，深入开展藏传佛教寺庙爱国主义教育，把寺庙的领导权牢牢掌握在爱国进步的宗教人士手中，促进社会稳定，实现长治久安"。②

---

① 《中共中央、国务院关于加强宗教工作的决定》（2002年1月20日），见《新疆工作文献选编（1949——2010）》，中央文献出版社2010年版，第558—559页。
② 《中共中央、国务院关于加强宗教工作的决定》（2002年1月20日），见《新疆工作文献选编（1949——2010）》，中央文献出版社2010年版，第559—560页。

四、强调加强党对宗教工作领导的重要性，提出提高宗教工作水平的方法和途径，回答了"如何加强宗教政策的落实""怎样开创宗教工作新局面"

做好宗教工作，关键在党。中共中央 1982 年 19 号文件、1991 年 6 号文件，以及江泽民在 2001 年全国宗教工作会议上的讲话，都在最后一部分专门谈到这个问题。中共中央 2002 年 3 号文件的最后一节，也不例外。同上述相关内容一样，3 号文件关于加强党对宗教工作领导这个"根本保证"的论述和要求，也是一份落实江泽民讲话精神的具体方案。

为了加强党对宗教工作的领导，3 号文件首先要求各级党委和政府要"从战略和全局的高度认识宗教工作的重要性"，并据此提出具体要求，包括：要"以高度的政治责任感，把宗教工作列入重要议事日程"，要"加强宗教领域的调查研究，全面掌握情况"，要"定期研究解决重大问题，完善有关政策措施，提高工作水平"。文件还强调：重视并善于做宗教工作是"各级领导干部政治上成熟的重要表现，也是我们党提高领导水平和执政能力的必然要求"。并明确提出衡量宗教工作得失的主要标准："党的宗教政策是否得到落实"，"宗教事务管理是否走上法制化轨道"，"与民族、宗教问题相关的矛盾纠纷是否有效预防和妥善处理"，"信教群众与不信教群众是否团结一致共同致力于社会主义现代化建设"。[①]

认识到宗教工作的重要性及其衡量标准之后，就要从思想、政治、组织各方面，有针对性地加强党对宗教工作的领导。为此，3 号文件作出了系统的部署。

在思想上，3 号文件强调要加强"马克思主义宗教观、党的宗教政策的宣传教育"。针对不同方面的情况，文件提出了不同的要求。其中，对

---

① 《中共中央、国务院关于加强宗教工作的决定》（2002 年 1 月 20 日），见《新疆工作文献选编（1949——2010）》，中央文献出版社 2010 年版，第 560 页。

党员干部，要求各级党校、行政学院要"把宗教理论政策纳入教学内容"，"党政领导特别是分管领导和从事宗教工作的同志还要较多地掌握宗教方面的基本知识"，并重申"共产党员不得信仰宗教"的规定，要求教育党员干部"坚定共产主义信念，防止宗教的侵蚀"，"对笃信宗教丧失党员条件、利用职权助长宗教狂热的要严肃处理"；对广大人民群众特别是青少年，要"大力普及科学文化知识"，加强"科学世界观（包括无神论）教育，提高全民族的思想道德素质和科学文化素质"；对新闻出版、广播影视、互联网等单位及其管理部门的工作人员，要求认真"学习党的宗教政策，掌握宗教方面的基本知识"，"公开发表涉及宗教问题的文章、文艺作品、音像制品和其他出版物，不得违反党的宗教政策，不得伤害信教群众的宗教感情，不能人为地炒热宗教问题，更不能利用宗教歪曲历史，损害国家统一和民族团结"。3号文件还强调，要加强宗教理论政策的研究，运用马克思主义的立场、观点和方法，深入研究宗教领域的新情况、新问题，研究国际宗教发展的趋势及其对中国的影响，努力建设"有中国特色的马克思主义宗教理论体系"。

在政治上，3号文件强调要巩固和发展"党同宗教界的爱国统一战线"。文件指出，要高举爱国主义和社会主义的旗帜，坚持"政治上团结合作、信仰上互相尊重"的原则，着重做好三方面的工作。一是各级党政领导和统战、宗教工作部门要加强"同宗教界代表人士的联系，及时掌握他们的思想动态，经常听取他们的意见和建议，把做深入细致的思想工作同帮助他们解决实际问题结合起来"。二是对宗教界代表人士既要"注意培养、安排"，也要"加强教育、引导"。三是针对一些宗教教职人员中出现的错误言论和行为，要"进行严肃的批评教育，帮助他们不断提高政治觉悟"。

在组织上，3号文件强调要"健全机构，完善职能，加强宗教工作干部队伍建设"。就"横向"来说，文件要求各地在党委统一领导下，建立和完善"由统战部负责的宗教工作协调机制"。其中，统战部作为党委的职能部门，要"加强对涉及宗教方面重大问题的研究和协调"；宗教工作部门作为政府的职能部门和行政执法的主体，要"依法加强对宗教事务的管理"；各有关部门和工会、共青团、妇联等人民团体要在各自职责范围内，"支持宗教工作的开展，形成互相配合、团结合作的良好局面"。就"纵向"来说，文件要求省（自治区、直辖市）、市（地、州）两级政府，以及宗教工作任务繁重的县（市、区）政府，都要"设置宗教工作机构"；其他县（市、区）"与统战部或其他政府部门合署办公的宗教工作机构，应在政府序列中保留名称，同时要有政府领导分管宗教工作"；有宗教工作任务的乡（镇）"要有人分管宗教工作，任务重的要配备专职干部"。3号文件还强调，要"把提高宗教工作干部队伍的素质，作为提高宗教工作水平、开创宗教工作新局面的基础性工作，下大力气抓好抓实，努力建设一支适应新形势下宗教工作要求，具有很强的政治和大局意识、较高的理论政策水平、丰富的宗教专业知识、严谨细致的工作作风的宗教工作干部队伍"。①

五、小　结

立足于中国特色社会主义事业的全局，中共中央 2002 年 3 号文件总结了十三届四中全会以来的宗教工作，并围绕"加强"这个主题，对新世纪新阶段的宗教工作作出了一系列重要决策和部署。从某种意义上说，前者展现了中国特色社会主义理论在实践中得到的发展，后者则是用发展了的中国特色社会主义理论指导新的宗教工作；两者的结合，就是我们常说的"用发展的马克思主义指导新的实践"。

通过以上的分析，我们可以看到 3 号文件有自己的特色，尤为突出的就是理论与实践紧密结合。它既系统全面地归纳总结了党对宗教问题的基本观点和基本政策，并着重阐释了党的宗教工作基本方针，有很强的理论性、战略性；又指出了宗教领域存在的问题，分析了新世纪新阶段宗教工作的形势，明确了哪些方面是重点任务，并提出了有针对性的措施，有很

---

① 《中共中央、国务院关于加强宗教工作的决定》（2002 年 1 月 20 日），见《新疆工作文献选编（1949——2010）》，中央文献出版社 2010 年版，第 560—562 页。

强的政治性、指导性。正因为如此，我们说它是认识和处理新世纪新阶段中国宗教问题的行动指南。

第七章

重大命题：

胡锦涛关于促进宗教关系和谐的论述

中共十六大以后，以胡锦涛为总书记的党中央，清醒认识新世纪新阶段的世情、国情与宗教领域的新情况，以科学发展观为指导，着眼于构建社会主义和谐社会，提出政党关系、民族关系、宗教关系、阶层关系、海内外同胞关系是中国政治领域和社会领域中涉及党和国家工作全局的五个重大关系，要求保持和促进宗教关系和谐，引导宗教与社会主义社会相适应，发挥宗教界人士和广大信教群众在经济社会发展中的积极作用，并在宗教对外交往中坚持独立自主、平等友好、互相尊重的原则，倡导多元共存和兼容并蓄的文明观，努力建设一个持久和平、共同繁荣的和谐世界。

提出宗教关系是涉及党和国家工作全局的一个重大关系，要求保持和促进宗教关系和谐，是以胡锦涛为总书记的党中央推进马克思主义宗教观中国化和时代化的重要成果。这既是中国特色社会主义宗教理论的一个重大命题，也是做好新形势下宗教工作的一个实践课题。这里以胡锦涛在2006年全国统战工作会议上的讲话、2007年主持中共中央政治局第二次集体学习时的讲话这两篇文献为重点，对他关于促进宗教关系和谐的论述进行梳理和分析。①

一、全面认识宗教的存在与发展及其影响，准确把握和认真对待中国的宗教问题，提出促进宗教关系和谐这个重大命题

中国共产党在领导革命、建设和改革的长期实践中，把马克思主义宗教观同中国实际和时代特征相结合，提出了关于宗教问题的基本理论、基本方针与基本政策。在认识和处理宗教问题时，胡锦涛强调要坚持历史唯物主义和辩证唯物主义，对中国宗教的实际情况进行深入分析，首先做到全面地、科学地认识宗教。

2006年7月10日，胡锦涛在全国统战工作会议上的讲话，强调中国共产党人是"无神论者，不信仰任何宗教"，但同时又是"历史唯物主义者，必须以科学的历史的观点看待宗教"。为此，他概括出对宗教问题的四个"全面认识"：（1）全面认识宗教"产生和存在的深刻历史根源、社会根源、心理根源"；（2）全面认识宗教"在社会主义社会将长期存在的客观现实"；（3）全面认识宗教问题"同政治、经济、文化、民族等方面因素相交织的复杂状况"；（4）全面认识宗教"对相当一部分群众有较大影响的社会现象"。②

2007年12月18日，胡锦涛主持中共中央政治局第二次集体学习时，再次谈及全面认识宗教问题的重要性。他指出："在新的历史条件下，我们要坚持马克思主义的立场、观点、方法，全面认识宗教在社会主义社会将长期存在的客观现实，全面认识宗教问题同政治、经济、文化、民族等

① 胡锦涛提出"构建社会主义和谐社会"特别是"促进宗教关系和谐"的命题后，学者们就此展开了深入研究，取得了较多成果。比如，方立天：《和谐社会的构建与宗教的作用》，《中国宗教》2005年第7期；王作安：《构建和谐社会与宗教工作新理念》，载《中国宗教》2005年第9期；金泽：《和谐社会建构与宗教研究》，载《哲学研究》2006年第12期；叶小文：《正确认识和处理社会主义社会的宗教关系》，载《求是》2006年第16期；等等。比较而言，笔者力图由点到面，全面分析胡锦涛关于"促进宗教关系和谐"这个重大命题的理论思考、实践创新、工作重点、价值取向等，从而揭示其对中国特色社会主义宗教理论的贡献。
② 胡锦涛：《关于政治领域和社会领域五个方面的重大关系》（2006年7月10日），见《胡锦涛文选》（第二卷），人民出版社2016年版，第478页。

方面因素相交织的复杂状况，全面认识宗教因素在人民内部矛盾中的特殊地位，努力探索和掌握宗教自身的规律，不断提高宗教工作水平。"[1] 同上面的四个"全面认识"相比较，这里强调的"坚持马克思主义的立场、观点、方法"，最重要的就是坚持历史唯物主义和辩证唯物主义，全面认识宗教"产生和存在的深刻历史根源、社会根源、心理根源"。其他三个"全面认识"，基本内容是相同的。

胡锦涛提出的这些"全面认识"，都是关于宗教的重大理论和实际问题。例如，揭示宗教产生和存在的根源，是马克思主义宗教观的重要内容。尤为重要的一点是，只有深入社会的物质条件和生产方式中去，才能找到宗教产生和存在的真正根源。

关于宗教的历史根源，恩格斯指出："在原始人看来，自然力是某种异己的、神秘的、超越一切的东西。在所有文明民族所经历的一定阶段上，他们用人格化的方法来同化自然力。正是这种人格化的欲望，到处创造了许多神。"[2] 中共中央 1982 年 19 号文件进一步指出，"宗教是人类社会发展一定阶段的历史现象"，宗教信仰、宗教感情、宗教仪式、宗教组织都是"社会的历史的产物"。"宗教观念的最初产生，反映了在生产力水平极低的情况下，原始人对自然现象的神秘感。"[3]

关于宗教的社会根源，列宁指出，宗教在现代资本主义国家存在和发展的根源，主要是社会的根源。因为"劳动群众受到社会的压制，面对时时刻刻给普通劳动人民带来最可怕的灾难、最残酷的折磨的资本主义（比战争、地震等任何非常事件带来的灾难和折磨多一千倍）捉摸不定的力量，他们觉得似乎毫无办法"，"这就是目前宗教最深刻的根源"。[4] 毛泽东

---

① 参见《全面贯彻党的宗教工作基本方针，积极主动做好新形势下宗教工作》，载《人民日报》2007 年 12 月 20 日。
② 恩格斯：《〈反杜林论〉材料》（1876—1877 年），见《马克思恩格斯全集》（第二十卷），人民出版社 1971 年版，第 672 页。
③《关于我国社会主义时期宗教问题的基本观点和基本政策》（1982 年 3 月），见《新时期宗教工作文献选编》，宗教文化出版社 1995 年版，第 54 页。
④《论工人政党对宗教的态度》（1909 年 5 月 13 日），见《列宁选集》（第二卷），人民出版社 2012 年版，第 251 页。

进一步指出："由阎罗天子、城隍庙王以至土地菩萨的阴间系统以及由玉皇上帝以至各种神怪的神仙系统"构成的神权，与政权、族权及夫权一起代表全部封建宗法的思想和制度，是"束缚中国人民特别是农民的四条极大的绳索"。①

关于宗教的心理根源，马克思、恩格斯指出，"一切唯心主义者，不论是哲学上的还是宗教上的，不论是旧的还是新的，都相信灵感、启示、救世主、奇迹创造者。"②毛泽东1944年在中共中央宣传委员会召开的宣传工作会议上生动地分析道："洋船他们不敬龙王菩萨，坐洋船的人也没有关心敬龙王菩萨的。但是木船他们就要敬龙王菩萨，龙王菩萨是他们的'保险公司'，木船是容易翻船的，为了避免翻船，他们不得不投一笔钱到龙王菩萨这个'保险公司'里去。"③新中国成立后，周恩来就社会上关于宗教能否继续存在的忧虑指出："只要人们还有一些不能从思想上解释和解决的问题，就难以避免会有宗教信仰现象。有的信仰具有宗教形式。有的信仰没有宗教形式。"④

上述这些观点，都是辩证唯物主义和历史唯物主义在宗教问题上的鲜明体现，也是马克思主义宗教观区别于其他宗教理论的显著标志。胡锦涛强调要坚持马克思主义的立场、观点、方法，全面认识"宗教产生和存在的深刻历史根源、社会根源、心理根源"，重要性就在这里。可以说，把这些问题搞清楚，是我们正确认识和处理宗教关系的基本前提。

又如，全面认识宗教"在社会主义社会将长期存在的客观现实"，全面认识宗教问题"同政治、经济、文化、民族等方面因素相交织的复杂状况"，全面认识宗教"对相当一部分群众有较大影响的社会现象"及宗教

---

① 《湖南农民运动考察报告》（1927年3月），见《毛泽东选集》（第一卷），人民出版社1991年版，第31页。
② 马克思、恩格斯：《德意志意识形态》（1845—1846年），见《马克思恩格斯全集》（第三卷），人民出版社1960年版，第630页。
③ 《关于陕甘宁边区的文化教育问题》（1944年3月22日），见《毛泽东文集》（第三卷），人民出版社1996年版，第120页。
④ 《关于我国民族政策的几个问题》（1957年8月4日），见《周恩来统一战线文选》，人民出版社1984年版，第384页。

因素"在人民内部矛盾中的特殊地位"，是对中国宗教基本情况的把握，也是对中国共产党关于宗教具有长期性、群众性、民族性、国际性和复杂性"五性"特征这个论断的继承和发展，对于正确认识和处理宗教关系，具有重要意义。

新中国成立初期，李维汉根据毛泽东关于宗教问题的论述，就中国宗教的基本特征提出了著名的宗教"五性"论。1957 年 4 月 4 日，他在第八次全国统战工作会议上比较系统地阐述了这个观点：尽管"人们对自然和社会必然性的认识和能力随着人类实践历史的发展而逐渐增加，社会剥削的消灭，生产力的彻底解放和高度发展，科学和文化的高度发展和广泛普及，最后要导致广大人民解除有神论和宗教信仰的束缚"，但这是需要"经过一个很长时期才能逐步解决的问题"，所以宗教具有群众性和长期性；中国一部分宗教又带有民族性和国际性，因为"宗教的影响在一定范围内，既广且深，它影响到民族关系，有的还影响到国际关系"。[①]中共中央 1982 年 19 号文件对中国宗教情况的发展变化，进行了新的概括，基本点仍然是宗教"五性"论：中国宗教状况"已经起了根本的变化"，宗教问题上的矛盾"已经主要是属于人民内部的矛盾"；但必须充分估计到，"宗教问题具有一定的复杂性"，"宗教问题仍将在一定范围内长期存在，有一定的群众性，在许多地方同民族问题交织在一起，还受到某些阶级斗争和国际复杂因素的影响"。[②]

在 2001 年全国宗教工作会议上，江泽民强调把历史和现实相结合，必须把握宗教问题的三个主要特点："宗教的存在有着深刻的社会历史根源，宗教将会长期存在并发生作用"；"宗教与一定社会的经济、政治、文化问题交织在一起，对社会发展和稳定产生重大影响"；"宗教常常与现实的国际斗争和冲突相交织，是国际关系和世界政治中的一个重要因素"。他认为，正确认识中国社会存在的宗教问题，关键是要立足于社会主义初

[①] 李维汉：《在全国第七次统战工作会议上的发言》(1957 年 4 月 4 日)，见李维汉：《统一战线问题与民族问题》，人民出版社 1982 年版，第 183 页。
[②]《关于我国社会主义时期宗教问题的基本观点和基本政策》(1982 年 3 月)，见《新时期宗教工作文献选编》，宗教文化出版社 1995 年版，第 56 页。

级阶段的基本国情，充分认识"宗教存在的长期性，以及在复杂的国内外形势下宗教问题所具有的特殊复杂性"。① 这就在宗教"五性"论的基础上，提出了针对性很强的宗教"三性"论。

胡锦涛强调"全面认识"宗教问题，就是要准确把握新世纪新阶段中国宗教的实际情况。他还立足于国内外形势的新变化，分析了中国宗教问题的复杂性何以突出起来：在国内方面，主要是因为中国正处在深刻变革时期，"社会结构和社会利益格局复杂变化，人们的思想观念日趋多样，一些人从宗教中寻求心理慰藉，宗教在部分群众生活中的影响有所增强"。在国际方面，主要是因为境外敌对势力利用宗教对中国进行的渗透活动"不断加剧"。他认为，面对错综复杂的情况，必须准确把握和正确对待宗教问题，"既不能用行政手段压制宗教，也不能放弃对宗教事务的管理，而是要更加扎实地做好党的宗教工作，把广大信教群众紧紧团结在党和政府周围，共同为全面建设小康社会而奋斗"。②

正因为对宗教问题有全面的、深刻的认识，胡锦涛要求从战略的高度，切实做好新形势下宗教工作的重要性，强调这"关系党和国家工作全局，关系社会和谐稳定，关系全面建设小康社会进程，关系中国特色社会主义事业发展"。③2005 年 3 月 8 日，胡锦涛在参加十届全国人大三次会议新疆代表团讨论时指出，"历史和现实都表明，一个国家能否保持社会和谐的局面，往往与这个国家的民族问题和宗教问题处理得如何密切相关。"中国之所以长期保持安定团结的政治局面，一个重要原因就是党和国家"制定了正确的民族政策和宗教政策，妥善处理了民族问题和宗教问题"。④

也正因为胡锦涛站在建设中国特色社会主义事业的高度来审视宗教问

---

① 《论宗教问题》（2001 年 12 月 10 日），见《江泽民文选》（第三卷），人民出版社 2006 年版，第 373—379 页。

② 胡锦涛：《关于政治领域和社会领域五个方面的重大关系》（2006 年 7 月 10 日），见《胡锦涛文选》（第二卷），人民出版社 2016 年版，第 478 页。

③ 参见《全面贯彻党的宗教工作基本方针，积极主动做好新形势下宗教工作》，载《人民日报》2007 年 12 月 20 日。

④ 胡锦涛：《努力把新疆改革发展稳定的各项工作做得更好》（2005 年 3 月 8 日），见《新疆工作文献选编（1949——2010）》，中央文献出版社 2010 年版，第 603—604 页。

题，特别是着眼于构建社会主义和谐社会的大局，他提出了正确认识和处理宗教关系这个重大命题。有研究者认为，将"宗教关系"列为"五大关系"之一，至关重要。犹如"'五口之家'，宗教正式算'一口'了。'家和万事兴'，这'一口'高兴不高兴、和顺不和顺、积极不积极，就非同小可。这是中国共产党人以科学发展观为指导，在深刻剖析中国国情和世情、深化对宗教问题长期性和群众性认识的基础上，所得出的一个全新的、正确的观点。"① 积极引导宗教与社会主义社会相适应，在现阶段就具体化、深化为"积极引导宗教与社会主义社会相和谐、与构建社会主义和谐社会相适应"。②

二、深刻把握宗教关系的各个方面，保持和促进宗教与社会和谐相处，各宗教和谐相处，信教群众和不信教群众、信仰不同宗教群众和谐相处，努力构建社会主义和谐社会

2006 年 10 月，中共十六届六中全会强调把构建社会主义和谐社会摆在更加突出的地位，并就宗教问题指出："全面贯彻党的宗教信仰自由政策，依法管理宗教事务，坚持独立自主自办的原则，积极引导宗教与社会主义社会相适应，加强信教群众同不信教群众、信仰不同宗教群众的团结，发挥宗教在促进社会和谐方面的积极作用。"③

发挥宗教促进社会和谐的积极作用，关键是要保持和促进宗教关系的和谐。这既包括宗教内部的和谐、同一宗教不同教派之间的和谐，不同宗教之间的和谐，也包括宗教同政治、经济、文化、民族等方面的和谐。在2006 年全国统战工作会议上，胡锦涛特别强调，要保持和促进"宗教与社会和谐相处，各宗教和谐相处，信教群众和不信教群众、信仰不同宗教群

① 叶小文：《宗教如何与社会主义相适应——18 年来中国宗教工作的理论创新和实践探索》，载《人民论坛》2009 年第 29 期。
② 叶小文：《正确认识和处理社会主义社会的宗教关系——学习胡锦涛同志在全国统战工作会议上的重要讲话》，载《求是》2006 年第 16 期。
③《中共中央关于构建社会主义和谐社会若干重大问题的决定》（2006 年 10 月 11 日），见《十六大以来重要文献选编》（下），中央文献出版社 2008 年版，第 667 页。

众和谐相处"①。

中国是一个多宗教的国家，有道教、佛教、伊斯兰教、天主教和基督教五大宗教，还有少数其他宗教和多种民间信仰。据"当代中国人精神生活调查"课题组 2005 年的调查，在年龄为 16 周岁以上的中国人里，具有宗教信仰的人数为 31.4%，约 3 亿人；天主教、基督教、伊斯兰教、佛教和道教的信众占到总数的 67.4%；佛教、道教和民间信仰的信众占到总数的 66.1%，约 2 亿人；基督徒有 4000 万人以上。② 据不完全统计，到 2012 年时，中国有宗教教职人员约 36 万人，依法登记并开放的宗教活动场所约 14 万处，宗教团体已经达到 5500 个，经批准恢复和建立的各类宗教院校已达 97 所。③ 促进宗教关系和谐，必须正确认识和处理不同宗教的关系，促进各宗教和睦相处。

"万物并育而不相害，道并行而不相悖。"有研究者指出，"多元通和生态模式"是中国宗教的特点。"不仅多神，而且多教，各种品类的宗教应有尽有，无一教坐大统制他教，成为'宗教联合国'。"宗教关系和谐是主旋律，"没有宗教战争和宗教裁判所，没有对异端的残酷迫害"。④ 在当代中国，总体上依然是这种状态。中国共产党和人民政府既不会特意压制某种宗教，也不会特意扶持某种宗教，而是鼓励和支持不同宗教相互尊重、和谐相处。2007 年 2 月 12 日，贾庆林邀请全国性宗教团体负责人到中南海座谈，并代表胡锦涛向全国宗教界人士和广大信教群众祝贺新春佳节。他在讲话中强调，要不断"增进不同宗教之间的尊重和理解，加强各宗教间的对话和交流，尊重差异，增进共识，形成和保持'和而不同'的境界，营造各宗教和谐共处的良好社会环境，使各宗教都能够更好地团结在党和政府的周围，为促进社会稳定、民族团结、人民幸福发挥积极作用"⑤。中国伊斯兰教协会会长陈广元认为，中国五大宗教在党和国家的关

①　胡锦涛：《关于政治领域和社会领域五个方面的重大关系》（2006 年 7 月 10 日），见《胡锦涛文选》（第二卷），人民出版社 2016 年版，第 477 页。
②　参见孙轶玮：《当代中国人宗教信仰调查》，载《瞭望东方周刊》2007 年第 6 期。
③　《2012 年中国人权事业的进展》，载《人民日报》2013 年 5 月 15 日。
④　牟钟鉴：《中国宗教生态的多元通和模式》，载《人民日报（海外版）》2013 年 6 月 14 日。
⑤　参见《贾庆林与全国性宗教团体负责人举行迎春座谈》，载《人民日报》2007 年 2 月 13 日。

心支持下，"平等共存，团结互助，相互尊重，和谐发展，形成了共同弘扬宗教智慧、协力济世利人的良好局面"，这是"中国政府的骄傲，是中国广大教众的骄傲，也可以说是宗教发展的'东方模式'"。①

在全国范围内，各宗教一律平等，任何宗教都不能超越其他宗教而享有特殊的地位。具体到某一地区，同样如此。比如，在新疆维吾尔自治区，各少数民族享有宗教信仰自由的权利，民族风俗习惯受到充分尊重。"新疆现有 10 个少数民族普遍信仰伊斯兰教，人口 1370 多万人，有伊斯兰教清真寺约 2.4 万座，教职人员 2.9 万多人。此外，新疆还有佛教信众 12 万人，场所 53 个，教职人员 326 人；基督教信众近 6 万人，教职人员 374 人；天主教信众约 6000 人，场所 20 个，教职人员 25 人；东正教信众约 1000 人，场所 3 个，教职人员 2 人；道教信众 300 多人，场所 1 个。"②

至于信教群众和不信教群众之间的关系，中国共产党一贯认为他们都是建设中国特色社会主义的重要力量。他们在政治上、经济上的根本利益是相同的，在信仰上的差异是比较次要的差异。2007 年 12 月 18 日，胡锦涛主持中央政治局第二次集体学习时，强调"做好信教群众工作是宗教工作的根本任务"，要求坚持以人为本，"最大限度把信教群众团结起来，把他们的智慧和力量凝聚到实现全面建设小康社会、加快社会主义现代化建设的共同目标上来"。③

保持和促进宗教与社会和谐相处，涉及宗教与经济、民族等诸方面的和谐。在这里，着重谈一谈宗教与民族的关系，这也是胡锦涛十分关切的一个问题。中国少数民族大多数信仰宗教，其中有近 20 个少数民族的绝大多数成员信仰一种宗教，宗教对少数民族有着广泛、深刻的影响。民族问题与宗教问题尽管不是一个范畴内的问题，但有着紧密联系。2005 年 5 月 27 日，胡锦涛在中央民族工作会议暨国务院第四次全国民族团结进步

---

① 陈广元：《世界瞩目宗教发展的"东方模式"》，载《人民日报》2009 年 10 月 13 日。
② 《2013 年中国人权事业的进展》，载《人民日报》2013 年 5 月 27 日。
③ 胡锦涛：《把宗教界人士和信教群众紧紧团结在党和政府周围》（2007 年 12 月 18 日），见《胡锦涛文选》（第三卷），人民出版社 2016 年版，第 23—24 页。

表彰大会上指出，"民族问题在一些地方往往与宗教问题交织在一起，如果对宗教问题处理不慎或不当，也会影响民族关系"。要"尊重少数民族群众和民族地区各族群众的宗教信仰，进一步提高依法管理宗教事务的水平。要尊重少数民族的风俗习惯，维护他们的合法权益。"①

为了处理好宗教与民族的关系，胡锦涛要求对干部、群众进行马克思主义民族观和党的民族政策教育时，要与进行马克思主义宗教观和党的宗教政策教育结合起来。2004 年 10 月 21 日，胡锦涛在中共中央政治局第十六次集体学习时，指出做好民族工作需要切实加强对民族问题和民族工作的研究，包括"学习民族学、人类学、社会学、宗教学等有关民族问题的知识，不断丰富自己为做好民族工作所需要的各方面知识"。②

胡锦涛重视宗教与民族的关系，但他坚决反对国内外敌对势力拿民族宗教问题做文章。在西藏自治区工作期间，他就指出分裂主义分子往往利用民族、宗教问题制造事端，强调"同国内外分裂主义分子的斗争，既不是民族问题，也不是宗教问题，更不是什么'人权'问题，而是一场严肃的政治斗争，是同敌对势力的斗争，是关系到祖国统一，关系到全国人民也包括西藏人民根本利益的重大问题"。③ 他 2005 年在中央民族工作会议上进一步指出，必须坚持具体问题具体分析，严格区分矛盾的不同性质，"是什么问题就按什么问题处理，不能把涉及少数民族成员的一般民事纠纷和刑事案件都归结为民族问题"。对于人民内部矛盾，要"采取教育、疏导、化解的办法来解决，同时要加强对各族群众的法制教育，帮助他们学会运用法律来维护自己的合法权益，做知法守法的公民"；对于违法犯罪的行为，"不论涉及哪个民族、信仰何种宗教，都要依法处理"。④ 这段

---

① 胡锦涛：《新形势下做好民族工作的指导原则和主要任务》（2005 年 5 月 27 日），见《胡锦涛文选》（第二卷），人民出版社 2016 年版，第 321—322 页。

② 胡锦涛：《牢固树立和落实科学发展观，全面做好新形势下民族工作》（2004 年 10 月 21 日），见《民族工作文献选编（2003——2009）》，中央文献出版社 2010 年版，第 50 页。

③ 胡锦涛：《继往开来，团结奋斗，振兴西藏》（1989 年 4 月 20 日），见《胡锦涛文选》（第一卷），人民出版社 2016 年版，第 28 页。

④ 胡锦涛：《新形势下做好民族工作的指导原则和主要任务》（2005 年 5 月 27 日），见《胡锦涛文选》（第二卷），人民出版社 2016 年版，第 322 页。

论述，不仅对处理宗教与民族的关系，对处理宗教与其他方面的关系，都具有重要意义。

保持和促进宗教关系和谐，最重要的是促进政教关系和谐。对此，有研究者指出，"在宗教关系的各个层面中，政教关系最为重要，它影响并制约着宗教关系的其他方面。没有政教关系的和谐，宗教和谐将失去保障"①。在当代中国，促进政教关系和谐，关键在于引导宗教与社会主义社会相适应。这一点，将在下文予以论述。

三、全面理解全球化时代的宗教与国际关系，促进不同宗教和不同文明的交流对话、多元共存，努力建设一个持久和平、共同繁荣的和谐世界

在人类历史上，各种宗教、不同文明虽有历史长短之分，但无高低优劣之别，它们都以自己的方式，为人类文明的发展进步作出了积极贡献。从某种意义上说，文明多样性是人类社会的基本特征，也是人类文明发展的重要动力。

进入 21 世纪，在经济全球化、政治多极化的进程中，国际形势发生深刻变化，各种矛盾问题错综复杂，影响世界和平与发展的不稳定、不确定、不安全因素大量存在。令人关注的是，宗教问题的影响力和作用力不断增强，成为影响国家安全、国际关系与世界和平的热点问题。一些地区的民族分裂势力、宗教极端势力与暴力恐怖势力，互相影响、互相勾结、互相利用，使宗教问题、民族矛盾与国际冲突呈现出更加复杂的局面。有学者指出，"这种'全球化'氛围已直接影响到当代中国宗教的存在与走向，是中国'软实力'构建、文化发展工程中一个不可忽视的重要问题；能够处理好宗教问题是对中国共产党"政治智慧、执政能力的考验"。②

胡锦涛以宽广的世界眼光和深远的历史眼光，观察和思考全球化时代

---

① 国家宗教局党组理论学习中心组：《宗教和谐：宗教工作的新境界》，载《人民日报》2010 年 1 月 13 日。
② 卓新平：《"全球化"与当代中国宗教》，载《当代中国史研究》2009 年第 6 期。

的宗教与国际关系，强调和平与发展仍然是时代的两大主题，在全球事务中倡导各种宗教平等对话、友好交流，不同文明多元共存、兼容并蓄，号召各方携手共建"和谐世界"。对内构建"和谐社会"、对外建设"和谐世界"，两者相辅相成、相互促进。

胡锦涛对宗教因素在和谐世界建设中的影响，有着清醒的认识。他指出，"经济全球化趋势在推动世界经济发展的同时，也给各国特别是发展中国家带来挑战和风险，发展中国家在经济、政治、文化、信息、军事等方面面临着严峻压力。由于传统安全威胁和非传统安全威胁的因素相互交织，民族、宗教矛盾和边界、领土争端导致的局部冲突时起时伏，恐怖主义活动依然猖獗，地区和国际安全形势不容乐观。"①

在胡锦涛看来，国际范围内的宗教关系和谐、不同文明共存，是建设"和谐世界"的重要内容和必然要求。2003 年 6 月 1 日，胡锦涛在会见法国总统希拉克时强调，世界各国的"民族传统、宗教文化、经济发展水平和社会制度各式各样，不可能只采用一种文明形态、一种制度、一种发展模式"，中国愿意同"世界上所有爱好和平的国家和人民一道努力，维护世界和平，促进共同发展"。②

2005 年 4 月 22 日，亚非峰会在印度尼西亚首都雅加达开幕，胡锦涛在讲话中提出构筑亚非新型战略伙伴关系，在文化上倡导亚非国家要成为相互借鉴、取长补短的合作伙伴。也就是在这次讲话中，他首次提出"和谐世界"的理念，并将文明、宗教的多元共存，作为基本内容之一。他强调要发扬亚非会议求同存异的优良传统，"倡导开放包容精神，尊重文明、宗教、价值观的多样性，尊重各国选择社会制度和发展模式的自主权，推动不同文明友好相处、平等对话、发展繁荣，共同构建一个和谐世界"。③

2005 年 9 月 15 日，在联合国成立 60 周年首脑会议上，胡锦涛全面阐

---

① 胡锦涛：《构建社会主义和谐社会》（2005 年 2 月 19 日），见《胡锦涛文选》（第二卷），人民出版社 2016 年版，第 276—277 页。
② 参见《胡锦涛会见法国总统希拉克》，载《人民日报》2003 年 6 月 3 日。
③ 胡锦涛：《与时俱进，继往开来，构筑亚非新兴战略伙伴关系》（2005 年 4 月 22 日），见《十六大以来重要文献选编》（中），中央文献出版社 2006 年版，第 850—851 页。

述了什么是和谐世界、怎样建设和谐世界的问题，并就此提出了三个"应该"：（1）应该"尊重各国自主选择社会制度和发展道路的权利，相互借鉴而不是刻意排斥，取长补短而不是定于一尊，推动各国根据本国国情实现振兴和发展"；（2）应该"加强不同文明的对话和交流，在竞争比较中取长补短，在求同存异中共同发展，努力消除相互的疑虑和隔阂，使人类更加和睦，让世界更加丰富多彩"；（3）应该"以平等开放的精神，维护文明的多样性，促进国际关系民主化，协力构建各种文明兼容并蓄的和谐世界"。①

胡锦涛认为，促进不同文明、不同宗教关系的和谐，需要准确把握宗教问题对国际冲突与矛盾的影响，不能简单地在两者之间画等号，更不能将问题归因于某一宗教或某一文明。2004 年 6 月 17 日，他在上海合作组织第四次元首会晤时强调，反恐要坚持正确的方向和采取有效的手段，"必须反对一切形式的恐怖主义，不能搞双重标准；必须加强国际合作，团结各国共同开展反恐斗争，不能将恐怖主义与特定的民族和宗教联系、等同起来；必须综合治理，努力解决地区冲突、贫困等问题，努力消除产生恐怖主义的根源"。②

2006 年 4 月 23 日，胡锦涛在沙特阿拉伯王国协商会议发表演讲时，着重阐述了怎样致力于实现不同宗教、不同文明的和谐进步，又提出了三个具有重要理论和实践意义的"应该"：（1）各国应该"维护世界多样性和发展模式多样化，坚持平等对话和交流，倡导开放和兼容并蓄的文明观，使不同文明在竞争比较中取长补短，在求同存异中共同发展"；（2）应该"承认各国文化传统、社会制度、价值观念和发展道路的差异，不能以此为借口对别国内政说三道四，更不能把世界上存在的一些问题和矛盾归因于哪一种文明、哪一个民族或哪一种宗教"；（3）应该"努力使世界上所有文明、所有民族携手合作，共同推进人类和平与发展的崇高

---

① 胡锦涛：《努力建设持久和平共同繁荣的和谐世界》（2005 年 9 月 15 日），见《胡锦涛文选》（第二卷），人民出版社 2016 年版，第 354—355 页。

② 胡锦涛：《加强务实合作，共谋和平发展——在上海合作组织塔什干峰会上的讲话》，载《人民日报》2004 年 6 月 18 日。

事业。"①

　　促进不同文明、不同宗教关系的和谐，还需要坚持不同文明、不同宗教的平等对话、交流借鉴。2004 年 4 月 24 日，胡锦涛在博鳌亚洲论坛2004 年年会开幕式上指出：中国真诚希望"同亚洲各国发展全面、紧密的合作伙伴关系，政治上平等互信，经济上互利共赢，文化上交流借鉴，安全上对话协作，共同实现亚洲的振兴"，中国支持"亚洲不同文化和宗教的对话，提倡理解和宽容"。②2004 年 6 月 14 日，他在罗马尼亚议会发表演讲时也强调，"没有各种文明的相互交流，就没有人类文明的进步"。我们应该"尊重各国根据各自国情选择的发展道路和发展模式，尊重各国人民在历史进程中创造的多彩文明和生活方式，促进不同文明的相互借鉴和取长补短，以促进世界多样性和人类社会全面进步"。③

　　2005 年 11 月 17 日，胡锦涛在韩国国会演讲时，再次指出："如何共同构建一个政治上和睦相处、经济上平等互利、安全上互信协作、文化上交流互鉴的和谐亚洲，是摆在亚洲各国政府和人民面前的一个重大课题"。解决好这个课题，一个要点就是"应该尊重本地区文化、宗教、价值观的多样性，促进不同文化的相互交流借鉴，开展丰富多彩的文化交流，特别是要加强各国青少年的相互交流"。④

　　在双边关系上，胡锦涛也多次指出宗教问题对话的重要性。2005 年7 月 6 日，胡锦涛会见巴基斯坦总理阿齐兹时说，"中巴是不同社会制度、不同宗教和文化背景国家和睦相处、真诚合作的典范，是促进本地区和平稳定的一个重要因素。中方愿同巴方一道，进一步推动中巴友好合作关系不断向前发展"⑤。2008 年 4 月 12 日，胡锦涛会见澳大利亚总理陆克文时

---

① 胡锦涛：《尊重差异，促进和谐》（2006 年 4 月 23 日），见《胡锦涛文选》（第二卷），人民出版社 2016 年版，第 445—446 页。
② 胡锦涛：《中国的发展，亚洲的机遇——在博鳌亚洲论坛 2004 年年会开幕式上的演讲》，载《人民日报》2004 年 4 月 25 日。
③ 胡锦涛：《巩固传统友谊，扩大互利合作——在罗马尼亚议会的演讲》，载《人民日报》2004年 6 月 15 日。
④ 胡锦涛：《加强友好合作，共创美好未来——在韩国国会的演讲》，载《人民日报》2005 年 11月 18 日。
⑤ 参见《胡锦涛会见巴基斯坦总理》，载《人民日报》2005 年 7 月 7 日。

指出，"西藏事务完全是中国内政。我们和达赖集团的矛盾，不是民族问题，不是宗教问题，也不是人权问题，而是维护祖国统一和分裂祖国的问题"①。2009 年 11 月 17 日，胡锦涛同美国总统奥巴马举行会谈时指出，"中方愿继续本着双向互利的原则同美方加强反恐合作，也愿在平等、相互尊重、互不干涉内政的基础上就人权和宗教等问题开展对话交流，以增进了解、减少分歧、扩大共识"②。

胡锦涛关于宗教问题与建设和谐世界的论述，为中国宗教的对外交往提供了指导意见。总的来说，就是要"在独立自主、平等友好、互相尊重的基础上开展对外交往和对外宣传"。有了这样的基础，既可以防范境外敌对势力披着宗教的外衣进行渗透，也可以更好地发挥宗教界在外交中的积极作用，促进各种宗教的友好对话、不同文明的交流互鉴，为建设和谐世界贡献力量。

中国宗教界用自己的实际行动，响应了胡锦涛关于建设和谐世界的号召。2011 年 1 月 28 日，中国五大全国性宗教团体领袖相聚北京，参加倡导宗教和谐的座谈会，并联合发表《倡导宗教和谐共同宣言》，提出了"坚持爱国爱教、主张平等包容、弘扬和谐理念、反对歪曲利用、发挥积极作用"等五项原则主张，呼吁广大信教群众积极行动起来，"加强合作、共担责任，同心同德、携手并进，践行和谐理念，为维护世界和平、增进人类福祉而共同努力"③。此外，2011 年在中国南岳衡山举行的"国际道教论坛"、2006 年在中国浙江举行的"世界佛教论坛"，以及 2010 年在印度尼西亚雅加达举办的"中印尼伊斯兰文化展演"、2011 年在美国华盛顿举办的"中美基督教领袖论坛"、2012 年在土耳其伊斯坦布尔举办的"中土伊斯兰文化展演"等活动，不仅从不同角度展示了中国宗教的真实状况，而且很好地发挥了宗教在文明对话中的重要作用。

---

① 参见《胡锦涛会见澳大利亚总理陆克文》，载《人民日报》2008 年 4 月 13 日
② 参见《胡锦涛同美国总统奥巴马举行会谈》，载《人民日报》2009 年 11 月 18 日。
③ 参见《五宗教团体发宣言倡和谐》，载《人民日报（海外版）》2011 年 1 月 29 日。

四、全面贯彻党的宗教工作基本方针，认真落实《宗教事务条例》，是促进宗教关系和谐的关键

中国共产党关于宗教工作的基本方针，就是人们熟知的"四句话"："全面贯彻党的宗教信仰自由政策，依法管理宗教事务，坚持独立自主自办的原则，积极引导宗教与社会主义社会相适应"。2007 年 10 月 15 日，胡锦涛在十七大政治报告中谈到宗教工作时，强调"全面贯彻党的宗教工作基本方针，发挥宗教界人士和信教群众在促进经济社会发展中的积极作用"[1]。十七大通过的《中国共产党章程（修正案）》在总纲中也郑重写道："全面贯彻党的宗教工作基本方针，团结信教群众为经济社会发展作贡献。"[2]

就正确认识和处理宗教关系，胡锦涛在不同场合多次指出，关键在于全面贯彻党的宗教工作基本方针。他在 2006 年全国统战工作会议上指出，"做好新形势下的宗教工作，关键是要全面理解和认真贯彻党的宗教工作基本方针"[3]，并对"四句话"的内涵与要求进行了逐条阐述。

关于全面正确地贯彻党的宗教信仰自由政策，胡锦涛从四个方面进行了论述：（1）指出这一政策的基本内涵，"既尊重群众信仰宗教的自由，又尊重群众不信仰宗教的自由"，并强调它是"党的一项长期的基本政策，是宪法赋予公民的一项基本权利"。（2）指出这一政策的重要意义，是"党维护人民利益、尊重和保护人权的重要体现，是巩固和扩大党的群众基础的必然要求，也是把广大信教群众凝聚到全面建设小康社会这个共同目标上来的必然要求"。（3）指出贯彻这一政策的主要目标，就是坚持"政治上团结合作、信仰上互相尊重"的原则，"努力使广大信教群众在拥护中国

---

① 胡锦涛：《高举中国特色社会主义伟大旗帜，为夺取全面建设小康社会新胜利而奋斗》（2007 年 10 月 15 日），见《胡锦涛文选》（第二卷），人民出版社 2016 年版，第 637 页。
②《中国共产党章程》（2007 年 10 月 21 日），载《人民日报》2007 年 10 月 26 日。
③ 胡锦涛：《关于政治领域和社会领域五个方面的重大关系》（2006 年 7 月 10 日），见《胡锦涛文选》（第二卷），人民出版社 2016 年版，第 478 页。

共产党的领导和社会主义制度、热爱祖国、维护祖国统一、促进社会和谐等重大问题上取得共识，增强党在信教群众中的吸引力和凝聚力"。(4) 指出贯彻这一政策的基本要求，就是要"坚持权利和义务相统一"的原则，"加强对信教群众的思想政治工作，深入进行爱国主义、集体主义、社会主义教育，开展法制教育和公民道德建设，普及科学文化知识特别是现代科学知识，使信教群众更好地为建设中国特色社会主义事业事业贡献力量"。①

关于坚持依法管理宗教事务，胡锦涛强调这是"依法执政和推进依法治国、建设社会主义法治国家的必然要求"。他分析说，"保护宗教信仰自由，并不是要提倡信教，也不是要人为扩大宗教影响，更不是说宗教活动可以不受法律约束。宗教活动是在社会中进行的，必然会涉及社会公共利益和国家利益，必须依法予以管理。"进而，他指出依法管理宗教事务的工作原则，就是"保护合法，制止非法，打击犯罪，确保宗教活动规范有序进行"。"宗教必须在宪法和法律的范围内活动，宗教活动不得干预行政、司法、教育等国家职能的实施，不得妨碍正常的社会秩序、工作秩序、生活秩序"。②

胡锦涛关于依法管理宗教事务的重要论述，还有很多。比如，他2001年在新疆考察工作时指出，"宗教问题十分复杂、敏感，处理不当就会影响稳定大局。从这个意义上说，依法加强对宗教事务的管理，对于新疆这样一个信教群众集中的地方，具有特殊重要的意义。我们一定要高度重视，切实做好"。他强调，要"加强对宗教团体、宗教人士、宗教场所和宗教活动的管理，坚决取缔非法宗教活动，坚决制止利用宗教活动和宗教场所进行的一切非法活动"；"不管是信教还是不信教的公民，都必须以我国宪法和法律为根本行为准则，不得以任何借口反对中国共产党的领导和社会主义制度，不得破坏民族团结和祖国统一"；要"严禁宗教以

---

① 胡锦涛：《关于政治领域和社会领域五个方面的重大关系》(2006 年 7 月 10 日)，见《胡锦涛文选》(第二卷)，人民出版社 2016 年版，第 478—479 页。
② 胡锦涛：《关于政治领域和社会领域五个方面的重大关系》(2006 年 7 月 10 日)，见《胡锦涛文选》(第二卷)，人民出版社 2016 年版，第 479 页。

任何名义干涉行政、司法、教育和基层组织的事务，严防宗教势力对学校的渗透，绝不允许利用学校向学生灌输分裂思想和宗教教义"。[1]2010年1月18日，他在中央第五次西藏工作座谈会上强调，"加强寺庙管理对掌握反分裂斗争主动权具有关键作用"，要落实国家管理宗教事务的法律法规，"以实现寺庙管理规范化、法制化为着眼点，以解决寺庙存在的重点难点问题为突破口，以各方面齐抓共管为保障，推动形成寺庙管理长效机制"。[2]2010年5月17日，他在中央新疆工作座谈会上再次强调，"要依法加强清真寺管理，准确界定和严格区分合法宗教活动和非法宗教活动的界限，坚持保护合法、制止非法、抵御渗透、打击犯罪"。[3]

正因为以胡锦涛为总书记的党中央重视依法管理宗教事务，所以2004年7月7日国务院第57次常务会议通过了《宗教事务条例》。这是当代中国第一部宗教方面的综合性行政法规，对保护信教群众、宗教团体、宗教活动场所的合法权益，都作出了明确规定，对涉及国家利益和社会公共利益的宗教事务作出了明确规范。有学者回顾当代中国宗教立法工作进程，认为这标志着宗教工作"由政策规范为主向政策指导和依法管理相结合的深刻转变"，"在宗教立法史上具有里程碑意义"，"为2010年中国特色社会主义法律体系的形成做出了贡献"。[4]

《宗教事务条例》自2005年3月1日施行以来，在实践中取得了显著成效，极大地促进了宗教工作全面走上法治化、规范化、制度化的进程，开创了中国宗教工作的新局面，促进了宗教和睦与社会和谐。为了深入落实《宗教事务条例》，国家宗教事务局先后制定实施了《宗教活动场所设立审批和登记办法》、《宗教教职人员备案办法》、《宗教院校设立办法》等一系列配套部门规章，各省、自治区、直辖市先后出台了地方性宗教法规

---

① 胡锦涛：《在西部大开发中实现新疆发展和稳定》（2001年6月15日），见《胡锦涛文选》（第一卷），人民出版社2016年版，第490页。

② 胡锦涛：《努力建设团结民主富裕文明和谐的社会主义新西藏》（2010年1月18日），见《胡锦涛文选》（第三卷），人民出版社2016年版，第321页。

③ 胡锦涛：《推动新疆跨越式发展和长治久安》（2010年5月17日），见《胡锦涛文选》（第三卷），人民出版社2016年版，第385页。

④ 王作安：《我国宗教立法的回顾与思考》，载《世界宗教研究》2008年第3期。

和政府规章，各全国性宗教团体也制定了一批相应的规章制度。而今，中国已经初步形成了以《宪法》相关规定为核心，包括综合性行政法规、地方性法规、部门规章、地方政府规章在内的依法管理宗教事务的法律法规体系，宗教工作基本实现了有法可依。

就《宗教事务条例》的制定和实施，有学者认为这是"总结依法管理宗教事务的实践经验，在依法治国的大背景下进行的新探索"，并提出作为"宗教事务管理"的行政管理，要体现四个结合："依政策行政（政策指导下的行政）与依法行政的结合，行政管理与群众工作的结合，行政管理与社会工作的结合，政府施行管理与群众参与管理的结合"。这四个结合就是依法治国中的"把坚持党的领导、发扬人民民主和严格依法办事统一起来"。[①]

关于坚持独立自主自办的原则，胡锦涛强调这是中国信教群众的自主选择，是中国宗教团体和宗教事务"不受外国势力支配和控制的重要保障"。他结合新世纪新阶段的形势，着重提出了两个方面的要求：一是，要指导和支持中国各宗教团体"自觉坚持这个原则，帮助和支持他们结合各自宗教特点加强自身建设"；二是，要"深入研究新形势下宗教界爱国人士成长的特点和规律，加大培养力度，努力形成一支政治上靠得住、学识上有造诣、品德上能服众的宗教教职人员队伍，保证宗教组织的领导权牢牢掌握在爱国爱教人士手中"。[②]

随着改革开放的不断深入，境外敌对势力加紧了对中国实施西化、分化的政治战略，并坚持打着"宗教自由"的旗号同我们争夺人心。所以，胡锦涛在谈到宗教工作时，经常要求大家对此保持高度警惕并严加防范。他在参加十届全国人大二次会议西藏代表团讨论时指出，"要密切关注国际形势的发展大势，密切关注国际上民族、宗教热点问题可能给我国带来的影响，密切关注国内外分裂势力和敌对势力相互勾联、加紧

---

① 叶小文：《中国破解宗教问题的理论创新和时间探索》，中共中央党校出版社2014年版，第90页。
② 胡锦涛：《关于政治领域和社会领域五个方面的重大关系》（2006年7月10日），《胡锦涛文选》（第二卷），人民出版社2016年版，第479页。

活动的新动向，及时提出应对之策，不断增强工作的主动性和预见性"①。他在中共十六届四中全会第三次全体会议上指出，"境内外敌对势力为了达到其遏制中国、分裂中国、搞乱中国的政治图谋，频繁在宗教、人权和台湾、香港、西藏、新疆等问题上向我发难。各级党委和政府要按照中央的统一部署，严密防范和严厉打击境内外敌对势力和分裂势力的破坏活动"②。

在2006年全国统战工作会议上，胡锦涛一针见血地指出，国际敌对势力利用宗教进行渗透的目的，"不仅在于扩大某种宗教的影响，更在于在意识形态领域同我们争夺群众，从根本上动摇我们党的执政基础"。所以，必须认识到防止和抵御境外敌对势力利用宗教进行渗透的重要性，越是扩大对外开放，就"越要抵御渗透，越要把工作做好做实"。他还有针对性地提出了四个"结合起来"，即把抵御渗透同"加强爱国主义、集体主义、社会主义教育"结合起来，同"解决信教群众生产生活的实际困难"结合起来，同"提高全体人民的科学文化素质"结合起来，同"加强党的基层组织和基层政权建设"结合起来。③

关于积极引导宗教与社会主义社会相适应，胡锦涛首先强调了它的重要性和必要性：宗教既然在中国社会将长期存在，我们就要"正视它、引导它"，促使中国宗教界和信教群众"朝着与社会主义社会相适应的总方向前进"。在此基础上，他围绕怎么引导提出了"五个支持"，（1）支持宗教界"发扬爱国爱教、团结进步、服务社会的优良传统"；（2）支持宗教界"为民族团结、经济发展、社会进步、社会和谐、祖国统一多作贡献"；（3）支持宗教界"对宗教教义作出符合社会进步要求的阐释"；（4）支持宗教界"增进信教群众对党和政府的理解"；（5）支持宗教界"反对和抵制利用宗教进行危害社会主义祖国和人民利益的非法活动，使信教群众在

---

① 胡锦涛：《树立和落实科学发展观，进一步实施好西部大开发战略》（2004年3月5日），见《西藏工作文献选编（1949——2005）》，中央文献出版社2005年版，第620页。
② 胡锦涛：《做好当前党和国家的各项工作》（2004年9月19日），见《十六大以来重要文献选编》（中），中央文献出版社2006年版，第319—320页。
③ 胡锦涛：《关于政治领域和社会领域五个方面的重大关系》（2006年7月10日），见《胡锦涛文选》（第二卷），人民出版社2016年版，第480页。

全面建设小康社会的宏伟目标下最大限度地团结起来"。①

　　当然，宗教与社会主义社会相适应，离不开宗教界主动性和自觉性的发挥。2005 年 2 月 3 日，胡锦涛接受第十一世班禅额尔德尼拜见时强调，宗教与社会主义社会相适应，就是要"自觉遵守国家法律法规，努力维护社会稳定、民族团结和祖国统一，积极弘扬宗教教义中扬善抑恶、平等宽容、扶贫济困等与社会主义社会道德要求贴近的积极内容，自觉抵制破坏祖国统一、民族团结、宗教和睦的行为"。他还殷切希望十一世班禅"加强自身修养，适应时代发展和社会进步的要求"，"秉承佛教众生平等、慈悲为怀的理念，关注社会，心念众生，谦虚谨慎，护国利民"。② 这是对十一世班禅提出的要求，也是对整个中国宗教界的要求。

五、充分发挥宗教界人士和信教群众在促进经济社会发展中的积极作用，是促进宗教关系和谐的出发点和落脚点

　　谈到政党关系、民族关系、宗教关系、阶层关系和海内外同胞关系时，胡锦涛反复强调正确处理这些关系的重要性，并指出其目的就是要巩固和壮大最广泛的爱国统一战线，团结一切可以团结的力量，为建设中国特色社会主义、实现中华民族的伟大复兴提供强大力量支持。具体到宗教关系来说，积极主动做好宗教工作，保持和促进宗教关系的和谐，出发点和落脚点就是要发挥宗教界人士和广大信教群众在经济社会发展中的积极作用。

　　2007 年 12 月 18 日，胡锦涛主持中央政治局第二次集体学习时明确指出，要增强做好宗教工作的责任感和使命感，"努力把宗教界人士和信教群众紧紧团结在党和政府周围，切实发挥宗教界人士和信教群众在促进经

---

① 胡锦涛：《关于政治领域和社会领域五个方面的重大关系》（2006 年 7 月 10 日），见《胡锦涛文选》（第二卷），人民出版社 2016 年版，第 479—480 页。
② 胡锦涛：《希望第十一世班禅额尔德尼成为爱国爱教的典范》（2005 年 2 月 3 日），见《民族工作文献选编（2003——2009）》，中央文献出版社 2010 年版，第 55 页。

济社会发展中的积极作用"。① 在讲话中，胡锦涛还就怎样发挥宗教团体、
宗教界人士和广大信教群众的积极作用，提出了具体的要求。关于发挥宗
教团体的积极作用，强调要"帮助和指导他们增强自养能力，依法依章搞
好自我管理，反映信教群众意愿，切实维护宗教界合法权益"；关于发挥
宗教界人士的作用，强调要加强宗教教职人员队伍建设，"加大培养、选
拔、使用工作力度，努力造就一支政治上靠得住、学识上有造诣、品德上
能服众的合格宗教教职人员队伍"；关于发挥广大信教群众的积极作用，
强调要"深入进行爱国主义、集体主义、社会主义教育，进行社会主义荣
辱观教育，普及科学文化知识特别是现代科学知识，塑造理性平和、积极
向上的健康心态，使信教群众更好为中国特色社会主义事业贡献力量"。
胡锦涛还语重心长地说，党和政府要真心实意地关怀信教群众特别是生活
困难的信教群众，"帮助他们解决实际困难，组织和支持他们积极发展生
产、改善生活、勤劳致富"。②

关于发挥宗教界人士和广大信教群众的积极作用，胡锦涛还有很多重
要论述。比如，2009 年 9 月 20 日，他在庆祝中国人民政治协商会议成立
60 周年大会上指出，"要认真贯彻党的民族政策、宗教政策，充分发挥民
族、宗教界代表人士在人民政协中的作用，协助党和政府做好民族工作和
宗教工作，促进民族团结、宗教和睦、社会稳定"。③2010 年 5 月 17 日，
他在中央新疆工作座谈会上，联系 2009 年发生的乌鲁木齐"七·五"事
件，再次强调"要加强对宗教界人士的教育培训，培养一批政治上靠得
住、宗教上有造诣、群众中有威信、关键时刻起作用的爱国宗教代表人士
和骨干力量。""要积极引导宗教界做好解经和讲经工作，规范宗教界人
士讲经内容和形式，把伊斯兰教教义中含有和平、团结、爱国的思想贯

---

① 胡锦涛：《把宗教界人士和信教群众紧紧团结在党和政府周围》（2007 年 12 月 18 日），见《胡
    锦涛文选》（第三卷），人民出版社 2016 年版，第 22 页。
② 胡锦涛：《把宗教界人士和信教群众紧紧团结在党和政府周围》（2007 年 12 月 18 日），见《胡
    锦涛文选》（第三卷），人民出版社 2016 年版，第 24—25 页。
③ 胡锦涛：《人民政协是中国社会主义民主政治建设的伟大创造》（2009 年 9 月 20 日），见《胡
    锦涛文选》（第三卷），人民出版社 2016 年版，第 259 页。

穿到解经、讲经、学经之中，抵制和消除宗教极端思想的影响。"①2011年 10 月 18 日，中共十七届六中全会通过的关于深化文化体制改革、推动社会主义文化大发展大繁荣的《决定》也明确提出，要"全面贯彻党的宗教工作基本方针，发挥宗教界人士和信教群众在促进文化繁荣发展中的积极作用"②。

关于宗教在构建和谐社会中的作用，宗教界和社会各界也予以高度关注。比如，中国天主教爱国会主席、中国天主教主教团代主席傅铁山指出："以天主教来说，在其道德精神中有许多积极的主张，比如：主张爱国爱教，建设人间天国；主张相亲相爱，培养兄弟友情；主张以德报怨，化解矛盾；主张关爱弱者，服务他人；主张夫妻相爱，建设家庭；主张与人为善，与社会为善，与大自然为善。天主教认为，只有在实现了人与自然界真正的和谐相处之后，一个和谐的社会环境才可能真正实现。其他宗教中也有许多优良道德精神，这些都可以为和谐社会道德建设服务。"③中国当代作家王蒙也认为，"虽然世界上各大宗教的主张不同，但宗教道德中普遍包含着有利于和谐的因素，佛教讲'慈悲'，伊斯兰教讲'施舍'，基督教讲'宽容'，这些都可以用来为我们构建和谐社会服务"④。

宗教界人士和广大信教群众是建设中国特色社会主义的重要力量，可以在经济社会发展中发挥重要作用，这一点是确定无疑的。因此，我们要在爱国主义、社会主义的旗帜下，不断巩固和发展党同宗教界的爱国统一战线。对此，胡锦涛在香港、澳门的两次讲话，很有代表性。2004 年 12 月 20 日，他在庆祝澳门回归祖国五周年大会暨澳门特别行政区第二届政府就职典礼上指出："要在爱国爱澳的基础上，进一步促进社会各阶层、各界别、各群体的团结，保持和巩固社会和谐。不论是来自什么阶层、什

---

① 胡锦涛：《推动新疆跨越式发展和长治久安》(2010 年 5 月 17 日)，见《胡锦涛文选》(第三卷)，人民出版社 2016 年版，第 385 页。

②《中共中央关于深化文化体制改革推动社会主义文化大发展大繁荣若干重大问题的决定》(2011 年 10 月 18 日)，见《十七大以来重要文献选编》(下)，中央文献出版社 2013 年版，第 582 页。

③ 傅铁山：《宗教界应该成为构建社会主义和谐社会的积极力量》，载《光明日报》2007 年 1 月 8 日。

④ 王蒙：《从精神层面理解"和谐社会"》，载《外交评论 (外交学院学报)》2006 年第 2 期。

么界别的人，也不论其信仰什么主义、什么宗教，都可以也都应该在爱国爱澳、保持澳门长期繁荣稳定的大目标下团结起来。"①2007 年 6 月 30 日，他在香港特别行政区欢迎晚宴上再次强调："在香港这个多元化的社会，实现社会稳定发展，关键是要求同存异、包容共济、齐心协力。香港市民无论来自什么阶层、什么界别、什么团体，也无论信仰什么主义、什么宗教，都应该在爱国爱港的旗帜下紧密团结起来，在维护国家利益、维护香港整体利益的基础上共同奋斗。"②就全国宗教工作而言，就是要全面贯彻党的宗教工作基本方针，充分发挥宗教界人士和广大信教群众在促进经济社会发展中的积极作用。

六、小结

为了保证国家的长治久安，保证中国特色社会主义事业的顺利发展，中国共产党提出了构建"民主法治、公平正义、诚信友爱、充满活力、安定有序、人与自然和谐相处"的社会主义和谐社会的战略任务。构建社会主义和谐社会，要求最大限度地增加和谐因素，最大限度地减少不和谐因素，这必然要求保持和促进宗教关系以及政党关系、民族关系等重大关系的和谐，最大限度地激发社会活力。

保持和促进宗教关系和谐，既是一个重大的实践命题，又是一个重大的理论课题。从实践上说，它事关构建社会主义和谐社会的全局，事关中国特色社会主义事业的进程，事关党和国家的兴旺发达和长治久安，事关中华民族伟大复兴的事业。因此，我们必须全面贯彻党的宗教工作基本方针，努力保持和促进宗教关系的和谐，充分发挥宗教界人士和广大信教群众在促进经济社会发展中的积极作用。从理论上说，它是以胡锦涛为总书记的党中央推进马克思主义宗教观中国化和时代化的重要成果。有学者认为，这是"按照推动科学发展、促进社会和谐的新要求，向着创建'和谐

---

① 胡锦涛：《在庆祝澳门回归祖国五周年大会暨澳门特别行政区第二届政府就职典礼上的讲话》，载《人民日报》2004 年 12 月 21 日。
② 胡锦涛：《在香港特别行政区欢迎晚宴上的讲话》，载《人民日报》2007 年 7 月 1 日。

社会的宗教论'（即'社会主义和谐社会的宗教论'）稳步迈进"[1]。我们也可以说，它是中国共产党在这个历史时期认识和处理宗教问题新成果的集中体现，是对中国特色社会主义宗教理论的丰富和发展。

---

[1] "社会主义的宗教论"课题组：《和谐社会的宗教论》，宗教文化出版社 2010 年版，第 1 页。

第八章

最新成果：
习近平关于认识和处理宗教问题的论述

　　中共十八大以来，习近平立足于坚持和发展中国特色社会主义、实现中华民族伟大复兴的中国梦，就怎样认识和处理宗教问题，提出了很多新思想、新观点、新论断、新要求。① 这些重要论述是马克思主义宗教观中国化和时代化的新进展，是中国特色社会主义宗教理论的最新成果，是正确认识和处理宗教问题的思想武器和行动指南。②

一、站在坚持和发展中国特色社会主义的高度，强调积极引导宗教与社会主义社会相适应是关键所在，要求支持我国宗教坚持中国化方向

　　2013 年 1 月 5 日，在新进中央委员会的委员、候补委员学习贯彻中共

---

① 中共十八大以来，学习和研究习近平关于宗教工作的论述，已经取得了一些成果。比如，王作安：《共圆中国梦的宗教担当》，载《中国宗教》2013 年第 4 期；龚学增：《党的十八大以来中国特色社会主义宗教理论的新发展》，载《西北民族大学学报（哲学社会科学版）》2015 年第 5 期；孙春兰：《深入学习贯彻习近平总书记重要讲话精神，扎实做好新形势下宗教工作》，载《求是》2016年第 15 期；等等。比较而言，笔者力图系统地梳理习近平关于宗教问题的讲话和著述，进而分析他对马克思主义宗教观中国化和时代化的深邃思考，及其对中国特色社会主义宗教理论的新发展。
② 需要说明的是，习近平在福建、浙江、上海工作期间，就高度重视宗教工作，根据当地实际全面贯彻党的宗教工作基本方针，积累了宝贵的实践经验。笔者对习近平总书记在中共十八大之前关于宗教的论述进行了系统的梳理分析，认为其中很多理论见解和政策主张是十八大之后习近平关于宗教工作新思想新观点的源头。分析习近平宗教观的形成和发展过程，总结习近平关于宗教问题和宗教工作一以贯之的思想观点，还可以为我们深刻理解中国特色社会主义宗教理论随着实践而发展提供一个独特视角。

十八大精神研讨班上，习近平强调马克思主义"必定随着时代、实践和科学的发展而不断发展，不可能一成不变"，社会主义"从来都是在开拓中前进的"；坚持和发展中国特色社会主义"是一篇大文章，邓小平同志为它确定了基本思路和基本原则，以江泽民同志为核心的党的第三代中央领导集体、以胡锦涛同志为总书记的党中央在这篇大文章上都写下了精彩的篇章"；新一代中国共产党人的任务"就是继续把这篇大文章写下去"。[①]

正确认识和处理中国社会主义时期宗教问题，是这篇大文章的重要内容。在这个历史进程中，中国共产党没有视宗教为异己力量，而是坚持"政治上团结合作，信仰上互相尊重"的原则，积极引导宗教与社会主义社会相适应。在 2001 年全国宗教工作会议上，江泽民对此进行了深刻分析。他指出：中国是社会主义国家，中国宗教是在社会主义条件下存在和活动的；因此，中国宗教必须与社会主义社会相适应，这既是社会主义社会对中国宗教的客观要求，也是中国各宗教自身存在和发展的客观要求。进而，他阐释了"积极引导宗教与社会主义社会相适应"的基本内涵：它不是要求宗教界人士和信教群众"放弃宗教信仰"，而是要求他们"热爱祖国，拥护社会主义制度，拥护中国共产党的领导，遵守国家的法律法规和方针政策"；要求他们"从事的宗教活动要服从和服务于国家的最高利益和民族的整体利益"；支持他们"努力对宗教教义作出符合社会进步要求的阐释"；支持他们"同各族人民一道反对一切利用宗教进行危害社会主义祖国和人民利益的非法活动，为民族团结、社会发展和祖国统一多作贡献"。[②]简而言之，宗教必须与社会主义社会相适应，也能够与社会主义社会相适应，并为建设中国特色社会主义作出贡献。

在宗教工作中，习近平把"积极引导宗教与社会主义社会相适应"放在突出位置。2004 年 4 月 15 日，时任浙江省委书记的习近平在全省宗教工作座谈会上指出，"任何宗教都要适应其所处的社会和时代才能存在和

---

① 习近平：《关于坚持和发展中国特色社会主义的几个问题》（2013 年 1 月 5 日），见《十八大以来重要文献选编》（上），中央文献出版社 2014 年版，第 114 页。
②《论宗教问题》（2001 年 12 月 10 日），见《江泽民文选》（第三卷），人民出版社 2006 年版，第 387 页。

延续。宗教与社会主义社会相适应，既是我国社会主义社会对宗教的客观要求，也是我国各宗教自身存在和延续的客观要求。"他强调，积极引导宗教与社会主义社会相适应是"当前和今后宗教工作的重要任务之一"，"要与时俱进，认真处理好传统与时代、继承与发展、教情与国情的关系，在实践中不断探索引导宗教与社会主义社会相适应的工作思路和工作方式"。①

在这次会议上，习近平还强调，积极引导宗教与社会主义社会相适应，需要"从事统一战线和宗教工作的同志作出努力"，也需要"宗教界自身作出努力"。②也就是说，既要发挥各级党委和政府的重要作用，也要宗教界自身的主动性和创造性。这两方面，是相辅相成的。

就各级党委和政府的责任，习近平指出，主要是引导宗教界人士和广大信教群众"不断增强接受党的领导和走中国特色社会主义道路的坚定性，自觉抵御境外渗透活动，为维护民族团结、社会稳定和祖国统一服务"；"努力学习现代科学知识，提高文化教育水平，为建立科学、健康、文明的新生活方式服务"；"努力发展生产，改善生活，把智慧和力量凝聚到全面建设小康社会的宏伟目标上来"。③

就宗教界自身的主动性和创造性，习近平充分肯定浙江宗教界开展"情系西部献爱心"、"情系社会献爱心"、"我为小康作贡献"等一系列活动的成绩，要求鼓励和支持宗教界"继续发扬爱国爱教、团结进步、服务社会的优良传统，在积极与社会主义社会相适应方面不断迈出新步伐，使宗教与我国社会和睦相处，各宗教之间和睦相处，使信教群众同不信教群众、信仰不同宗教的群众，在全面建设小康社会的宏伟目标下最大限度地

---

① 习近平：《干在实处，走在前列——推进浙江新发展的思考与实践》，中共中央党校出版社2006年版，第220页。

② 习近平：《干在实处，走在前列——推进浙江新发展的思考与实践》，中共中央党校出版社2006年版，第220页。

③ 习近平：《干在实处，走在前列——推进浙江新发展的思考与实践》，中共中央党校出版社2006年版，第220页。

团结起来"。①

对"积极引导宗教与社会主义社会相适应"这两个方面的要求，习近平还有很多重要的论述。比如，2007 年 8 月 16 日，时任上海市委书记的习近平在宗教工作专题会上，就"积极引导"提出了针对性很强的内容。他指出：各级党和政府要认真贯彻党的宗教工作方针，"着眼促进社会和谐，努力挖掘和弘扬宗教教义、宗教道德和宗教文化中有利于社会发展、时代进步和健康文明的内容，鼓励宗教界多做善行善举，鼓励广大信教群众追求良好的道德目标，努力促进信教与不信教群众的和睦相处，维护不同宗教之间与宗教内部的团结"②。

又如，习近平对宗教界的"主动适应"极为重视。早在 1997 年 11 月 18 日，福建省首次举行宗教界为四化服务先进典型表彰会，时任福建省委副书记的习近平在会上说："国盛才能教兴，宗教要主动与社会主义社会相适应。这首先是要把自己的宗教事务办好，为维护社会安定稳定服务，同时还要升华到引导宗教为建设有中国特色社会主义事业作贡献的高度。宗教界为社会主义四化建设服务，关键是要有爱国爱教的精神，爱国才能爱教，只有这样，宗教界在两个文明建设中才能找准位置，明确责任，发挥出自己的优势。"③

习近平考察宗教场所时，常常勉励宗教界人士和信教群众迈出"主动适应"的步伐。2011 年 7 月 20 日，他在拉萨大昭寺看望慰问宗教界爱国人士时，鼓励他们"认真学习党的宗教政策和国家的法律法规，精进学识提高修养，以信为本、以戒为师，自觉承担社会责任，主动引导宗教与社会主义社会相适应，为西藏经济社会发展、社会和谐稳定继续贡献力量"④。

2014 年 4 月 28 日，习近平在新疆疏附县托克扎克镇阿亚格曼干村考

---

① 习近平：《干在实处，走在前列——推进浙江新发展的思考与实践》，中共中央党校出版社 2006 年版，第 219—220 页。
② 参见《习近平要求积极引导宗教与社会主义社会相适应》，载《解放日报》2007 年 8 月 17 日。
③ 参见《我省举行宗教界为四化服务先进典型表彰会》，载《福建日报》1997 年 11 月 19 日。
④ 参见《习近平看望慰问西藏宗教界爱国人士》，载《人民日报》2011 年 7 月 21 日。

察时，村里清真寺的伊玛目吐尔逊·马来提介绍说，"自己平时在讲经解经时注意宣讲党的好政策，让群众更好理解"。习近平肯定"这种做法很好"，并说："宗教要与社会主义社会相适应，积极宣扬有益于社会主义建设的好的理念，让人民过上幸福美好的生活。在社会主义大家庭里，只有民族团结、宗教和谐，各项事业才能蒸蒸日上。"①

2015 年 5 月，习近平在中央统战工作会议上，就积极引导宗教与社会主义社会相适应的基本要求提出了内容丰富、精辟深刻的四个"必须"，即"必须坚持中国化方向""必须提高宗教工作法治化水平""必须辩证看待宗教的社会作用""必须重视发挥宗教界人士作用"。与此同时，他还明确指出做好"引导"工作，主要是"引导宗教努力为促进经济发展、社会和谐、文化繁荣、民族团结、祖国统一服务"。② 这就为新的历史起点上进一步引导宗教与社会主义社会相适应提供了指导方向。

2016 年 4 月，习近平在全国宗教工作会议上，总结新的实践经验，强调做好宗教工作，把党的宗教工作基本方针坚持好，"关键是要在'导'上想得深、看得透、把得准，做到'导'之有方、'导'之有力、'导'之有效，牢牢掌握宗教工作主动权"。他还对积极引导宗教与社会主义社会相适应的丰富内涵作出新的概括，主要是引导信教群众（1）"热爱祖国、热爱人民，维护祖国统一，维护中华民族大团结，服从服务于国家最高利益和中华民族整体利益"；（2）"拥护中国共产党领导、拥护社会主义制度，坚持走中国特色社会主义道路"；（3）"积极践行社会主义核心价值观，弘扬中华文化，努力把宗教教义同中华文化相融合"；（4）"遵守国家法律法规，自觉接受国家依法管理"；（5）"投身改革开放和社会主义现代化建设，为实现中华民族伟大复兴的中国梦贡献力量"。③

在 2016 年全国宗教工作会议上，习近平对"必须坚持中国化方向"

---

① 参见《把祖国的新疆建设得越来越美好——习近平总书记新疆考察纪实》，载《人民日报》2014 年 5 月 4 日。
② 参见《巩固发展最广泛的爱国统一战线，为实现中国梦提供广泛力量支持》，载《人民日报》2015 年 5 月 21 日。
③ 参见《发展中国特色社会主义宗教理论，全面提高新形势下宗教工作水平》，载《人民日报》2016 年 4 月 24 日。

作出了更深刻的论述，提出了更明确的要求。他强调，支持我国宗教坚持中国化方向，是积极引导宗教与社会主义社会相适应的一个重要任务，并指出其基本要求："用社会主义核心价值观来引领和教育宗教界人士和信教群众，弘扬中华民族优良传统，用团结进步、和平宽容等观念引导广大信教群众，支持各宗教在保持基本信仰、核心教义、礼仪制度的同时，深入挖掘教义教规中有利于社会和谐、时代进步、健康文明的内容，对教规教义作出符合当代中国发展进步要求、符合中华优秀传统文化的阐释。"① 这些要求既是积极引导宗教与社会主义社会相适应的应有之义，也为提高宗教与社会主义社会相适应的广度和深度明确了方向。

二、站在实现中华民族伟大复兴的高度，强调要巩固和发展中国共产党同宗教界的统一战线，发挥宗教界人士和信教群众在促进经济社会发展中的积极作用

"众人拾柴火焰高"。在革命、建设和改革各个历史时期，中国共产党都注意发展同宗教界的统一战线。1940 年 1 月，毛泽东指出，中国共产党员"可以和某些唯心论者甚至宗教徒建立在政治行动上的反帝反封建的统一战线"。② 1962 年 4 月，周恩来强调宗教信仰是个人思想认识问题，"并不妨碍我们整个人民民主统一战线的扩大和团结，并不妨碍我们祖国的社会主义建设"③。中共中央 1982 年 19 号文件再次指出："在世界观上，马克思主义同任何有神论都是对立的；但是在政治行动上，马克思主义者和爱国的宗教信徒却完全可以而且必须结成为社会主义现代化建设共同奋斗的

---

① 参见《发展中国特色社会主义宗教理论，全面提高新形势下宗教工作水平》，载《人民日报》2016 年 4 月 24 日。

②《新民主主义论》（1940 年 1 月），见《毛泽东选集》（第二卷），人民出版社 1991 年版，第707 页。

③《我国人民民主统一战线的新发展》（1962 年 4 月 18 日），见《周恩来选集》（下卷），人民出版社 1984 年版，第 401 页。

统一战线。"①

对宗教界人士和信教群众在社会主义现代化建设中的积极作用，习近平有着深刻的认识。在福建、浙江、上海工作期间，他都高度重视中国共产党同宗教界的统一战线，注意调动和发挥宗教方面的力量。

1999 年 10 月，习近平在《宗教：世纪之交的多视角思维——福建省宗教研究会论文集（三）》序言中指出，福建省广大宗教界人士"拥护中国共产党的领导，自觉服从、服务于国家的大局，积极协助党和政府贯彻落实宗教政策，在维护社会稳定、民族团结、促进祖国统一、投身社会主义两个文明建设、开展国际友好交往等方面做了大量有益的工作"；"宗教界的人大代表、政协委员活跃在各级人大、政协中，参政议政，建言献策，对我省的改革开放和现代化建设发挥了积极作用"；五大宗教的百万信教群众是"社会主义建设事业中一支不可忽视的重要力量。他们和其他不信教的群众一样，在各条战线上辛勤地工作着，为我省的社会主义现代化建设贡献着他们的聪明才智"。②

2002 年 6 月 28 日，时任福建省省长的习近平在接受《中国宗教》杂志采访时，再次强调宗教界人士和信教群众是建设中国特色社会主义的重要力量。他指出，"福建省可统计的五大宗教教徒有 104 万人，还有人数众多无法统计的佛道教和民间信仰的善男信女，他们也是福建省建设有中国特色社会主义的可以信赖的力量，把这部分力量团结、引导到福建省现代化建设的宏伟目标上来，既是巩固和发展福建省爱国统一战线的需要，也是巩固和扩大党的群众基础，增强党在广大信教群众中的凝聚力、吸引力的需要。我们在对待和处理宗教问题时心中一定要有这个大局。"③

2006 年 4 月 13 日，时任浙江省委书记的习近平在首届世界佛教论坛开幕式上致辞说，新中国成立后特别是改革开放以来，"佛教在促进浙江

---

① 《关于我国社会主义时期宗教问题的基本观点和基本政策》（1982 年 3 月），见《新时期宗教工作文献选编》，宗教文化出版社 1995 年版，第 62 页。

② 福建省宗教研究会编：《宗教：世纪之交的多视角思维——福建省宗教研究会论文集（三）》，厦门大学出版社 2000 年版，第 1—2 页。

③ 参见《努力做好新世纪初的福建宗教工作——访福建省省长习近平》，载《中国宗教》2002 年第 4 期。

经济社会发展特别是促进社会和谐中，发挥了积极作用"。"我们将一如既往地全面贯彻宗教信仰自由政策，支持宗教在促进社会和谐、促进文化繁荣、促进人的全面发展中作出应有贡献。让我们为创造一个更加和谐、更加美好的世界而共同努力。"①

2007 年 8 月 16 日，时任上海市委书记的习近平同宗教界代表人士座谈时指出，各宗教团体和宗教界人士要"坚持爱国爱教，为维护民族团结、促进祖国统一多作贡献。坚持服务大局，充分发挥宗教在促进社会和谐、增进社会团结方面的积极作用，把服务经济社会发展作为自身工作的重要内容，加强宗教团体的自身建设，不断提高教职人员的素质和能力，继续发挥各自的特色和优势，弘扬厚德载物、协和万邦的和谐之风，努力为构建社会主义和谐社会、推动上海经济社会全面协调发展作出新的贡献"②。

2011 年 7 月，习近平率中央代表团出席西藏和平解放 60 周年庆祝活动期间，多次看望慰问宗教界人士，勉励他们为建设社会主义新西藏和全面建设小康社会贡献力量。7 月 18 日，习近平专程看望了宗教界著名爱国人士帕巴拉·格列朗杰。7 月 20 日，他来到大昭寺看望慰问宗教界爱国人士，指出："长期以来，广大宗教界人士积极发挥作用，为维护西藏稳定、祖国统一、民族团结作出的贡献，党和政府不会忘记。""宗教界人士一如既往地与党和政府同心同德，高举爱国主义旗帜，继承和发扬爱国爱教、护国利民的优良传统，自觉与分裂势力划清界限，为西藏的跨越式发展，为人民生活水平的提高，为祖国繁荣昌盛作出新的贡献。"7 月 22 日，他又来到扎什伦布寺参观，称赞"扎什伦布寺秉承十世班禅大师的遗志，成为爱国爱教、护国利民的典范"，再次指出："广大宗教界人士发扬藏传佛教爱国主义优良传统，继续加强自身修养，积极承担社会责任，自觉维护祖国统一和民族团结，为西藏同全国一道实现全面建设小康社会目标作出积极贡献"③。

① 参见《世界佛教高僧会聚杭州共祈世界和谐》，载《浙江日报》2006 年 4 月 14 日。
② 参见《习近平要求积极引导宗教与社会主义社会相适应》，载《解放日报》2007 年 8 月 17 日。
③ 参见《雪域欢歌颂和谐——习近平率中央代表团出席西藏和平解放 60 周年庆祝活动》，《中国宗教》2011 年第 8 期。

中共十八大召开后，习近平提出了实现中华民族伟大复兴的中国梦，并明确要求团结宗教界人士和信教群众为这个伟大梦想共同奋斗。2013年1月1日，他在全国政协新年茶话会上指出："发挥人民政协协调关系、汇聚力量、建言献策、服务大局的重要作用，促进政党关系、民族关系、宗教关系、阶层关系、海内外同胞关系的和谐，最大限度调动一切积极因素，共同致力于实现中华民族伟大复兴。"①2013年3月17日，习近平在第十二届全国人民代表大会第一次会议上强调："我们要巩固和发展最广泛的爱国统一战线，加强中国共产党同民主党派和无党派人士团结合作，巩固和发展平等团结互助和谐的社会主义民族关系，发挥宗教界人士和信教群众在促进经济社会发展中的积极作用，最大限度团结一切可以团结的力量。"②2014年2月18日，习近平会见中国国民党荣誉主席连战及随访的台湾各界人士时，强调"两岸同胞要相互扶持，不分党派，不分阶层，不分宗教，不分地域，都参与到民族复兴的进程中来，让我们共同的中国梦早日成真"③。

对于宗教界人士和信教群众积极投入到实现中国梦的伟大事业中，习近平寄予了殷切的期望。2014年4月30日，他在新疆乌鲁木齐同20位宗教人士代表座谈时，语重心长地说：我们要"把新疆建设得越来越美好，让新疆各族群众生活得越来越好，就不能让新疆陷入动荡、陷入倒退"。这是"党和政府的责任，也是新疆广大宗教界人士的责任"。习近平表示，他相信新疆宗教界人士"一定能够深明大义、站稳立场，从自己的职责出发，为祖国和新疆改革发展稳定作出新的贡献"。④

在2016年全国宗教工作会议上，习近平进一步指出：在爱国主义、社会主义旗帜下，同宗教界结成统一战线，是党"处理宗教问题的鲜明特色和政治优势"。要坚持政治上团结合作、信仰上相互尊重这一原则，"多

---

① 习近平：《在全国政协新年茶话会上的讲话》，载《人民日报》2013年1月2日。
② 习近平：《在第十二届全国人民代表大会第一次会议上的讲话》，载《人民日报》2013年3月18日。
③ 习近平：《共圆中华民族伟大复兴的中国梦》，载《人民日报》2014年2月19日。
④ 参见《把祖国的新疆建设得越来越美好——习近平总书记新疆考察纪实》，载《人民日报》2014年5月4日。

接触、多谈心、多帮助，以理服人，以情感人，通过解决实际困难吸引人、团结人"，更好组织和凝聚广大信教群众同全国人民一道，为实现中华民族伟大复兴的中国梦而奋斗。①

三、站在党和国家工作全局的高度，强调宗教工作关系党的执政前途和命运，指出宗教工作本质上是群众工作，要求各方面形成宗教工作的强大合力

妥善处理宗教问题，认真做好宗教工作，首先要在思想上重视宗教工作，将之作为党和国家工作的重要组成部分。2002年6月28日，习近平在接受《中国宗教》杂志采访时强调，"密切关注宗教问题，认真做好宗教工作，已经成为新世纪初党和政府工作中重要的组成部分"，各级党委和政府都要"把宗教工作作为一项重要的工作常抓不懈"。②

2004年4月15日，时任浙江省委书记的习近平在全省宗教工作座谈会上进一步指出：宗教工作是"一个关系党的执政前途和命运的全局性和战略性的工作"；因此，必须站在政治和全局的高度，"充分认识宗教问题的特殊复杂性，积极稳妥地做好宗教工作"。他还强调：在新的历史条件下做好宗教工作，"不仅是一个对宗教事务管理的问题，也不仅是一个对宗教界人士和信教群众的统一战线问题"，它"对于密切党同人民群众的血肉联系，推动三个文明建设，加强民族团结和保持社会稳定都有着不容忽视的重要意义"。③

宗教工作在民族地区的重要性，更加显著。2008年4月，习近平在宁夏考察工作时强调："在民族自治地区，切实加强民族宗教工作，对巩固民族团结、促进社会和谐、推动经济发展尤为重要。要全面贯彻党

① 参见《发展中国特色社会主义宗教理论，全面提高新形势下宗教工作水平》，载《人民日报》2016年4月24日。
② 参见《努力做好新世纪初的福建宗教工作——访福建省省长习近平》，载《中国宗教》2002年第4期。
③ 习近平：《干在实处，走在前列——推进浙江新发展的思考与实践》，中共中央党校出版社2006年版，第218页。

的民族宗教政策，进一步落实民族区域自治法和宗教事务条例，不断巩固和发展党同宗教界的爱国统一战线，着力维护和加强民族团结，充分发挥各族干部在改革发展稳定中的骨干和表率作用。"①2014年4月，习近平在新疆考察时明确指出，"新疆最大的群众工作就是民族团结和宗教和谐"②。

习近平不仅高度重视宗教工作，而且提出了系统的工作思路。他认为，要做好宗教工作，要发挥各方面的力量，更要把这些力量凝聚起来，就是"要形成宗教工作的强大合力，在党委领导下，动员各方面力量共同做好工作"。③

对各级党委和政府，习近平提出要切实"把宗教工作摆上重要议事日程"。无论何时都要"以高度的政治责任感，切实加强对宗教工作的领导，定期研究、部署和检查宗教工作，特别是要注意及时发现新情况、解决新问题"。他还强调，宗教工作者必须"不断提高对当代马克思主义宗教观的认识水平，不断提高贯彻执行党的宗教政策的自觉性，不断提高新形势下正确处理宗教问题的能力"。④

立足于中国的实际情况，习近平要求完善宗教工作的体制机制，健全宗教事务管理的网络，特别是要切实做好基层宗教工作。2002年3月，时任福建省省长的习近平在全省宗教工作会议上指出，要建立健全"县乡村三级宗教事务管理网络，推行乡村两级宗教工作目标管理责任制，形成分工负责、密切配合、齐抓共管、常抓不懈的宗教工作新机制"⑤。在接受《中国宗教》杂志采访时，他进一步指出，"广大信教群众生活在基层，因此宗教工作的主要任务在基层，工作重点在基层，难点问题也在基层"。他强调，做好基层宗教工作的关键是"落实基层党政做好宗教工作的责

---

① 参见《领导干部要干干净净干事》，载《人民日报》2008年4月11日。
②《把祖国的新疆建设得越来越美好——习近平总书记新疆考察纪实》，载《人民日报》2014年5月4日。
③ 参见《习近平要求积极引导宗教与社会主义社会相适应》，载《解放日报》2007年8月17日。
④ 参见《努力做好新世纪初的福建宗教工作——访福建省省长习近平》，载《中国宗教》2002年第4期。
⑤ 参见《省委省政府召开全省宗教工作会议》，载《福建日报》2002年3月24日。

任"，要建立健全"各级特别是县、乡（镇）、村三级宗教事务管理网络，推行乡（镇）、村两级宗教工作目标管理责任制。各县（市、区）政府要明确各乡（镇、街道）、村（居）宗教工作的目标责任，形成分工负责、密切配合、齐抓共管、常抓不懈的宗教工作新机制"。要将"具有较高政治素质和较高政策、文化水平的年轻干部，充实到宗教工作部门来，切实建设一支精干、高效、务实、过硬的宗教干部队伍"。①

在宗教工作中，习近平还非常重视宗教团体和宗教界人士的作用。1997 年 9 月 5 日，时任福建省委副书记的习近平会见福建省五大宗教团体负责人时指出，爱国宗教团体要"充分发挥桥梁和纽带作用，协助党和政府贯彻执行宗教信仰自由政策，帮助信教群众和宗教界人士提高爱国主义和社会主义觉悟，代表和维护宗教界的合法权益，组织正常的宗教活动，办好教务"②。在接受《中国宗教》杂志采访时，他再次强调"要充分发挥爱国宗教团体联系、团结、教育宗教界人士和信教群众的桥梁和纽带作用，推动各级爱国宗教团体加强思想建设、组织建设和制度建设。支持和帮助宗教团体通过多种形式、多种渠道培养和教育爱国爱教、具有较高宗教造诣和能广泛联系信教群众的中青年教职人员。推动各宗教团体坚持正确的办学方向，加强宗教院校的思想政治工作"③。

2007 年 8 月 16 日，时任上海市委书记的习近平在宗教工作专题会上进一步指出："要抓紧培养爱国宗教力量，做好宗教界代表人士的工作，努力造就一支政治上靠得住、学识上有造诣、品德上能服众的宗教代表人士队伍。要高度重视加强宗教团体的自身建设，积极引导各宗教团体坚持独立自主自办原则，依照国家有关法律法规和团体章程的规定，建立健全各项自我管理制度，提高管理水平，实现民主办教，不断增强宗教团体对信徒的凝聚力和感召力，使宗教团体真正成为党和政府联系、团结、教育

---

① 参见《努力做好新世纪初的福建宗教工作——访福建省省长习近平》，载《中国宗教》2002 年第 4 期。
② 参见《习近平会见省各宗教团体负责人》，载《福建日报》1997 年 9 月 7 日。
③ 参见《努力做好新世纪初的福建宗教工作——访福建省省长习近平》，载《中国宗教》2002 年第 4 期。

宗教界人士和信教群众的桥梁。"①

需要强调的是，习近平经常指出"宗教工作本质上是群众工作"。②这一点对于做好宗教工作，至关重要。2004 年 4 月 15 日，时任浙江省委书记的习近平在全省宗教工作座谈会上指出："必须深刻认识到，在社会主义的历史条件下，信教群众和不信教群众在根本利益上的一致性，远远大于信仰上的差异性，绝不能把这种信仰上的差异引导到政治上的对立上去。"③他还强调，中国共产党"代表中国最广大人民的根本利益，当然也包括广大信教群众的合法利益。"④

在 2016 年全国宗教工作会议上，习近平进一步阐述宗教工作是中国特色社会主义事业的重要组成部分，强调宗教问题"始终是我们党治国理政必须处理好的重大问题"，宗教工作"在党和国家工作全局中具有特殊重要性，关系中国特色社会主义事业发展，关系党同人民群众的血肉联系，关系社会和谐、民族团结，关系国家安全和祖国统一"。为做好新形势下宗教工作，他要求各级党委不断提高"处理宗教问题能力，把宗教工作纳入重要议事日程，及时研究宗教工作中的重要问题，推动落实宗教工作决策部署"；"统战部门要负起牵头协调责任，宗教工作部门要担负起依法管理责任，各有关部门及工会、共青团、妇联、科协等人民团体要齐抓共管，共同做好宗教工作"；党的基层组织特别是宗教工作任务重的地方基层组织，"要切实做好宗教工作，加强对信教群众的工作"。⑤

---

① 参见《习近平要求积极引导宗教与社会主义社会相适应》，载《解放日报》2007 年 8 月 17 日。
② 参见《巩固发展最广泛的爱国统一战线，为实现中国梦提供广泛力量支持》，载《人民日报》2015 年 5 月 21 日。
③ 习近平：《干在实处，走在前列——推进浙江新发展的思考与实践》，中共中央党校出版社 2006 年版，第 219—220 页。
④ 习近平：《干在实处，走在前列——推进浙江新发展的思考与实践》，中共中央党校出版社 2006 年版，第 219 页。
⑤ 参见《发展中国特色社会主义宗教理论，全面提高新形势下宗教工作水平》，《人民日报》2016 年 4 月 24 日。

四、站在建设社会主义法治国家的高度，强调处理宗教问题的基本原则是"保护合法、制止非法、遏制极端、抵御渗透、打击犯罪"，要求不断提高宗教工作法治化水平

首先要说明一点，"依法管理宗教事务"是党的宗教工作基本方针的一部分。鉴于习近平对这个问题的高度重视，并发表了很多精辟的论述，特别是在 2016 年全国宗教工作会议上强调"提高宗教工作法治化水平，用法律规范政府管理宗教事务的行为，用法律调节涉及宗教的各种社会关系"。① 所以，单列一节进行分析。

进入改革开放历史新时期，中国共产党总结历史经验，并结合新的实践要求，形成了党的宗教工作基本方针，即人们常说的"四句话"："全面贯彻党的宗教信仰自由政策，依法管理宗教事务，坚持独立自主自办的原则，积极引导宗教与社会主义社会相适应"。习近平认为，做好宗教工作，关键是要正确理解、全面把握这个基本方针。2004 年 4 月 6 日，时任浙江省委书记的习近平在杭州专题调研民族宗教工作时，专门对这"四句话"进行了阐释。全面贯彻党的宗教信仰自由政策，就要"既尊重群众信仰宗教的自由，也尊重群众不信仰宗教的自由，深刻认识信教群众和不信教群众在根本利益上的一致性，使信教群众同不信教群众、信仰不同宗教的群众在全面建设小康社会、提前基本实现现代化的宏伟目标下，最大限度地团结起来，共同创造和谐美好的社会"；依法管理宗教事务，就要"保护合法，制止非法，抵御渗透，打击犯罪"；积极引导宗教与社会主义社会相适应，就要"鼓励和支持宗教界继续发扬爱国爱教、团结进步、服务社会的优良传统，充分利用有利条件和积极因素，努力化解不利条件和消极因素"；坚持独立自主自办原则，就要"加强爱国宗教团体自身建设，切

---

① 参见《发展中国特色社会主义宗教理论，全面提高新形势下宗教工作水平》，载《人民日报》2016 年 4 月 24 日。

实解决宗教领域存在的问题，不断提高宗教工作水平"。①

在推动宗教工作的实践中，习近平格外重视法治思维和法治方式，要求在法治的框架下开展宗教工作。2002 年 6 月 28 日，时任福建省省长的习近平在接受《中国宗教》杂志采访时强调，依法对宗教事务进行管理"是政府管理社会事务的重要职责"。对宗教领域涉及国家利益、社会公共利益的事项和行为，必须依法进行管理。至于如何"加强"，包括："做好有关宗教法律法规的宣传贯彻工作，为依法管理宗教事务营造良好氛围"；"依法加强对宗教活动场所的规范管理，扎实做好依法登记和年检工作"；"努力提高依法管理宗教事务的水平，改善管理、科学管理，切实保护正常宗教活动的有序进行，维护宗教界的合法权益，抵御境外利用宗教进行的渗透，打击利用宗教进行的违法犯罪活动"；"加快福建省地方性宗教法规的立法步伐，抓紧研究修订《福建省宗教事务条例》，尽快颁布实施"。②

关于依法对宗教事务进行管理，习近平始终强调正反两个方面。一方面，要保护合法；另一方面，要制止非法，对打着宗教旗号的违法犯罪行为，更要严厉打击。2004 年 4 月 15 日，时任浙江省委书记的习近平在全省宗教工作座谈会上指出，"宗教事务作为社会事务的一部分，政府必须依法进行管理。要保护合法，制止非法，抵御渗透，打击犯罪。"③2014 年 5 月 28 日，习近平在第二次中央新疆工作座谈会上指出，处理宗教问题的基本原则就是："保护合法、制止非法、遏制极端、抵御渗透、打击犯罪"。④

保护合法，就是要保护宗教信仰自由的权利，保护宗教界人士和信教群众的合法权益。2005 年 12 月 22 日，时任浙江省委书记的习近平在全省

① 参见《全面贯彻党的民族宗教工作基本方针，扎实做好我省民族宗教工作》，载《浙江日报》2004 年 4 月 7 日。
② 参见《努力做好新世纪初的福建宗教工作——访福建省省长习近平》，载《中国宗教》2002 年第 4 期。
③ 习近平：《干在实处，走在前列——推进浙江新发展的思考与实践》，中共中央党校出版社 2006 年版，第 219 页。
④ 参见《坚持依法治疆团结稳疆长期建疆，团结各族人民建设社会主义新疆》，载《人民日报》2014 年 5 月 30 日。

民族工作会议暨第三次全省民族团结进步表彰大会上指出，"要教育和引导全省人民充分尊重少数民族风俗习惯和宗教信仰，视情况满足少数民族在节庆、饮食、丧葬等方面的需要，注意保护和弘扬少数民族文化"①。习近平是这样说的，也是这么做的。2014 年 4 月 30 日，他考察新疆乌鲁木齐洋行清真寺时，"按照伊斯兰教的礼仪，脱鞋走进大殿"②。2014 年 5 月 28 日，习近平在第二次中央新疆工作座谈会上进一步指出，"要依法保障信教群众正常宗教需求，尊重信教群众的习俗，稳步拓宽信教群众正确掌握宗教常识的合法渠道"③。

保护合法，必然要求制止非法，这是辩证统一的两个方面。1997 年 4 月 7 日，时任福建省委副书记的习近平在全省宗教工作会议上强调，要全面地正确地贯彻党的宗教政策，严格划清三个界限，即"爱国宗教团体与非法宗教组织的界限，正常宗教活动与非法宗教活动的界限以及宗教、民间信仰、封建迷信活动三者之间的界限"。他指出，"要采取有力措施，坚决取缔各种非法宗教组织，坚决刹住滥建庙宇和佛（神）像之风，对民间信仰活动进行正确的引导和管理，并妥善解决落实宗教政策方面存在的一些历史遗留问题"④。

2002 年 3 月，时任福建省省长的习近平在全省宗教工作会议上再次指出，要搞好宗教法规的宣传贯彻工作，并加快地方性宗教法规的立法，"努力提高依法管理宗教事务的水平，坚决改变一些地方对宗教事务不愿管、不敢管、不会管和无人管理的状况"。他强调，要"继续加强对宗教活动场所的规范管理，坚决制止一些地方在开展旅游和经济、文化活动中宣扬宗教或封建迷信的现象，刹住有些党员干部违反规定公开或暗中支持

---

① 习近平：《干在实处，走在前列——推进浙江新发展的思考与实践》，中共中央党校出版社 2006 年版，第 217 页。

② 参见《把祖国的新疆建设得越来越美好——习近平总书记新疆考察纪实》，载《人民日报》 2014 年 5 月 4 日。

③ 参见《坚持依法治疆团结稳疆长期建疆，团结各族人民建设社会主义新疆》，载《人民日报》 2014 年 5 月 30 日。

④ 参见《全省宗教工作会议在榕举行》，载《福建日报》1997 年 4 月 10 日。

修建寺庙，大搞宗教活动或封建迷信的歪风"。①

习近平认为，利用宗教进行的非法活动，尽管打着宗教的旗号，但不属于宗教问题，而是违法犯罪行为，必须严厉打击。2004年3月30日，时任浙江省委书记的习近平在全省建设"平安浙江"动员大会上指出，建设"平安浙江"的首要任务是确保政治安全，包括"境内外敌对势力渗透、颠覆、间谍、破坏活动得到有效防范，'法轮功'等邪教组织犯罪得到有力惩治，境外宗教势力渗透、利用宗教进行的非法活动得到遏制"。②2005年12月22日，他在全省民族工作会议暨第三次全省民族团结进步表彰大会上更加明确地指出，"对属于违法犯罪的，不论涉及哪个民族、信仰何种宗教，都要依法处理，同时注意方法策略"③。

对于以宗教为旗号的极端主义和恐怖活动，习近平更是反复强调要依法严厉打击。2014年4月25日，中共中央政治局就切实维护国家安全和社会安定进行第十四次集体学习。习近平在主持学习时强调，"暴力恐怖活动漠视基本人权、践踏人道正义，挑战的是人类文明共同的底线，既不是民族问题，也不是宗教问题，而是各族人民的共同敌人"。"要发挥爱国宗教人士作用，加强对信教群众的正面引导，既满足他们正常宗教需求，又有效抵御宗教极端思想的渗透"。④2014年9月12日，习近平在塔吉克斯坦首都杜尚别举行的上海合作组织成员国元首理事会第十四次会议上指出，"面对本地区宗教极端主义沉渣泛起、'恐''毒'合流愈演愈烈的严峻形势"，"我们应该继续完善执法安全合作体系，健全现有合作机制，全方位提升各国执法机关维稳控局能力"，"应该以打击宗教极端主义和网络恐怖主义为重点，着力铲除、封堵恐怖极端思想的根源和传播渠道，加强

---

① 参见《省委省政府召开全省宗教工作会议》，载《福建日报》2002年3月24日。
② 习近平：《干在实处，走在前列——推进浙江新发展的思考与实践》，中共中央党校出版社2006年版，第199页。
③ 习近平：《干在实处，走在前列——推进浙江新发展的思考与实践》，中共中央党校出版社2006年版，第217页。
④ 参见《切实维护国家安全和社会安定，为实现奋斗目标营造良好社会环境》，载《人民日报》2014年4月27日。

对其渗透的防范和监控"。①

2014 年 10 月 23 日，中共十八届四中全会通过的《中共中央关于全面推进依法治国若干重大问题的决定》，对全面推进依法治国进行了系统部署，标志着法治中国建设揭开了新的篇章。这份纲领性文献鲜明地强调，要"依法妥善处置涉及民族、宗教等因素的社会问题，促进民族关系、宗教关系和谐"。还提出，要"依法严厉打击暴力恐怖、涉黑犯罪、邪教和黄赌毒等违法犯罪活动"；要"积极参与执法安全国际合作，共同打击暴力恐怖势力、民族分裂势力、宗教极端势力和贩毒走私、跨国有组织犯罪"。②当法治思维和法治方式成为处理宗教问题的常态，无论是宗教信仰自由的权利，还是宗教关系的和谐，都有了极其重要的制度保证。2014 年 12 月 26 日，刘延东在《宗教事务条例》公布 10 周年座谈会上强调，要"全面落实党的宗教工作基本方针，牢固树立法治思维和法治观念，坚持在法治轨道上推进宗教工作，提高依法管理宗教事务的水平"。③

五、站在人类文明发展的高度，强调宗教是文化的重要组成部分，倡导不同文明、不同宗教交流互鉴、取长补短、共同进步

宗教是人类文化的重要组成部分，对人类文明的发展进步产生了深远影响。在中国历史上，佛教、道教和儒家文化互相交流、碰撞、融合，构成相辅相成、共存共荣的格局，可谓中国传统文化不可分割的三大部分。

中国共产党领导人立足国情并观察人类历史，多次指出宗教是一种意识形态，也是一种文化，并将宗教和文化的密切关系作为制定宗教政策、推进宗教工作的重要依据。1952 年 10 月 8 日，毛泽东接见西藏致敬团与

---

① 习近平：《凝心聚力，精诚协作，推动上海合作组织再上新台阶——在上海合作组织成员国元首理事会第十四次会议上的讲话》，载《人民日报》2014 年 9 月 13 日。
②《中共中央关于全面推进依法治国若干重大问题的决定》，载《人民日报》2014 年 10 月 29 日。
③ 参见《〈宗教事务条例〉公布 10 周年座谈会召开》，载《中国宗教》2015 年第 1 期。

昌都地区僧俗人民代表时，强调西藏的经济、文化都要发展，并补充解释说：文化既包括学校、报纸、电影等，也包括宗教。[①]1980 年 4 月 19 日，邓小平在《人民日报》发文，称赞唐朝僧人、日本佛教律宗开山祖师鉴真为促进"中日人民友好往来和文化交流"，作出了重大的贡献。[②] 江泽民在 2001 年全国宗教工作会议上强调，中国宗教与中国文化的发展"相互交融"，中国宗教在建筑、绘画、雕塑、音乐等方面，都吸取了中国文化的优秀成分。[③] 胡锦涛在 2005 年亚非峰会上倡导文明与宗教的多元共存，强调要尊重"文明、宗教、价值观的多样性"，积极推动"不同文明友好相处、平等对话、发展繁荣"。[④]

在谈到宗教时，习近平也强调它是一种特殊的文化现象，是人类文化的重要载体。1999 年 10 月，时任福建省委副书记、代省长的习近平为《宗教：世纪之交的多视角思维——福建省宗教研究会论文集（三）》所写的序言中讲道："宗教是人类社会发展到一定阶段的历史现象。它是社会意识形态，又是人类文化的重要载体。"[⑤]2014 年 4 月 30 日，习近平在新疆乌鲁木齐同 20 位宗教人士代表座谈时说："作为一种文化，我很注意看宗教方面的著作，宗教在劝人向善方面有很多智慧，有很多有益的阐述。"[⑥]

2003 年 7 月 10 日，时任浙江省委书记的习近平在省委十一届四次全会上作报告时，就"宗教与文化"发表了一段精彩而深刻的插话。他明确表示："宗教不仅是一种社会意识形态，还是一种特殊的文化现象。"并具体分析指出："浩如烟海的宗教典籍，丰富了传统历史文化宝库"；"智慧

---

① 《接见西藏致敬团代表谈话的要点》(1952 年 10 月 8 日)，见《毛泽东文集》(第六卷)，人民出版社 1999 年版，第 239 页。

② 邓小平：《一件具有深远意义的盛事》，载《人民日报》1980 年 4 月 19 日。

③ 《论宗教问题》(2001 年 12 月 10 日)，见《江泽民文选》(第三卷)，人民出版社 2006 年版，第 388—389 页。

④ 胡锦涛：《与时俱进，继往开来，构筑亚非新型战略伙伴关系》(2005 年 4 月 22 日)，见《十六大以来重要文献选编》(中)，中央文献出版社 2006 年版，第 850—851 页。

⑤ 福建省宗教研究会编：《宗教：世纪之交的多视角思维——福建省宗教研究会论文集（三）》，厦门大学出版社 2000 年版，第 2 页。

⑥ 参见《把祖国的新疆建设得越来越美好——习近平总书记新疆考察纪实》，《人民日报》2014 年 5 月 4 日。

深邃的宗教哲学，影响着民族文化精神"；"深刻完备的宗教伦理，强化了某些道德规范的功能"；"异彩纷呈的宗教艺术，装点了千姿百态的艺术殿堂"；"风景秀丽的宗教圣地，积淀为旅游文化的重要资源"；"内涵丰富的宗教礼仪，演变为民族风情的习俗文化"。① 从宗教典籍、宗教哲学、宗教伦理、宗教艺术、宗教圣地、宗教礼仪这六个方面阐述宗教在人类文化中的重要地位，内容丰富、内涵深刻、发人深思。

论述中国传统文化时，习近平非常重视宗教的影响。2014 年 3 月 27 日，习近平在位于法国巴黎的联合国教科文组织总部发表演讲，指出："2000 多年来，佛教、伊斯兰教、基督教等先后传入中国，中国音乐、绘画、文学等也不断吸纳外来文明的优长。"他还以佛教为例，做了如下阐述："佛教产生于古代印度，但传入中国后，经过长期演化，佛教同中国儒家文化和道家文化融合发展，最终形成了具有中国特色的佛教文化，给中国人的宗教信仰、哲学观念、文学艺术、礼仪习俗等留下了深刻影响。""中国人根据中华文化发展了佛教思想，形成了独特的佛教理论，而且使佛教从中国传播到了日本、韩国、东南亚等地。"②

基于对"宗教与文化"的深刻见解，习近平将宗教领域的友好交流，作为国家交往、不同文明交流互鉴的重要内容。2013 年 5 月 10 日，他会见俄罗斯东正教大牧首基里尔时说："基里尔大牧首这次访华是两国宗教交往的一部分，也体现了中俄两国高水平和特殊友好关系，有助于加深相互了解。希望俄罗斯东正教会和基里尔大牧首为促进中俄友好发挥更大作用。"③2014 年 9 月 16 日，在对斯里兰卡进行国事访问之际，习近平在斯里兰卡《每日新闻》报发表题为《做同舟共济的逐梦伙伴》的署名文章，倡议"发掘两国深厚的历史人文积淀，不断扩大文化、教育、宗教、青年、妇女、地方等方面交流合作，促进两国文化交融、民心

---

① 习近平：《干在实处，走在前列——推进浙江新发展的思考与实践》，中共中央党校出版社 2006 年版，第 220 页。
② 习近平：《在联合国教科文组织总部的演讲》，载《人民日报》2014 年 3 月 28 日。
③ 参见《习近平会见俄罗斯东正教大牧首》，载《人民日报》2013 年 5 月 11 日。

相通"①。

　　与其他国家领导人会谈时，习近平多次提议将宗教交往纳入两国交流合作之中。2013 年 5 月 28 日，他会见斯里兰卡总统拉贾帕克萨时，双方决定将中斯关系提升为战略合作伙伴关系，充实合作内涵。在人文交流方面，包括："中方支持斯方开展汉语教学。斯方欢迎在斯里兰卡设立中国文化中心。加强旅游、宗教、文化遗产保护和利用等领域交流合作。"②2013 年 10 月 2 日，他在雅加达会见印度尼西亚总统苏西洛时，双方同意全方位推进两国各领域交流合作。其中，一项主要内容是"扩大人文交流，促进青年学生、媒体、智库、宗教交往，加强旅游合作，开展野生动物合作研究"，包括："中方愿在雅加达设立中国文化中心，将在巴厘岛设立总领事馆。开展青年百人团互访活动。中方邀请印尼伊斯兰长老访华。"③2014 年 7 月 14 日，他在巴西福塔莱萨会见印度总理莫迪时强调，中印双方"要对接各自发展战略，建立更加紧密的发展伙伴关系，扩大文化、教育、宗教、青年等领域友好交流"④。

　　"同无妨异，异不害同，五色交辉，相得益彰，八音合奏，终和且平。"在漫长的历史长河中，人类创造和发展了多姿多彩的文明。中华文明和世界上存在的其他文明，都是人类文明创造的成果。习近平认为，推动不同文明的交流互鉴，促进不同宗教的友好对话，是实现人类文明进步和世界和平发展的重要动力。2013 年 9 月 18 日，他同约旦国王阿卜杜拉二世会谈时表示，"中国倡导尊重文明多样性，希望两国密切人文交流，促进不同宗教和文明包容互鉴"。⑤2014 年 5 月 21 日，他在亚洲相互协作与信任措施会议第四次峰会上指出："中方倡议通过召开亚洲文明对话大会等方式，推动不同文明、不同宗教交流互鉴、取长补短、共同进

① 习近平：《做同舟共济的逐梦伙伴》，载《人民日报》2014 年 9 月 17 日。

② 参见《习近平同斯里兰卡总统拉贾帕克萨会谈》，载《人民日报》2013 年 5 月 29 日。

③ 参见《中国印尼关系提升为全面战略伙伴关系》，载《人民日报》2013 年 10 月 3 日。

④ 参见《习近平会见印度总理莫迪》，载《人民日报》2014 年 7 月 16 日。

⑤ 参见《携手促进中约友好合作》，载《人民日报》2013 年 9 月 19 日。

步。"①2014 年 6 月 5 日，他在中阿合作论坛第六届部长级会议开幕式上指出："中阿双方坚持以开放包容心态看待对方，用对话交流代替冲突对抗，创造了不同社会制度、不同信仰、不同文化传统的国家和谐相处的典范。中国将继续毫不动摇支持阿拉伯国家维护民族文化传统，反对一切针对特定民族和宗教的歧视和偏见。我们应该一道努力，倡导文明宽容，防止极端势力和思想在不同文明之间制造断层线。"②

在联合国教科文组织总部的演讲中，习近平以深邃的历史眼光和宽广的世界视野，全面而深刻地阐述了不同文明、不同宗教交流互鉴的看法和主张。他指出："当今世界，人类生活在不同文化、种族、肤色、宗教和不同社会制度所组成的世界里，各国人民形成了你中有我、我中有你的命运共同体。""我们应该推动不同文明相互尊重、和谐共处，让文明交流互鉴成为增进各国人民友谊的桥梁、推动人类社会进步的动力、维护世界和平的纽带。"他还提出了推动文明交流互鉴的态度和原则，强调文明是多彩的、平等的、包容的，"只有交流互鉴，一种文明才能充满生命力。只要秉持包容精神，就不存在什么'文明冲突'，就可以实现文明和谐"。③

2014 年 9 月 24 日，习近平在纪念孔子诞辰 2565 周年国际学术研讨会上指出，在几千年的人类文明史上，任何一个国家和民族都是"在承先启后、继往开来中走到今天的"，"世界是在人类各种文明交流交融中成为今天这个样子的"。推进不同文明的交流交融、互学互鉴，是"让世界变得更加美丽、各国人民生活得更加美好的必由之路"。他再次强调，"正确对待不同国家和民族的文明，正确对待传统文化和现实文化"，应该注重坚持"维护世界文明多样性"、"尊重各国各民族文明"、"正确进行文明学习

---

① 习近平：《积极树立亚洲安全观，共创安全合作新局面——在亚洲相互协作与信任措施会议第四次峰会上的讲话》，载《人民日报》2014 年 5 月 22 日。
② 习近平：《弘扬丝路精神，深化中阿合作——在中阿合作论坛第六届部长级会议开幕式上的讲话》，载《人民日报》2014 年 6 月 6 日。
③ 习近平：《在联合国教科文组织总部的演讲》，载《人民日报》2014 年 3 月 28 日。

借鉴"、"科学对待文化传统"的原则。①

　　基于长期的探索,习近平将不同文明、不同宗教的交流互鉴,作为构建人类命运共同体的重要内容。2017 年 1 月 18 日,他在联合国日内瓦总部演讲时明确指出:"每种文明都有其独特魅力和深厚底蕴,都是人类的精神瑰宝。不同文明要取长补短、共同进步,让文明交流互鉴成为推动人类社会进步的动力、维护世界和平的纽带。"②

六、小结

　　在新的历史起点上,习近平紧紧围绕坚持和发展中国特色社会主义、实现中华民族伟大复兴的中国梦,把马克思主义宗教观与中国实际和时代特征相结合,对什么是宗教、如何做好宗教工作,以及怎样认识宗教在社会主义条件下的存在和发展、何以发挥宗教界人士和信教群众的积极作用等问题,提出了一系列紧密联系、相互贯通的观点和论断,有很强的政治性、理论性、战略性、指导性。

　　比如,习近平关于不同文明、不同宗教交流互鉴的观点,得到了中外学者的高度认同。有学者提出,习近平在论及文化时"涉及对宗教文化的积极评价",为"发展中国特色社会主义宗教理论增加了重要的文化思考和文化内容,使我们的理论研究也具有了文化战略的视野"。③ 还有学者认为,文明的对话、文化的交流已经成为"当今世界全球性发展的一个组成部分"。不应该说"哪一个文化是最好的,哪一个文化怎么样不行",而是要充分认识"世界文化就是各个文明、文化、每个国家优秀的东西结合起来,大家都能利用"。比如,"孔子、耶稣、佛教、伊斯兰教都有大体相同的说法,叫'己所不欲,勿施于人'。孔子是在公元前五百多年前说的,

---

① 习近平:《在纪念孔子诞辰 2565 周年国际学术研讨会暨国际儒学联合会第五届会员大会开幕会上的讲话》,载《人民日报》2014 年 9 月 25 日。
② 习近平:《共同构建人类命运共同体——在联合国日内瓦总部的演讲》,载《人民日报》2017年 1 月 20 日。
③ 卓新平:《发展中国特色社会主义宗教理论》,载《中国民族报》2014 年 7 月 29 日。

古希腊哲学家同时期也说了类似的话，过了五百年之后，耶稣的圣经上也有这样的话，再过几百年，伊斯兰教也说了这个话，这就成了世界文明的精华"。[①]

　　这告诉我们，认真学习和深刻领会习近平关于怎样认识和处理宗教问题的重要论述，对于坚持和发展中国特色社会主义宗教理论，准确把握和正确处理宗教领域出现的新情况和新问题，具有极其重要的指导意义。

---

① 参见《儒学是中国的也是世界的——中外学者座谈习近平同志在纪念孔子诞辰 2565 周年国际学术研讨会上的重要讲话》，载《光明日报》2014 年 10 月 14 日。

附录一

论中国共产党与宪法性文献中关于宗教问题的规定

宪法是一个国家的根本大法，对国家的根本任务和根本制度，国家的经济、政治、文化各方面制度，以及公民的基本权利和义务，都会作出明确规定。梳理和考察宪法性文献中关于宗教问题的规定及其影响，对于研究执政者的宗教观点与宗教政策，具有不可替代的文本意义。纵观中国共产党的历史，从土地革命时期的《中华苏维埃共和国宪法大纲》，到抗日战争时期的《陕甘宁边区施政纲领》，再到新中国成立后的《中国人民政治协商会议共同纲领》和四部《中华人民共和国宪法》，这些有标志性的宪法性文献中都有宗教方面的规定。分析它们的基本内容及其发展变化与内在联系，不仅有助于在理论上深入探讨中国共产党对宗教的认识，而且有助于在实践中全面准确地贯彻党的宗教工作基本方针，特别是遵循宪法精神来完善宗教法制，在法治轨道上进一步推进宗教工作，不断提高宗教工作法治化水平。

一、《中华苏维埃共和国宪法大纲》关于宗教问题的规定

1931 年 11 月，中华苏维埃第一次全国代表大会在江西瑞金县的叶坪村召开，通过了由任弼时、王稼祥、毛泽东等组成的宪法起草委员会制定的《中华苏维埃共和国宪法大纲》，选举产生了中央执行委员会、中央革命军事委员会等机构，宣告中华苏维埃共和国成立。有学者认为，中国共产党在这个时期开始了局部执政的实践，"中华苏维埃共和国是中华人民共和国的雏形"。[①]

---

① 金冲及：《中华苏维埃共和国的历史地位》，载《党的文献》1999 年第 6 期。

　　作为中华苏维埃共和国的一个标志，《中华苏维埃共和国宪法大纲》确定该政权的性质是工农民主专政，并据此规定了劳动人民在各方面的民主权利。其涉及宗教问题的内容，主要有两条。一是在第四条规定：中华苏维埃共和国领域内的工、农、兵，不分性别、民族、宗教等条件，都是"苏维埃共和国的公民"，在"法律前一律平等"。二是在第十三条规定：中华苏维埃共和国实行"政教分离的原则"，苏维埃政权保证工农劳苦民众"真正的信教自由"，苏维埃公民有"反宗教的宣传之自由"。[①]1934年1月，中华苏维埃第二次全国代表大会在瑞金县的沙洲坝召开。大会修订的《中华苏维埃共和国宪法大纲》，其涉及宗教的内容，基本沿用了上述两条规定，只做了个别词句的调整。[②]

　　《宪法大纲》的这两条内容，集中体现了当时中共中央对宗教问题的认识。首先要说的是，无论是"不分宗教，在苏维埃法律前一律平等"，还是"信教自由"、"实行政教分离"等内容，都是马克思主义宗教观的基本观点，也是延续至今的宗教政策。不过，在"左"倾教条主义的影响下，这些政策笼统地将"剥削者"排除在外，只限定于"工农劳苦民众"这个群体，且强调"一切苏维埃公民有反宗教的宣传之自由"，不仅使"信教自由"这个基本政策有所缺失，而且会导致实践中出现"左"的误差。

　　实际上，对信教徒进行阶级区分，并采取不同的态度，在其他政策中都有不同程度的表现。比如，在土地革命这个中心问题上，1931年8月21日，中共苏区中央局《关于土地问题的决议案》指出，和尚、尼姑、道士、阴阳先生等"专以宗教事业来度生者"，都是"封建制度的附属品"。对于他们的土地，必须一律收回。即便是那些"以农为主、以宗教事业为副的分子"，以及"受压迫受剥削的"和尚、尼姑等的土地，如果得到多数群众的同意，也可以实行收回。《决议案》还规定，在分配土地时，"只有

---

① 《中华苏维埃共和国宪法大纲》（1931年11月7日），见《建党以来重要文献选编（1921—1949）》（第八册），中央文献出版社2011年版，第650、652页。
② 《中华苏维埃共和国宪法大纲》（1934年1月），见《建党以来重要文献选编（1921—1949）》（第十一册），中央文献出版社2011年版，第160、162页。

雇农、苦力、乡村中失业工人、贫农、中农绝对有平均分得土地的权利"，
"富农只能分得坏田"，"地主豪绅及家属、宗教事业者（和尚、道士等）都
不能分得任何土地"。①

又如，在政治权利上，1931 年 11 月 5 日，中共中央关于宪法原则要
点给苏区中央局的电报，强调保证工农劳苦民众有"真正信教自由"的权
利，有"反宗教宣传自由"，同时规定僧侣和地主豪绅、军阀官僚、资本
家等剥削者、反革命分子"没有参加政权和政治上自由权利"。②根据这个
精神，1931 年 11 月的《中华苏维埃共和国的选举细则》、1933 年 8 月的
《苏维埃暂行选举法》，都规定牧师、僧侣、道士、地理阴阳先生及一切以
传教为职业的人都"没有选举权和被选举权"。③

再如，在宗教与迷信的认识上，常常将两者混为一谈。1933 年 4 月
17 日，王稼祥以中国工农红军总政治部主任名义发布的指示信强调，必
须加紧注意"反宗教迷信的工作"，"以消灭农民的落后的、固执的迷信观
念"。④8 月 10 日，中央宣传部关于中华苏维埃第二次全国代表大会宣传
大纲亦要求，努力"在极困难的条件之下，奖励学术文化的发展，提倡科
学、医学等等，用宣传和劝告的方法，破除迷信和宗教的成见"。⑤

值得一提的是，毛泽东 1933 年 10 月 10 日签署的中华苏维埃共和国
中央政府《关于土地斗争中一些问题的决定》，特意对"宗教职业者"及
其权利进行了规定。该《决定》指出，所谓"宗教职业者"，就是以牧师、
神父、和尚、道士、斋公、看地、算命等"宗教迷信的职业为主要生活来
源"满三年的人；这些人在政治上"无选举权"，也"不得分配土地"。尽

①《中共苏区中央局关于土地问题的决议案》（1931 年 8 月 21 日），见《建党以来重要文献选编
（1921—1949）》（第八册），中央文献出版社 2011 年版，第 525、527 页。
②《中共中央关于宪法原则要点给苏区中央局的电报》（1931 年 11 月 5 日），见《建党以来重要
文献选编（1921—1949）》（第八册），中央文献出版社 2011 年版，第 647—648 页。
③ 韩延龙、常兆儒编：《中国新民主主义革命时期根据地法制文献选编》第一卷，中国社会科学
出版社 1981 年版，第 136、154 页。
④《做好在运输员中的政治工作》（1933 年 4 月 17 日），见《建党以来重要文献选编（1921—
1949）》（第十册），中央文献出版社 2011 年版，第 168 页。
⑤《中共中央宣传部关于中华苏维埃第二次全国代表大会宣传大纲》（1933 年 8 月 10 日），《建党
以来重要文献选编（1921—1949）》（第十册），中央文献出版社 2011 年版，第 449—450 页。

管《决定》附加注明，认为是否没有宗教职业者土地以外的财产，应该"依照当地大多数工农贫民群众的意见决定"；是否毁坏"菩萨神主等迷信偶像"，也应该得到多数群众同意。[1]但在浓郁的革命氛围中，少数激进革命者的意见，往往代替了多数群众的意志。

1936 年，美国记者埃德加·斯诺在陕北考察时，专门比较了中共在江西和西北的不同宗教政策。他认为，中共在中央苏区时，实行"普遍的'反神'宣传"。在经济政策上，所有寺观、教堂、教会的产业"都被没收为国家财产"；在政治政策上，所有和尚、尼姑、道士、神父、牧师、外国传教士"都被剥夺了公民权利"。到了西北地区后，中共转而实行"容忍宗教的政策"。在经济方面，所有外国教会的财产都"受到了保护"；在政治方面，"做礼拜自由是个基本的保证"，而且外逃的传教士"被请回去到他们的教民那里去工作"。斯诺还敏锐地指出，尽管中共保留了进行"反宗教宣传的权利"，但不再将这一条凌驾于宗教信仰自由权利之上。中共已经认识到，"反对做礼拜的自由"同"做礼拜的自由"一样，都是一种"民主权利"。[2]

不难发现，中共在江西时对待宗教的政策，与《中华苏维埃共和国宪法大纲》关于宗教问题的规定，是密切相关的。而中共到西北后在宗教方面的态度变化，则集中体现在《陕甘宁边区施政纲领》这部带有宪法性质的政纲之中。

二、《陕甘宁边区施政纲领》关于宗教问题的规定

1931 年九一八事变后，随着日本帝国主义侵略中国的加剧，中日民族矛盾逐步取代国内阶级矛盾，上升为中国社会的主要矛盾。"兄弟阋于墙，外御其侮"。为了抗日救国，中国共产党主张摒弃前嫌，建立包括宗教界在内的最广泛的民族统一战线。1936 年 4 月 25 日，中共中央向国民党与全国性宗教组织（全国基督教青年会、回教徒联合会、公教联合会等）发

①《中华苏维埃共和国中央政府关于土地斗争中一些问题的决定》（1933 年 10 月 10 日），见《建党以来重要文献选编（1921—1949）》（第十册），中央文献出版社 2011 年版，第 560—561 页。
②〔美〕埃德加·斯诺：《西行漫记》（第二版），董乐山译，东方出版社 2010 年版，第 374 页。

出号召，倡议创立全国各党各派的抗日人民阵线，强调"不相同的主张与信仰"，以及过去的"冲突与斗争"，都应该放下来，共同致力于抗日救国这个"共同要求"。①

1936年12月12日爆发的西安事变和平解决后，国共实现了第二次合作。1937年9月6日，根据国共合作的协议，中共将陕甘苏区改名为陕甘宁边区。抗日战争时期，这里是中共中央和中央军委所在地，边区的各项方针政策基本上都由中共中央和毛泽东制定发出。1941年5月1日，中共陕甘宁边区中央局发布了经中共中央政治局批准的《陕甘宁边区施政纲领》。这个纲领的大部分重要内容是毛泽东审阅初稿时重新改写的，鲜明表达了中国共产党坚持的团结、抗战、进步的总方针。它对边区的宗教政策作出三个方面的具体规定，较之中央苏区有了显著变化。

第一，取消了对宗教信仰自由权利的限定。

从1937年5月开始，陕甘宁边区就开始进行不分阶级、党派、宗教、民族的民主选举。②1940年2月20日，延安各界宪政促进会就国民大会代表选举法提出，强调年满十八岁的中国人民，不分阶级、党派、宗教、民族等差别，"一律有选举与被选举之平等权利"。③《陕甘宁边区施政纲领》第六条进一步强调，边区保证一切抗日人民的人权、财权、言论、信仰等自由权。这里所说的"抗日人民"，包括农民、工人，也包括地主、资本家等。④1941年11月，边区《各级参议会选举条例》再次规定：凡居住边区境内年满十八岁的人民，不分阶级、党派、男女、宗教、民族等差别，"都有选举权和被选举权"。⑤

---

① 《中共中央为创立全国各党各派的抗日人民阵线宣言》(1936年4月25日)，见《建党以来重要文献选编(1921—1949)》(第十三册)，中央文献出版社2011年版，第104页。
② 参见中共中央党史研究室：《中国共产党历史》第一卷(下册)，中共党史出版社2011年版，第504页。
③ 《延安各界宪政促进会对于国民大会代表选举法之修正案》(1940年2月20日)，见《中共中央文件选集》(第十二册)，中共中央党校出版社1991年版，第632页。
④ 《陕甘宁边区施政纲领》(1941年5月1日)，见《毛泽东文集》(第二卷)，人民出版社1993年版，第335页。
⑤ 《陕甘宁边区各级参议会选举条例》(1941年11月)，见韩延龙、常兆儒编：《中国新民主主义革命时期根据地法制文献选编》(第一卷)，中国社会科学出版社1981年版，第219页。

可见，宗教徒在陕甘宁边区享有各项政治权利，与其他群体无异。而且，"宗教信仰自由"不再有《中华苏维埃共和国宪法大纲》中的阶级成分限制。正如《新华日报》1942 年 2 月 15 日社论《共产党对宗教的态度》所言，中共主张"国家不偏袒任何宗教"，主张"各人有各人宗教信仰自由"，"绝不去强迫别人遵从自己的信仰"。

第二，完善了对少数民族的宗教政策。

为了处理好陕甘宁边区的蒙、回民族问题，中共中央西北工作委员会在调查研究的基础上，于 1940 年 4 月、7 月相继制定了《关于回回民族问题的提纲》《关于抗战中蒙古民族问题提纲》两个重要文献。在深入分析宗教与民族关系的基础上，《提纲》强调要尊重回族人民的信教自由和风俗习惯，切实"保护清真寺"，禁止"任何侮蔑与轻视回教的言论行动"，进而"发扬回教的美德"，共同抗日①；尊重蒙古民族的"风俗、习惯、宗教、语言、文字"，切实保障"喇嘛庙"②。

《陕甘宁边区施政纲领》第十七条进一步规定：在经济、政治、文化各方面，蒙古族、回族与汉族一律平等，同时尊重蒙古族、回族的宗教信仰与风俗习惯，并建立蒙古族、回族的自治区。③根据这个规定，各抗日根据地也制定了相应的政策。1941 年 9 月，晋冀鲁豫边区政府公布施行的《施政纲领》规定：一切抗日党派、团体、人民均享受"信仰之自由"；互相尊重各民族的风俗习惯与宗教信仰。④1944 年 2 月，山东省战时行政委员会公布的《施政纲领》也规定：各民族在法律上一律平等，"尊重各民族之风俗习惯，保障其语言文字及宗教信仰之自由"。⑤

①《关于回回民族问题的提纲》（1940 年 4 月），见《建党以来重要文献选编（1921—1949）》（第十七册），中央文献出版社 2011 年版，第 298 页。
②《关于抗战中蒙古民族问题提纲》（1940 年 7 月），见《建党以来重要文献选编（1921—1949）》（第十七册），中央文献出版社 2011 年版，第 419 页。
③《陕甘宁边区施政纲领》（1941 年 5 月 1 日），见《毛泽东文集》（第二卷），人民出版社 1993 年版，第 337 页。
④《晋冀鲁豫边区政府施政纲领》（1941 年 9 月 1 日），见韩延龙、常兆儒编：《中国新民主主义革命时期根据地法制文献选编》（第一卷），中国社会科学出版社 1981 年版，第 44、49—50 页。
⑤《山东省战时施政纲领（节录）》（1944 年 2 月 28 日），见韩延龙、常兆儒编：《中国新民主主义革命时期根据地法制文献选编》（第一卷），中国社会科学出版社 1981 年版，第 58 页。

第三，提出了对待外国传教活动的新政策。

1936 年 7 月 15 日，斯诺与毛泽东谈论中共外交问题时，问到苏维埃政府对外国传教士采取的新政策，是否意味着将承认他们的财产权，以及传教、教书、办学校和其他事业的权利？毛泽东直接回答说：是的，只是除去日本传教士。① 按照这样的思路，陕甘宁边区政府 1939 年 4 月公布的《抗战时期施政纲领》，提出只要"不损害边区主权"，一切同情和支持中国抗战之国家的工商业者、教民等，在边区进行"生产、经营与文化事业方面的活动"，都将受到保护。②《陕甘宁边区施政纲领》第二十一条进一步提出：在"尊重中国主权"、"遵守政府法令"这样的原则下，边区允许任何外国人来此进行"实业、文化与宗教的活动"。③

1942 年 2 月 2 日，中共中央机关报《解放日报》发表社论《在信教自由的旗帜下》，强调外国传教士可以成为"加强中国与英美等国国际关系的桥梁"，提出应该尊重和爱护传教士，使其"对于抗战事业能多所协助"。传教活动不再是"文化侵略"，而是文化活动；传教士不再是"侵略工具"或"帮凶"，而是中外联系的"桥梁"。这样的变化，不可谓不大。

《陕甘宁边区施政纲领》关于宗教问题的规定，特别是第六条、第十七条并没有随着抗日战争的结束而结束。比如，1948 年 8 月通过的《华北人民政府施政方针》明确规定：保障人民的言论、信仰等自由；不分种族、信仰等，一律享有选举权和被选举权；依据民族平等原则，尊重少数民族的宗教信仰和风俗习惯。④ 又如，1949 年 9 月通过的《中国人民政治协商会议共同纲领》这部具有新中国临时宪法地位的重要文献，在总纲第五条规定人民有思想、言论、结社、宗教信仰等权利；根据少数民族地

① 〔美〕埃德加·斯诺：《中国共产党和世界事务——和毛泽东的一次谈话》，见吴黎平整理：《毛泽东一九三六年同斯诺的谈话》，人民出版社 1979 年版，第 130 页。
②《陕甘宁边区抗战时期施政纲领》（1939 年 4 月 4 日），见西北五省区编纂领导小组、中央档案馆编：《陕甘宁边区抗日民主根据地》文献卷（下），中共党史资料出版社 1990 年版，第 52 页。
③《陕甘宁边区施政纲领》（1941 年 5 月 1 日），见《毛泽东文集》（第二卷），人民出版社 1993 年版，第 337 页。
④《华北人民政府施政方针》（1948 年 8 月），见韩延龙、常兆儒编：《中国新民主主义革命时期根据地法制文献选编》（第一卷），中国社会科学出版社 1981 年版，第 82—83 页。

区的实际情况，在第六章第五十三条规定各少数民族都有"发展其语言文字"、"保持或改革其风俗习惯及宗教信仰"的自由权利。[①] 显然，《华北人民政府施政方针》、《中国人民政治协商会议共同纲领》关于宗教方面的内容，与《陕甘宁边区施政纲领》有着继承与发展的内在联系。

三、1954年《中华人民共和国宪法》关于宗教问题的规定

在新中国成立初期，《中国人民政治协商会议共同纲领》具有临时宪法的地位。《共同纲领》关于宗教的相关规定，是中国共产党在新中国初期认识和处理宗教问题的基本遵循。1950年9月9日，法舫法师给巨赞法师写信时，建议邀请毛泽东和李济深担任中国佛教的保护者。10月14日，毛泽东在信上批示：《共同纲领》已经规定保护宗教信仰自由，"不须要再说个人保护"。[②] 周恩来1950年5月与基督教人士谈话时也明确提出，判断一个宗教团体对新中国有无益处的标准，就是要看它是否坚持"爱国与民主两个条件"，特别是在政治上是否拥护《共同纲领》。[③]

据赵朴初回忆，李维汉在招待中国佛教协会发起人时，专门就《共同纲领》和人民政府的宗教信仰自由政策进行了解释，主要包括：（1）"政府对于宗教是采取保护政策，今天保护，将来也仍然保护"；（2）宗教信仰自由就是"信教的和不信教的、信这个教的和新别个教的、本来信这个教而改信别个教的，都有自由，都受到保护"；（3）"正当的宗教活动，政府都不加干涉"；（4）"宗教界必须划清敌我界限"，"不能认为要保护宗教，于是连宗教徒中的反革命分子也加以保护，这是要严格区别的"，要认识到"宗教界有了反革命分子，对宗教本身也是有损无益的"。[④]

[①]《中国人民政治协商会议共同纲领》（1949年9月29日），见《建国以来重要文献选编》（第一册），中央文献出版社2011年版，第2、11页。

[②]《关于宗教信仰自由保护问题的批语》（1950年10月14日），见《建国以来毛泽东文稿》（第一册），中央文献出版社1987年版，第562页。

[③]《关于基督教问题的四次谈话》（1950年5月），见《周恩来统一战线文选》，人民出版社1984年版，第182—183页。

[④]（参见《关于中国佛教协会发起经过和筹备工作的报告》（1953年5月30日），见《赵朴初文集》（上卷），华文出版社2007年版，第52页。

　　1952 年，第一届全国政协行将期满。尽快召开第二届全国政协会议，还是召开第一届全国人民代表大会？毛泽东考虑后，决定召开全国人民代表大会，并制定社会主义性质的《中华人民共和国宪法》。1953 年 1 月 11 日，毛泽东专门邀请 18 位党外民主人士召开座谈会，听取他们对这几件事的意见。针对有人担心《宪法》可能对一些党派、阶级、团体不利，毛泽东表示："我们的重点是照顾多数，同时照顾少数"。各民族、党派、阶级的代表人物，只要对国家事业忠诚、做出工作成绩、对人民态度好，都会得到照顾。①

　　1953 年 1 月 13 日，中央人民政府成立了以毛泽东为主席的宪法起草委员会。年底，又成立了宪法起草小组，同样由毛泽东亲自挂帅，小组成员则是党内的几位"笔杆子"：陈伯达、胡乔木、田家英。为保证这项工作的顺利进行，毛泽东率队前往杭州，历时三个多月，专心起草宪法草案，并于 1954 年 3 月 23 日向宪法起草委员会提交《中华人民共和国宪法草案（初稿）》，在全国范围内征求意见。9 月 14 日，毛泽东主持召开中央人民政府委员会临时会议，对即将提交全国人大审议的《草案》进行最后一次讨论。在两条修改意见中，有一条就是西藏代表提出的宗教问题。他们认为各民族都有保持或者改革"风俗习惯和宗教信仰的自由"这一条不妥当。如果说"改革宗教"意指改革落后的封建制度，可以说得过去；那么"改革宗教信仰的自由"，好像是不要宗教之意，与宗教信仰自由政策相冲突。毛泽东认为西藏代表的意见很有道理，并说这一条规定抄自《共同纲领》，说明《共同纲领》也有错误。经过讨论，根据毛泽东的建议，《草案》将这一条中的"和宗教信仰"五个字删去。②

　　1954 年 9 月 20 日，第一届全国人民代表大会第一次会议表决通过《中华人民共和国宪法》。这部中国历史上第一个社会主义性质的宪法，关于宗教问题的规定，除了上面的修改，最重要的就在第三章第八十八条规

---

① 参见中共中央文献研究室编：《毛泽东传（1949—1976）》（上），中央文献出版社 2003 年版，第 310 页。
② 参见中共中央文献研究室编：《毛泽东传（1949—1976）》（上），中央文献出版社 2003 年版，第 337—338 页。

定："中华人民共和国公民有宗教信仰的自由。"① 这就将"宗教信仰自由"确立为社会主义中国的一项基本政策，确立为公民的一项基本权利。正如毛泽东所言，宪法是"总章程"、是"根本大法"，用它将"人民民主和社会主义原则固定下来"，能够使全国各族人民有一条清楚的、明确的、正确的道路可走，从而提高建设社会主义的积极性。在一届人大一次会议上，吴耀宗就表示，在宪法中将"宗教信仰的自由列为单独的条文，这是我们宗教信徒所特别感到满意的"，这使宗教徒"对政府所一贯执行的宗教政策，有了更清楚的认识"。②

或许有人会认为，"中华人民共和国公民有宗教信仰的自由"这一条平淡无奇。但历史告诉我们，越是伟大的道理，往往越是简单、质朴。继1954年宪法之后，四届人大一次会议通过的第二部《宪法》③，五届人大一次会议通过的第三部《宪法》④，对宗教问题的规定进行了修改。第二部《宪法》第三章第二十八条、第三部《宪法》第三章第四十六条分别规定：公民"有信仰宗教的自由"，也有"不信仰宗教、宣传无神论的自由"。如果不考虑历史背景，这条规定并无不妥。毕竟"信仰宗教的自由"本身就蕴含着"不信仰宗教的自由"，而"宣传无神论的自由"也是坚持马克思主义为指导思想的应有之义。但是，在当时的特殊条件下，往往是只有"不信仰宗教、宣传无神论的自由"，而没有"信仰宗教的自由"。这与《中华苏维埃共和国宪法大纲》既规定宗教信仰自由，又强调"一切苏维埃公民有反宗教的宣传之自由"一样，难免出现"左"的错误。

殊不知，1950年5月2日，周恩来与基督教人士座谈时就指出：共产党和人民政府"不搞反宗教运动"，不去教堂搞马克思主义宣传；同样，宗教界也要有所约束，"不到街上去传教"。周恩来认为，这两点相辅

---

① 《中华人民共和国宪法》（1954年9月20日），见《建国以来重要文献选编》（第五册），中央文献出版社2011年版，第466页。
② 参见《代表们关于宪法草案和报告的发言》，载《人民日报》1954年9月18日。
③ 《中华人民共和国宪法》（1975年1月17日），载《人民日报》1975年1月20日。
④ 《中华人民共和国宪法》（1978年3月5日），载《人民日报》1978年3月8日。

相成，可以说是党同宗教界之间的"一个协议"、"一种默契"。①1955 年 7
月，毛泽东审阅中央宣传部部长陆定一准备在人大会议发言的稿子时，也
对"宣传无神论"问题进行了阐释。他认为，要求宗教徒"积极赞助和不
反对马克思主义"是很难的事情，所以将原稿中无论是"唯心主义者或是
唯物主义者"，都应该积极赞助和不要反对"马克思主义的思想运动"这
样一段表述删去。就稿中谈到应在广大工人、青年、妇女、学生中"积极
宣传无神论"这一段，指出：这一点暂时"不要在这个会上讲"，可以到
"另外的地方讲"。②这些修改文字及其原因所在，充分体现了毛泽东等人
在涉及宗教问题上的深刻思考和谨慎态度。

四、1982 年《中华人民共和国宪法》关于宗教问题的规定

实现历史转折的中共十一届三中全会召开后，是否修改 1978 年宪
法第四十六条，成为宗教界与文化界争论的一个焦点。据参与 1982 年宪
法起草工作的许崇德回忆，早在 1980 年五届全国人大三次会议期间，班
禅、丁光训、赵朴初等宗教界人士就联名提出第 139 号提案，建议把当时
正在实施中的 1978 年宪法第四十六条③恢复为 1954 年宪法第八十八条④。
第二年，任继愈、刘大年、谭其骧等文化科技界人士针对 139 号提案，联
名向五届全国人大四次会议提出第 2091 号提案，主张维持 1978 年宪法
第四十六条的规定；与此同时，赵朴初、丁光训等人专就宪法关于宗教自由
的规定问题举行座谈会，并于 1982 年 1 月 19 日委托赵朴初将座谈会纪要
送交宪法修改委员会，重申了修改 1978 年宪法第四十六条的诉求。⑤

经过一段时间的充分讨论，社会各界在实事求是的基础上逐渐形成

---

① 《关于基督教问题的四次谈话》（1950 年 5 月），见《周恩来统一战线文选》，人民出版社 1984
年版，第 181—182 页。
② 《对陆定一在全国人大一届二次会议上的发言稿的批语》（1955 年 7 月 20 日），中央文献出版
社 1991 年版，第 216—217 页。
③ 规定公民"有信仰宗教的自由"，也有"不信仰宗教、宣传无神论的自由"。(《中华人民共和国
宪法》（1978 年 3 月 5 日），载《人民日报》1978 年 3 月 8 日。)
④ 规定公民"有宗教信仰的自由"。(《中华人民共和国宪法》（1954 年 9 月 20 日），见《建国以来
重要文献选编》（第五册），中央文献出版社 2011 年版，第 466 页。)
⑤ 许崇德：《宪法起草过程中的片段回忆》，载《中国人大》2008 年第 18 期。

共识。特别是中共中央 1982 年 19 号文件强调，尊重和保护宗教信仰自由，是中共根据马克思主义理论所制定，是关于社会主义时期宗教问题的一项"长期的基本政策"，而且是"真正符合人民利益的惟一正确的宗教政策"。① 基于此，彭真 1982 年 4 月作《关于中华人民共和国宪法修改草案的说明》，就关于宗教问题的条款进行了专门阐释。他强调"公民有宗教信仰的自由"这条规定，是"马列主义、毛泽东思想对待宗教信仰问题的一贯方针"。因此，宪法草案恢复和发展了 1954 年宪法的有关规定，并"写得更加明确具体"。他还强调，中国"信仰宗教的公民"与"不信仰宗教的公民"，两者"在政治上的共同点是爱国、拥护社会主义。有些人信仰这种或者那种宗教，这是客观存在的社会意识形态问题，决不能、也不应该采取强制手段去解决"。②

1982 年 7 月 1 日，宗教界人士纷纷就宪法修改草案表达自己的见解和支持。中国佛教协会会长赵朴初认为，1954 年宪法虽然只有一句话——公民有宗教信仰的自由，但含义十分清楚，"体现了公民可以作主，自愿选择"。1975 年宪法"增加了公民有不信仰宗教、宣传无神论的自由，加之极左思潮的影响，流传一种解释是宗教信仰自由就是公民可以信神，这就为禁止宗教活动提供了根据"。这次修改宪法"又删去了 1975 年宪法所加的那段话"，"对保障公民宗教信仰自由权利，促进国家的安定团结，将会产生良好的影响"。中国天主教爱国会副主席杨高坚认为，我国"信教与不信教的公民在政治上有个共同基础：接受党的领导，走社会主义道路，热爱祖国，所以宪法修改草案所规定的宗教信仰自由，决不是权宜之计，而是长期的政策"。中国基督教协会副会长阎迦勒指出："宪法修改草案规定，国家保护正常的宗教活动。但任何人不得利用宗教进行反革命活动，或者进行破坏社会秩序、损害公民身体健康、妨碍国家教育制度的活动。强调这一点很重要。宗教信仰只是个人的私事，但是我们作为一个社

---

① 《关于我国社会主义时期宗教问题的基本观点和基本政策》（1982 年 3 月），宗教文化出版社 1995 年版，第 59—60 页。
② 参见《我国公民有宗教信仰的自由》（1982 年 4 月 22 日），见《新时期宗教工作文献选编》，宗教文化出版社 1995 年版，第 75 页。

会主义国家的公民，必须遵守社会主义的根本大法，只有注意揭露和打击反革命分子或不法分子利用宗教进行的违法犯罪活动，才能保障正常的宗教活动。"①

五个月后，五届全国人大五次会议表决通过《中华人民共和国宪法》，其第二章"公民的基本权利和义务"第三十六条规定：（1）"中华人民共和国公民有宗教信仰自由"；（2）"任何国家机关、社会团体和个人不得强制公民信仰宗教或者不信仰宗教，不得歧视信仰宗教的公民和不信仰宗教的公民"；（3）"国家保护正常的宗教活动。任何人不得利用宗教进行破坏社会秩序、损害公民身体健康、妨碍国家教育制度的活动"；（4）"宗教团体和宗教事务不受外国势力的支配"。② 有宪法学者认为，这四款规定"在逻辑上是比较完整的"。③

1987 年 3 月，丁光训在印度新德里国际宗教自由会议上发表讲话时，特别强调这四款规定较之以往"不但详细得多，而且更符合了人类宗教信仰自由的普遍原则"。他还逐条分析说：（1）规定"中华人民共和国公民有宗教信仰自由"，并不意味公民"没有不信教的自由，或者没有宣传无神论的自由"。因为宗教信仰自由本身就包括这两个自由，"问题在于有没有说的必要"，"宪法应当避免说任何刺激信教公民的感情的话"。中国人民要"一同努力使祖国繁荣，信教的人也在内"。（2）规定"不得有宗教歧视"，是新加的内容，主要是指"没有一个国家宗教、官方宗教或官办宗教"，哪个宗教也"不享特权"、"不处于特别不利的地位"。在国家面前，

---

① 《全国政协第六次专题讨论宪法修改草案》，载《人民日报》1982 年 7 月 3 日。
② 《中华人民共和国宪法》（1982 年 12 月 4 日），见《十二大以来重要文献选编》（上），中央文献出版社 2011 年版，第 194 页。
③ 具体来说，第一款"确定了'宗教信仰自由'的'自由权'特性，表述了宪法对公民'宗教信仰'的尊重，在某种程度上表明了'宗教信仰自由'先于'宪法文本'的自然权利特征"；第二款"使用了传统宪法文本对'宗教信仰自由'设定具体宪法保障义务的经典表述方式，即'宗教信仰自由'的实现方式首先是一种法律意义上的'消极自由'，具有不受非法'干涉'的权利特征和要求"；第三款"确定了国家和政府在'宗教信仰自由'实现方面的积极保障义务，即应当采取有效措施来排除对'宗教信仰自由'可能存在的各种侵害，符合当今世界宗教信仰自由的人权保护国际化的要求"；第四款"实际上宣示了宗教事务的'主权原则'，不受外来势力干涉，在法律上的效果也是给予公民实现'宗教信仰'的一个相对自由独立的'空间'"。（莫纪宏：《从宪法文本研究宗教信仰自由》，载《检察日报》2014 年 11 月 13 日。）

"信教的人和不信教的人"、"信各个宗教的人"都是平等的,(3)规定"中国的宗教应由中国人自办,不得由外国支配",是总结了天主教、基督教的经验教训,而且"不得由外国支配"决不应当被曲解为"禁止正常的国际联系"。中国各教同海外宗教界的平等交往"现在多得很"。①

从"五四宪法"到"八二宪法"的曲折发展历程,也给社会各界深刻把握宗教与信仰问题提供了启迪。比如,胡绳阐释"马克思主义指导的问题"时,就说宪法规定公民有宗教信仰自由,所以不能说某人"信仰宗教,是唯心主义",就等同于说他"违反了宪法"。中国宪法虽是社会主义性质的,但它没有规定人人都要信仰马克思主义,它"也不可能作这种规定"。他认为马克思主义的指导地位,不能凭借法律取得;其在实践中的指引作用,也要靠自己的正确性。②对此,任继愈也表示,"个人怎么想、信什么,宪法明文规定要受到保护"。马克思主义是指导思想,但"有人不信马克思主义,相信唯心论,这也有他的自由,不能勉强他非相信不可"。如果强制一个人相信马克思主义,也"很愚蠢,没有道理"。③这告诉我们,硬性规定信仰马克思主义,本身就是违背马克思主义的,也会造成适得其反的后果。把握这一点,对于正确认识马克思主义在意识形态领域的指导地位、坚持马克思主义和共产主义信仰,同时尊重和保护公民的宗教信仰自由权利,都有极其重要的意义。

"八二宪法"公布施行后,根据改革开放和社会主义现代化建设的实践和发展,全国人大于1988年、1993年、1999年、2004年、2018年对宪法进行了5次修改,关于宗教问题的四款规定未作修正。它为《全国人民代表大会组织法》《地方各级人民代表大会和地方各级人民政府组织法》《中华人民共和国全国人民代表大会和地方各级人民代表大会选举法》《中华人民共和国民族区域自治法》等宪法相关法涉及宗教的规定,以及《宗教事务条例》《宗教活动场所设立审批和登记办法》等宗教法规和规章,

---

① 《新德里国际宗教自由会议上的讲稿》(1987年3月),见《丁光训文集》,译林出版社1998年版,第61—62页。
② 胡绳:《关于发展哲学社会科学的几个问题》,载《理论月刊》1987年第1期。
③ 任继愈:《宗教学讲义》,国家图书馆出版社2013年版,第30页。

提供了根本依据。而今，中国已经初步形成了以《宪法》相关规定为核心，包括综合性行政法规、地方性法规、部门规章、地方政府规章在内的依法管理宗教事务的法律法规体系，宗教工作基本实现了有法可依，宗教工作的法治化、规范化、制度化水平不断提升。2016 年 4 月，习近平在全国宗教工作会议上进一步强调，做好新形势下宗教工作，必须"提高宗教工作法治化水平，用法律规范政府管理宗教事务的行为，用法律调节涉及宗教的各种社会关系"。[①] 这就要求推动全社会提高法治观念，善于运用法治思维和法治方式处理和解决宗教领域矛盾和问题，不断开创宗教工作新局面。

---

① 参见《发展中国特色社会主义宗教理论，全面提高新形势下宗教工作水平》，载《人民日报》，2016 年 4 月 24 日。

附录二

论中国共产党对政教关系的创造性探索
——以周恩来《关于基督教问题的四次谈话》为中心的考察

1950 年 5 月 2 日、6 日和 13 日，周恩来先后三次出席基督教问题座谈会。他和中共中央、政务院有关部门负责人，同出席会议的京、津、沪基督教人士吴耀宗、刘良模、邓裕志等人，就基督教在中国的影响、基督教会的问题及应对之策，进行了深入的交流。5 月 20 日，周恩来在中共中央、政务院有关单位负责人座谈会上，再次发表关于基督教问题的谈话，主要内容是党和政府对待基督教的政策。

上述四次谈话，后来被整理成《关于基督教问题的四次谈话》，收入《周恩来统一战线文选》。它是周恩来关于宗教问题的代表作，也是研究中国基督教问题、中国共产党宗教政策的重要文献。已有学者围绕基督教反帝爱国运动的发起，阐述了谈话的历史地位[①]；也有学者从积极引导宗教与社会主义社会相适应的视角，分析了谈话的理论与实践意义[②]；这些研究成果，都足以体现这篇文献的价值。笔者试图从更加宏观的视野，以周恩来《关于基督教问题的四次谈话》为对象，来探讨新中国的政教关系，特别是延续至今的基调性内容，并借此说明一点：以毛泽东为核心的第一代中

[①] 参见赵晓阳：《割断与帝国主义的联系：基督教三自革新运动的初始》，载《中共党史研究》2009 年第 3 期；刘建平：《三次谈话与三自爱国运动——从周恩来与基督教界民主人士的三次谈话说起》，载《中国宗教》2011 年第 4 期；刘建平：《周恩来与建国初期中国基督教反帝爱国运动的发起》，载《宗教学研究》2012 年第 1 期；等等。

[②] 参见罗伟虹：《引导宗教与社会主义社会相适应的典范——学习周恩来〈关于基督教问题的四次谈话〉》，见中国统一战线理论研究会民族宗教理论甘肃研究基地：《当代中国民族宗教问题研究》（第五集），中国社会科学出版社 2010 年版，第 305—314 页。

央领导集体对社会主义时期宗教问题的成功探索，为中国特色社会主义宗教理论提供了理论准备和实践经验。

需要说明的是，笔者所言的政教关系，不是笼统地讲"政治"与"宗教"的关系，也不是狭义的"政府"与"教会"的关系，而是从"政治"与"宗教"、"政党"与"宗教"、"政权"与"宗教"、"政府"与"宗教"四个方面来阐述。[①] 正如学者所言：这些关系"会有不同侧重，表现出明显的差异，因而处理好它们之间的关系，并不能采取'一刀切'的简单办法"[②]。换言之，只有全面理解不同层面的政教关系，才能深刻把握"政治"与"宗教"的关系，才能正确处理中国社会主义时期宗教问题。

一、宗教与政治：宗教要"对新中国有益"

基督教开始传入中国，"确实可以考证的，从唐朝的景教算起"[③]。但是，基督教在中国的较快发展，则是"大炮在天朝呼啸"并"开放中国给基督"之后。伴随着西方侵略者涌入中国的传教士，有的"直接参加了侵华战争"，有的参与不平等条约的签订并从中获益。[④] 而且，这种行为可以追溯到明末清初，诚如何兆武、何高济在《利玛窦中国札记》中译者序言中所写，"支持欧洲海外传教活动的物质动力乃是地理大发现以后西欧殖民国家所进行的海外扩张，而基于这个势力至上的一切上层建筑活动归根到底都是不可能违背这一物质势力的利益或者是超出它所能许可的范围之外的"。利玛窦在中国札记中提到"来华耶稣会传教士的活动经费是要靠

---

① 关于政教关系的内容，学术界向来有广义和狭义的区分。有学者认为，不论在中文还是在英文里，根据指涉程度的不同，按照从狭义到广义的排列顺序，"政"这一术语，可以指政府，可以指纯政治性的"狭义政府"，也可以指无所不包的"广义政府"或"大政治"。"教"这一术语，可以指政府，可以指单纯的基督教教会，可以指基督教或基督教某个宗派或教派，也可以指一切宗教或信仰。政教之间的"关系"，同样也是多种多样的。如果是"分离"，这一术语可以指具有"分立与分治"意味的"中性分离"，可以指彼此相互排斥性的"消极分离"，也可以指主动实施限制与打压性质的"否定性分离"。如果是"结合"，这一术语可以指彼此互补性的"结合"，可以指相互合作性的"结合"，也可以指彼此完全融合性的"结合"。（董江阳：《迁就与限制：美国政教关系研究》，生活·读书·新知三联书店 2017 年版，第 3 页。）

② 卓新平：《"全球化"的宗教与当代中国》，社会科学文献出版社 2008 年版，第 10 页。

③ 王治心：《中国基督教史纲》，上海古籍出版社 2004 年版，第 3 页

④ 参见顾长声：《传教士与近代中国》，上海人民出版社 2004 年版，第 46、52、62—64 页。

澳门葡萄牙商人的接济和资助的", 提到"公海上海盗出没无常的情况", 实际上反映了"当时西欧海外殖民者的海盗掠夺本质"。①

基督教的不光彩角色, 使其给中国共产党人留下了这样的印象: 一是充当了帝国主义侵略中国的工具, 使中国人民深受其害; 二是控制和利用中国教会, 使之成为外国教会的附庸。对此, 陈独秀严厉抨击道: 第一次世界大战杀人无数, 各国基督教会却"祈祷上帝保佑他们本国的胜利"; 各基督教的民族同样地压迫远东弱小民族, 基督教会"不但不帮助弱小民族来抗议, 而且作政府殖民政策底导引"。② 毛泽东也说: 帝国主义势力对"麻醉中国人民的精神"也不放松, 他们通过"传教、办医院、办学院、办报纸和吸引留学生"等方式, 实施文化侵略对策, 其目的在于"造就服从他们的知识干部和愚弄广大的中国人民"。③

在中国革命即将取得胜利的时候, 基督教、天主教中仍有很多仇视中共的敌对分子, 或存在反革命的行为和情绪。据汪金祥回忆说, 1947 年7 月, "嫩江省公安处破获了一起同美蒋勾结的齐齐哈尔天主教总教堂案, 逮捕主教胡干普、事务主任博施德、神父魏佑民、修道院长陆化行等主要罪犯十四名。搜出电台、美制雷管、炸药、手枪、子弹、情报底稿、禁止教徒参加土改的通令等罪证。"在审讯中, "胡干普、博施德等外籍罪犯, 声言他们是'办教'的, '从来不干预中国的政治'。后来, 在确凿的罪证面前, 他们理屈词穷, 如实供认了所犯的特务间谍罪行。"经过法院审理, 决定: "除两名从犯教育释放外, 对胡干普、博施德以下十二名罪犯, 分别判处三年到十二年的有期徒刑; 其他教士、修女、教徒与本案无关, 一律不问, 他们的宗教活动, 政府不加任何限制和干涉; 教堂所有合法财产予以保护; 与本案有关的国民党罪犯, 由嫩江省公安处协同法院依法追

① 〔意〕利玛窦、〔比〕金尼阁:《利玛窦中国札记》, 何高济、王遵仲、李申译, 中华书局1983 年版, 第15 页。
② 陈独秀:《基督教与基督教会》(1922 年3 月15 日), 见《独秀文存》, 安徽人民出版社1987 年版, 第438 页。
③《中国革命和中国共产党》(1939 年12 月), 见《毛泽东选集》(第二卷), 人民出版社1991 年版, 第629—630 页。

究，分别惩处。"①

后来，丁光训在加拿大温哥华华一神学院演讲时也坦诚地说，在解放军1949年渡江前夕，有基督徒祈求上帝"行神迹使解放军战士淹死在长江里"；上海刚解放时，有基督徒领袖"从地面给敌机发出信号，以便于对方轰炸"。尽管他做了这样残忍的事请，还有人辩护说，他"作为一重生的人"，已不在律法之下，是不可能犯罪的。②1949年7月1日，罗马教廷圣职部向意大利教徒发出了"反共敕令"：天主教徒不得参加共产党，不得宣传和阅读支持共产主义理论的书刊；如果违反这两点，就不能接受圣事。梵蒂冈驻华公使黎培里据此多次向中国天主教徒发出命令，要求他们执行"反共敕令"，警告他们不要相信新中国的宗教信仰自由政策，并四处宣讲"有神无神势不两立、爱国爱教有矛盾"。③

有鉴于此，周恩来在1950年5月2日的谈话中，系统回顾基督教传入中国和它的正反两方面影响，阐述了在新中国成立的历史条件下，基督教必须努力清除消极的一面，继续发扬积极的一面，真正"变成中国的基督教会"，能够"在政治上站稳了脚跟"，从而"对新中国有益"。④

关于基督教的消极面，周恩来认为主要是它同帝国主义对中国的侵略紧密联系在一起，给中国人民留下了很坏的印象。他分析说："基督教是靠着帝国主义枪炮的威力，强迫中国清朝政府所签订的不平等条约而获得传教和其他特权的。"所以，很多中国人把基督教叫作"洋教"，反对基督教的传教活动。他还谈到20年代的非基督教运动，指出1922年至1927年"非宗教大同盟对帝国主义利用基督教所做的许多坏事以及所发生的许多坏影响，清算了一下"。这个"清算"就是针对帝国主义的文化侵略。⑤

---

① 汪金祥：《解放战争时期东北公安保卫工作回顾》，载《中共党史资料》1989年第3期。

②《一个中国基督徒怎样看无神论者》（1979年11月），见《丁光训文集》，译林出版社1998年版，第139页。

③ 参见赵晓阳：《中国天主教独立自办运动的初成》，见《当代中国史研究》2012年第4期。

④《关于基督教问题的四次谈话》（1950年5月），见《周恩来统一战线文选》，人民出版社1984年版，第182页。

⑤《关于基督教问题的四次谈话》（1950年5月），见《周恩来统一战线文选》，人民出版社1984年版，第180—181页。

关于基督教的积极面，周恩来也给予充分肯定。他认为基督教进步人士在五四运动后的中国革命过程中，是"同情中国革命的"，并对此进行了详细阐述。在大革命时期，基督教青年会和其他宗教团体中的进步人士曾"掩护过一些从事职工运动的革命分子和共产党员"；在抗日战争时期，基督教青年会等宗教团体也"起了很好的作用"；在解放战争时期，很多基督教进步人士"同情并参加了反蒋、反美斗争，反对独裁，反对内战"，有不少人还因此"受到国民党反动政权的迫害"；在筹建新中国之际，宗教界民主人士的代表出席了中国人民政治协商会议，与其他各界代表一起共商国是。

周恩来不仅指出基督教的消极面和积极面，而且有针对性地提出它在新中国成立后的努力方向。首要的一点，就是"摆脱帝国主义的控制，肃清帝国主义的影响"。周恩来认为，尽管历史条件不同了，但美帝国主义妄图继续利用中国宗教团体来"进行破坏中华人民共和国的活动"，所以中国宗教团体必须"把民族反帝的决心坚持下去，割断同帝国主义的联系，让宗教还它个宗教的本来面目"。他认为，宗教界有必要自己发起"一个民族自觉运动，把近百年来同帝国主义的关系清算一下"，尽管这种关系"有自觉的，有不自觉的"。在这次讲话的最后，周恩来特别指出：宗教团体本身一定"要独立自主，自力更生，要建立自治、自养、自传的教会"，从而转变成中国的基督教会。① 实际上，1950年4月13日，周恩来在全国统战工作会议上就明确指出："我们主张宗教要同帝国主义割断联系。如中国天主教还受梵蒂冈的指挥就不行。中国的宗教应该由中国人来办。"②

在1950年5月6日的谈话中，周恩来再次强调，新中国成立后，基督教最大的问题就是自己"同帝国主义的关系问题"。中国基督教会要成为中国自己的基督教会，必须"肃清其内部的帝国主义的影响与力量，依

---

① 《关于基督教问题的四次谈话》（1950年5月），见《周恩来统一战线文选》，人民出版社1984年版，第181—182页。

② 《发挥人民民主统一战线积极作用的几个问题》（1950年4月13日），见《周恩来统一战线文选》，人民出版社1984年版，第174页。

照三自（自治、自养、自传）的精神，提高民族自觉，恢复宗教团体的本来面目，使自己健全起来"。[①]他在 5 月 13 日的谈话中进一步指出，新中国是一个"独立自主的国家"，中国宗教团体割断同帝国主义的联系是"理所当然的事"。中国共产党会遵循《共同纲领》的精神，不可能因为基督徒中"出了少数坏人"，就抛弃近一百万人的基督徒；同时，基督徒只有"在政治上站稳了脚跟"，才能不受到歧视，才能使基督教在人民群众的心目中"观感一新"。[②]

当然，在基督教界开展反帝爱国运动，并不是最终目的。在谈话中，周恩来反复强调包括基督教在内的宗教界，都要通过主动行动，努力使自己的活动有益于新中国。他在 5 月 6 日的谈话中指出：中国历史翻开了新的一页，中国宗教"要完成自己的历史任务，各宗教之间和各教派之间就应该加强团结，联合起来，研究怎样服务于中国人民；就应该在民主与爱国的立场上，健全自己，使宗教活动有益于新民主主义社会"。周恩来认为，判断一个宗教团体对新中国有无益处，"要以爱国与民主两个条件来鉴别。如果这个宗教团体在政治上是拥护《共同纲领》的，是爱国与民主的，那么这个宗教团体便是对新中国有益的"。他还对在座的基督教人士提出："基督教团体在拥护《共同纲领》的基础上，怎样辅助社会进步，应该研究一些具体的工作。你们对政府有什么要求，可以提出来。"[③]

需要指出的，要求基督教会割断同帝国主义的联系，并不是简单地反对基督教会的对外交流，不是完全割断宗教与外界的一切联系，也不是仅仅针对基督教而言的，其要害是反对以宗教为旗号的政治勾当，不允许宗教成为外国干涉中国内政的工具。正如周恩来 1956 年 12 月会见印度总理尼赫鲁时所说："我们欢迎发展宗教联系，不但和印度，而且和东南亚各佛教国均要发展这种联系。但是我们反对那种以宗教为外衣而以政治为

---

①《关于基督教问题的四次谈话》（1950 年 5 月），见《周恩来统一战线文选》，人民出版社 1984 年版，第 182 页。
②《关于基督教问题的四次谈话》（1950 年 5 月），见《周恩来统一战线文选》，人民出版社 1984 年版，第 186 页。
③《关于基督教问题的四次谈话》（1950 年 5 月），见《周恩来统一战线文选》，人民出版社 1984 年版，第 182—183 页。

内容的活动。"尼赫鲁当时也表示："印度政府对西藏的态度只是宗教上联系，没有政治企图。"①

周恩来与基督教代表的三次谈话，得到了积极的回应。5月4日，吴耀宗等人根据周恩来5月2日谈话精神起草了《关于处理基督教问题的初步意见》。历经八次修改后，这个《意见》定名为《中国基督教在新中国建设中努力的途径》，并由吴耀宗等四十位中国基督教代表人士联名公开发表，成为著名的历史文献——"三自宣言"。宣言提出中国基督教会及团体的基本方针是：肃清中国基督教内部的帝国主义影响，警惕帝国主义势力利用宗教培养反动力量的阴谋；培养基督教信徒爱国民主的精神和自尊自信的心理，实行自治、自养、自传。②显然，这个"宣言"的主旨与周恩来的谈话精神是契合的。

在指导"三自宣言"起草的过程中，中共中央明确了对天主教、基督教的基本态度。1950年8月19日，中共中央给各地发出关于天主教、基督教问题的指示，着重强调了两点：一是坚持政教分离，不帮助它们发展，并"反对其中的帝国主义影响"；二是坚持宗教信仰自由，并"在其中扩大爱国主义的影响，使天主教、基督教由帝国主义的工具变为中国人自己的宗教事业"。③9月23日，《人民日报》转发"三自宣言"全文，并发表社论《基督教人士的爱国运动》，表明党和政府的欢迎态度，强调"三自"运动是"基督教人士应用的使中国基督教脱离帝国主义影响而走向宗教正轨的爱国运动"。④随后，"三自"爱国运动在全国范围内迅速展开，中国基督教的面貌焕然一新。

值得一提的是，周恩来虽然在这四次讲话中反复要求宗教界"讲政治"，但他非常注意方式方法。在5月13日的会议上，他语重心长地说："帝国主义利用宗教团体的问题，我们要做这样的解释：分清主观与客观，

---

① 参见中共中央文献研究室编：《周恩来传（1898—1976）》（第三卷），中央文献出版社1998年版，第1269页。

② 参见《中国基督教发表宣言》，载《人民日报》1950年9月23日。

③《中共中央关于天主教、基督教问题的指示》（1950年8月19日），见《建国以来重要文献选编》（第一册），中央文献出版社2011年版，第354页。

④《基督教人士的爱国运动》，载《人民日报》1950年9月23日。

客观上是存在了的；分清少数与多数，事实上反动分子是极少数。""宗教界本身的反响，我们要注意，要逐步地提高他们的觉悟。"在 5 月 20 日的谈话中，他还说了这样一段话："吴耀宗所拟定的第五次修正的宣言，比过去多了一个序言，把基督教同帝国主义的关系说得很偶然，就让他那样吧。一个字不改，照样发表。宣言里说的话和我们说的话不一样，我们也不需要宣言和我们说的一样。这样便于团结群众。"① 这里所说的宣言，正是《中国基督教今后努力的途径》。

不仅如此，周恩来还于 6 月 1 日致电吴耀宗，肯定宣言"基本方针是好的。它打开了中国基督教会及其团体今后在《共同纲领》基础上在人民政府领导下的新的努力途径"，望以此精神"劝导中国基督教代表人物响应这一主张，以利基督教会的革新"。② 9 月 15 日，在《人民日报》即将转发宣言全文前，周恩来又致电吴耀宗，认为宣言中要求中国基督教会及团体"立即实现自力更生的目标"的"立即"两字可以删去，"如此，可以减少各教会团体、学校、医院对于立即断绝国外接济的顾虑。本来，我们解决这项问题是要有步骤地进行，故去掉'立即'两字与宣言主旨并无违背。"宣言正式公布时，接受了周恩来的这个意见，改为："中国基督教会及团体，凡仍仰赖外国人才与经济之协助者，应拟定具体计划，在最短期内，实现自力更生的目标。"③

无独有偶。在处理宗教问题的过程中，毛泽东也反复强调不能操之过急，要求尊重宗教界的感受。1950 年 5 月 29 日，他同教育部负责人谈高等教育工作时，认为"教会学校的政治课和宗教课都搞选修课"，但是"要谨慎"，"政治课暂时维持原状，实际上放松一点"。④ 9 月 6 日，华东局统战部向中央上报了基督教"三自宣言"签名运动的各方反映情况。9 月 8 日，毛泽东将报告批给周恩来时写道："此事不宜太急，太硬性，致失去

①《关于基督教问题的四次谈话》（1950 年 5 月），见《周恩来统一战线文选》，人民出版社 1984 年版，第 186、187 页。
②《周恩来年谱（1949—1976）》（上卷），中央文献出版社 1997 年版，第 45 页。
③《关于发表基督教人士宣言给吴耀宗的电报》（1950 年 9 月 15 日），见《建国以来周恩来文稿》（第三册），中央文献出版社 2008 年版，第 296 页。
④《毛泽东年谱（1949-1976）》（第一卷），中央文献出版社 2013 年版，第 149 页。

团结较多的人的机会，造成对立。"①

对毛泽东、周恩来这样的态度，丁光训在 1997 年接受《世界宗教研究》杂志采访时，联系自己对"积极引导宗教与社会主义社会相适应"这个论断的认识，指出：在谈话过程中，周恩来听到一位崔牧师说起若干年前中国基督教有一个三自运动，非常高兴地说"这样很好，中国基督教如果真正做到自治、自传、自养"，"许多问题就比较好解决了"。他认为，新中国三自爱国运动的发起就是"这样开始的"，外国有人说三自运动是"共产党强加在基督徒身上的"、"中国基督教徒没有要搞三自的愿望"，这与事实不符。应该说，它是周恩来在谈话的过程中一步步"引导他们向三自方向靠拢而出现的"。②

二、宗教与政党：坚持和发展中国共产党与宗教界的统一战线

在新民主主义革命时期，中国共产党就认为世界观上的对立，并不意味着政治上完全对立，而是可以在相互尊重的基础上实现团结合作。1925 年 5 月，第二次全国劳动大会就工人阶级与政治争斗问题指出："资产阶级制服无产阶级的武器"，既包括优越的经济地位、国家政权、军队、警察等"有形的压迫机关"，也包括学校、宗教、报纸等"无形压迫的麻醉方法"。因此，无产阶级在阶级争斗中，要掌握的一个重要武器就是取得"团结"，而且是不分国界、省界及手艺、宗教、性别的阶级团结。③

1931 年九一八事变后，为了抗日救国，中国共产党极力主张捐弃前嫌，建立包括宗教界在内的最广泛的民族统一战线。1936 年 4 月 25 日，中共中央向国民党与全国性宗教组织（全国基督教青年会、回教徒联合会、公教联合会等）发出号召，倡议创立全国各党各派的抗日人民阵线，强调"不相同的主张与信仰"，以及过去的"冲突与斗争"，都应该放下

---

① 《关于中国基督教会三自宣言签名运动的批语》（1950 年 9 月 8 日），见《建国以来毛泽东文稿》（第一册），中央文献出版社 1987 年版，第 497 页。
② 黄夏年：《宗教与社会主义社会相适应重在引导——丁光训副主席采访录》，载《世界宗教研究》1997 年第 3 期。
③ 《工人阶级与政治争斗的决议案》（1925 年 5 月），《中共中央文件选集》（第一册），中共中央党校出版社 1989 年版，第 631 页。

来，共同致力于抗日救国这个"共同要求"。①5月7日，共青团中央致信全国学生说，今后工作应该集中注意"人民统一阵线的建立，不分党派，不分政治信仰，不分宗教信仰，只要愿意抗日救国的，结成联盟，反对汉奸卖国贼和日本"。②

1940年1月，毛泽东在《新民主主义论》中总结他对不同信仰者之间何以组建统一战线的思考，鲜明地提出：中共党员与某些唯心论者或宗教徒，可以建立"在政治行动上的反帝反封建的统一战线"；但是，中共党员决不能赞同这些人的"唯心论或宗教教义"。③这样一来，就把中国共产党与宗教界建立统一战线的相辅相成的两个方面，阐述清楚了。换言之，中共党员与宗教徒建立统一战线，既要看到"同"（共同的政治要求和努力方向），也要看到"异"（不同的思想信仰）；决不能把政治行动上的统一与思想信仰上的统一混淆了。随着实践经验的积累，这逐渐成为中共开展宗教统战工作、处理宗教事务的一条准则。

1950年4月13日，周恩来根据新中国成立后的具体情况，在全国统战工作会议上重申了统一战线中的"政治"与"信仰"问题。他指出：中国共产党联合宗教界的民主人士，邀请他们参加政治协商会议和各界人民代表大会，是"以政治为标准的"，看的是"他们的民主人士身份"，而不是他们的宗教徒身份。同样，中国共产党反对基督教和天主教中的帝国主义间谍，是因为"他们有帝国主义的国际背景"，而不是因为他们是基督徒或天主教徒；所以，这并"不牵连宗教信仰问题"，更不违反宗教信仰自由政策。④

在1950年5月13日的谈话中，周恩来着重阐述了怎样坚持和发展中

---

① 《中共中央为创立全国各党各派的抗日人民阵线宣言》（1936年4月25日），见《建党以来重要文献选编（1921—1949）》（第十三册），中央文献出版社2011年版，第104页。

② 《共青团中央给全国学生的信》（1936年5月7日），见《建党以来重要文献选编（1921—1949）》（第十三册），中央文献出版社2011年版，第121页。

③ 《新民主主义论》（1940年1月），见《毛泽东选集》（第二卷），人民出版社1991年版，第707页。

④ 《发挥人民民主统一战线积极作用的几个问题》（1950年4月13日），见《周恩来统一战线文选》，人民出版社1984年版，第173—174页。

国共产党与宗教界的统一战线问题。他指出召开基督教问题座谈会的宗旨，就是团结合作，发展统一战线："政府有什么意见，中国共产党有什么意见，我们拿出来；你们也把自己的意见拿出来，目的是求得政府同宗教界实行更好的合作。"

周恩来还强调，"共信不立，互信不生"，《共同纲领》是共产党与宗教界合作的基础。他指出，没有必要隐讳双方的不同点，我们可以在《共同纲领》的基础上实行合作，这是"我们一致同意的"。他解释道："《共同纲领》是四个阶级合作的基础。从各界来说，宗教界也是合作者之一。我们要彻底实行《共同纲领》，使四个阶级各得其所。此外，还要照顾到从地主阶级中间，从国民党反动派中间，以及从其他受帝国主义影响的人中间分化出来的要求进步的分子。"

周恩来认为，在新形势下坚持和发展统一战线，对宗教界也提出了新的要求，就是要看宗教界"是否同帝国主义、封建主义和官僚资本主义割断了联系"。因此，提出宗教界要开展民族自觉运动，目的就是要"通过反对帝国主义、封建主义和官僚资本主义，清算并且断绝同它们的旧关系，以巩固我们的统一战线"，增强我们的合作。他还说，宗教界中存在一部分反动分子，虽然是少数，但我们要把这些"害群之马、极少数的走狗、犹大，清除出去，使广大宗教界人士在《共同纲领》的基础上团结起来，引导广大教徒一道前进。这是一个长时期的工作"。

在讲话中，周恩来还进一步声明了共产党与宗教界合作的原则，就是：不开展"有神无神的争论"，而是相互尊重，达到政治上的合作。[①]这个原则在实践中得到检验，并一直延续至今，对坚持和发展共产党与宗教界的统一战线，起到了重要作用。在中国革命和建设的实践中得到检验，一直延续至今。1993 年 1 月 19 日，在全国性宗教团体领导人迎春座谈会上，李瑞环总结指出：这两个方面相辅相成，缺一不可。一方面，只有在政治上团结合作，才能切实做到信仰上的互相尊重；另一方面，只有在信

[①]《关于基督教问题的四次谈话》（1950 年 5 月），见《周恩来统一战线文选》，人民出版社 1984 年版，第 184—186 页。

仰上互相尊重，才能有效巩固政治上的团结合作。因此，一定要坚定不移地执行这个原则，不断巩固和扩大党同宗教界的统一战线，团结宗教界人士和广大信教群众致力于社会主义建设。[①]

对于中共坚持和发展同宗教界的统一战线，宗教界人士也深表赞同。丁光训谈到宗教"鸦片论"时指出：在中共的一贯思路里，宗教问题主要是作为"统一战线问题"来对待，而不是作为"意识形态上你死我活的问题"来斗争；中共在宗教方面的中心任务，是加强它同信教群众在政治上的团结，而把信仰上的差异"放在互相尊重的范围之内"，从而做到"求同存异"，而不是"削弱消灭宗教"，也没有要求促使"有神论者转化为无神论者"。[②] 赵朴初在全国政协宗教委员会纪念中国共产党成立七十周年座谈会上，对中国共产党的宗教理论与政策进行概括时，也将"建立、巩固和发展同宗教徒的爱国统一战线"作为重要一条单列出来。[③]

三、宗教与政权：坚持政教分离的原则

实行政教分离，是马克思主义宗教观的一个基本观点。对此，马克思、恩格斯指出，要"彻底实行政教分离"[④]，"国家无例外地把一切宗教团体视为私人的团体"[⑤]。在领导俄国革命的实践中，列宁也明确提出：社会民主工党的政治任务是"推翻沙皇专制制度，代之以建立在民主宪法基础上的共和国"，其必然要求"教会同国家分离，学校同教会分离"[⑥]。他还强调了两个"不应当"，即"国家不应当同宗教发生关系，宗教团体不应当

---

① 李瑞环：《在全国性宗教团体领导人迎春座谈会上的谈话》（1993年1月19日），见《新时期宗教工作文献选编》，宗教文化出版社1995年版，第243页。

② 《与教外友人谈"鸦片问题"》（1985年），见《丁光训文集》，译林出版社1998年版，第398页。

③ 《巩固和发展中国共产党同宗教界的爱国统一战线》（1991年6月24日），见《赵朴初文集》（下卷），华文出版社2007年版，第1098页。

④ 马克思、恩格斯：《共产党在德国的要求》（1848年3月），见《马克思恩格斯全集》（第五卷），人民出版社1958年版，第4页。

⑤ 恩格斯：《1891年社会民主党纲领草案批判》（1891年6月18—29日），见《马克思恩格斯全集》（第二十二卷），人民出版社1965年版，第277页。

⑥ 《俄国社会民主工党纲领草案》（1902年1月8日和2月18日之间），见《列宁全集》（第六卷），人民出版社1986年版，第194—195页。

同国家政权发生联系"①。

以马克思主义为指导思想的中国共产党，始终坚持实行政教分离。可以说，这是中国共产党对待宗教的基本态度、处理宗教问题的根本原则。早在 1931 年 11 月 7 日，中华苏维埃第一次全国代表大会通过的《中华苏维埃共和国宪法大纲》，就规定中国苏维埃政权"绝对实行政教分离的原则"，强调"一切宗教不能得到苏维埃国家的任何保护和供给费用"②

在 1950 年 5 月 2 日的谈话中，周恩来一上来就指出："中国不是政教合一的国家。在中国，宗教同政治一向是分开的，所以宗教问题不象欧洲政教合一的国家那样严重。"他在 5 月 13 日的谈话中再次指出："中国一向是政教分开的。今天，政府同宗教界人士是根据《共同纲领》所确定的政治方针来合作的。"在周恩来看来，要求宗教界肃清帝国主义的影响，也是政教分离原则的应有之义。他指出："根据《共同纲领》的要求，我们必须在宗教界肃清帝国主义的影响。这不是谁来约束谁，我们大家都有这个责任。在宗教界肃清帝国主义影响，并不是说宗教界的每一个人都做了帝国主义的工具。在个人来说自己感觉没有被利用，但是帝国主义主观上有所要求，它们利用宗教团体，乃是事实。广大教徒有时不免也被利用。这一点，我们非说清楚不可。这个问题说清楚了，对教会只有好处。"他还强调："宗教界内部要通过自我批评，把自己的工作与组织进行检讨和整理。这是个原则性的工作。我们搞清楚这些原则，把这件工作做好了，帝国主义就不能再利用宗教团体了。这也就是宗教界的自卫。"③

1951 年 1 月 17 日，周恩来出席政务院文教委员会邀请华北地区 40 多位天主教人士参加的茶话会，谈论天主教革新问题，强调自治、自养、自传运动是宗教界的爱国运动，天主教徒应该积极参加。2 月 11 日，他就华北天主教革新宣言提出两条原则性意见，"一要明确表示肃清帝国主义在

---

① 《社会主义和宗教》（1905 年 12 月 3 日），见《列宁全集》（第十二卷），人民出版社 1987 年版，第 132 页。
② 《中华苏维埃共和国宪法大纲》（1931 年 11 月 7 日），见《建党以来重要文献选编（1921—1949）》（第八册），中央文献出版社 2011 年版，第 650 页。
③ 《关于基督教问题的四次谈话》（1950 年 5 月），见《周恩来统一战线文选》，人民出版社 1984 年版，第 180、184—185、186 页。

中国天主教中的影响，二要坚持宗教与政治分开，梵蒂冈不能干涉中国的政治"。①

马克思主义经典作家在论述政教分离时，提出了一些具体主张，其中一个基本要求是："各教派牧师的薪金一律由各个自愿组织起来的宗教团体支付"②；"各种宗教的教士可以由信那种教的教徒来供养，国家不应该用国库的钱来资助任何一种宗教，不应供养任何教士"③。在 5 月 6 日的谈话中，周恩来说到外国捐款问题时，十分坚决地表示："我们要有自己办教的准备"，"基督教既然要清算同帝国主义的关系，自力更生办教会，那就不应该再向外国募捐。"新中国"是一个独立自主的国家，我们不向别人低头，不依赖别人。但是，我们也不盲目排外。这个原则也适用于其他教育团体。因此，对每一笔外款，要加以辨别，如果是有附带条件的援助，就不能接受。"④

不得利用宗教干涉教育，是坚持政教分离原则的重要内容。1949 年 4 月 17 日，周恩来邀集民主人士和知识界人士座谈国共和平谈判问题时，就表达了这样的态度：帝国主义侵略者在旧中国办了一些学校、医院及教堂等"文化侵略机关"，它们在新中国都"应该由中国人来办"，还可以"从内部来改造它们，使它变成民族的"。比如，燕京大学由中国人陆志韦担任校长，吴耀宗提出用中国教士代替外国教士，都是可行的、很好的。⑤1950 年 9 月 6 日，他在教育部部长马叙伦《关于处理北京私立辅仁大学问题的报告》上，就新中国对待教会设立学校的态度作出批示，提出了几条原则性要求："在遵守中央人民政府法令及《共同纲领》的条件下，可以继续办下去。"但是，"教会与学校的关系，只是协助经费及主持宗教

①《周恩来年谱（1949—1976）》（上卷），中央文献出版社 1997 年版，第 130 页。
② 马克思、恩格斯：《共产党在德国的要求》（1848 年 3 月），见《马克思恩格斯全集》（第五卷），人民出版社 1958 年版，第 4 页。
③《告贫苦农民》（1903 年 3 月），见《列宁全集》（第七卷），人民出版社 1986 年版，第 150 页。
④《关于基督教问题的四次谈话》（1950 年 5 月），见《周恩来统一战线文选》，人民出版社 1984 年版，第 183 页。
⑤《怎样对待外国在华文化机构》（1949 年 4 月 17 日），见《周恩来文化文选》，中央文献出版社 1998 年版，第 44 页。

选科的关系。学校课堂、礼堂中不容许做礼拜。""学校中可以设立宗教选科，圣言会可以保留，但学校人事和行政方面，绝不容许教会干涉。""教会可以开除它认为所谓背叛教义的教徒的教籍，但绝不容许干涉这些教徒的教授地位。"①

就中国共产党关于政教分离的明确态度，中国基督教人士表示理解和赞同。丁光训 1980 年在中国基督教第三届全国会议上就说，中国共产党人"是坦率的，他们对宗教的看法，不是遮遮掩掩，而是和盘托出，摆在桌面上"。不同于"世界上有些政党和政客，为了要利用宗教，装出一副赞助宗教和推崇教会的样子"，中国共产党"是不想利用宗教的，他就能坦率地把他的宗教观讲得一清二楚。"②

随着实践的发展，中国共产党对政教分离原则的论述越来越系统，据此制定的相关政策也越来越全面。比如，党在新时期关于宗教问题的三份重要文献，都作出了相应的规定。中共中央 1982 年 19 号文件指出："绝不允许宗教干预国家行政、干预司法、干预学校教育和社会公共教育。"③中共中央 1991 年 6 号文件指出：任何人不得利用宗教"干预国家行政、司法、学校教育和社会公共教育"，任何人不得利用宗教"进行妨碍义务教育实施的活动"，任何人不得恢复"已被废除的宗教封建特权和压迫剥削制度"。④中共中央 2002 年 3 号文件再次指出：全面正确地贯彻宗教信仰自由政策，必须坚持和实行政教分离原则：任何宗教"都没有超越宪法和法律的特权，都不能干预行政、司法和教育等国家职能的实施"；绝对不能"以宗教信仰自由和政教分离为借口，放弃或摆脱政府对宗教事务的管理"。⑤

---

① 《周恩来年谱（1949—1976）》（上卷），中央文献出版社 1997 年版，第 76 页。
② 《回顾与展望》（1980 年 10 月 6 日），见《丁光训文集》，译林出版社 1998 年版，第 294 页。
③ 《关于我国社会主义时期宗教问题的基本观点和基本政策》（1982 年 3 月），《新时期宗教工作文献选编》，宗教文化出版社 1995 年版，第 60 页。
④ 《中共中央、国务院关于进一步做好宗教工作若干问题的通知》（1991 年 2 月 5 日），见《新时期宗教工作文献选编》，宗教文化出版社 1995 年版，第 215 页。
⑤ 《中共中央、国务院关于加强宗教工作的决定》（2002 年 1 月 20 日），见《新疆工作文献选编（1949——2010）》，中央文献出版社 2010 年版，第 550—551 页。

四、宗教与政府：尊重宗教信仰自由，但"不能无原则"

尊重和保护宗教信仰自由，是马克思主义宗教观的基本认识。在新民主主义革命、社会主义革命和建设的各个时期，中国共产党始终坚持这个基本政策。1949年9月，新政协会议通过的具有临时宪法地位的《中国人民政治协商会议共同纲领》，在总纲第五条郑重规定："中华人民共和国人民有思想、言论、出版、集会、结社、通讯、人身、居住、迁徙、宗教信仰及示威游行的自由权。"①

但是，"自由权"并不意味着"放任自流"。1949年9月26日，吴耀宗以宗教界民主人士首席代表的身份，在新政协会议上发言时就提出，宗教界要正确对待宗教信仰自由的权利。就是要"宝贵这个自由"，决不辜负或滥用"这个自由"；同时要"用尽我们的力量，把宗教里面腐恶的传统和它过去与封建力量、帝国主义的联系，根本铲除"，并要"把宗教的积极作用，发挥光大"。②言下之意，宗教信仰自由既是宗教界的合法权利，也包含有和它相应的义务；只有"不滥用"这个自由，才能"不辜负"这个自由。

在1950年5月的四次谈话中，周恩来一方面反复强调党和政府始终坚持尊重宗教信仰自由，另一方面也提出了一些要求，即宗教信仰自由不能没有原则。在5月2日的谈话中，他指出：共产党和人民政府"不搞反宗教运动"，"不到教堂里去作马列主义的宣传"；宗教界也应该"遵守约束，不到街上去传教"。他认为，这可以说是党和政府同宗教界之间的"一个协议，一种默契"。③

在5月6日的谈话中，周恩来坦诚地说，"今天的中国"是一个"新民主主义的国家"，而不是"一个基督教国家"，所以"传教是要受到若干

---

① 《中国人民政治协商会议共同纲领》（1949年9月29日），见《建国以来重要文献选编》（第一册），中央文献出版社2011年版，第2页。

② 参见《中国人民政治协商会议第一届全体会议各单位代表主要发言》，载《人民日报》1949年9月26日。

③ 《关于基督教问题的四次谈话》（1950年5月），见《周恩来统一战线文选》，人民出版社1984年版，第181—182页。

限制的"。比如,在土改新区和乡村,"最好慢一点"。说到外国传教士问题时,他也给出明确态度:新中国"不再请外国传教士到中国来",因为他们"很容易自觉不自觉地做帝国主义的工具"。对那些已经在中国的外国传教士,"除了他们自愿要求马上离开中国或者已发现他们有反动行为证据的以外",可以等到双方合同期满后再走。①

在5月13日的谈话中,周恩来进一步指出:我们决不打算"人为地把宗教消灭",这是不符合客观实际的。不过,这并不是因为共产党专爱基督教,而是根据《共同纲领》的精神,坚持"信教的、不信教的可以共存",从而"团结和照顾到各种社会力量",同心协力地建设新中国"。②

在5月20日的谈话中,周恩来更是对中共中央、政务院有关单位负责人明确要求:我们对基督教和天主教一方面"不能无原则地团结",另一方面"不要脱离广大群众"。他强调这个态度"是政策问题,不是策略问题"。③一个多月后的6月25日,他在全国政协第二次党组会上又指出:要慎重处理基督教、天主教与帝国主义的关系,"凡是勾结帝国主义的反动分子,都按反动分子办,不要牵扯到宗教",关键是要"善于孤立少数顽固的反动分子"。周恩来还强调,尽管列宁曾说过"宗教是鸦片",但须知"这是革命时期的口号"。而今,新中国成立了,我们有了政权,"可以不必强调宗教就是鸦片"。④

周恩来的谈话告诉人们,党和政府尊重宗教信仰自由,但这种自由不是放任自由,不是没有限度的。对宗教信仰自由的内涵,中共中央1982年19号文件进行了全面的阐述:每个公民(1)既有"信仰宗教的自由",也有"不信仰宗教的自由";(2)既有"信仰这种宗教的自由",也有"信仰那种宗教的自由";(3)在同一宗教里面,既有"信仰这个教派的自

①《关于基督教问题的四次谈话》(1950年5月),见《周恩来统一战线文选》,人民出版社1984年版,第182—183页。
②《关于基督教问题的四次谈话》(1950年5月),见《周恩来统一战线文选》,人民出版社1984年版,第185—186页。
③《关于基督教问题的四次谈话》(1950年5月),见《周恩来统一战线文选》,人民出版社1984年版,第187页。
④《周恩来年谱(1949—1976)》(上卷),中央文献出版社1997年版,第50页。

由"，也有"信仰那个教派的自由；（4）既有"过去不信教而现在信教的自由"，也有"过去信教而现在不信教的自由"。在这个基础上，19 号文件强调宗教信仰自由政策的实质，就是"要使宗教信仰问题成为公民个人自由选择的问题，成为公民个人的私事。"文件还重申了周恩来提出的"协议"与"默契"精神：一方面，任何人都不应当"到宗教场所进行无神论的宣传"，不应当"在信教群众中发动有神还是无神的辩论"；另一方面，任何宗教组织和宗教徒都不应当"在宗教活动场所以外布道、传教，宣传有神论"，或是"散发宗教传单和其他未经政府主管部门批准出版发行的宗教书刊"。[①]

五、小结

进入改革开放历史新时期，中国共产党总结历史经验，并结合新的实践要求，形成了宗教工作的基本方针，即人们常常说到的"四句话"：全面贯彻党的宗教信仰自由政策，依法管理宗教事务，坚持独立自主自办的原则，积极引导宗教与社会主义社会相适应。有学者提出，这个方针是新中国"几十年宗教工作经验教训的总结，也可以视为马克思主义宗教理论中国化的一个成果"，是"中国特色的社会主义理论的重要组成部分"。因为"按照这四条来做，宗教工作肯定是健康的；离开这四条，宗教工作就会出问题。"[②] 可以说，这"四句话"已经成为中国共产党对待宗教态度的权威表述，也集中体现了新中国的政教关系。

不难发现，周恩来在 60 多年前发表的《关于基督教问题的四次谈话》，已经蕴含了这"四句话"的基本精神。比如，无论是"积极引导宗教与社会主义社会相适应"，还是"发挥宗教界人士和信教群众在促进经济社会发展中的积极作用"，其精神实质就是周恩来所说的宗教要"对新中国有益"。在 2001 年全国宗教工作会议上，江泽民就"积极引导宗教与

---

① 《关于我国社会主义时期宗教问题的基本观点和基本政策》（1982 年 3 月），见《新时期宗教工作文献选编》，宗教文化出版社 1995 年版，第 59、60、64 页。
② 牟钟鉴：《中国宗教问题：怎么样？怎么看？怎么办？》，见卓新平、唐晓峰主编：《论马克思主义宗教观》，社会科学文献出版社 2009 年版，第 166 页。

社会主义社会相适应"指出，这不是"要求宗教界人士和信教群众放弃宗教信仰"，而是"要求他们热爱祖国，拥护社会主义制度，拥护中国共产党的领导，遵守国家的法律法规和方针政策"；"要求他们从事的宗教活动要服从和服务于国家的最高利益和民族的整体利益"；并"支持他们努力对宗教教义作出符合社会进步要求的阐释"；"支持他们同各族人民一道反对一切利用宗教进行危害社会主义祖国和人民利益的非法活动，为民族团结、社会发展和祖国统一多作贡献"。① 这段论述中的一系列"要求"，在周恩来的谈话中也或多或少有所涉及。

这篇重要文献足以说明，以毛泽东为核心的第一代中央领导集体对中国社会主义时期宗教问题的探索，不仅是中国特色社会主义宗教理论的逻辑起点，而且为它的形成提供了理论准备和实践经验。正因为如此，习近平在学习贯彻中共十八大精神研讨班上指出：中国特色社会主义是"在改革开放历史新时期开创的"，但也是"在新中国已经建立起社会主义基本制度并进行了 20 多年建设的基础上开创的"。虽然这两个历史时期"在进行社会主义建设的思想指导、方针政策、实际工作上有很大差别"，但两者"决不是彼此割裂的，更不是根本对立的"。② 此外，毛泽东、周恩来对宗教问题的高度重视，对宗教工作的慎重态度，对宗教界的宽阔胸怀，也是留给我们的一笔宝贵精神财富，对正确认识和妥善处理宗教问题、坚持和发展党同宗教界的统一战线，具有重要的启发意义。

①《论宗教问题》（2001 年 12 月 10 日），见《江泽民文选》（第三卷），人民出版社 2006 年版，第 387 页。

② 习近平：《关于坚持和发展中国特色社会主义的几个问题》（2013 年 1 月 5 日），见《十八大以来重要文献选编》（上），中央文献出版社 2014 年版，第 112 页。

附录三

宗教界对中国社会主义时期宗教问题的认识与思考
——以《赵朴初文集》、《丁光训文集》为例

　　赵朴初[①]、丁光训[②]是中国宗教界人士的代表人物。在新中国成立后的半个多世纪里，他们从中国宗教实际特别是佛教、基督教的具体情况出发，对中国社会主义时期宗教问题，特别是宗教如何与社会主义社会相适应、宗教界如何为社会主义建设做贡献进行了深入的思考，提出了很多有见地、有意义的理论观点和政策主张。以《赵朴初文集》、《丁光训文集》为中心，对他们这方面的思想[③]进行总结和分析，对于我们学习和研究中国特色社会主义宗教理论，是很有帮助的。

---

① 赵朴初（1907—2000），安徽太湖人，曾担任全国政协副主席、中国民主促进会中央名誉主席、中国佛教协会会长等职，被誉为"著名的社会活动家、杰出的爱国宗教领袖、中国共产党的亲密朋友"。（参见《赵朴初同志生平》，载《人民日报》2000 年 5 月 31 日。）

② 丁光训（1915—2012），上海人，曾担任全国政协副主席、中国基督教三自爱国运动委员会主席和名誉主席、中国基督教协会会长和名誉会长等职，被誉为"杰出的爱国宗教领袖，著名的社会活动家，中国共产党的亲密朋友"。（参见《丁光训主教生平》，载《人民日报》2012 年 11 月 28 日。）

③ 赵朴初的人间佛教思想、丁光训的神学思想，向来是学术界和宗教界关注和研究的重点。其中，不少成果涉及他们关于中国社会主义时期宗教问题的见解，但就此进行专门研究的并不多。比如，徐孙铭、陈芷烨：《赵朴初"宗教与社会主义相适应"论的创见》，载《求索》2007 年第 10 期；陈锡大：《从〈丁光训文集〉谈基督教与社会主义社会相适应》，载《金陵神学志》1999 年第 1 期；等等。所以，从中国特色社会主义宗教理论的宏观视野中，观察他们从佛教、基督教实际情况中得到的认识，尤其是相一致的、带有普遍性的观点，很有必要，也很有意义。

一、宗教不仅可以在新中国和社会主义社会存在，而且可以实现爱国爱教的有机统一并得到更好的发展

新中国成立后，中国共产党成为全国范围的执政党，马克思主义成为各条战线的指导思想。这个历史性的变化，难免使一些宗教界人士和信教群众感到担忧：在新的社会条件下，中国共产党同宗教界的统一战线是否保留？在坚持唯物论和无神论的大背景下，宗教有神论还能不能继续存在？在建设社会主义、走向共产主义的进程中，宗教信仰自由政策会不会改变？赵朴初在一次会议报告中就指出，佛教徒对新中国宗教政策曾有三类错误看法：（1）"宗教政策是暂时的"；（2）"共产党是唯物论、是反对宗教者，决不会真正保护宗教信仰自由"；（3）"对宗教政策心怀疑惧，在感情上是和政府对立的"。[①] 可以说，这不单单是佛教徒的看法，其他宗教徒也或多或少有类似的看法。

事实证明，中国共产党成为执政党后，仍然重视同宗教界的统一战线；以马克思主义为指导思想，并不要求所有人都接受马克思主义，更不要说是宗教徒了；宗教信仰自由政策作为共产党和人民政府的基本政策，则是长期坚持、不会改变的。正如丁光训所言："共产党人是坦率的，他们对宗教的看法，不是遮遮掩掩，而是和盘托出，摆在桌面上。世界上有些政党和政客，为了要利用宗教，装出一副赞助宗教和推崇教会的样子，而共产党是不想利用宗教的，它就能坦率地把他的宗教观讲得一清二楚。我们完全有自由不接受共产党的宗教观，但是这并不意味我们就要反对共产党的全部观点，譬如说，连共产党提出的统一战线，我们也去反对，这是毫无道理的。""西方有人硬说共产党人要统一人们的世界观，不准人们信宗教，我们的经验告诉我们，这不是事实，他们实在太无知了。"[②] 他还非常生动地说，新中国刚成立时，许多中国基督徒"十分担忧我们行将失

[①]《上海佛教界人士的学习情况》（1953 年 10 月 27 日），见《赵朴初文集》（上卷），华文出版社 2007 年版，第 77 页。
[②]《回顾与展望》（1980 年 10 月 6 日），见《丁光训文集》，译林出版社 1998 年版，第 294—295 页。

去那么多的心爱之物。后来发现，失去的大多不过是包袱"。①

　　事实还证明，新中国不仅为宗教的存在和发展提供了条件，而且为中国宗教事业的进步和升华创造了契机。赵朴初 1956 年为第四届世界佛教徒大会介绍中国佛教概况时指出，从唐末起，中国汉语系统的佛教"便逐步走向了学术上的停滞和组织上的衰落"。鸦片战争后，殖民主义者侵入中国，"佛教更是与中国固有文化遭遇了共同的厄运"。"教徒的受歧视，寺院的被占毁，文物的被摧残和盗窃，无数的不平和不幸充满了近代的中国佛教史。"当时，也有僧人和居士"献身于挽救和复兴的工作，但始终是徒费辛苦，无补大局"。直至新中国成立、中国人民解放，终于使"存在了将近二千年的中国佛教，在新的时代和新的环境中获得了新的生命力"。②他为锡兰《僧伽罗贾蒂耶报》"佛灭二千五百年纪念特刊"撰文介绍佛教在中国的发展情况时，进一步指出：新中国成立后，"不仅僧众和佛教徒的宗教生活受到了充分的保障，而且各地佛教的名山大寺或是年久失修的，或是在战争中被毁坏的，都陆续得到了政府的修理"。更重要的是，随着历史的变迁，社会道德"普遍的提高了"，为人民服务"成了大家的思想和行为的标准"。"在这样的条件下，佛教的'诸恶莫作，众善奉行，自净其意'的道理才能够顺利的贯彻，佛教的'庄严国土、利乐有情'的理想与社会的动向才得到了一致。"③

　　然而，新的社会条件，并不意味着宗教一定能够更好地发展；实行宗教信仰自由政策，也不意味着宗教可以不受约束、为所欲为。1949 年 9 月 26 日，吴耀宗以宗教界民主人士首席代表的身份，在中国人民政治协商会议上发言时就提出，宗教界要正确对待宗教信仰自由的权利："我们宝贵这个自由，我们也决不辜负这个自由，或滥用这个自由。我们也要用尽我们的力量，把宗教里面腐恶的传统和它过去与封建力量、帝国主义的联

---

① 《复活的真理》（1982 年 10 月 1 日），见《丁光训文集》，译林出版社 1998 年版，第 9 页。
② 《中国的佛教》（1956 年 10 月），见《赵朴初文集》（上卷），华文出版社 2007 年版，第 188—189 页。
③ 《佛教在中国》（1956 年 1 月），见《赵朴初文集》（上），华文出版社 2007 年版，第 146—147 页。

系，根本铲除。我们不但要在宗教里面做消毒的工夫，也要把宗教的积极作用，发挥光大。"[①] 他和记者会谈时还明确表示："中国人民解放了我们，宗教也应当大大的革新了。"[②] 丁光训后来在一次演讲中也指出："一个教会进入一个历史关键时刻，需要去找到它自己的民族性，从而不再作为任何其他国家教会的一件复制品存在下去。我们得是我们自己才好。耶稣基督在中国的教会必须获得一个中国的自我，成为中国的事物，才能同它过去的殖民主义历史分手、取得权利让中国人民来听听它有以告人的信息。"[③] 他还很有针对性地分析了"为什么当初中国具有改革和革命思想的知识分子会拒绝基督徒的上帝"这个问题，指出原因在于当时"全世界的基督徒似乎都站在蒋介石一边"，并举例说：在人民解放军发动渡江战役时，有"基督徒曾祷告祈求上帝行神迹使解放军战士淹死在长江里"；"上海刚解放不久，一个基督徒领袖竟然从地面给敌机发出信号，以便于对方轰炸。尽管做了这事，还有人为他辩护说，作为一重生的人，他是不可能犯罪的，因为他已不在律法之下。换句话说，一个被预定得救的选民，可以不受道德法的约束。这样说来，因信称义就可以不遵守法律了"。[④]

那么，宗教怎样才能在新中国更好地发展呢？这就要求宗教徒顺应时代的发展、社会的进步，尤其是要正确认识爱国和爱教的关系，把两者有机统一起来。只有这样，宗教才能在中国共产党领导的、建设社会主义的新中国发展得更好。赵朴初1983年在中国佛教协会第四届理事会第二次会议上，对这个问题进行了深刻的阐述。他强调新中国佛教徒"首先是新中国公民"，"应该而且必须热爱、维护世世代代哺育我们中华民族的伟大的可爱的祖国"。而且，在现今历史条件下，爱国就是"爱社会主义新中国，就是要为着把我国建设成为高度文明、高度民主的社会主义现代化国

① 《中国人民政治协商会议第一届全体会议各单位代表主要发言》，载《人民日报》1949年9月26日。
② 参见商恺：《中国人民政协代表访问记》，载《人民日报》1949年9月29日。
③ 《在澳大利亚教会欢迎会上的演讲》（1984年3月），见《丁光训文集》，译林出版社1998年版，第16—17页。
④ 《一个中国基督徒怎样看无神论者》（1979年11月），见《丁光训文集》，译林出版社1998年版，第139页。

家而奋斗"。① 丁光训 1984 年在纪念三自爱国组织成立 30 周年的讲话中指出，新中国成立后，尽管"没有传教士，没有差会经费，不办学校医院，信徒没有好处可图，信主的人却不是少了，而是多了，而且多了三四倍。原因当然很多，但一切原因背后在起着作用的原因，是中国教会经过三自爱国运动，在较大程度上改变了它的洋教形象，使更多的人愿意听听基督福音讲些什么。神的确是使用了三自这个器皿。试想，在没有了'洋油'、'洋灯'、'洋布'的今天，如果还有个'洋教'，这对传福音的损害可太大了，原来的七十万是不会增加到三百万的"②。

赵朴初、丁光训的论述表明，正确认识爱国与爱教的关系、实现爱国和爱教的有机统一，不能就宗教领域看宗教问题，而是要站在国家的高度和人民的立场，全面把握和深刻理解宗教问题。赵朴初谈到新中国第一部宪法关于宗教信仰自由的规定时，特别指出要立足于整个宪法以及宪法的历史大背景，全面理解和正确对待这个"条文不是孤立的"，而"是整个宪法中的一个有机的组成部分，离开了整个宪法，它便变为毫无意义"。"当我们研究宪法草案中这一条文时，我们看到了整个宪草的社会主义类型的特点——它的真实性和民主性，也看到了宪草的本质——它体现了在工人阶级领导下的全体人民大众的意志；也看到了宪草的任务——它是为建设社会主义社会而奋斗的宪法。我们必须了解整个宪法草案的精神实质，才能了解宗教信仰自由这一条文；我们也必须有贯彻宪法每一条文的忠诚和决心，才能真正享受宗教信仰自由这一权利。"③

1985 年 11 月，丁光训为《中国神学年鉴》所写的前言，也明确提出：神学不但应"同其社会文化环境保持节奏"，也应"反映教会怀抱中的广大信徒的思想感情"；"如果一个处境化的神学只能被远处的一些具有社会意识的知识分子所欣赏，而自己的教会本身的信徒却认之为陌生的异物，

---

① 《中国佛教协会三十年》（1983 年 12 月 5 日），见《赵朴初文集》（上卷），华文出版社 2007 年版，第 558 页。
② 《在纪念三自爱国组织成立三十周年纪念会上的开幕词》（1984 年 8 月 5 日），见《丁光训文集》，译林出版社 1998 年版，第 329 页。
③ 《从宗教信仰自由来看我国的〈宪法〉》（1954 年 7 月），见《赵朴初文集》（上卷），华文出版社 2007 年版，第 92—93 页。

那总是一个不正常的现象"。他强调，中国基督徒支持"社会主义给中国社会带来的一切积极变化"，其宗教和灵性生命不能不被这一社会政治立场所影响，中国神学家应该"真正成为中国教会身边的儿女"，对这些影响应当有敏感，"诚实而恭敬地把神学上的演变反映出来"。①

由上可见，正确认识爱国与爱教的关系，关键在于理解"爱教同爱国是统一的，是和谐一致的"；"爱国"不会影响"爱教"，只会使宗教事业长期健康发展，这才能真正的"爱教"。丁光训1984年在日本京都同志社大学演讲时，表示赞同和欣赏日本基督教思想家内村鉴三的话："耶稣和日本（Jesus and Japan）：我的信仰不是只有一个中心的圆圈，它是有两个中心的椭圆。我的心和脑围绕着这两个名字转着。我发现这一个J加强另一个J。"并指出："同样地，我们也愿意说，我们的信仰也像个有两个中心的椭圆，是两个C，基督和中国（Christ and China）。""就教会而论，三自不过主张教会的中国化，主张它发展中国特点，正像英国的教会有英国的特点，美国的教会有美国的特点一样"。至于"三自"里的爱国主义，涵义是"号召人民抵抗外来侵略，保卫自己的民族领土，使民族的文化、语言、经济不受强权践踏"，因为"真正的爱国主义为民族的落后和蒙受的耻辱而忧伤，为祖国人民的解放和成就而欢乐"。②

对此，赵朴初也指出，中国佛教徒"自然爱自己信奉的佛教"，"不爱佛教，那说明你不信仰它，就不成其为一个佛教徒"；不过，"皮之不存，毛将焉附！没有国，哪有教？没有社会主义新中国，就没有我们的宗教信仰自由权利，就没有我们同其他公民同等的政治权利和社会地位。没有繁荣富强的社会主义国家，就没有佛教事业的兴旺发达。对于我们佛教徒来说，把爱教与爱国对立起来是不正确的。"他还从"坚持四项基本原则"这个视角，阐释了宗教徒爱国的主要表现：（1）必须"守法，守法是爱国的起码的要求和实际表现"；（2）必须"自觉地接受党和政府的领

---

① 《〈中国神学年鉴〉前言》（1985年11月），见《丁光训文集》，译林出版社1998年版，第224—225页。
② 《三自为何必要？》（1984年9月28日），见《丁光训文集》，译林出版社1998年版，第45、42—43页。

导"；（3）应该"拥护社会主义，维护社会主义制度，并坚决反对破坏社会主义制度的敌对分子"；（4）"不进行反对马列主义、毛泽东思想的宣传"。正因为有了这样的深刻认识，赵朴初方才充满信心地说，宗教界将爱国与爱教有机统一起来，就能"循着正确的方向同全国各族人民整齐步伐前进"。①

二、宗教与社会主义社会相适应，一靠党和政府的"积极引导"，二靠宗教界的"主动适应"

1982年10月，胡乔木在制定社会科学"六五"规划的报告中，首先提出"宗教和社会主义社会相协调"的问题。他认为，宗教研究的课题应当是研究宗教"在中国的发生、存在的根据是什么"，"它怎么样能够同中国社会主义社会相协调，而起一种应起的作用"。②1984年3月，他又致电胡启立说："要注意把宗教界的积极性利用起来，引导他们做一些社会服务工作"，"旧社会信教的人还办社会福利事业，现在更应该提倡为社会做好事。如果我们向这方面引导，就可使一些宗教界人士有许多公益事业好做，同时就会与我们有更多的共同语言"。③"相协调"的命题提出后，立刻引起社会各界的热议。

比如，在庆祝中国佛教协会成立30周年茶会上，中共中央统战部部长杨静仁希望中国佛教协会在新的历史时期"要发扬成绩，更好地协助党和政府全面贯彻宗教信仰自由政策，遵循宪法和有关政策法律的规定，适应社会主义环境条件，努力办好教务，为我国四化建设贡献力量"④。在中国基督教三自爱国运动委员会成立30周年纪念会上，他进一步提出："三

---

① 《中国佛教协会三十年》（1983年12月5日），见《赵朴初文集》（上），华文出版社2007年版，第558—559页。

② 参见《近几年宗教研究上的若干突破》（1989年6月），见《丁光训文集》，译林出版社1998年版，第426—427页。

③ 胡乔木：《引导宗教界办社会公益事业》（1984年3月24日），见《新时期宗教工作文献选编》，宗教文化出版社1995年版，第105页。

④ 杨静仁：《发扬中国佛教优良传统，为四化建设做出更大贡献》（1983年12月7日），见《新时期宗教工作文献选编》，宗教文化出版社1995年版，第99页。

自爱国会和基督教协会要以各种方式支持、鼓励基督徒在各自的工作岗位上努力工作、服务人民、多做贡献……希望对于某些严重危害群众生产、生活和身心健康的教规陋习，采取稳妥的步骤，加以适当改革。使基督教同社会主义社会相适应，发挥它在社会主义现代化建设中应有的作用。"①

又如，上海社会科学院宗教研究所副所长肖志恬发表长篇论文，深入分析了"协调"的含义和内容、根据和条件、过程和表现等问题，强调中国宗教"能够同社会主义社会相协调"，"不是说有神论和无神论的世界观可以调和"，而是指"信教群众和非信教群众可以团结起来，为建设社会主义而奋斗"。"在爱国主义、社会主义基础上，宗教提倡的某些思想、信仰、道德和行为，可以适应社会主义的要求，在教徒中起到一定的有益于社会的作用"。②中国人民大学教授、马克思主义学者高放也认为，"科学社会主义与宗教虽有根本区别，但两者在实际的社会主义运动中仍有相容之处"。究其原因，在于"宗教不单是信仰问题，而且是历史文化传统问题"，"宗教往往同各民族的经济、政治、科学、教育、文学、艺术、伦理、心理以至风俗习惯交织在一起"；而"社会主义运动是在各民族历史文化传统影响的条件下进行的"，"多数宗教徒是被压迫被剥削群众，不仅向往消灭压迫剥削，而且正直善良，洁身自好，急公好义，乐于助人，社会主义者与宗教徒有建立政治联盟和统一战线的共同思想基础"。③

对于"相协调"这个命题，宗教界很快作出了积极的回应。赵朴初1986年在全国政协六届四次会议上强调，宗教与社会主义社会相协调这个问题，"关系到宗教工作的全局，关系到各民族宗教徒同全国人民团结一致共同建设具有中国特色的社会主义。它既是一个重要的理论问题，又是一个重要的实践问题。"他还分析说：从世界观上看，宗教与科学社会主义"分属不同的思想体系"；但是，这两种思想体系"并存于整个社会主

---

① 杨静仁：《在中国基督教三自爱国运动委员会成立三十周年纪念会上的讲话》（1984年8月5日），见《新时期宗教工作文献选编》，宗教文化出版社1995年版，第119页。
② 肖志恬：《试论我国宗教同社会主义社会相协调问题》，载《上海社会科学院学术季刊》1985年第1期。
③ 高放：《社会主义与宗教是否相容》，载《中国天主教》1988年第2期。

义乃至更长时期是不可避免的。既然如此，就有一个处理好'协调'的问题。社会主义不仅是思想体系，而且是一种先进的社会制度。宗教不仅是一种意识形态，而且是一种社会实体，是爱国统一战线中的组织实体，在相当程度上还是包含文化乃至经济因素的实体。就这方面来说，宗教与社会主义社会相协调更是完全必要的"。①丁光训谈到宗教认识上的"鸦片问题"时也指出：新中国成立以后，中国各宗教团体"在党的正确领导下，为团结各自的教徒作了大量努力"。它们"一面清除教内反动势力和非法违法活动，进行宗教改革，一面引导教徒走爱国主义社会主义道路，为我国实现四化和扩大国际统一战线作出贡献"。他认为，中国各宗教"已经发生了部分质变，已经转到一条比较健康，同社会主义新中国比较协调的轨道"。②

　　1991 年 7 月，丁光训在英国"中国教会之友"大会上演讲时进一步指出："无神论的存在与宇宙的基督所做的能相互协调吗？我想是能够的。世界上有许许多多事物的存在可以同基督的工作一致。对某些无神论者和共产党员，我由衷地赞成他们所说的许多话，做的许多事，我不愿对他们这样那样的缺点大事指责，而是满腔热情地对待他们，帮助他们改造自己，听他们一道反对我们共同的敌人。尽管他们和我信仰上很不同，然而在各自信仰的驱动下，我们可以在许多方面，同心合力干事业。我的许多同事都认为，为教会着想，只要我们能进行崇拜，能有教会生活，能为基督做见证，只要能就许多问题进行有益的对话，我们就不应该轻易以对抗和殉道作为教会的对策。"③

　　随着理论认识和实践探索的深化，"宗教和社会主义社会相协调"被更准确地表述为"宗教与社会主义社会相适应"，并成为中国共产党关于宗教问题的重大方针和基本政策。在 1993 年全国统战工作会议上，江泽

①《宗教·社会主义·和平》(1986 年 4 月 11 日)，见《赵朴初文集》(下卷)，华文出版社 2007 年版，第 759—760 页。
②《与教外友人谈"鸦片问题"》(1985 年)，见《丁光训文集》，译林出版社 1998 年版，第 405 页。
③《宇宙的基督》(1991 年 7 月)，见《丁光训文集》，译林出版社 1998 年版，第 95 页。

民提出了宗教工作的"三句话"：一是"全面、正确地贯彻执行党的宗教政策"，二是"依法加强对宗教事务的管理"，三是"积极引导宗教与社会主义社会相适应"。并强调"贯彻党的宗教信仰自由政策也好，依法加强对宗教事务的管理也好，目的都是要引导宗教与社会主义社会相适应"。这种适应"不要求宗教信徒放弃有神论的思想和宗教信仰"，而是要求宗教界"在政治上热爱祖国，拥护社会主义制度，拥护共产党的领导"，同时"改革不适应社会主义的宗教制度和宗教教条，利用宗教教义、宗教教规和宗教道德中的某些积极因素为社会主义服务"。①

　　这次全国统战工作会议结束不久，中共中央统战部于 1994 年 1 月邀请全国性宗教团体的领导人，在海南省三亚市召开以"宗教与社会主义社会相适应"为主题的研讨会。赵朴初在发言中首先指出，与之前的"宗教与社会主义相协调"的提法相比较，"宗教与社会主义社会相适应"的命题，关键是"在'社会主义'后面加'社会'两个字，把'相协调'改为'相适应'"。这个修改"大概是考虑到社会主义不仅是一种社会政治经济制度，而且是一种建立在马克思主义世界观基础上的思想体系，说宗教与社会主义相协调，会不会混淆宗教同马克思主义的界限"。他认为，"相适应"、"相协调"都不是"绝对的，静态的，而是相对的，动态的"。

　　接着，赵朴初从理论和实际两个方面，阐述了"宗教与社会主义社会相适应"命题的重大意义。从理论层面来说，这"涉及什么是宗教，宗教的本质和社会作用，在社会主义社会中宗教属于何种上层建筑范畴及其与经济基础的关系等一些理论'禁区'，需要解放思想，实事求是，积极探索创新，勇于突破条条框框，以马克思主义的立场、观点、方法作指导，从我国宗教的实际出发，正确地总结宗教工作的经验教训，进行研究探讨，得出科学的结论。这对丰富和发展马克思主义宗教问题理论，建立有中国特色的社会主义初级阶段宗教问题理论体系具有重要意义"；从实际层面来说，这"对端正干部的政策思想，加强和改善党和政府对宗教的

① 江泽民：《高度重视民族工作和宗教工作》（1993 年 11 月 7 日），见《新时期宗教工作文献选编》，宗教文化出版社 1995 年版，第 253、254—255 页。

工作，使之适应改革开放、现代化建设的新形势，对运用和发挥宗教的优势，团结全国各民族广大的宗教徒，积极参加建设有中国特色的社会主义事业，提供了理论的基础和导向"。

　　赵朴初还从宗教界、党和政府两个方面，论述了怎样实现"宗教与社会主义社会相适应"。一方面，宗教界的"主动适应"是"基本政治条件"。这要求宗教徒"热爱祖国，遵守宪法和法律，拥护社会主义制度，拥护共产党的领导，积极参加建设有中国特色的社会主义事业"。他认为，只要"继承和发扬宗教的优良传统，整理和发扬宗教文化的精华，改革与宪法和法律相抵触的宗教规章制度，宣扬宗教教义、教规、宗教道德以激励信仰宗教的人们爱国守法，拥护党和政府，止恶行善，为造福社会，利益人群作无私奉献"，"宗教就可以运用自身的能动机制，经常不断地保持与社会主义社会相适应"。另一方面，党和政府的"积极引导"是"基本前提"。这要求党和政府"切实认真贯彻执行宗教信仰自由政策，真正做到把宗教信仰作为公民的私事，从法律和政策的实施上保护公民宗教信仰自由的基本权利和宗教界的合法权益"。[①]丁光训在介绍罗竹风主编的《中国社会主义时期的宗教问题》时也指出，"提出协调这一课题，就是一方面要求各教在自己的信仰许可的范围之内，进一步发扬符合社会主义的东西；另一方面，要求教外进一步坚决摆脱'左'的影响，消除灭教思想的残余，落实政策，向各教提供办好教务的条件"[②]。

　　丁光训 1997 年接受《世界宗教研究》杂志采访时，又就"宗教与社会主义社会相适应"问题提出了宝贵意见。基于历史和现实的考虑，他特别看重"引导"两字的分量，认为其"尊重人的含义是很深的"，"包含着许多细致的思想工作，对政府宗教部门和爱国宗教团体特别重要"。他还分析说，这是因为"宗教并不是敌人，宗教里面有些地方可能有海外敌人插手，但是宗教本身不是敌人"，所以"宗教事务部门也好，爱国宗教团

---

①《在"宗教与社会主义社会相适应"研讨会上的发言》（1994 年 1 月 20 日），见《赵朴初文集》（下卷），华文出版社 2007 年版，第 1255—1260 页。
②《〈中国社会主义时期的宗教问题〉介绍》（1988 年 4 月），见《丁光训文集》，译林出版社1998 年版，第 416 页。

体也好，我们日常大量处理的是人民内部矛盾"，"我们的工作大量的是引导工作，是思想开导工作，是交朋友的工作，是耐心摆事实、讲道理的工作"。宗教与社会主义社会相适应，"只能引导，不能强迫"。①

赵朴初、丁光训的上述见解，与江泽民关于"宗教与社会主义社会相适应"的阐述，在原则上、精神上是一致的。及至 2001 年全国宗教工作会议，江泽民总结新的实践经验，进一步阐述了"积极引导宗教与社会主义社会相适应"的内涵和要求，强调这不是要求宗教界人士和广大信教群众"放弃宗教信仰"，而是（1）要求他们"热爱祖国，拥护社会主义制度，拥护中国共产党的领导，遵守国家的法律法规和方针政策"；（2）要求他们"从事的宗教活动要服从和服务于国家的最高利益和民族的整体利益"；（3）支持他们"努力对宗教教义作出符合社会进步要求的阐释"；（4）支持他们"同各族人民一道反对一切利用宗教进行危害社会主义祖国和人民利益的非法活动，为民族团结、社会发展和祖国统一多作贡献"。

在这次全国宗教工作会议上，江泽民还以十六世纪基督教发生的宗教改革运动为事例，强调宗教要"适应其所处的社会和时代才能存在和延续"是中外宗教"一条共同的规律"；既然当代中国是社会主义国家，中国宗教是在社会主义条件下存在和活动，那么在当代中国存在和发展的宗教，自然要与社会主义社会相适应，"这既是社会主义社会对我国宗教的客观要求，也是我国各宗教自身存在的客观要求"。②关于这一点，丁光训也有相应的论述：教会在历史上"一直是在寻求与本地和本国的文化作某种程度的认同"。"当基督的福音首次传到犹太以外的世界时，关于传教士是否得拘泥于犹太习俗并勉强外邦人归化成为犹太人这一问题就出现了。就这一问题，耶路撒冷会议作出了非犹太化的决定。当福音传至欧洲时，一些具有远见的人们在神学、灵性和艺术方面进行了开拓性的尝试，以使基督教的信息能够面向欧洲人的思想和心态说话。任何时候教会进入新的

---

① 黄夏年:《宗教与社会主义社会相适应重在引导——丁光训副主席采访录》，载《世界宗教研究》1997 年第 3 期。

②《论宗教问题》(2001 年 12 月 10 日)，见《江泽民文选》(第三卷)，人民出版社 2006 年版，第 387 页。

处境或新的时代时，文化若制约其向前的发展，那么变革便势所难免。"①
言下之意，中国基督教必须要主动"与社会主义社会相适应"。

不难发现，无论是"积极引导"，还是"主动适应"，都有正反两方面
的要求。比如，在"正"的一面，对宗教教义作出符合时代潮流和社会进
步的阐释，尤为关键。第一个五年计划公布后，赵朴初在《光明日报》上
发表文章指出："佛教中本有一种'人间乐国'的理想"，"在佛教徒看来，
第一个五年计划就是建设人间乐国的第一张蓝图"。"在全国人民代表大会
进行研究第一个五年计划草案的时候，代表中有一位佛教信徒感动地向我
说：'没有剥削和贫困的繁荣幸福的社会主义社会和共产主义社会的建成，
就是极乐国土在人间的实现，只要是真正的佛教徒，没有不拥护这个计划
的。'"② 他还在《现代佛学》杂志上发表文章说："佛教徒的根本利益是什
么呢？就是人民的利益。根据佛教教义，一切众生是树根，诸菩萨是花
果，没有众生就没有花果，没有众生也就没有佛。因此，佛教徒的职责，
不仅是要为增长人民的利益，而且要为保卫人民的利益而奋斗。因此，佛
教徒对于一切破坏人民利益的分子，对于一切破坏人民利益的活动，都应
当效法佛陀摧伏魔军的精神，尽一切力量坚决的完全的摧毁它，以确保人
民利益的完整。"③

与赵朴初一样，丁光训也结合中国实际不断推进神学思想建设。他
1990 年在美国宗教学会和圣经学会联合年会上表示："认识上帝是爱，就
是认识上帝的最高属性不是他的无所不能，不是他的无所不知，不是他的
自在永在，不是他的威严、权能。所有这些都是上帝的属性，但不是上
帝最本质的属性。上帝的超越性意味着神爱的无穷无尽，上帝内在于世

---

① 《我们正在怎样办好教会》（1994 年 4 月），见《丁光训文集》，译林出版社 1998 年版，第
119 页。
② 《全国佛教徒应为实现五年计划而奋斗》（1955 年 7 月），见《赵朴初文集》（上卷），华文出版
社 2007 年版，第 117 页。
③ 《佛教徒应该尽一切力量保卫人民的利益》（1955 年 7 月），见《赵朴初文集》（上卷），华文出
版社 2007 年版，第 115 页。

界意味着神爱临在于整个创造。"①1993 年在菲律宾协和神学院演讲时，他又就自己"在社会政治地图上所处的地位"指出："我对上帝是爱的信念和中国应走社会主义道路的信念是统一的，是两者互相加强的。社会主义就是把爱为广大人民组织起来。苏联和东欧国家体系的崩溃对我的思想有影响，但我仍然坚信，封建主义、殖民主义、资本主义对中国来说都不能代替我们所称作的有中国特色的社会主义。这一社会主义在四十年中改善了十二亿人民的生活。我相信，我们的生活在本世纪末将得到进一步改善。""讲人道主义的无神论是人们寻求人生高超意义的一个方式。为了发展高超的信仰，他们可能是我们的同盟者。我们大可和多种人道主义者联合，来反对一切降低人的尊严和阻止人的解放的种种偶像崇拜。"②

又如，在"反"的一面，防止和抵御境内外敌对势力利用宗教进行渗透，十分重要。丁光训在中国基督教第三届全国会议上说，"我们要向全世界宣告：中国国内的教会工作和传教工作，是我们中国教会的主权和职责，身处海外的人，不论什么肤色，如果没有得到中国基督教当局同意，一律不得擅自对国内进行任何传教性质的活动。"③他在印度新德里国际宗教自由会议上讲话时指出：中国宪法规定"中国的宗教应由中国人自办，不得由外国支配。这是总结了十九世纪以来的历史经验教训，是对中国天主教、基督教独立自主、自办教会，实行自治、自养、自传的支持。值得指出，这里说的是，不得由外国支配，这决不应当被曲解为禁止正常的国际联系。我国各教同海外宗教界的国际交往——平等的，不存在谁支配谁的问题的交往，现在多得很"④。赵朴初也认为，"佛教虽没有多少帝国主义的关系，但假借佛教名义，利用落后群众而进行匪特活动，仍然是有的"。所以，佛教徒一方面要提高警惕，"自我清除教内一切荒诞不经的把戏，

①《中国基督徒怎样看待〈圣经〉》(1990 年 11 月)，见《丁光训文集》，译林出版社 1998 年版，第 87 页。
②《一个中国基督徒的上帝观》(1993 年 10 月)，见《丁光训文集》，译林出版社 1998 年版，第 108—109 页。
③《回顾与展望》(1980 年 10 月 6 日)，见《丁光训文集》，译林出版社 1998 年版，第 306 页。
④《新德里国际宗教自由会议上的讲稿》(1987 年 3 月)，见《丁光训文集》，译林出版社 1998 年版，第 61—62 页。

恢复和保持宗教的纯洁，使企图利用者无机可乘"；另一方面"应群策群力，及时揭发并打击一切窜入宗教内的任何阴谋活动"。[①]

三、宗教界人士和信教群众是社会主义现代化建设的重要力量，宗教文化与宗教伦理在社会主义社会具有特殊的价值

无论是宗教在新中国的继续存在和健康发展，还是积极引导宗教与社会主义社会相适应，一个重要因素就是充分发挥宗教在社会主义现代化建设中的积极作用。这也是赵朴初、丁光训反复强调的问题。而且，他们从中国宗教的实际情况出发，围绕中国社会主义革命和建设、改革开放和现代化建设的实践，提出了很多富有建设性的意见和主张。

1953 年 5 月，赵朴初在中国佛教协会成立会议上对新中国成立三年来佛教界发挥的积极作用进行了总结，包括：各地佛教徒都"积极参加了抗美援朝运动和保卫世界和平运动"；不少佛教徒投入各种工作之中，"有的寺院当选为优抚工作模范，有的僧尼当选为冬季教师模范"；有的僧尼在建设事业中表现突出，"当选为水利模范、卫生模范等"；在民主建政事业中，"全国各省市乃至一部分县的人民代表会议都有佛教徒参加，在少数民族地区，佛教徒参加政府领导工作，则是到处皆见之事"；"某些城市的基层工作，也产生了不少的僧尼骨干分子，如北京各寺院僧尼参加各项基层工作的就有一百多人"；等等。赵朴初认为，这些现象说明佛教界在新中国"发生了而且正在发生着根本的变化"；这种变化是"从不好到好的变化"、"从染到净的变化"、"从不合教义到合教义的变化"；这种变化"对佛教本身是有利的，对国家对人民是有利的"。[②]

当中国逐步走向社会主义社会时，赵朴初深入思考了佛教教义中与社会主义相一致的地方，并对佛教徒在社会主义建设中的角色提出要求。1955 年 1 月，他在上海市佛教协会成立会议上就指出："'佛种从缘起'，

---

①《全国佛教徒一致起来，为抗美援朝保家卫国而奋斗》（1950 年 12 月），见《赵朴初文集》（上卷），华文出版社 2007 年版，第 29 页。

②《关于中国佛教协会发起经过和筹备工作的报告》（1953 年 5 月 30 日），见《赵朴初文集》（上卷），华文出版社 2007 年版，第 49 页。

就要重视时节因缘，所以我们要认识时代；就要重视国土因缘，所以我们要报国土恩，参加社会主义建设，爱护祖国；就要重视众生的因缘，所以我们要全心全意为人民服务。我们组织佛教协会就是为了团结佛教徒在这些方面努力。""过去关心的主要是自己的私利，今天关心的是全民的利益；过去是抱残守缺，但求自了，今天是勇猛精进，行菩萨道；过去是怕谈政治，怕深入社会，今天正是为了要团结所有佛教徒发扬爱国精神，积极参加祖国建设，参加反帝国主义侵略，和保卫世界和平运动。只有这样，才能发扬如来的真实义，才能使佛日增辉，法轮常转。"①

进入改革开放历史新时期，中国共产党提出了三大历史任务，即"加紧社会主义现代化建设"、"争取实现包括台湾在内的祖国统一"、"反对霸权主义，维护世界和平"。丁光训在中国基督教第三届全国会议上致开幕词时，强调三自爱国运动必须高举爱国主义旗帜，"鼓励信徒加强政治学习，鼓励信徒同全国人民一道，为维护国家的安定团结作出贡献，为祖国实现四个现代化作出贡献，为实现台湾回归祖国作出贡献，为反对霸权主义，反对侵略，保卫和平作出贡献"。②赵朴初1983年在中国佛教协会第四届理事会第二次会议上也强调，佛教徒应和全国各族人民一起投身于社会主义现代化建设事业，并根据中国佛教实际提出四个"应当"及"有利于"：（1）应当提倡"人间佛教思想"，以利于佛教徒"担当新的历史时期的人间使命"；（2）应当发扬中国佛教"农禅并重的优良传统"，以利于佛教徒"积极参加社会主义物质文明建设"；（3）应当发扬中国佛教"注重学术研究的优良传统"，以利于佛教徒"积极参加社会主义精神文明建设"；（4）应当发扬中国佛教"国际友好交流的优良传统"，以利于佛教徒"积极参加增进同各国人民友好，促进中外文化交流和维护世界和平的事业"。③

①《如何能使佛日增辉法轮常转》（1955年1月），见《赵朴初文集》（上卷），华文出版社2007年版，第105页。
②《回顾与展望》（1980年10月6日），见《丁光训文集》，译林出版社1998年版，第300页。
③《中国佛教协会三十年》（1983年12月5日），见《赵朴初文集》（上卷），华文出版社2007年版，第563页。

以上材料说明，宗教能够在社会主义革命和建设中发挥积极作用；我们甚至可以说，这一点与宗教在社会主义社会的存在和发展是相辅相成、辩证统一的。或许正因为如此，赵朴初1997年在中共中央迎新春座谈会上强调，正确认识和对待中国宗教问题，一个关键问题是要从社会政治的视角认识到，从整体上和主流上看，中国宗教日益"与具有中国特色的社会主义社会相适应"，是"保持稳定的重要因素"，是"深化改革、促进发展的重要力量"，是"扩大开放的重要渠道"。中国宗教界是改革开放和现代化建设的"助力而不是阻力"，是党和政府可以信赖的"同盟者，而不是异己力量"。他强调，这是当今中国宗教"较之外国宗教所独具的特点"，是当今中国宗教"最大的实际"，也是新中国成立以来特别是中共十一届三中全会以来"党和政府执行正确的方针政策所取得的积极成果"。[①]

赵朴初、丁光训论述宗教的积极作用时，经常提及宗教的文化性，强调要发挥宗教在文化事业中的特殊作用。丁光训在《圣经新语》序言中指出，《圣经》不但是"指导基督教信徒信仰和行为的具有权威性的宗教经典"，也是"人类文化的一个重要产物和结晶，同时还不断对人类文化产生影响"。他认为，"正像不研究佛教就无法深入了解中国文化一样，不研究基督教《圣经》也就无法深入了解西方的语言、历史、哲学、文学、音乐和美术"。[②]赵朴初为中国佛教协会组织编写的《中国佛教》撰写前言，也强调佛教传入中国近二千年来，其影响渗透到中国人民生活的各个方面："在思想意识、风俗习惯以至文化艺术等领域都可以看到它的影响；在哲学上，它对宋代理学的影响尤为显著，这已是哲学史家公认的事实。千百年来先人们为我们留下浩如烟海的佛教典籍，成为我国文化的一个重要组成部分。"[③]1992年4月，他与河南省宗教干部座谈时又说，"宗教包含丰富的文化内涵，从这个意义上可以说，宗教是文化"。他分析说，佛

---

①《在中共中央迎新春座谈会上的发言》（1997年1月30日），见《赵朴初文集》（下卷），华文出版社2007年版，第1363页。

②《〈圣经新语〉序言》（1989年），见《丁光训文集》，译林出版社1998年版，第460页。

③《〈中国佛教〉前言》（1979年12月15日），见《赵朴初文集》（上卷），华文出版社2007年版，第437页。

教、道教同中国传统文化的关系"极为密切"，它们"在哲学、历史、文学、艺术、伦理等社会学领域，乃至医学、化学、天文学、生命科学等自然科学领域，都发生过重大影响，留下了丰富的文化遗产"；可以讲，如果"没有佛教文化，就藏族、傣族等一些少数民族来说，就没有其本民族的历史文化"。如果"没有伊斯兰文化，从世界范围讲，就没有阿拉伯文化；从国内来讲，就没有信仰伊斯兰教的十个少数民族的本民族的历史文化"。如果"没有基督教（包括新教、旧教、东正教），就没有欧美的传统文化"。此外，"宗教在历史上还是各国人民文化交流的一个重要载体"。[1] 值得一提的是，赵朴初不仅明确提出"佛教是文化"、在宗教"五性"特征上再加一个"文化性"等观点 [2]，还多次向他人介绍范文澜 [3]、钱学森 [4] 对宗教与文化关系的认识，以说明这个问题的重要性。

---

[1]《关于宗教工作的若干问题》（1992 年 4 月 14 日），见《赵朴初文集》（下卷），华文出版社 2007 年版，第 1157 页。

[2] 参见余世磊：《誓续慧灯无尽际——赵朴初对"佛教是文化"的论述及其贡献》，载《佛教文化》2007 年第 6 期；方立天：《总结赵朴老的宗教思想，发挥宗教的积极作用》，载《法音》2010 年第 6 期；等等。

[3] 1984 年 9 月，赵朴初在中国佛学院本科生毕业典礼上说："'四人帮'打倒后，周建人两次写信给我，当面也跟我谈过，要我注意佛教研究工作。他讲到范文澜先生晚年研究佛学的事：那是在'文化大革命'初期，两位老人是邻居，朝夕相处。范老告诉他说：'我正在研究佛学，读佛书，进行补课'。范老还说：'佛教传来中国有这么悠久的历史，在中国文化上有重大的影响。不懂得佛学，就无法研究中国的文化史'。范老是一位很著名的马克思主义历史学家，他这样注意佛学，这对我们有很大的启发。"（参见《学无止境》（1984 年 9 月），见《赵朴初文集》（上卷），华文出版社 2007 年版，第 704—705 页。）

[4] 1988 年 8 月 3 日，赵朴初写了一份题为《宗教政策在佛教名山大寺要认真落实》的报告，并送了一份给钱学森阅看。钱学森看后，围绕"宗教是文化"这个论点，给赵朴初回了一封长信："我想根本的问题是在我国社会主义初级阶段中如何正确认识宗教。记得我以前向您说过：宗教是文化。这个意思在《中国大百科全书（宗教卷）》的开篇，罗竹风、黄心川的《宗教》一文中也说：'在人类的文化知识活动领域中，宗教一直是重要的组成部分，从而得到肯定。'""近见一份材料说：在新加坡，'中学普遍开设宗教课程，其中包括佛教、天主教、基督教、伊斯兰教、锡克教等，中学生必须选修其中一门。用宗教道德来教育学生，但并不是原封不动地讲解宗教的教义让学生相信宗教，而是根据现实需要，通过简单易懂的方式，把传统的价值观念灌输给学生。'我想这也是把宗教作为一种文化。""中共十二大报告中把社会主义精神文明建设分为两部分：思想建设和文化建设。在文化建设中列举了教育、科学、文化艺术、新闻出版、广播电视、体育等等。我以为至少在社会主义初级阶段，文化建设还应包括宗教。宗教是文化事业。""这也是个观念转变，您以为如何？观念不转变，宗教政策是难以落实的！"（参见《中国佛协要加强理论研究工作》（1989 年 9 月 18 日），见《赵朴初文集》（下卷），华文出版社 2007 年版，第 958 页。）

在精神文明建设中，宗教的伦理道德更是具有重要的价值。赵朴初在中国佛教协会第六届全国代表会议上指出，"佛法博大精深，佛教的诸行无常、诸法无我的世界观，缘起性空、如实关照的认识论，无我利他、普度众生的人生观，诸恶莫作、众善奉行的道德观，三学并重、止观双修的修学方法，不为自己求安乐、但愿众生得离苦的奉献精神以及佛教在哲学、文学艺术、伦理道德、自然科学、生命科学等领域内所积累的丰硕成果，是人类文明的宝贵财富，在当今建设有中国特色的社会主义，特别是社会主义精神文明建设中仍然具有旺盛的生命力和特殊的积极作用，将在今后不断发展的东方文明乃至世界文明中放射异彩。"①

丁光训在五个宗教东北座谈会上发言时，也明确强调"高举道德是基督教以及其他宗教的优势之所在。中国是文明古国，是道德礼仪之邦。特别是对中国知识界来说，讲伦理道德比讲天堂地狱更令人欣赏，令人愿意听听宗教有以告人的信息"。②他在1997年接受《世界宗教研究》杂志采访时，进一步指出：中国宗教的改变还不够，"最主要的是我们的宗教还没有转到伦理道德的轨道上来"；引导宗教与社会主义社会相适应"涉及了方方面面，但有一个方面非常重要，这就是各个宗教都有它的伦理道德的内容，这个伦理道德同社会主义精神文明建设不是一回事，但可以殊途同归"；从宗教自身来说，"只有一个伦理道德占据高位的宗教，才能从它自身的理论上适应社会主义社会"，并提高"宗教质量"和"宗教徒的素质"。③

此外，宗教向来重视生态环境的保护，这在经济社会发展中同样有着重要的意义。1956年4月，赵朴初在中国佛教协会第一届理事会第三次常务理事会议上就明确指出："在政府保持水土、防灾兴利的号召下，我国佛教造林护林的特出的优良传统也得到了发扬。热河地区就有一位

---

①《中国佛教协会四十年》（1993年10月15日），见《赵朴初文集》（下卷），华文出版社2007年版，第1235页。

②《谈基督徒一个思想深处的问题》（1996年），见《丁光训文集》，译林出版社1998年版，第289页。

③ 黄夏年：《宗教与社会主义社会相适应重在引导——丁光训副主席采访录》，载《世界宗教研究》1997年第3期。

僧人绿化五座荒山的模范事例";"造林护林事业，对于住山修行的僧众是最为相宜的，相信在政府的领导和帮助下，在佛教徒积极努力下，我们在这方面一定能够作出更大的贡献"。①1990 年 1 月，丁光训在莫斯科环境与发展全球论坛上发表讲话，直面环境污染问题，指出："我们各宗教信徒要呼吁：救救自然，救救地球，救救我们的空气和我们的流水。""为了保卫我们的环境，我们要同目标一致的人团结起来。在任何地方，有信宗教的，也有不信宗教的，有信这个宗教的，也有信那个宗教的，我们在信仰上大可各信各的，彼此尊重。而对一切从事改善环境和发展经济的，我们只有欢迎、感谢、支持、合作，决不应当疏远、排斥。这种精神我们在中国只用四个字就可以表达，就是'求同存异'。四十年来的经验告诉我们，任何时候按这原则去办，人们就团结，事情就成功。"②

四、小结

由上可见，赵朴初、丁光训关于中国社会主义时期宗教问题的论述，是十分丰富的，也是很有价值。这告诉我们，《赵朴初文集》《丁光训文集》以及其他宗教界人士的著作，是研究中国宗教问题不可或缺的重要文献资料。

赵朴初、丁光训提出的一系列理论观点和政策主张，对我们深入学习和研究中国特色社会主义宗教理论，是很有帮助的。比如，有学者认为，我们能够在《赵朴初文集》里感受到"一种人文关怀，一种客观、理性的精神"。赵朴初的宗教思想有助于"提高、丰富我们对宗教的认识"，有助于"缓解、化解当前中国宗教的问题、矛盾"，有助于"发挥宗教徒的积极作用"。③还有学者专门从《丁光训文集》来考察基督教与社会主义社会相适应，强调学习和研究《丁光训文集》，有利于总结"拨乱反正以来教

---

① 《关于中国佛教协会一九五五年工作情况和一九五六年工作安排的说明报告》（1956 年 4 月），见《赵朴初文集》（上卷），华文出版社 2007 年版，第 166 页。
② 《保护上帝的创造》（1990 年 1 月），见《丁光训文集》，译林出版社 1998 年版，第 75 页。
③ 方立天：《总结赵朴老的宗教思想，发挥宗教的积极作用》，载《法音》2010 年第 6 期。

会实践的经验";有利于按照"正确的神学思想培养、塑造爱国爱教的教牧人员";有利于推动"基督教与社会主义社会相适应,使中国基督教从'要我适应'进入到'我要适应'"。①

---

① 陈锡大:《从〈丁光训文集〉谈基督教与社会主义社会相适应》,载《金陵神学志》1999 年第
1 期。

学术界对中国特色社会主义宗教理论的研究
——以中国知网 1978—2018 年相关文献的计量分析为线索

改革开放 40 年来，学术界立足中国实际，坚持问题导向，深入探讨宗教领域各种问题，为提出、研究和宣传中国特色社会主义宗教理论付出了很大的心血，作出了重要的贡献。笔者不揣浅陋，尝试对研究的基本情况、主要成果和热点问题进行简单的回顾和总结，并对研究中存在的问题提出一些意见和建议，希望有助于学者们在已有成果的基础上继续前进，进一步加强和推动中国特色社会主义宗教理论研究，努力取得更大成绩。

一、研究概况

改革开放以来，中国共产党运用辩证唯物主义、历史唯物主义的世界观和方法论，始终从本国国情和宗教实际出发，坚持和加强党对宗教工作的领导，走出了一条中国特色宗教工作之路，保障了宗教信仰自由、促进了宗教关系和谐、发挥了宗教界积极作用，继承和发展了马克思主义宗教观。2016 年 4 月，习近平在全国宗教工作会议上明确提出"中国特色社会主义宗教理论"这个概念，强调新形势下"要坚持和发展中国特色社会主义宗教理论，全面贯彻党的宗教工作基本方针，分析我国宗教工作形势，研究我国宗教工作面临的新情况新问题，全面提高宗教工作水平"。[1] 此后，社会各界在学习讲话精神的基础上，从不同角度诠释和研究"中国特

---

[1]　参见《发展中国特色社会主义宗教理论，全面提高新形势下宗教工作水平》，载《人民日报》2016 年 4 月 24 日。

色社会主义宗教理论"。比如，相关工作部门的同志，撰写了宣传和解读文章。①《世界宗教研究》2016 年第 3 期发表一组研究文章，有总体情况的分析，也有具体问题的探讨。② 2017 年 5 月，国家宗教事务局还在河南郑州召开了中国特色社会主义宗教理论研讨会。③

应该说，在"中国特色社会主义宗教理论"这个概念的酝酿和形成过程中，学术界发挥了重要的作用。自 2007 年 10 月中共十七大把邓小平理论、"三个代表"重要思想以及科学发展观等重大战略思想整合为"中国特色社会主义理论体系"后，很多学者就将改革开放以来中国共产党认识和处理宗教问题的理论成果和经验总结统称为"中国特色社会主义宗教理论"（也有部分学者称之为"中国特色社会主义宗教理论体系"），作为中国特色社会主义理论体系的重要组成部分并进行相关的研究，充分体现了学者们的敏锐性、自觉性。有学者认为这是学术界根据"中国特色社会主义理论体系"这一"当代中国马克思主义"的基本范式和核心话语体系，顺理成章地提出来的表达"当代中国马克思主义宗教观"的核心话语体系。④ 在此之前，学术界还提过类似的概念，比如"建设有中国特色的社会主义宗教理论""中国特色社会主义宗教观"等。较早尝试进行概括和研究的论文，是龚学增在《世界宗教研究》1994 年第 4 期发表的《论中国特色的社会主义时期宗教问题理论》。强调该理论是建设有中国特色的社会主义理论的一部分，其核心是"积极引导宗教与社会主义社会相适应"。他在中共十七大召开后不久，就接连发表《深入研究中国特色社会主义宗教理论体系》（《中国民族报》2007 年 11 月 27 日）、《中国特色社会主义宗教理论及其体系建构》（《中国宗教》2008 年 10 期）等，在学术界也是

① 孙春兰：《深入学习贯彻习近平总书记重要讲话精神，扎实做好新形势下宗教工作》，载《求是》2016 年第 15 期；叶小文：《坚持和发展中国特色社会主义宗教理论》，载《求是》2016 年第 17 期；王作安：《做好新形势下宗教工作的行动指南》，载《人民日报》2016 年 8 月 7 日。
② 叶小文：《中国特色社会主义宗教理论的内涵和外延》；卓新平：《认真领会习近平总书记在全国宗教工作会议重要讲话的意义》等。
③ 参见张二平、黄伟婕：《"中国特色社会主义宗教理论研讨会"召开》，载《中国宗教》2017 年第 5 期。
④ 加润国：《中国特色社会主义宗教理论纲要》，见《马克思主义宗教观研究（2013）》，社会科学文献出版社 2015 年版，第 128 页。

比较早的。

鉴于"中国特色社会主义宗教理论"这个概念提出之前，学术界已经就有关问题展开研究，所以笔者以"社会主义"与"宗教"为篇名，检索了中国知网 1978 年以来收录的相关文献数据，并以此为线索，管窥该领域的研究概况。需要指出的是，这样的计量分析，难免存在误差。一是受限于数据库资料，如"会议论文""学术辑刊"收录不齐全，导致统计结果有遗漏。而且，数据库处于持续更新状态，不同时间点的检索结果不完全一致。二是为了更好地聚焦主题，没有统计中共领导人宗教观、某一宗教与社会主义等方面的论文，也没有逐篇检查检索结果，剔除重复数据及其他社会主义国家处理宗教问题的研究成果。总体而言，误差范围不大，不影响分析和判断。

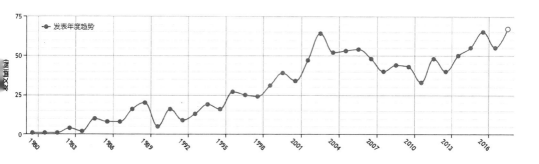

图一　年度发文数量

从图一可以看出，改革开放 40 年来学术界对中国特色社会主义宗教理论的研究，发文数量总体上是不断增加的，并在增加到一定数量后趋于平稳，反映了良好的发展趋势。而且，数据的背后，也是有规律可循的，大致上可以分为以下四个阶段。

第一个阶段，从十一届三中全会到十三届四中全会，在拨乱反正的基础上，总结党关于宗教的基本观点和基本政策，探讨宗教与社会主义的关系，特别是怎样认识和处理中国社会主义初级阶段的宗教问题。

十一届三中全会召开后，思想、政治、组织以及包括宗教在内的各领域的拨乱反正全面展开。1982 年 3 月 31 日，由中央书记处组织力量起草的《关于我国社会主义时期宗教问题的基本观点和基本政策》，从十二个方面对中华人民共和国成立后宗教工作的正反两方面经验进行了系统的、深刻的总结，全面论述了中国共产党关于宗教问题的基本观点和基本政策。这份纲领性文献作为党内文件（即中发〔1982〕19 号文件）下发，成为中国特色社会主义宗教理论的奠基之作，是处理历史遗留问题、开创宗教工作新局面、指导宗教研究新发展的行动指南。1982 年 12 月 4 日，五届全国人大五次会议审议通过了现行的《中华人民共和国宪法》，其第二章"公民的基本权利和义务"第三十六条对宗教问题作出了明确具体的规定①，保留了 1954 年宪法的优点，同时又将它推进和发展，使之"更加全面、正确地体现党的宗教政策"。② 基本理论与政策的正本清源，为宗教研究的开展创造了前提条件。在 1980 年代，之所以 1985 年发文数量相对较多，原因就在于上海社科院宗教研究所以 19 号文件精神为指导，对社会主义时期宗教问题进行了专题研究，取得了不少成果。1988 年和 1989 年发文数量进一步较多，原因则在于 1987 年 10 月召开的中共十三大，提出社会主义初级阶段理论，引起学术界将这一研究进一步具体化为对社会主义初级阶段宗教问题的探讨。

第二个阶段，从十三届四中全会到中共十六大，从建设中国特色社会主义的全局来研究宗教问题，总结新实践中积累的新经验，探讨宗教问题的"三性"、积极引导宗教与社会主义社会相适应、依法管理宗教事务等问题。

十三届四中全会以后，宗教工作不断向前发展。1991 年 2 月 5 日，《中共中央、国务院关于进一步做好宗教工作若干问题的通知》正式下发（即中发〔1991〕6 号文件），强调要把宗教工作作为"建设有中国特色的社会主义的一个重要内容"，提出"依法对宗教事务进行管理""使宗教同社会主义社会相适应"等论断，为正确处理新形势下的宗教问题提供了理论和

---

① 《中华人民共和国宪法》（1982 年 12 月 4 日），见《十二大以来重要文献选编》（上），中央文献出版社 2011 年版，第 194 页。
② 许崇德：《宪法起草过程中的片段回忆》，载《中国人大》2008 年第 18 期。

政策的指导。1993 年 11 月，江泽民在全国统战工作会议上就宗教工作提出了"三句话"方针："全面正确地贯彻执行党的宗教政策""依法加强对宗教事务的管理""积极引导宗教与社会主义社会相适应"，并论述了"宗教与社会主义社会相适应"的内涵。[①] 这在宗教工作部门、宗教界、学术界都引起重大反响。因此，进入 1990 年代，相关研究论文数量显著增加，而且出现了"积极引导宗教与社会主义社会相适应"这个研究热点，一直延续到现在。2001 年 12 月召开的全国宗教工作会议，分析了宗教问题的复杂性、宗教问题的三个主要特点、做好宗教工作的重要性，提出了新世纪初宗教工作的基本任务。2002 年 1 月 20 日，《中共中央、国务院关于加强宗教工作的决定》正式下发（即中发〔2002〕3 号文件）。这次会议和这个决定，成为 21 世纪初宗教工作的指南，使中国特色社会主义宗教理论研究在 2002 年和 2003 年出现了一个研究高峰，深化了对宗教存在的长期性、宗教问题的群众性和特殊复杂性等问题的认识。

第三阶段，从中共十六大到中共十八大，以科学发展观指导宗教研究，着重探讨党的宗教工作基本方针、宗教关系和谐、充分发挥宗教界在经济社会发展中的积极作用等问题。

中共十六大召开后，胡锦涛明确"全面贯彻党的宗教信仰自由政策，依法管理宗教事务，坚持独立自主自办的原则，积极引导宗教与社会主义社会相适应"这四句话为党的宗教工作基本方针，开创了新世纪新阶段宗教工作新局面。他提出的贯彻落实科学发展观、构建社会主义和谐社会等重大战略思想，为深化宗教研究提供了理论指导。特别是在 2006 年全国统战工作会议上提出政党关系、民族关系、宗教关系、阶层关系和海内外同胞关系，是政治领域和社会领域中涉及党和国家工作全局的"五大关系"，强调要"高度重视宗教问题，增强做好宗教工作的责任感和使命感，全面贯彻党的宗教工作基本方针，努力实现宗教与社会和谐相处，各宗教

[①] 江泽民：《高度重视民族工作和宗教工作》（1993 年 11 月 7 日），见《新时期宗教工作文献选编》，宗教文化出版社 1995 年版，第 254—255 页。

和谐相处，信教群众和不信教群众、信仰不同宗教群众和谐相处"①，使宗教关系和谐成为做好新形势下宗教工作的基本要求，成为中国特色社会主义宗教理论研究的重要内容。在 2006 年和 2007 年，学者们围绕这个问题展开研究，取得了不少有分量的成果。2007 年 10 月，中共十七大提出"中国特色社会主义理论体系"这个概念。此后，学术界开始对"中国特色社会主义宗教理论"进行研究，提出了不少有价值的见解。前文已有介绍，这里不再赘述。也正是在十七大报告中，正式写道："全面贯彻党的宗教工作基本方针，发挥宗教界人士和信教群众在促进经济社会发展中的积极作用"②，进一步推动学术界对党的宗教工作基本方针的研究。

第四阶段，中共十八大以来，深化和拓展中国特色社会主义宗教理论研究，着重探讨加强和改进党对宗教工作的领导、坚持我国宗教的中国化方向、提高宗教工作法治化水平等问题。

中共十八大召开后，学术界认真学习贯彻习近平有关宗教工作的重要论述，比如团结宗教界为实现中国梦共同奋斗、宗教工作的本质是群众工作、促进不同文明和宗教的交流互鉴等，继续推进中国特色社会主义宗教理论研究。2016 年 4 月，习近平出席全国宗教工作会议并发表重要讲话，明确提出"中国特色社会主义宗教理论"这个概念，并从党和国家事业发展全局的战略高度，科学分析了宗教工作面临的形势和任务，深刻阐明了宗教工作的一系列重大理论和实践问题，并就新形势下加强和改进宗教工作作出了全面部署。③ 如前所述，学者们深入学习和研究习近平这篇重要讲话精神，就中国特色社会主义宗教理论及加强和改进党对宗教工作的领导、坚持我国宗教的中国化方向、构建积极健康的宗教关系、提高宗教工作法治化水平等问题展开热烈探讨。2016 年也因此成为改革开放至今相关成果最多的一年。2017 年 10 月，中共十九大作出中国特色社会主义进

---

① 胡锦涛：《在全国统战工作会议上的讲话》(2006 年 7 月 10 日)，见《十六大以来重要文献选编》(下)，中央文献出版社 2008 年版，第 554 页。

② 胡锦涛：《高举中国特色社会主义伟大旗帜，为夺取全面建设小康社会新胜利而奋斗》(2007 年 10 月 15 日)，见《十七大以来重要文献选编》(上)，中央文献出版社 2009 年版，第 24 页。

③ 参见《发展中国特色社会主义宗教理论，全面提高新形势下宗教工作水平》，载《人民日报》2016 年 4 月 24 日。

入了新时代等重大政治论断，系统阐述习近平新时代中国特色社会主义思想，明确提出新时代坚持和发展中国特色社会主义的基本方略。作为中国特色社会主义事业的重要组成部分，十九大评价五年来"宗教工作创新推进"，强调要"全面贯彻党的宗教工作基本方针，坚持我国宗教的中国化方向，积极引导宗教与社会主义社会相适应"。[①] 新时代对宗教研究提出了新要求，最重要的就是在研究和宣传中国特色社会主义宗教理论上取得新成果。

二、成果概述

改革开放 40 年来，中国特色社会主义宗教理论研究取得了一系列成果，包括编辑了一些文献资料，出版了一定数量的学术论著，召开了规模各异的学术研讨会，发表了一批学术论文等。尽管难免挂一漏万，但这对把握整体研究情况必不可少，笔者还是作了如下的梳理。

1. 文献资料

宗教专题文献集的编辑出版，为研究工作打下了良好基础。比如，中共中央文献研究室综合研究组、国务院宗教事务局政策法规司编的《新时期宗教工作文献选编》（宗教文化出版社 1995 年出版），收录了中共中央、全国人大常委会、国务院和有关部门关于宗教工作的重要文件，以及党和国家领导人的重要讲话、文章、书信和批示，为中国特色社会主义宗教理论研究提供了基本资料。国务院宗教事务局政策法规司编的《宗教法规规章制度汇编》《宗教事务条例相关法律法规及政策手册》（宗教文化出版社 2010 年出版），收录了宗教事务方面的相关法律法规、政府规章、规范性文件，以及全国性宗教团体的相关教规制度等，是研究依法管理宗教事务、提高宗教工作法治化水平的基本依据。

统战、民族方面的专题文献集涉及宗教问题较多，对于中国特色社会主义宗教理论研究很有帮助。主要包括：中共中央统一战线工作部、中共

---

① 习近平：《决胜全面建成小康社会，夺取新时代中国特色社会主义伟大胜利》，载《人民日报》2017 年 10 月 28 日。

中央文献研究室编的《新时期统一战线文献选编》（中共中央党校出版社1985年出版），中共中央统战部研究室编的《历次全国统战工作会议概况和文献》（档案出版社1988年出版）；国家民族事务委员会、中共中央文献研究室编的《新时期民族工作文献选编》《民族工作文献选编（1990—2002）》《民族工作文献选编（2003—2009）》（中央文献出版社1990年、2003年、2010年出版）；中共中央文献研究室、中共西藏自治区委员会编的《西藏工作文献选编（1949—2005）》（中央文献出版社2005年出版）；中共中央文献研究室、中共新疆维吾尔自治区委员会编的《新疆工作文献选编（1949—2010）》（中央文献出版社2010年出版）等。

与中国特色社会主义宗教理论研究密切相关的一些文献资料集，同样不可或缺。比如，国家宗教事务局宗教研究中心选编的《马克思恩格斯列宁论宗教》（宗教文化出版社2008年出版），世界宗教研究所马克思主义宗教观研究课题组主编的《马克思恩格斯列宁论宗教》（人民出版社2010年出版）等马克思主义经典作家关于宗教的论述，有助于我们学习和把握中国特色社会主义宗教理论对马克思主义宗教观的继承和发展。《赵朴初文集》（华文出版社2007年出版）、《丁光训文集》（译林出版社1998年出版）等宗教界人士的著作，可以让我们深入了解他们对中国社会主义时期宗教问题的认识和思考。《中国宗教研究年鉴》系列（宗教文化出版社、中国社会科学出版社陆续出版），对于我们了解宗教研究的基本状况，很有帮助。

此外，国务院新闻办公室发布的《中国的宗教信仰自由状况》（1997年10月）、《中国保障宗教信仰自由的政策和实践》（2018年4月）这两本白皮书，全面客观地介绍了改革开放40年来中国宗教的发展变化情况，以及党和政府在保障宗教信仰自由方面的努力和成绩，提供了权威的数据。《宗教蓝皮书：中国宗教报告》系列（社会科学文献出版社陆续出版），提供了通过调查掌握的一手材料。这些都是具有重要价值的研究资料。

2. 学术论著

就已有的研究成果而言，大体上可分为六类：

一是中国特色社会主义宗教理论的整体研究，代表性成果是国家宗教事务局党组理论学习中心组编写的《中国特色社会主义宗教理论学习读本》（宗教文化出版社 2013 年出版）。该书阐述了中国特色社会主义宗教理论的探索历程、基本理论和基本观点等，是广大党员干部学习和掌握中国特色社会主义宗教理论的基本教材，也是该领域研究的重要参考书。此外，蒲长春的《中国特色社会主义宗教理论研究》（云南教育出版社 2008 年出版），从宗教的本质论、宗教的根源论、宗教的价值论、宗教的历史论和宗教的关系论等五个方面，阐述了中国特色社会主义宗教理论的学理基础和主体内容。

二是中国特色社会主义宗教理论的专题研究，代表性成果有："积极引导宗教与社会主义社会相适应"研究的几本论著，包括李建生编著的《引导宗教与社会主义社会相适应的理论与实践》（新疆人民出版社 2001 年出版），冯今源主编的《引导宗教与社会主义社会相适应的理论与实践》（中国社会科学出版社 2009 年出版），王霞娟的《宗教与社会主义社会相适应问题研究》（研究出版社 2009 年出版）等；"社会主义的宗教论"课题组的《和谐社会的宗教论》（宗教文化出版社 2010 年出版）在中国特色社会主义宗教理论的视野下，着重探讨了宗教与社会主义和谐社会建设等重大问题；徐以骅等的《宗教与中国国家安全研究》（时事出版社 2016 年出版），深入系统地探讨了宗教与中国国家安全的关联性，分析宗教影响中国国家安全的路径、现状与对策，并从安全和统战的双重视角来解读中华人民共和国成立以来我国宗教政策的演进，提出了具有原创性、前瞻性的观点。这方面的研究成果较多，是本篇所不能完全概括的。

三是中国社会主义时期的宗教问题研究，代表性成果是罗竹风主编的《中国社会主义时期的宗教问题》（上海社会科学院出版社 1987 年出版），戴康生、彭耀的《社会主义与中国宗教》（江西人民出版社 1996 年出版），叶小文的《宗教问题怎么看怎么办》（宗教文化出版社 2007 年出版）、《中国破解宗教问题的理论创新和实践探索》（中共中央党校出版社 2014 年出版）等。这些论著深入研究了宗教与社会主义的关系，特别是如何认识和处理当代中国宗教问题，以及中国共产党所取得的理论和实践成果。

四是马克思主义宗教观及其中国化的研究，代表性成果是何虎生的

《中国化马克思主义宗教观研究》（华文出版社 2007 年出版），龚学增等的
《马克思主义宗教观中国化研究》（四川人民出版社 2012 年出版），王冬丽
的《中国共产党的宗教观研究》（中央民族大学出版社 2013 年出版）等。
这些论著探讨了中国共产党运用马克思主义宗教观的理论和实践成果，并
将中国特色社会主义宗教理论作为重要内容，分析了其对马克思主义宗教
观的继承和发展。

五是中国共产党的宗教政策研究，代表性成果是王作安的《中国的宗
教问题和宗教政策》（宗教文化出版社 2002 年出版），何虎生的《中国共
产党的宗教政策研究》（宗教文化出版社 2005 年出版）、《新时期党的宗教
政策研究》（宗教文化出版社 2014 年出版），陈金龙的《中国共产党与中
国的宗教问题——关于党的宗教政策的历史考察》（广东人民出版社 2006
年出版），任杰的《中国共产党的宗教政策》（人民出版社 2007 年出版）
等。这些论著侧重点在宗教政策，但都涉及宗教理论，并进行了不同程度
的总结。

六是新中国的宗教工作史研究，代表性成果是赤耐主编的《当代中国
的宗教工作》（当代中国出版社 1999 年出版），罗广武编的《新中国宗教
工作大事概览（1949—1999）》（华文出版社 2001 年出版），段德智的《新
中国宗教工作史》（人民出版社 2013 年出版）等。这些论著以宗教工作及
其成绩为主，但对宗教理论的关照也不少。

3. 学术研讨会

在中国特色社会主义宗教理论研究的过程中，各界召开了规模各异的
研讨会，为学者们分享学术信息、加强学术探讨、形成学术成果，创造了
有利的条件。比如，成立于 1979 年的中国宗教学会，作为全国宗教研究
者的群众性学术团体，顺应改革开放和社会主义现代化建设的时代潮流，
为推动本领域研究发挥了重要作用。这从"宗教与中国现代化""21 世
纪的宗教研究""科学发展观与宗教研究""宗教与和平""宗教与文化发
展""宗教与丝绸之路""宗教与人类命运共同体""新时代中国宗教及其
研究"等会议主题中，就可以看得出来。中国宗教学会还与相关单位组织
召开了国内宗教学研究、教学单位代表联席座谈会，"全球史视阈中的宗

教研究"国际学术研讨会，以及近年来以"宗教研究与中华优秀传统文化的传承和发展""提高宗教学的学科地位，推动中国宗教学发展""改革开放四十年的中国宗教学"为主题的中国宗教学高峰论坛等，为促进学术交流与合作搭建了平台。

又比如，中国社会科学院世界宗教研究所作为中国唯一的国家级宗教学术研究专门机构，与中国宗教学会共同举办了很多学术会议，并及时召开学习贯彻习近平总书记在哲学社会科学工作座谈会上的重要讲话精神座谈会、学习贯彻习近平总书记在全国宗教工作会议上的讲话精神学术研讨会等，用以指导宗教学研究工作，特别是推动中国特色社会主义宗教理论研究的发展，努力构建中国特色宗教学。值得一提的是，该所下设的马克思主义宗教观研究室，2010 年成立以来相继以"马克思主义宗教观中国化""宗教研究范式和话语的反思与构建""坚持宗教中国化方向"等为主题，召开一年一度的马克思主义宗教观研讨会。中国特色社会主义宗教理论作为马克思主义宗教观中国化的最新成果、中国特色社会主义理论体系的重要组成部分，一直是学者们在会上探讨的重要议题，这在会后编辑出版的《马克思主义宗教观研究》集刊（社会科学文献出版社陆续出版）得以体现。马克思主义宗教观研究室还举办了主题为"中国特色社会主义宗教理论与宗教事务""马克思主义与中华优秀传统文化"等的座谈会，可以说是站在马克思主义宗教观、中国特色社会主义宗教理论研究的第一线。

宗教工作部门、宗教团体、高校和社科院系统也召开了形式多样的学术会议。比如，国家宗教事务局召开的中国特色社会主义宗教理论研讨会、"坚持我国宗教中国化方向"研讨会；基督教全国两会纪念宗教改革500 周年暨基督教中国化研讨会；中国军事科学学会军事历史分会与西安政治学院联合举办的"民族宗教问题与国家安全"系列学术研讨会；兰州大学宗教文化研究中心主办的"宗教对话与和谐社会"系列学术研讨会；山东社会科学院主办的"当代中国宗教治理：现状、问题与方略"学术研讨会；四川大学道教与宗教文化研究所、《宗教学研究》编辑部主办的"党的十九大精神与构建中国特色宗教学学科体系、话语体系专栏专题学术研讨会"等。

4.学术论文

检索中国知网 1978 年以来收录的相关文献，以"中国特色社会主义宗教理论"为篇名，共有 100 多篇；以"社会主义"与"宗教"为篇名，共有 1100 多篇。基本情况在前面已有介绍，在下面的研究综述中，将提及一些有代表性的作品，这里不再举例。需要指出的是，《世界宗教研究》《世界宗教文化》《宗教学研究》以及《中国宗教》、中国民族报社《宗教周刊》等报刊，设有马克思主义宗教观或中国特色社会主义宗教理论的研究栏目，为推动该领域研究发挥了重要作用。

三、研究热点

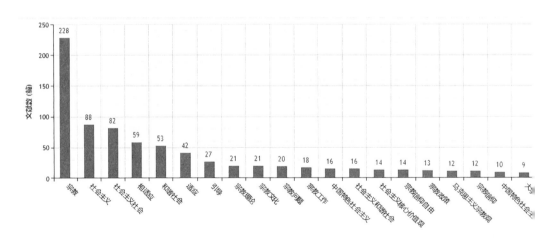

图二　关键词分布

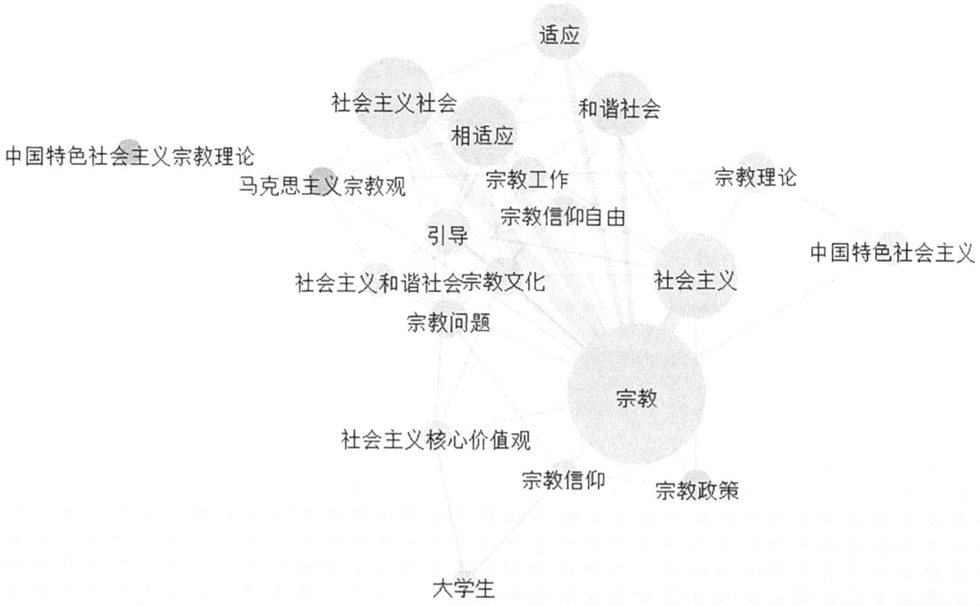

图三　关键词共现网络

　　图二、图三是以"社会主义"与"宗教"为篇名，检索中国知网得到的另两个数据图表。可以看出，改革开放40年来，学术界对中国特色社会主义宗教理论的研究，主题较为集中，主要包括三个方面：

　　一是宏观审视，从整体上探讨中国特色社会主义宗教理论的主要内容和体系建构，中共领导人对马克思主义宗教观的创新和发展等问题；

　　二是专题研究，对中国特色社会主义宗教理论的"四梁八柱"进行探讨，包括党的宗教工作基本方针、积极引导宗教与社会主义社会相适应、宗教与构建社会主义和谐社会等问题；

　　三是相关研究，在宗教理论研究中，对紧密联系的宗教工作、宗教政策、宗教问题等进行研究，并拓宽学术视野，深入探讨宗教文化、宗教信仰等问题。

　　限于篇幅，这里仅就下列五个问题进行简略梳理和介绍：

1. 关于中国特色社会主义宗教理论的主要内容和体系建构

就主要内容而言，学者们通常采用三种方法来归纳。第一种是划分为几个板块。比如，有学者认为它主要包括"新五论"：宗教社会论、宗教和谐论、宗教文化论、宗教生态论、宗教管理论。① 第二种是划分为几个层次。比如，有学者认为它由三个层面构成：一是"关于宗教的本质特征、发展规律和社会作用问题的理论"；二是"关于宗教与国家之间的关系，宗教与社会主义社会相适应，以及建设和谐宗教关系的理论"；三是"关于宗教与无产阶级政党、宗教信仰与共产主义信仰之间关系，以及加强党对宗教工作领导的理论"②。第三种是抓住几个要点。比如，有学者指出它主要包括三部分：关于社会主义时期宗教本质及其表现的理论、关于宗教工作根本宗旨的理论、关于宗教工作基本方针的理论。③

基于主要内容的研究，学者们还探讨了中国特色社会主义宗教理论的体系建构。有学者认为它的内在逻辑包含两个基本层次，基础层次是反映宗教规律性的理论问题，应用层次是解决宗教问题的基本方针问题。体系本身则是这两个层次的有机结合④；它的基本内容包括四个方面："主题和精髓""关于社会主义时期宗教和宗教问题的规律""中国共产党的宗教工作基本方针""贯彻宗教工作基本方针的基本要求"⑤。还有学者强调它的内涵和外延由基本观点、基本认识、基本方针构成，基本观点是运用辩证唯物主义和历史唯物主义的立场、观点、方法，来认识和把握宗教的本质、根源、演变规律和社会作用；基本认识是立足于中国社会主义的宗教问题和当代世界宗教问题的实际，以科学的、历史的观点看待宗教，把握关键是群众性，根本是长期性，特殊的复杂性；基本方针是党的宗教工作基本

---

① 牟钟鉴：《中国特色社会主义宗教理论成果解读》，载《西北民族大学学报（哲学社会科学版）》2011 年第 3 期。

② 何虎生：《中国特色社会主义宗教理论重大问题研究》，载《中国特色社会主义研究》2010 年第 5 期。

③ 沈桂萍：《中国特色社会主义宗教理论》，载《西北民族大学学报（哲学社会科学版）》2010 年第 5 期。

④ 龚学增：《中国特色社会主义宗教理论及其体系建构》，载《中国宗教》2008 年第 10 期。

⑤ 龚学增：《思想渊源·实践基础·体系建构·历史地位——再论中国特色社会主义宗教理论》，载《西北民族大学学报（哲学社会科学版）》2013 年第 6 期。

方针——全面贯彻党的宗教信仰自由政策，依法管理宗教事务，坚持我国宗教独立自主自办的原则，积极引导宗教与社会主义社会相适应。①

2. 关于中共领导人对马克思主义宗教观的创新和发展

中国特色社会主义宗教理论是中国特色社会主义理论体系的重要组成部分，主要包括邓小平理论、"三个代表"重要思想、科学发展观以及习近平新时代中国特色社会主义思想中关于宗教的基本观点和基本政策。因此，学者们在研究中国特色社会主义宗教理论的过程中，非常重视中共领导人对马克思主义宗教观的创新和发展。

关于邓小平的宗教观，有学者提出他在改革开放初期就宗教问题发表一系列谈话，明确了党在新的历史条件下正确认识和处理宗教问题的基本原则，为宗教工作的拨乱反正和开拓创新奠定了理论政策基础。进而全面阐述我国社会主义时期宗教问题的基本观点和基本政策，开创了中国特色社会主义宗教理论。②有学者强调邓小平在宗教文化论的形成、和平解放西藏决策等民族宗教问题的处理、改革开放后宗教信仰自由政策的恢复及发展方向指引，以及中国化马克思主义宗教观体系之要件铸造等方面发挥了意义深远的影响力和指导作用。③

关于江泽民的宗教观，有学者认为对马克思主义宗教观的发展与创新主要体现在：立足于党和国家事业发展的大局，要求全党"高度重视宗教工作"；把宗教工作纳入依法治国方略之中，明确要求"依法加强对宗教事务的管理"；在总结新中国宗教工作成功经验的基础上，全面阐述了"积极引导宗教与社会主义社会相适应"的理论；把信教群众视为社会主义建设的积极力量，进一步巩固和发展党同宗教界的爱国统一战线。④有学者从十个方面进行了梳理和归纳：正确认识和处理宗教问题是中国特色社会主义事业的重要内容；研究宗教问题要有世界眼光；充分认识我国社

---

① 叶小文：《中国特色社会主义宗教理论的内涵和外延》，载《世界宗教研究》2016 年第 3 期。
② 王作安：《邓小平对中国特色社会主义宗教理论的开创之功》，载《中国宗教》2014 年第 9 期。
③ 曾传辉：《邓小平的宗教观》，载《世界宗教研究》2014 年第 4 期。
④ 何虎生、吴伟锋：《江泽民对马克思主义宗教观的理论创新》，载《世界宗教研究》2003 年第 1 期。

会主义时期宗教问题的长期性和特殊复杂性；发挥宗教积极作用，克服消极作用；贯彻宗教信仰自由政策要全面正确，并保持这一政策的稳定性和连续性；处理同宗教界的关系要坚持政治上团结合作，信仰上互相尊重的原则；国家要依法对宗教事务进行管理；坚持独立自主自办教会的原则；积极引导宗教与社会主义社会相适应；共产党员要坚持马克思主义宗教观，不能信仰宗教，要对人民群众进行唯物论和无神论的教育。[1]

关于胡锦涛的宗教观，有学者认真研究了胡锦涛在全国统战工作会议上的重要讲话，认为讲话对正确认识和处理当前我国政治与社会领域中五大关系的深刻阐述，是对科学发展观的丰富，也进一步夯实了认识新世纪新阶段宗教工作基本方针的理论基础；讲话把"宗教关系"列为五大关系之一，强调宗教工作在构建社会主义和谐社会中的重要作用，体现了党对宗教问题认识的深化；讲话把贯彻宗教工作基本方针与落实宗教事务条例作为新形势下做好宗教工作的两个关键，体现了党在处理社会主义社会宗教问题上的与时俱进；讲话在透彻分析宗教问题"三性"的基础上，继续强调贯彻"四句话"的宗教工作基本方针，体现了党在宗教理论政策上继承与创新的统一。[2]有学者强调要以科学发展观为指导思想来研究新兴宗教，这主要表现为三个方面，一是应该从社会、时代的发展来看"新兴宗教"的产生及其展示的"新"特色；二是应该从人们精神生活的普遍性及其"神圣"或"神秘"表达的独特性来观察、区分不同宗教的共性和特性；三是应该从人类丰富多元的精神及社会生活来看待"新兴宗教"反应、适应、回应这种生活的形式及效果，论及其张力与和谐、正面与负面、消极与积极。[3]

关于习近平的宗教观，有学者从五个方面梳理了习近平关于认识和处理宗教问题的论述：站在人类文明发展的高度，指出宗教是文化的重要组成部分，重视国家交往中的宗教对话，倡导不同文明、不同宗教交流互

---

① 龚学增：《江泽民对马克思主义民族宗教理论的创新》，载《理论前沿》2003年第13期。
② 叶小文：《正确认识和处理社会主义社会的宗教关系——学习胡锦涛同志在全国统战工作会议上的重要讲话》，载《求是》2006年第16期。
③ 卓新平：《以科学发展观研究新兴宗教》，载《世界宗教文化》2011年第1期。

鉴、取长补短、共同进步；站在建设中国特色社会主义的高度，要求各级党委和政府积极引导宗教与社会主义社会相适应，鼓励宗教界主动与社会主义社会相适应；站在实现中华民族伟大复兴的高度，强调要巩固和发展中国共产党同宗教界的统一战线，发挥宗教界人士和信教群众在促进经济社会发展中的积极作用；站在党和国家工作全局的高度，强调宗教工作关系党的执政前途和命运，指出宗教工作的本质是群众工作，要求各方面形成宗教工作的强大合力；站在建设社会主义法治国家的高度，强调在法治轨道上推动宗教工作，指出处理宗教问题的基本原则就是"保护合法、制止非法、遏制极端、抵御渗透、打击犯罪"。[1] 有学者提出，习近平的宗教工作思想不是孤立地对宗教予以考察，而是将宗教纳入"宗教、民族、国家安全"这张错综复杂的现实关系之网中加以全新认识，并概括了八个要点：提高宗教工作法治化水平；区分合法宗教活动与打着宗教旗号的违法犯罪活动；构筑打击"三股势力"的"铜墙铁壁"与"战斗堡垒"；以经济发展、民生改善促进宗教和顺、民族团结；构建各民族、不同宗教信仰群众的"共有精神家园"；保障宗教组织领导权在爱国人士手中；巩固和发展中国共产党同宗教界的统一战线；强化边疆干部队伍建设。[2] 还有学者强调，习近平关于宗教问题和宗教工作的重要论述，特别是关于"导"的重要思想，构成了中国特色社会主义宗教理论的最新成果和核心内容。[3]

3. 关于党的宗教工作基本方针

党的宗教工作基本方针不断完善并正式确立，是中国特色社会主义理论与实践的重要内容。在 1993 年全国统战工作会议上，江泽民就宗教问题提出了"三句话"。到了 2001 年全国宗教工作会议，他又增加了一句话，即："全面贯彻党的宗教信仰自由政策，依法管理宗教事务，积极引

---

[1]　毛胜：《中国特色社会主义宗教理论的最新成果——习近平关于认识和处理宗教问题论述的学习体会》，载《世界宗教文化》2014 年第 6 期。

[2]　李晓龙：《对宗教、民族、国家安全的统一考量——试论习近平的宗教工作思想的理论特色与理论内涵》，载《世界宗教文化》2016 年第 2 期。

[3]　张训谋：《坚持和发展中国特色社会主义宗教理论——改革开放四十年宗教工作的重要经验》，载《中央社会主义学院学报》2018 年第 2 期。

导宗教与社会主义社会相适应，坚持独立自主自办的原则。"① 这是中央第一次把"四句话"放在一起，但没有明确这就是党的宗教工作基本方针。2003 年底，中央在有关宗教工作的内部文件中第一次正式把"四句话"称作党的宗教工作基本方针，并把第三句话与第四句在前后次序上做了调整。② 2004 年 1 月，贾庆林在全国宗教工作座谈会上将这个方针公布于众，强调以胡锦涛为总书记的党中央"重申宗教工作要坚持全面贯彻党的宗教信仰自由政策，依法管理宗教事务，坚持独立自主自办的原则，积极引导宗教与社会主义社会相适应的基本方针，使宗教工作在保持连续性、稳定性的基础上继续向前推进"。③ 至此，"四句话"成为中国共产党宗教工作方针的集中体现和权威表述。

　　围绕党的宗教工作基本方针，学术界进行了广泛深入的探讨。有学者指出，党的宗教工作基本方针不是拍脑子拍出来，它是长期以来我们党在处理宗教问题的艰辛探索中，通过不断总结实践经验形成的，具有重大的实践意义；党的宗教工作基本方针是马克思主义宗教观中国化的最新理论成果，具有重大的理论意义；党的宗教工作基本方针是正确应对宗教工作面临的新挑战的一大法宝，具有重大的现实指导意义。对党的宗教工作基本方针必须全面理解，整体把握，防止出现片面。④ 还有学者回顾和分析党的宗教工作基本方针的形成和发展，强调把"四句话"联系在一起，上升为党的宗教工作基本方针的高度，构成一个完整的体系，这是中国共产党对马克思主义宗教观的创造性运用和发展。⑤

　　关于"四句话"的具体内容，学者们也进行了专题研究。比如，关于宗教信仰自由政策，闫莉的《宗教信仰：自由与限制》（社会科学文献出版社 2012 年出版），从概念、特征、功能、效用、边界及扩展至文化等

---

① 《论宗教问题》（2001 年 12 月 10 日），见《江泽民文选》（第三卷），人民出版社 2006 年版，第 382 页。

② 参见王作安：《谈谈宗教工作基本方针》，载《中国宗教》2009 年第 2 期。

③ 参见《全国宗教工作座谈会在京召开》，载《人民日报》2004 年 1 月 7 日。

④ 《全面贯彻党的宗教工作基本方针——国家宗教局副局长王作安答本刊记者问》，载《中国宗教》2007 年第 11 期。

⑤ 毛胜：《论中国化马克思主义宗教观的三种形态》，载《世界宗教研究》2013 年第 1 期。

各向度，对"宗教信仰自由"进行了多维度的分析，进而回顾宗教信仰自由在中国从观念到制度本土化的三次尝试，总结中国宗教信仰自由实践的经验，通过比较中西传统的宗教信仰观念的差异，探讨了丰富和完善我国宗教信仰自由的路径。还有学者总结了我国公民宗教信仰自由权利的行使及其法律限制，认为权利的实施主要体现在九个方面：信教自由、择教自由、举行宗教仪式自由、宗教出版自由、宗教集会自由、宗教结社自由、传教自由、宗教捐赠自由和接受宗教资助自由以及宗教营销自由等。法律限制主要表现为八个方面：宗教活动不得损害国家和社会的利益，不得制造民族分裂，危害祖国统一；宗教团体和宗教事务不受外国势力的支配；宗教活动不得破坏国家现行政治制度；宗教活动不得破坏社会秩序；宗教活动不得干预国家教育；宗教活动不得侵犯公民的合法权益，不得损害公民的身体健康；宗教团体必须依法进行登记才能进行宗教活动；宗教活动需要在法定的宗教活动场所内进行。①

　　关于依法管理宗教事务，有学者认为这是政府依法行政的重要组成部分，必须重视和解决一些重要的和更为具体的问题：在立法层面，要解决无法可依与有法难依问题，根据宗教领域出现的新情况、新问题，并按照《行政许可法》的要求，加大宗教法制建设力度；在执法层面，要按照依法行政的要求，重视和应对《行政许可法》实施对政府依法管理宗教事务的影响，研究和解决基层宗教事务管理主体的不适格问题，把对宗教事务的管理融入社会公共事务管理的方方面面，并加强政府宗教事务部门干部队伍建设，提高行政执法水平；在守法层面，要不断提高宗教界人士和宗教信仰者的法律素养，增强他们的法律意识。②还有学者深入分析宗教事务管理法治化的成就与挑战，强调进一步提高宗教事务管理的法治化水平，必须坚持依法管理和积极引导并重、政府管理和宗教自治并重、社会管理与提供公共服务并重。③

---

① 　马岭：《我国公民宗教信仰自由权的行使》，载《南京大学法律评论》1999 年第 1 期；马岭：《论我国公民宗教信仰自由的法律限制》，载《法律科学（西北政法学院学报）》1999 年第 2 期。
② 　宋华忠：《依法管理宗教事务初议》，载《世界宗教研究》2005 年第 2 期。
③ 　刘金光：《宗教事务管理法治化：成就、挑战与展望》，载《世界宗教文化》2013 年第 1 期。

关于独立自主自办的原则，有学者对中国共产党把握中国基督教会与帝国主义历史联系的关键点，以割断其与帝国主义的联系为突破点，领导中国基督教会开展三自革新运动；把握中国天主教与罗马教廷在教义教理和行政管理有直接联系的关键点，以割断其与帝国主义的政治和经济联系为基本要求，领导和督促中国天主教会开展革新运动，分别进行了细致梳理和深入分析。[①]

4. 关于积极引导宗教与社会主义社会相适应

改革开放以来，无论是中国特色社会主义宗教理论研究，还是整个宗教学研究，"四句话"中的"积极引导宗教与社会主义社会相适应"都称得上是重中之重。究其原因，在于中华人民共和国成立后社会各界一直在思考宗教与社会主义的关系，特别是社会主义条件下宗教的存在和发展问题。新中国成立初期，李维汉到西北调查时就提出"宗教制度改革，不是改革宗教，而是摆脱封建主义势力控制，是民主改革，目的是要实现与新民主主义社会相适应"。[②]

1980年代，学者们深入研究了宗教同社会主义社会相协调问题。有学者指出，中华人民共和国成立后的实际生活证实，我国宗教能够同社会主义社会相协调。这不是说有神论和无神论的世界观可以调和，而是指：信教群众和非信教群众可以团结起来，为建设社会主义而奋斗；在爱国主义、社会主义基础上，宗教提倡的某些思想、信仰、道德和行为，可以适应社会主义的要求，在教徒中起到一定的有益于社会的作用。宗教与社会主义社会协调的理论依据是：历史上宗教从来是适应社会的变革而不断变化的；今天广大宗教徒衷心拥护社会主义制度，奠定了宗教适应社会主义社会的基础；由于剥削阶级和剥削制度的被消灭，我国宗教问题的性质发生了根本变化。党和国家对宗教实行正确的政策和宗教界在爱国主义旗帜

---

① 赵晓阳：《割断与帝国主义的联系：基督教三自革新运动的初始》，载《中共党史研究》2009年第3期；赵晓阳：《中国天主教独立自办运动的初成》，载《当代中国史研究》2012年第4期。
② 参见《亲历者谈19号文件》，载《中国民族报》2012年3月27日。

下的努力，是实现协调的重要条件。[①]

　　经过一段时间的探索，引导宗教与社会主义社会相适应逐步成为各界共识，学者们取得了一批重要成果。比如，冯今源主编的《引导宗教与社会主义社会相适应的理论与实践》，在全面系统梳理中国传统宗教以及民间信仰发展脉络、国际共运史上相关理论与实践的基础上，结合对中华人民共和国成立以来宗教政策的历史发展，对我国宗教的发展历程以及各种错误宗教观的回顾与反思，对典型地区基督教、藏传佛教、伊斯兰教的田野调研，对新时期宗教领域面临的新情况、新问题的总结与分析，系统提出引导宗教与社会主义社会相适应的理论依据、实践基础、表现形式、具体内容以及对引导主体的要求，并对构建社会主义和谐社会事业中的宗教提出相应的意见与建议。

5. 关于宗教与构建社会主义和谐社会

　　继"积极引导宗教与社会主义社会相适应"之后，促进宗教和谐、发挥宗教在构建社会主义和谐社会中的积极作用，成为学术界研究的又一热点。大家普遍认为，宗教蕴含和谐资源，对建设和谐社会具有特殊作用。[②]可以说，这既是一个重大的理论课题，又是一个重大的实践命题。从理论上说，它是中国共产党推进马克思主义宗教观中国化的重要成果，是中国特色社会主义宗教理论的重要组成部分。有学者认为，这是"按照推动科学发展、促进社会和谐的新要求，向着创建'和谐社会的宗教论'（即'社会主义和谐社会的宗教论'）稳步迈进"。[③]有还有学者强调，如果宗教这个要素不能与其他社会要素形成良性互动，甚至起相反的作用，那么和谐社会就不可能建成。所以，建构和谐社会的战略不仅指明了今后我国社会进步的方向和基调，而且也为我们宗教学研究者提供了一个总体思路：今后我们在应对和处理国内国际的宗教问题时，都应以建构和谐社会作为

---

① 肖志恬：《试论我国宗教同社会主义社会相协调问题》，载《上海社会科学院学术季刊》1985年第 1 期。
② 国家宗教事务局宗教研究中心组编：《中国五大宗教论和谐》，宗教文化出版社 2010 年版。
③ "社会主义的宗教论"课题组：《和谐社会的宗教论》，宗教文化出版社 2010 年版，第 1 页为

基准。①

从实践上说，它事关构建社会主义和谐社会的全局，必须努力保持和促进宗教关系的和谐，并充分发挥宗教界的积极作用。有学者进行了全面分析，指出宗教和谐的含义有四个层次：不同宗教、不同教派内部信徒之间的和敬；不同宗教信徒之间的和睦；宗教信徒与非信教群众之间的和谐；宗教作为一种文化形态与社会领域之间的协调。宗教有关构建和谐社会的重要优良传统有四个方面：一是宗教间互相包容的传统；二是爱人利他的传统；三是爱国爱教的传统；四是关爱自然的传统。并就发挥宗教在构建社会主义和谐社会中的积极作用，提出三个建议：一是各宗教团体要发掘整合本宗教教义教规中的有关资料，使发扬各宗教的优良传统转化成信众的实际行动。二是宗教界要进一步加强参与社会事业的力度，即大力开展慈善救济等社会公益事业。三是大力办好宗教院校，培养人格高尚、知识丰厚、爱国爱教和富有开创能力的宗教人才。②

6. 关于坚持宗教中国化方向

中共十八大以来，习近平反复强调我国宗教必须坚持中国化方向。2015 年 5 月，他在中央统战工作会议上指出，"积极引导宗教与社会主义社会相适应，必须坚持中国化方向，必须提高宗教工作法治化水平，必须辩证看待宗教的社会作用，必须重视发挥宗教界人士作用"。③2016 年 4 月，他在全国宗教工作会议上强调"积极引导宗教与社会主义社会相适应，一个重要的任务就是支持我国宗教坚持中国化方向"。④ 2017 年 10 月 18 日，他在中共十九大报告中进一步强调"坚持我国宗教的中国化方向"。⑤ 近年来，各界认真学习贯彻习近平的有关论述，"宗教中国化"成

---

① 金泽：《和谐社会建构与宗教研究》，载《哲学研究》2006 年第 12 期。

② 方立天：《和谐社会的构建与宗教的作用》，载《中国宗教》2005 年第 7 期。

③ 参见《巩固发展最广泛的爱国统一战线，为实现中国梦提供广泛力量支持》，载《人民日报》2015 年 5 月 21 日。

④ 参见《发展中国特色社会主义宗教理论，全面提高新形势下宗教工作水平》，载《人民日报》2016 年 4 月 24 日。

⑤ 习近平：《决胜全面建成小康社会，夺取新时代中国特色社会主义伟大胜利》，载《人民日报》2017 年 10 月 28 日。

为中国特色社会主义宗教理论研究的热点和重点。

学术界普遍认为，宗教中国化或本土化是一个极为重要的命题，并着重从文化视角进行深入研究。有学者指出，"宗教中国化"主要内含三重义理，即真正融入"中华文化、中华民族和中国社会"。这个"三重融入"的理论内涵就是国际学术界在全球化时代所深切关注的"文化认同""民族认同"和"社会认同"；就这"三个认同"的逻辑关系而论，"文化认同"又被视为"根本的认同"。"宗教中国化"既是符合世界宗教史的发展规律的，更是合乎中华文化的优良传统的。[①] 有学者强调，宗教中国化的最终标准，就是看是否融入中国文化。宗教中国化既要求宗教有融入中国文化的愿望，又要求宗教有融入中国文化的行为，更要求宗教有融入中国文化的结果。所以，在"宗教中国化"定义中，必须有"融入中国文化"的要求。[②]

学者们还对各大宗教的中国化进行了具体研究，指出：基督教自传入中国以来，就一直在进行"本土化"和"处境化"的努力。至今，中国的宗教特征已经内在地渗透到"洋教"之中，外来宗教的中国化已然是一个既定的事实。佛教是外来宗教中国化成功的典范，佛教在中国化、本土化的过程中呈现了文化交流的两个根本规律：一个是外来文化的自适性，一个是本土文化的包容性。中国伊斯兰教可以区分为汉语系伊斯兰教和维语系伊斯兰教，前者中国化更为彻底一些，后者中国化水平相对较低一些，在宗教文化上似乎没有完全解决好"向东看还是向西看"问题。宗教中国化并不是彻底地"化"掉，而是在适应中国本土文化、政治基础上的传承与创新。同样，中国化也不单纯是单向性的融入、归化，还涵括对外来优秀文化的引入、吸纳、重铸，使中华文化亦得以革新和扩展。[③]

① 张志刚：《"宗教中国化"义理沉思》，载《世界宗教研究》2016 年第 3 期。
② 赵文洪：《关于"宗教中国化"定义的理论思考》，载《中国宗教》2018 年第 7 期。
③ 卓新平、楼宇烈、李天纲、吴云贵：《中华文化与宗教中国化学者四谈》，载《中央社会主义学院学报》2017 年第 5 期。

四、几点思考

"历尽天华成此景，人间万事出艰辛。"改革开放40年来，随着中国特色社会主义事业的不断发展，学术界对中国特色社会主义宗教理论的研究不断走向深入，取得了令人欣喜的成绩，并呈现出几个特点：（1）无论是宏观研究，还是微观研究，研究成果不断增加，研究关注度不断提高；（2）本领域研究，有自己的阵地，研究队伍也在逐渐形成；（3）研究主题日益明确，而且有自己的研究特色；（4）学术界与宗教工作部门、宗教界能够保持一定的联系和互动。

当然，我们也要看到，中国特色社会主义宗教理论研究还存在一些不足，包括：政策解读较多，重复研究问题较为严重；不同方向的研究不平衡，尚有薄弱环节存在；一些重大理论和实践问题，有分量的学术成果不多等。还有学者认为研究中存在四方面的特点与不足：一是"政策历史脉络的梳理较为充分，理论内在关系的分析不足"；二是"相关背景材料的收集较为全面，素材恰当合理的整合不足"；三是"政策工作语言的解析较为深刻，学术范畴命题的抽象不足"；四是"理论政策实践的衔接较为紧密，体系容纳开放的程度不足"。[①]结合以上问题，这里着重从三个方面谈一些个人意见和建议，供学者们批评。

第一，从坚持和发展中国特色社会主义的"大处"着眼，从中国特色社会主义宗教理论研究的"小处"着手。

正确认识和处理宗教问题，是坚持和发展中国特色社会主义的应有之义。习近平在全国宗教工作会议上强调，"宗教问题始终是我们党治国理政必须处理好的重大问题，宗教工作在党和国家工作全局中具有特殊重要性"。[②]他在中共十九大报告中进一步指出，"要根据新的实践对经济、政治、法治、科技、文化、教育、民生、民族、宗教、社会、生态文明、国家安全、国防和军队、'一国两制'和祖国统一、统一战线、外交、党的建设等各方面作出理论分析和政策指导，以利于更好坚持和发展中国特色

---

① 蒲长春：《中国特色社会主义宗教理论研究综述》，载《当代世界与社会主义》2009年第4期。
② 参见《发展中国特色社会主义宗教理论，全面提高新形势下宗教工作水平》，载《人民日报》2016年4月24日。

社会主义。"① 因此，研究和宣传中国特色社会主义宗教理论，不能局限于宗教问题本身，而要站在坚持和发展中国特色社会主义的战略和全局高度。要做到这一点，首先要加强中国特色社会主义理论与实践的学习，深入学习《邓小平文选》《江泽民文选》《胡锦涛文选》《习近平谈治国理政》等中共领导人的著作集，以及十一届三中全会以来的重要文献选编系列，特别是要深入学习贯彻习近平新时代中国特色社会主义思想有关宗教工作的重要论述，用以指导新时代宗教研究工作。

可以说，学者们在"大处着眼，小处着手"这方面已经作出了一些努力，比如前面提及的积极引导宗教与社会主义社会相适应、宗教与构建社会主义和谐社会研究。近年来，关于宗教与"一带一路"战略的研究②，同样如此。值得一提的是，中共中央在下发 1982 年 19 号文件的《通知》中指出，党在其它方面的工作、各地区各部门的工作，都要像宗教领域这样，进一步"系统地总结自己的经验"，从而形成一套"符合本地区、本部门情况的，理论与实际密切结合的"观点和办法，以"提高全党同志的思想理论水平，采取正确而有效的工作方法"。③ 这告诉我们，从建设中国特色社会主义的大背景下研究宗教问题，不仅有助于宗教理论研究，对其它领域也可以起到重要的示范作用。

第二，加强中国特色社会主义宗教理论的基础研究、比较研究、应用研究，加快构建中国特色宗教学学科体系、学术体系、话语体系。

宗教学向来是哲学社会科学的重要组成部分。2016 年 5 月 17 日，习近平在哲学社会科学工作座谈会上指出，"要加快完善对哲学社会科学具有支撑作用的学科，如哲学、历史学、经济学、政治学、法学、社会学、

---

① 习近平：《决胜全面建成小康社会，夺取新时代中国特色社会主义伟大胜利》，载《人民日报》2017 年 10 月 28 日。

② 卓新平、刘金光、方光华、郑筱筠：《对话宗教与"一带一路"战略》，载《世界宗教文化》2015 年第 2 期；郑筱筠：《"一带一路"战略与宗教风险研究——基于可能性和必要性视角》，载《世界宗教研究》2016 年第 6 期；纳文汇：《"一带一路"建设和重构新南方丝绸之路语境中的宗教文化建设与调适》，载《云南社会科学》2015 年第 3 期等。

③ 《中共中央印发〈关于我国社会主义时期宗教问题的基本观点和基本政策〉的通知》（1982 年 3 月 31 日），见《新时期宗教工作文献选编》，宗教文化出版社 1995 年版，第 53—54 页。

民族学、新闻学、人口学、宗教学、心理学等，打造具有中国特色和普遍意义的学科体系。"我们要看到，中国特色社会主义宗教理论在宗教学研究中具有特殊重要性，其本身是中国宗教学研究不可或缺的内容，其作为中国化马克思主义宗教观，又为构建中国特色宗教学体系提供指导思想和研究方法。所以，有学者强调："中国宗教学的发展可以与中国特色社会主义宗教理论的建设积极互动，既以这一理论作为自己学科的指导思想，又可以其学科发展来不断充实这一理论的科学内容。"[1]

目前的研究与理想的状态，尚有不小的差距。有学者结合习近平在全国宗教工作会议及哲学社会科学工作座谈会上的讲话，指出当前宗教学研究的三块短板：一是"重文化轻宗教"，宗教现象通常被作为文化的一部分来加以讨论；二是存在着不少认识盲区，正面宗教知识缺乏传播渠道，社会上大多数人对我国"强国弱教"的宗教国情不甚了解，对国际宗教格局的变化更是存在隔膜；三是宏观叙事和时事分析有余、实证、比较和长时段研究不足，未建立文献资料库和较为系统的理论分析架构，对国内外宗教和宗教现象（如宗教与地区和暴力冲突）的数据处理、量化分析和实证考察还停留在起步和积累的阶段。[2] 这些问题应该引起学者们的高度重视，并在研究中对症下药，切实加以解决。本文认为，要着眼于构建学科体系、学术体系、话语体系，不断深化中国特色社会主义宗教理论与中国特色宗教学的互动研究，即：

（1）加强基础研究。从马克思主义宗教观发展史的视野，总结中国特色社会主义宗教理论的创新观点，揭示它和马克思主义宗教观之间一脉相承、与时俱进的关系，尤其要注意从方法论的角度来探讨它是如何继承和发展的，发挥它在宗教学学科体系建设中的支撑引领作用；

（2）加强比较研究。借鉴近代西方宗教学奠基人麦克斯·缪勒所说的"只懂一种宗教的人，其实什么宗教也不懂"[3]，批判继承古今中外的宗教思

---

[1]　卓新平：《发展中国特色的宗教学》，载《中国社会科学报》2016 年 8 月 16 日。

[2]　徐以骅：《推进宗教学研究领域的"供给侧改革"》，载《中国民族报》2016 年 8 月 2 日。

[3]　〔英〕麦克斯·缪勒：《宗教学导论》，陈观胜、李培茱译，上海人民出版社 2010 年版，第9—10 页。

想，以当代中国宗教问题为研究起点，提出具有主体性、原创性的理论观点，构建以中国特色社会主义宗教理论为主体的中国特色宗教学学术体系；

（3）加强应用研究。用通俗易懂的语言宣传好中国特色社会主义宗教理论，宣传好党的宗教工作基本方针，同时兼顾"中国特色"与"普遍意义"，围绕维护世界和平与促进共同发展中的宗教问题，介绍中国的成功经验，贡献中国智慧和中国方案，打造中国特色宗教学话语体系。

第三，拓宽学术视野，加强田野调查，深化专题研究，努力推出有深度有分量的优秀成果。

为了促进中国特色社会主义宗教理论研究，学者们基于自己的认识，已经提出了不少好的选题建议。有学者认为，必须深入探讨的基础理论问题包括："重新审视我国主流意识形态对宗教的传统认识与评价、深化社会主义历史条件下关于宗教的存在条件及其发展规律的认识、研究宗教与我国现行社会制度之间能否和怎样共存共荣的问题、厘清马克思恩格斯等经典作家的宗教理论与中国特色社会主义宗教理论在研究宗教的目的、着眼点及其对宗教的价值判断等问题上的区别"。[1] 有感于此，本文也提四个方面的想法：

（1）从整体的高度来加强综合性研究。由于"中国特色社会主义宗教理论"这个概念提出较晚，所以已有的研究成果，大多是从某一方面、某一论断入手来进行专门研究，综合性的成果并不多见，需要继续下大气力来补好这一课。

（2）重新审视已有的专题研究，特别是把某一方面、某一论断的研究成果，放到整个中国特色社会主义宗教理论的体系之中，进行再探讨，取得新认识。比如，有学者根据习近平关于积极引导宗教的论述，深入研究积极引导宗教与社会主义社会相适应的政治意义与认知意义，提出了自己的见解。[2]

（3）继续拓宽学术视野，进一步加强宗教学与哲学、经济学、政治

---

[1]　闵丽：《中国特色社会主义宗教理论尚需深入研究的若干问题》，载《宗教学研究》2009 年第 2 期。

[2]　卓新平：《论积极引导宗教的现实意义义》，载《世界宗教研究》2016 年第 1 期。

学、法学、社会学、民族学、人类学、心理学等学科的交叉研究。比如，改革开放以来有关宗教与文化的探讨，对丰富中国特色社会主义宗教理论研究，指导宗教工作都起到了重要作用。有学者强调"将宗教作为文化现象而展开的研究探讨"，"标志着中国学者在评价宗教时所迈出的具有决定意义的一步"①；还有学者强调"无论就宗教研究的对象、范围还是重大问题或前沿课题而言"，作为一种新方法论的"宗教——文化观"有助于"拓宽并深化我们的学术视野，形成一种更为成熟的方法论观念"。②

（4）格外想要强调的一点，必须重视开展田野调查，掌握第一手的材料。"没有调查，没有发言权。"③只有深入实际，才能更好地感知中国特色社会主义宗教理论付诸实践的情况，并及时总结新的经验，加以理论概括，进一步丰富和发展中国特色社会主义宗教理论。

总而言之，回顾改革开放40年来中国特色社会主义宗教理论的研究历程，既要总结成就和经验，也要发现问题和不足，从而补缺补差，"百尺竿头，更进一步"。正如学者所说，改革开放以来宗教研究领域的创新发展，为构建中国特色社会主义理论体系积累了大量前期成果。尤其是关于我国宗教的主要性质与主要作用的科学判断，在基础理论上取得突破，为之奠定了坚实的基础。我们理应坚持"我国宗教研究的中国化方向"，将构建中国特色社会主义宗教理论体系作为新时代所赋予的一项理论创新使命而不懈努力。④我们相信，学者们能够在40年来积累的基础上，深入学习贯彻习近平新时代中国特色社会主义思想特别是关于宗教工作的新理念新思想新要求，从理论与实践、历史与现实、问题与对策等多重角度不断深化中国特色社会主义宗教理论研究和宣传，在新时代展现新气象新作为。

---

① 卓新平：《"全球化"的宗教与当代中国》，社会科学文献出版社2008年版，第372页。
② 张志刚：《再论宗教—文化观的方法论意义》，载《世界宗教研究》2008年第4期。
③ 《反对本本主义》（1930年5月），见《毛泽东选集》（第一卷），人民出版社1991年版，第109页。
④ 张志刚：《构建中国特色社会主义宗教理论体系：时代所赋予的理论创新使命》，载《中国民族报》2018年6月26日。

结　语

纵观中国特色社会主义宗教理论的发展历程，可以看出它既有深厚的理论渊源，又有坚实的实践基础，是几代中国共产党人经过艰辛探索而创立的科学理论：

——以毛泽东为核心的第一代中央领导集体，在新民主主义革命、社会主义革命和建设时期对宗教问题的探索，形成了毛泽东思想中关于宗教的理论观点与政策主张，为中国特色社会主义宗教理论提供了重要的理论准备和实践经验；

——以邓小平为核心的第二代中央领导集体，在改革开放历史新时期对宗教问题的探索，形成了邓小平理论中关于宗教的理论观点与政策主张，阐述了中国共产党关于社会主义时期宗教问题的基本观点和基本政策，成功地开创了中国特色社会主义宗教理论；

——以江泽民为核心的第三代中央领导集体，在冷战结束后国际格局发生深刻变化、中国改革开放不断深入的新形势下对宗教问题的探索，形成了"三个代表"重要思想中关于宗教的理论观点与政策主张，深化了中国共产党对社会主义时期宗教问题的认识，系统地阐述了中国特色社会主义宗教理论；

——以胡锦涛为总书记的党中央，在新世纪新阶段对宗教问题的探索，形成了科学发展观中关于宗教的理论观点与政策主张，突出强调保持和促进宗教关系的和谐，丰富和发展了中国特色社会主义宗教理论；

——以习近平为核心的党中央，在新的历史起点上对宗教问题的探索，形成了习近平新时代中国特色社会主义思想中关于宗教的理论观点与政策主张，进一步推进了宗教理论与实践的创新，为中国特色社会主义宗教理论注入了新的内涵。

中国特色社会主义宗教理论是马克思主义宗教观与中国宗教实际和时代特征相结合的成果，内容丰富、博大精深。它对什么是宗教、怎样认识宗教在社会主义条件下的存在和发展，以及如何做好宗教工作、怎样引导宗教与社会主义社会相适应等问题，提出了一系列紧密联系、相互贯通的观点和论断，是正确认识和处理社会主义时期宗教问题的行动指南。

中国特色社会主义宗教理论具有独特的理论品格，有着鲜明的实践特色、理论特色、民族特色、时代特色。它源于中国共产党处理宗教问题的实践，又对宗教工作发挥着指导作用，并在新的实践中得到检验和发展。它继承和发展了马克思列宁主义和毛泽东思想中的宗教理论，不断开拓出马克思主义中国化和时代化的新境界，既没有丢"老祖宗"的立场、观点、方法，又说了中国的、时代的"新话"。

总而言之，中国特色社会主义宗教理论是马克思主义宗教观中国化的最新成果；在当代中国，坚持中国特色社会主义宗教理论，就是坚持马克思主义宗教观。

中国特色社会主义宗教理论是做好宗教工作的行动指南；在当代中国，只有坚持中国特色社会主义宗教理论，才能正确认识和处理宗教问题。

中国特色社会主义宗教理论是与时俱进的科学理论；在当代中国，随着宗教理论研究与实践探索的发展，一篇篇新的重要文献将随之诞生，中国特色社会主义宗教理论将不断丰富和发展。

主要参考文献

一、经典著作

1. 中共中央马克思恩格斯列宁斯大林著作编译局编译：《马克思恩格斯选集》（第一卷—第四卷），人民出版社 2012 年版。

2. 中共中央马克思恩格斯列宁斯大林著作编译局编译：《马克思恩格斯文集》（第一卷—第十卷），人民出版社 2009 年版。

3. 中共中央马克思恩格斯列宁斯大林著作编译局编译：《列宁选集》（第一卷—第四卷），人民出版社 2012 年版。

4. 中共中央马克思恩格斯列宁斯大林著作编译局编译：《列宁专题文集》（第一卷—第五卷），人民出版社 2009 年版。

5. 国家宗教事务局宗教研究中心选编：《马克思恩格斯列宁论宗教》，宗教文化出版社 2008 年版。

6. 世界宗教研究所马克思主义宗教观研究课题组主编、唐晓峰摘编：《马克思恩格斯列宁论宗教》，人民出版社 2010 年版。

7. 中共中央文献编辑委员会编：《毛泽东选集》（第一卷—第四卷），人民出版社 1991 年版。

8. 中共中央文献研究室编：《毛泽东文集》（第一卷—第八卷），人民出版社 1993—1999 年版。

9. 中共中央文献研究室编：《建国以来毛泽东文稿》（第一册—第十三册），中央文献出版社 1987—1998 年版。

10. 中共中央文献研究室编：《毛泽东著作专题摘编》（上、下），中央文献出版社 2003 年版。

11. 中共中央文献研究室、中共西藏自治区委员会、中国藏学研究中心编：《毛泽东西藏工作文选》，中央文献出版社、中国藏学出版社 2008 年版。

12. 中共中央文献编辑委员会编：《周恩来选集》（上、下），人民出版社 1980、1984

年版。

13. 中共中央统一战线工作部、中共中央文献研究室编：《周恩来统一战线文选》，人民出版社 1984 年版。

14. 中共中央文献编辑委员会编：《邓小平文选》（第一卷—第三卷），人民出版社 1993、1994 年版。

15. 中共中央统一战线工作部、中共中央文献研究室编：《邓小平论统一战线》，中央文献出版社 1991 年版。

16. 中共中央文献研究室编：《邓小平建设有中国特色社会主义论述专题摘编》（新编本），中央文献出版社 1995 年版。

17. 中共中央文献编辑委员会编：《江泽民文选》（第一卷—第三卷），人民出版社 2006 年版。

18. 中共中央文献研究室编：《江泽民论有中国特色社会主义》（专题摘编），中央文献出版社 2002 年版。

19. 中共中央文献编辑委员会编：《胡锦涛文选》（第一卷—第三卷），人民出版社 2016 年版。

20. 中共中央文献研究室编：《胡锦涛论构建社会主义和谐社会》，中央文献出版社 2013 年版。

21. 中央宣传部（国务院新闻办公室）会同中央文献研究室、中国外文局：《习近平谈治国理政》（第一、二卷），外文出版社 2018、2017 年版。

22. 中共中央文献研究室编：《习近平关于实现中华民族伟大复兴的中国梦论述摘编》，中央文献出版社 2013 年版。

23. 中共中央文献研究室编：《习近平关于全面深化改革论述摘编》，中央文献出版社 2014 年版。

24. 中共中央文献研究室编：《习近平关于全面依法治国论述摘编》，中央文献出版社 2015 年版。

25. 中共中央文献研究室编：《习近平关于社会主义政治建设论述摘编》，中央文献出版社 2017 年版。

二、文献汇编和资料集

1. 中央档案馆编：《中共中央文件选集（1921—1949）》（第一册—第十八册），中共中央党校出版社 1989—1992 年版。

2. 中央档案馆、中共中央文献研究室编：《中共中央文件选集（1949 年 10 月—1966 年 5 月）》（第一册—第五十册），人民出版社 2013 年版

3. 中共中央文献研究室编:《建党以来重要文献选编（1921—1949）》（第一册—第二十六册），中央文献出版社 2011 年版。

4. 中共中央文献研究室编:《建国以来重要文献选编（1949—1965）》（第一册—第二十册），中央文献出版社 2011 年版。

5. 中共中央文献研究室编:《三中全会以来重要文献选编》（上、下），人民出版社 1982 年版。

6. 中共中央文献研究室编:《十三大以来重要文献选编》（上、中、下），人民出版社 1991、1993 年版。

7. 中共中央文献研究室编:《十四大以来重要文献选编》（上、中、下），人民出版社 1996、1997、1999 年版。

8. 中共中央文献研究室编:《十五大以来重要文献选编》（上、中、下），人民出版社 2000、2001、2003 年版。

9. 中共中央文献研究室编:《十六大以来重要文献选编》（上、中、下），中央文献出版社，2005、2006、2008 年。

10. 中共中央文献研究室编:《十七大以来重要文献选编》（上、中、下），中央文献出版社，2009、2011、2013 年。

11. 中共中央文献研究室编:《十八大以来重要文献选编》（上、中、下），人民出版社 2014、2016、2018 年版。

12. 中共中央统一战线工作部、中共中央文献研究室编:《新时期统一战线文献选编》，中共中央党校出版社 1985 年版。

13. 中共中央统战部研究室编:《历次全国统战工作会议概况和文献》，档案出版社 1988 年版。

14. 国家民族事务委员会、中共中央文献研究室编:《新时期民族工作文献选编》，中央文献出版社 1990 年版。

15. 中共中央统一战线工作部编:《民族问题文献汇编（1921 年 7 月—1949 年 9 月）》，中共中央党校出版社 1991 年版。

16. 国家民族事务委员会、中共中央文献研究室编:《民族工作文献选编（1990—2002）》，中央文献出版社 2003 年版。

17. 中共中央文献研究室、中共西藏自治区委员会编:《西藏工作文献选编（1949—2005）》，中央文献出版社 2005 年版。

18. 国家民族事务委员会、中共中央文献研究室编:《民族工作文献选编（2003—2009）》，中央文献出版社 2010 年版。

19. 中共中央文献研究室、中共新疆维吾尔自治区委员会编:《新疆工作文献选编（1949—2010）》，中央文献出版社 2010 年版。

20. 中共中央文献研究室、中共新疆生产建设兵团委员会编：《新疆生产建设兵团工作文献选编（1949—2014）》，中央文献出版社 2014 年版。

21. 中共中央文献研究室综合研究组、国务院宗教事务局政策法规司编：《新时期宗教工作文献选编》，宗教文化出版社 1995 年版。

22. 国务院宗教事务局政策法规司编：《宗教法规规章制度汇编》，宗教文化出版社 2010 年版。

23. 陈独秀：《独秀文存》，安徽人民出版社 1987 年版。

24. 李大钊：《李大钊文集》（上、下），人民出版社 1984 年版。

25. 恽代英：《恽代英文集》（上、下），人民出版社 1984 年版。

26. 李维汉：《统一战线问题与民族问题》，人民出版社 1981 年版。

27. 丁光训：《丁光训文集》，译林出版社 1998 年版。

28. 赵朴初：《赵朴初文集》（上、下），华文出版社 2007 年版。

三、年谱、传记、大事记

1. 中共中央文献研究室编：《毛泽东年谱（1893—1949）》修订本（上、中、下），中央文献出版社 2013 年版。

2. 中共中央文献研究室编：《毛泽东年谱（1949—1976）》（第一卷—第六卷），中央文献出版社 2013 年版。

3. 中共中央文献研究室编：《周恩来年谱（1898—1949）》修订本，中央文献出版社 1998 年版。

4. 中共中央文献研究室编：《周恩来年谱（1949—1976）》（上、中、下），中央文献出版社 1997 年版。

5. 中共中央文献研究室编：《邓小平年谱（1975—1997）》（上、下），中央文献出版社 2004 年版。

6. 中共中央文献研究室编：《毛泽东传（1949—1976）》（上、下），中央文献出版社，2003 年。

7. 中共中央文献研究室编：《周恩来传（1898—1976）》（上、下），中央文献出版社 2008 年版。

8. 中共中央党史研究室编：《中国共产党历史大事记（1921 年 7 月—2011 年 6 月）》，人民出版社 2011 年版。

9. 赤耐主编：《当代中国的宗教工作》（上、下），当代中国出版社 1999 年版。

10. 罗广武编：《新中国宗教工作大事概览（1949—1999）》，华文出版社 2001 年版。

四、报刊资料（相关资料）

1.《人民日报》（1948—2015 年）。

2.《世界宗教研究》（1979—2015 年）。

3.《宗教学研究》（1982—2015 年）。

4.《中共党史资料》（1982—2009 年）。

5.《党的文献》（1988—2015 年）。

6.《中国宗教》（1995—2015 年）。

7.《世界宗教文化》（1995—2015 年）。

8."人大复印报刊资料"《宗教》（1995—2015 年）。

五、中文著作（按出版时间排序）

1. 罗竹风：《中国社会主义时期的宗教问题》，上海社会科学院出版社 1987 年版。

2. 黄心川主编：《世界十大宗教》，东方出版社 1988 年版。

3. 胡绳主编：《中国共产党的七十年》，中共党史出版社 1991 年版。

4. 吕大吉：《西方宗教学说史》（上、下），中国社会科学出版社 1994 年版。

5. 戴康生、彭耀：《社会主义与中国宗教》，江西人民出版社 1996 年版。

6. 陈晋：《毛泽东之魂》（修订本），中央文献出版社 1997 年版。

7. 施船升：《马克思主义宗教观及其相关动向》，四川人民出版社 1998 年版。

8. 吕大吉：《宗教学通论新编》，中国社会科学出版社 1998 年版。

9. 陈麟书、陈霞编：《宗教学原理》，宗教文化出版社 1999 年版。

10. 张践、齐经轩：《中国历代民族宗教政策》，首都师范大学出版社 1999 年版。

11. 牟钟鉴、张践：《中国宗教通史》（上、下），社会科学文献出版社 2000 年版。

12. 牛苏林：《马克思恩格斯的宗教理解》，河南人民出版社 2001 年版。

13. 王作安：《中国的宗教问题和宗教政策》，宗教文化出版社 2002 年版。

14. 张训谋：《欧美政教关系研究》，宗教文化出版社 2002 年版。

15. 李德洙、叶小文编：《当代世界民族宗教》，中共中央党校出版社 2003 年版。

16. 王晓朝：《宗教学基础十五讲》，北京大学出版社 2003 年版。

17. 王治心：《中国基督教史纲》，上海古籍出版社 2004 年版

18. 顾长声：《传教士与近代中国》，上海人民出版社 2004 年版

19. 何虎生：《中国共产党的宗教政策研究》，宗教文化出版社 2005 年版。

20. 张志刚主编：《宗教研究指要》，北京大学出版社 2005 年版。

21. 杜继文主编：《佛教史》，江苏人民出版社 2006 年版。

22. 王美秀、段琦等:《基督教史》,江苏人民出版社 2006 年版。

23. 卿希泰、唐大潮:《道教史》,江苏人民出版社 2006 年版。

24. 金宜久主编:《伊斯兰教史》,江苏人民出版社 2006 年版。

25. 何光沪编:《宗教与当代中国社会》,中国人民大学出版社 2006 年版。

26. 李向平:《中国当代宗教的社会学诠释》,上海人民出版社 2006 年版。

27. 朱晓明主编:《宗教若干理论问题研究》,民族出版社 2006 年版。

28. 陈金龙:《中国共产党与中国的宗教问题——关于党的宗教政策的历史考察》,广东人民出版社 2006 年版。

29. 任杰、梁凌:《中国的宗教政策——从古代到当代》,民族出版社 2006 年版。

30. 卓新平、唐晓峰主编:《马克思主义研究论丛:宗教观研究》中央编译出版社 2007 年版。

31. 叶小文:《宗教问题怎么看怎么办》,宗教文化出版社 2007 年版。

31. 龚学增:《马克思主义宗教观与党的宗教工作方针》,中央编译出版社 2007 年版。

33. 张志刚主编:《20 世纪宗教观研究》,北京大学出版社 2007 年版。

34. 何虎生:《中国化马克思主义宗教观研究》,华文出版社 2007 年版。

35. 任杰:《中国共产党的宗教政策》,人民出版社 2007 年版。

36. 熊坤新:《宗教理论与宗教政策》,中央民族大学出版社 2008 年版。

37. 魏琪:《马克思主义宗教观的形成与变迁》,宗教文化出版社 2008 年版。

38. 陈荣富:《马克思主义宗教观研究》,四川人民出版社 2008 年版。

39. 卓新平:《"全球化"的宗教与当代中国》,社会科学文献出版社 2008 年版。

40. 张志刚:《宗教学是什么》,北京大学出版社 2008 年版。

41. 牟钟鉴:《探索宗教》,宗教文化出版社 2008 年版。

42. 王兴国:《毛泽东与佛教》,中共党史出版社 2009 年版。

43. 冯今源:《引导宗教与社会主义社会相适应的理论与实践》,中国社会科学出版社 2009 年版。

44. 卓新平、唐晓峰主编:《论马克思主义宗教观》,社会科学文献出版社 2009 年版。

45. "社会主义的宗教论"课题组著:《和谐社会的宗教论》,宗教文化出版社 2010 年版。

46. 中共中央党史研究室著:《中国共产党简史》,中共党史出版社 2010 年版。

47. 任继愈:《任继愈宗教论集》,中国社会科学出版社 2010 年版。

48. 龚学增主编:《新中国处理少数民族宗教问题的历程和基本经验》,宗教文化出版社 2010 年版。

49. 金泽:《宗教人类学学说史纲要》,中国社会科学出版社 2010 年版。

50. 曹中建主编:《中国宗教研究年鉴》(第一册—第七册),宗教文化出版社 2011 年版。

51. 吕大吉、高师宁:《马克思主义宗教理论研究》,中国社会科学出版社 2011 年版。

52. 卓新平主编:《当代中国宗教学研究（1949—2009）》，中国社会科学出版社 2011 年版。

53. 中共中央党史研究室:《中国共产党历史》第一卷（上、下），中共党史出版社 2011 年版。

54. 中共中央党史研究室:《中国共产党历史》第二卷（上、下），中共党史出版社 2011 年版。

55. 陈金龙:《南京国民政府时期的政教关系——以佛教为中心的考察》，中国社会科学出版社 2011 年版。

56. 张践:《中国古代政教关系史》，中国社会科学出版社 2012 年版。

57. 龚学增等:《马克思主义宗教观中国化研究》，四川人民出版社 2012 年版。

58. 当代中国研究所:《中华人民共和国史稿》（第一卷—第五卷），人民出版社、当代中国出版社 2012 年版。

59. 沙健孙:《毛泽东思想通论》，人民出版社 2013 年版。

60. 徐晓红主编:《毛泽东生平研究资料》（上、下），中央文献出版社 2013 年版。

61. 毛胜主编:《毛泽东思想研究资料》（上、下），中央文献出版社 2013 年版。

62. 国家宗教事务局党组理论学习中心组编:《中国特色社会主义宗教理论学习读本》，宗教文化出版社 2013 年版。

63. 卓新平:《马克思主义宗教观探究》，中华书局 2013 年版。

64. 李建生:《马克思主义宗教观教育的理论与实践研究》，中国社会科学出版社 2013 年版。

65. 楼宇烈:《宗教研究方法讲记》，北京大学出版社 2013 年版。

66. 卓新平主编:《宗教与当代中国社会》，社会科学文献出版社 2013 年版。

67. 孟宪霞:《社会主义国家处理宗教问题的经验教训》，中国社会科学出版社 2013 年版。

68. 王冬丽:《中国共产党的宗教观研究》，中央民族大学出版社 2013 年版。

69. 卓新平:《中国宗教与文化战略》，社会科学文献出版社 2013 年版。

70. 中国社会科学院世界宗教研究所编:《中国宗教研究年鉴（2011—2012）》，中国社会科学出版社 2013 年版。

71. 曾传辉主编:《马克思主义宗教观研究》（2010—2014），社会科学文献出版社 2011—2017 年版。

72. 金泽、邱永辉主编:《宗教蓝皮书：中国宗教报告》（2008—2016），社会科学文献出版社 2008—2017 年版。

73. 叶小文:《中国破解宗教问题的理论创新和实践探索》，中共中央党校出版社 2014 年版。

74. 何虎生：《新时期党的宗教政策研究》，宗教文化出版社 2014 年版。

75. 中国社会科学院世界宗教研究所编：《中国社会科学院世界宗教研究所五十年发展历程（1964—2014）》，中国社会科学出版社 2014 年版。

76. 中国社会科学院世界宗教研究所编：《中国社会科学院世界宗教研究所建所 50 年纪念文集（1964—2014）》（上、下），社会科学文献出版社 2014 年版。

六、翻译著作（按出版时间排序）

1. 〔德〕马克斯·韦伯：《儒教与道教》，王容芬译，商务印书馆 1999 年版。

2. 〔美〕柯文：《历史三调：作为事件经历和神话的义和团》，杜继东译，江苏人民出版社 2000 年版。

3. 〔日〕近藤邦康：《毛泽东：革命者与建设者》，宋志勇等译，中国青年出版社 2004 年版。

4. 〔美〕保罗·尼特：《宗教对话模式》，王志成译，中国人民大学出版社 2004 年版。

5. 〔美〕罗德尼·斯达克、罗杰尔·芬克：《信仰的法则——解释宗教之人的方面》，杨凤岗译，中国人民大学出版社 2004 年版。

6. 〔美〕威尔弗雷德·坎特韦尔·史密斯：《宗教的意义与终结》，董江阳译，中国人民大学出版社 2005 年版。

7. 〔美〕威廉·詹姆斯：《宗教经验种种》，尚新建译，华夏出版社 2005 年版。

8. 〔美〕麦克法夸尔、费正清编：《剑桥中华人民共和国史（1949—1965 年）》，谢亮生等译，中国社会科学出版社 2007 年版。

9. 〔美〕麦克法夸尔、费正清编：《剑桥中华人民共和国史（1966—1982 年）》，俞金戈等译，中国社会科学出版社 2007 年版。

10. 〔美〕杨庆堃：《中国社会中的宗教——宗教的现代社会功能与其历史因素之研究》，范丽珠等译，上海人民出版社 2007 年版。

11. 〔英〕麦克斯·缪勒：《宗教学导论》，陈观胜、李培茱译，上海人民出版社 2010 年版。

12. 〔英〕麦克斯·缪勒：《宗教的起源与发展》，金泽译，上海人民出版社 2010 年版。

13. 〔美〕塞缪尔·亨廷顿：《文明的冲突与世界秩序的重建》（修订版），周琪、刘绯等译，新华出版社 2010 年版。

14. 〔法〕葛兰言：《中国人的宗教信仰》，程门译，贵州人民出版社 2010 年版。

15. 〔美〕米尔恰·伊利亚德：《宗教思想史》，晏可佳等译，上海社会科学院出版社 2011 年版。

16. 〔德〕马克斯·韦伯：《新教伦理与资本主义精神》，马奇炎、陈婧译，北京大学出版社 2012 年版。

17. 〔美〕费正清:《中国的思想与制度》,王琼、张晓丽等译,世界知识出版社 2014年版。

18. 〔美〕孔飞力:《叫魂:1768 年中国妖术大恐慌》,陈兼、刘昶译,上海三联书店 2014 年版。

19. 〔美〕小约翰·威特:《七国宗教法制的基础与前沿》,隋嘉滨、黄宗英等译,中国民主法制出版社 2018 年版。

七、学位论文(按答辩时间排序)

(一)博士论文

1. 陈始发:《新中国宗教政策的历史考察》,中共中央党校博士论文 2001 年。

2. 刘建平:《红旗下的十字架——新中国对基督教和天主教的政策演变及其影响(1949—1955)》,华东师范大学博士论文 2008 年。

3. 金圣民:《当代中国基督教研究》,中国社会科学院研究生院博士论文 2011 年。

4. 谢添:《新民主主义革命时期中国共产党的宗教工作研究》,中国社会科学院研究生院博士论文 2012 年。

5. 濮灵:《新时期中国宗教政策研究》,中国人民大学博士论文 2014 年。

6. 刘福军:《中国特色社会主义宗教理论研究》,中国人民大学博士论文 2014 年。

(二)硕士论文

1. 卫绒娥:《党的宗教政策在西藏的实践与教育研究》,西南师范大学硕士论文 2002 年。

2. 崔晓忠:《新民主主义革命时期中国共产党的宗教政策研究》,中国人民大学硕士论文 2004 年。

3. 刘芳:《论新中国宗教制度的改革》,中国人民大学硕士论文 2004 年。

5. 洪丹丹:《引导伊斯兰教与社会主义社会相适应的实证研究——以新疆阿克苏地区为例》,新疆师范大学硕士论文 2011 年。

6. 郝海峰:《当代社会主义国家宗教政策比较研究》,山东大学硕士论文 2011 年。

8. 赵阳:《西藏民族与宗教问题研究》,西南政法大学硕士论文 2012 年。

八、研究论文(按刊载时间排序)

1. 任继愈:《为发展马克思主义的宗教学而奋斗》,载《哲学研究》1979 年第 4 期。

2. 任继愈:《论儒教的形成》,载《中国社会科学》1980 年第 1 期。

3. 李传明:《学习毛泽东同志关于宗教的论述》,载《文史哲》1982 年第 5 期。

4. 卿希泰、陈麟书：《毛泽东同志对于马克思主义宗教理论的发展》，载《宗教学研究》1983 年第 4 期。

5. 王蒙：《现代文化与民族传统文化》，载《群言》1986 年第 11 期。

6. 刘建军：《信仰的对立：马克思主义与宗教》，载《教学与研究》1988 年第 6 期。

7. 刘建军：《"马克思主义新宗教"论评析》，载《中国人民大学学报》1990 年第 2 期。

8. 陈金龙：《略论民主革命时期中国共产党的宗教政策》，载《中共党史研究》1993 年第 3 期。

9. 林金水：《马列主义关于无产阶级政党对待宗教基本政策和理论的一个重大发展——学习中央 19 号与 6 号文件的体会》，载《福建统战理论学刊》1994 年第 1 期。

10. 卓新平：《宗教文化与精神文明建设》，载《中国社会科学》1994 年第 3 期。

11. 叶小文：《当前我国的宗教问题——关于宗教五性的再探讨》，载《世界宗教文化》1997 年第 1 期。

12. 龚学增：《坚持和发展马克思主义宗教观的几个问题》，载《中共中央党校学报》1997 年第 3 期。

13. 黄夏年：《宗教与社会主义社会相适应重在引导——丁光训副主席采访录》，载《世界宗教研究》1997 年第 3 期。

14. 吕大吉：《宗教是什么？——宗教的本质、基本要素及其逻辑结构》，载《世界宗教研究》1998 年第 2 期。

15. 卓新平：《中国宗教研究百年历程》，载《中国宗教》1999 年第 2 期。

16. 刘仲康：《十一届三中全会以来中国共产党对马克思主义宗教理论的十大贡献》，《毛泽东思想研究》1999 年第 3 期。

17. 陈金龙：《中国共产党处理宗教问题的基本经验》，载《社会科学战线》1999 年第 4 期。

18. 牟钟鉴：《关于宗教与社会主义社会相互关系的思考》，载《中央民族大学学报（社会科学版）》1999 年第 5 期。

19. 龚育之：《中国共产党崇尚科学反对迷信的历史传统》，载《中共党史研究》1999 年第 5 期。

20. 金以枫：《早期共产党人的宗教观》，载《世界宗教研究》2001 年第 1 期。

21. 王作安：《宗教理论和政策发展中的重要里程碑——纪念中央 1991 年 6 号文件制定下发 10 周年》，载《中国宗教》2001 年第 2 期。

22. 牛苏林：《中国共产党对马克思主义宗教理论的丰富和发展》，载《中州学刊》2001 年第 4 期。

23. 叶小文：《社会主义与宗教的历史新篇》，载《中国宗教》2002 年第 1 期。

24. 吕大吉：《中国现代宗教学术研究一百年的回顾与展望》，载《江苏社会科学》

2002 年第 3 期。

25. 吕大吉：《宗教的社会文化作用与社会主义文化建设》，载《理论学刊》2002 年第 3 期。

26. 陈金龙：《论 1958—1960 年中国宗教制度的民主改革》，载《世界宗教研究》2002 年第 3 期。

27. 方立天、何光沪等：《中国宗教学研究的现状与未来》，载《中国人民大学学报》2002 年第 4 期。

28. 郭文亮、陈金龙：《新时期中国共产党宗教政策恢复拓展的历史条件》，载《当代中国史研究》2002 年第 5 期。

29. 杜玉芳：《毛泽东宗教思想的若干特征》，载《理论学刊》2003 年第 1 期。

30. 王作安：《关于宗教存在长期性的再思考》，载《世界宗教研究》2003 年第 3 期。

31. 叶小文：《社会主义的宗教论》，载《求是》2003 年第 9 期。

32. 牛苏林：《毛泽东对马克思主义宗教理论的丰富和发展》，载《西藏民族学院学报（哲学社会科学版）》2004 年第 5 期。

33. 王作安、胡绍皆：《邓小平对新时期宗教工作的重大贡献》，载《中国宗教》2004 年第 7 期。

34. 朱晓明：《论"中国特色社会主义宗教观"——关于新时期宗教工作实践发展和理论创新的思考》，载《中央社会主义学院学报》2005 年第 1 期。

35. 李道文：《毛泽东的宗教观及其方法论意义》，载《四川师范大学学报（社会科学版）》2005 年第 3 期。

36. 方立天：《论中国化马克思主义宗教观》，载《中国社会科学》2005 年第 4 期。

37. 方立天：《和谐社会的构建与宗教的作用》，载《中国宗教》2005 年第 7 期。

38. 何虎生：《论积极引导宗教与社会主义社会相适应》，载《中央社会主义学院学报》2006 年第 4 期。

39. 张志刚：《宗教是什么？——关于"宗教概念"的方法论反思》，载《北京大学学报（哲学社会科学版）》2006 年第 4 期。

40. 叶小文：《正确认识和处理社会主义社会的宗教关系——学习胡锦涛同志在全国统战工作会议上的重要讲话》，载《求是》2006 年第 16 期。

41. 何虎生：《中国化的马克思主义宗教观研究》，载《世界宗教研究》2007 年第 3 期。

42. 孙轶玮：《当代中国人宗教信仰调查》，载《瞭望东方周刊》2007 年第 6 期。

43. 杨曾文：《中国特色社会主义宗教理论的新发展》，载《中国宗教》2008 年第 1 期。

44. 蒲长春：《论毛泽东宗教思想的理论创新及其意义》，载《现代哲学》2008 年第 3 期。

45. 王作安：《我国宗教立法的回顾与思考》，载《世界宗教研究》2008 年第 3 期。

46. 王作安：《我国宗教状况的新变化》，载《中央社会主义学院学报》2008 年第 3 期。

47. 蒲长春：《中国特色社会主义宗教理论的几个基本问题》，载《科学社会主义》2008 年第 3 期。

48. 张志刚：《再论宗教——文化观的方法论意义》，载《世界宗教研究》2008 年第 4 期。

49. 金以枫：《从党的文献看新时期宗教政策 30 年》，载《党史研究与教学》2008 年第 6 期。

50. 王作安：《谈谈宗教工作基本方针》，载《中国宗教》2009 年第 2 期。

51. 闵丽：《中国特色社会主义宗教理论尚需深入研究的若干问题》，载《宗教学研究》2009 年第 2 期。

52. 赵晓阳：《割断与帝国主义的联系：基督教三自革新运动的初始》，载《中共党史研究》2009 年第 3 期。

53. 龚学增：《新中国马克思主义宗教观中国化 60 年》，载《西北民族大学学报（哲学社会科学版）》2009 年第 4 期。

54. 蒲长春：《中国特色社会主义宗教理论研究综述》，载《当代世界与社会主义》2009 年第 4 期。

55. 卓新平：《"全球化"与当代中国宗教》，载《当代中国史研究》2009 年第 6 期。

56. 叶小文：《十八年来中国宗教工作的理论创新和实践探索》，载《中国宗教》2009 年第 11 期。

57. 段琦：《宗教生态失衡对基督教发展的影响》，载《中国民族报》2010 年 1 月 19 日。

58. 何虎生、周守高：《十六大以来党中央对马克思主义宗教观的新认识和新观点》，载《世界宗教文化》2010 年第 1 期。

59. 龚学增：《中国的宗教问题和中国共产党》，载《世界宗教研究》2010 年第 2 期。

60. 李申：《开辟中国宗教学研究的新方向——任继愈与宗教学》，载《人民日报》2010 年 9 月 17 日。

61. 沈桂萍：《中国特色社会主义宗教理论》，载《西北民族大学学报（哲学社会科学版）》2010 年第 5 期。

62. 卓新平：《以科学发展观研究新兴宗教》，载《世界宗教文化》2011 年第 1 期。

63. 卓新平、裴飚等：《对话当代马克思主义宗教观》，载《世界宗教文化》2010 年第 6 期。

64. 张志刚：《当代中国宗教关系研究刍议——基于国内外研讨现状的理论与政策探讨》，载《北京大学学报（哲学社会科学版）》2011 年第 2 期。

65. 牟钟鉴：《中国特色社会主义宗教理论成果解读》，载《西北民族大学学报（哲学社会科学版）》2011 年第 3 期。

66. 徐以骅、刘骞:《"安全与统战——新中国宗教政策的双重解读》,载《世界宗教研究》2011 年第 6 期。

67. 王作安:《中国共产党处理宗教问题的主要经验》,载《中国宗教》2011 年第 8 期。

68. 何虎生:《新时期党的宗教工作基本方针和主要政策研究》,载《中国特色社会主义研究》2012 年第 1 期。

69. 毛国庆:《重温 19 号文件,还有哪些工作需要加强》,载《中国民族报》2012 年 3 月 20 日。

70. 牟钟鉴:《19 号文件是一座里程碑》,载《中国民族报》2012 年 3 月 27 日。

71. 段启明:《贯彻 19 号文件中的得与失——纪念中共中央"中发 1982 年 19 号文件"下发 30 周年》,载《科学与无神论》2012 年第 4 期。

72. 王作安:《以实事求是的态度对待宗教——纪念中共中央 1982 年 19 号文件印发 30 周年》,载《中国宗教》2012 年第 4 期。

73. 王晓朝:《研究宗教,研究神学》,载《理论视野》2012 年第 9 期。

74. 李平晔:《19 号文件再理解——纪念中共中央 1982 年 19 号文件印发 30 周年》,载《中国民族报》2012 年 9 月 11 日。

75. 毛胜:《论宗教文化性命题的元理论意蕴——基于中国共产党认识宗教与文化关系的思想史考察》,载《宗教学研究》2013 年第 1 期。

76. 卓新平:《研究马克思主义宗教观,发展中国宗教学——纪念毛泽东主席关于开展宗教研究重要批示 50 周年》,载《世界宗教研究》2013 年第 4 期。

77. 杨松:《十七大以来中国特色社会主义宗教理论体系研究综述》,载《理论界》2013 年第 5 期。

78. 郑丽梅:《毛泽东关于西藏宗教工作的思想探微》,载《西藏发展论坛》2013 年第 6 期。

79. 何虎生、黄晓霓:《毛泽东宗教观及当代价值》,载《世界宗教文化》2013 年第 6 期。

80. 范丽珠、李向平、周越、陈进国、郑筱筠:《对话民间信仰与弥散性宗教》,载《世界宗教文化》2013 年第 6 期。

81. 朱维群:《为什么不问苍生问鬼神?——谈保持共产党人世界观的纯洁性》,载《求是》2013 年第 18 期。

82. 卓新平:《科学研究马克思主义宗教观,发展中国宗教学》,载《中国民族报》2013 年 8 月 6 日。

83. 牟钟鉴:《中国宗教的多元通和模式》,载《中国民族报》2013 年 12 月 10 日。

84. 牟钟鉴:《宗教和谐的中国经验》,载《中国民族报》2013 年 12 月 26 日。

85. 杜继文:《是什么"宗教观"、"宗教学"? 兼论"学术神学"》,载《马克思主义研究》2014 年第 3 期。

86. 田心铭：《马克思主义的宗教研究必须坚持无神论立场马克思主义研究》，载《马克思主义研究》2014 年第 3 期。

87. 曾传辉：《邓小平的宗教观》，载《世界宗教研究》2014 年第 4 期。

88. 毛胜：《毛泽东思想活的灵魂与中国宗教学研究——纪念毛泽东批示组建宗教研究机构 50 周年》，载《世界宗教研究》2014 年第 5 期。

89. 卓新平、金宜久等：《对话当代中国宗教学 50 年暨中国社会科学院世界宗教研究所建所 50 周年历程回顾》，载《世界宗教文化》2014 年第 5 期。

90. 习五一：《毛泽东关于〈加强宗教问题的研究〉的当代价值》，载《科学与无神论》2014 年第 6 期。

91. 毛胜：《中国特色社会主义宗教理论的最新成果——习近平关于认识和处理宗教问题论述的学习体会》，载《世界宗教文化》2014 年第 6 期。

92. 黄奎：《改革开放以来涉及宗教政策的重要文献片断及其意义略论》，载《世界宗教文化》2014 年第 6 期。

93. 卓新平：《正确认识宗教，善待宗教研究》，载《马克思主义研究》2014 年第 7 期。

94. 魏德东：《世界宗教研究所五十华诞之思》，载《中国民族报》2014 年 12 月 23 日。

95. 王伟光：《在世界宗教研究所建所 50 周年座谈会上的讲话》，载《世界宗教研究》2015 年第 1 期。

96. 龚学增：《党的十八大以来中国特色社会主义宗教理论的新发展》，载《西北民族大学学报（哲学社会科学版）》2015 年第 5 期。

97. 叶小文：《关于中国特色社会主义宗教理论的几个问题》，载《世界宗教研究》2016 年第 4 期。

98. 何虎生、张杰：《论中国特色社会主义宗教理论体系的层次、内涵及特点》，载《世界宗教文化》2017 年第 3 期。